Transtornos de aprendizagem

T772   Transtornos de aprendizagem : da identificação à intervenção / Jack M. Fletcher... [et al.] ; tradução Ronaldo Cataldo Costa. – Porto Alegre : Artmed, 2009.
334 p. ; 23 cm.

ISBN 978-85-363-1892-9

1. Aprendizagem. 2. Transtornos de aprendizagem. 3. Transtornos da leitura. 4. Transtornos da matemática. I. Fletcher, Jack M.

CDU 159.953.5

Catalogação na publicação: Renata de Souza Borges CRB-10/Prov-021/08

Jack M. Fletcher • G. Reid Lyons • Lynn S. Fuchs • Marcia A. Barnes

Transtornos de aprendizagem
da identificação à intervenção

Tradução
Ronaldo Cataldo Costa

Consultoria, supervisão e revisão técnica desta edição
Adriana Corrêa Costa
Fonoaudióloga. Psicopedagoga.
Mestre em Linguística e Letras pela PUCRS. Doutoranda em Educação pela UFRGS

artmed®

2009

Obra originalmente publicada sob o título *Learning Disabilities: From Identification to Intervention*
ISBN 9781593853709

©2007 The Guilford Press
A Division of Guilford Publications, Inc.
All rights reserved.

Capa
Hey Bro design

Imagem da capa
istockphoto

Preparação do original
Josiane Santos Tibursky

Leitura final
Lara Frichenbruder Kengeriski

Supervisão editorial
Carla Rosa Araujo

Projeto gráfico
Editoração eletrônica
DG & D – Departamento de Design Gráfico e Digital

Reservados todos os direitos de publicação, em língua portuguesa, à
ARTMED® EDITORA S.A.
Av. Jerônimo de Ornelas, 670 - Santana
90040-340 Porto Alegre RS
Fone (51) 3027-7000 Fax (51) 3027-7070

É proibida a duplicação ou reprodução deste volume, no todo ou em parte, sob quaisquer formas ou por quaisquer meios (eletrônico, mecânico, gravação, fotocópia, distribuição na Web e outros), sem permissão expressa da Editora.

SÃO PAULO
Av. Angélica, 1091 - Higienópolis
01227-100 São Paulo SP
Fone (11) 3665-1100 Fax (11) 3667-1333

SAC 0800 703-3444

IMPRESSO NO BRASIL
PRINTED IN BRAZIL
Impresso sob demanda na Meta Brasil a pedido de Grupo A Educação.

*Para nossos cônjuges – Patricia McEnery, Diane Lyon,
Doug Fuchs e Mark Drummond –
por tantos anos de amor e de apoio.*

Autores

Jack M. Fletcher, Ph.D., é Distinguished University Professor na Universidade de Houston. Nos últimos 30 anos, Dr. Fletcher, neuropsicólogo infantil, realizou pesquisas sobre várias questões relacionadas às dificuldades de aprendizagem, incluindo definição e classificação, correlatos neurobiológicos e intervenções, e escreveu mais de 200 artigos em periódicos científicos. É o Principal Investigador de um projeto do Centro de Pesquisa em Transtornos de Aprendizagem patrocinado pelo Instituto Nacional de Saúde Infantil e Desenvolvimento Humano (NICHD), bem como de um projeto de pesquisa do NICHD sobre transtornos de aprendizagem em matemática. Dr. Fletcher atuou e dirigiu o departamento de estudos sobre Retardo Mental/Transtornos do Desenvolvimento do NICHD e foi membro do Comitê Consultivo Nacional do NICHD. Foi o ganhador do Samuel T. Orton Award da International Dyslexia Association em 2003 e um dos ganhadores do Albert J. Harris Award da International Reading Association em 2006.

G. Reid Lyon, Ph.D., é vice-presidente executivo de pesquisa e avaliação da Best Associates e da Whitney International University, sediada em Dallas, Texas. Antes de se unir à Best Associates, Dr. Lyon atuou como psicólogo pesquisador e chefe da filial de Desenvolvimento e Comportamento Infantil do NICHD, no National Institutes of Health, onde era responsável pela direção de programas de pesquisa em psicologia do desenvolvimento, neurociência cognitiva, pediatria comportamental, leitura e transtornos de aprendizagem. Além disso, lecionou para crianças com transtornos de aprendizagem e foi professor da 3ª série do ensino fundamental, bem como psicólogo escolar no sistema escolar público no Novo México, na Carolina do Norte e em Vermont. Dr. Lyon escreveu e organizou mais de 120 artigos científicos, livros e capítulos abordando a educação baseada em evidências e as diferenças e transtornos de aprendizagem em crianças.

Lynn S. Fuchs, Ph.D., ocupa a cátedra Nicholas Hobbs de educação especial e desenvolvimento humano na Vanderbilt University, onde também dirige a Clínica de Leitura do Kennedy Center. Publicou mais de 200 artigos em jornais científicos e participa de comitês editoriais de vários jornais, incluindo o *Journal of educational psychology, Scientific Studies of Reading, Elementary School Journal, Journal of Learning Disabilities* e *Exceptional Children*. Suas pesquisas concentram-se em avaliação na sala de aula, bem como em métodos de intervenção para estudantes com transtornos da leitura e da matemática. Além disso, Dra. Fuchs realizou pesquisas sobre métodos de avaliação para melhorar o planejamento instrucional e métodos de instrução para melhorar os resultados em leitura e em matemática para alunos com transtornos de aprendizagem.

Marcia A. Barnes, Ph.D., é Associate Professor de psicologia e chefe de pesquisa da Universidade de Guelph e Associate Professor de Pediatria na Universidade de Toronto. Também é cientista colaboradora no Toronto Hospital for Sick Children. As pesquisas da Dra. Barnes concentram-se em transtornos de aprendizagem em matemática e em compreensão leitora em crianças com e sem lesões cerebrais. Também estuda o desenvolvimento típico de habilidades de compreensão da leitura e escreveu mais de 60 artigos. É membro do comitê editorial do *Journal of the international neuropsychology society* e de painéis nacionais para concessão de bolsas nos Estados Unidos e no Canadá. Recentemente, Dra. Barnes atuou como membro do Expert Panel on Literacy and Numeracy Instruction for Students with Special Education Needs, do Ministério da Educação de Ontário.

Sumário

Prefácio 11

1 Introdução 15

2 A história do campo dos transtornos de aprendizagem 23

3 Classificação, definição e identificação dos
transtornos de aprendizagem 39

4 Avaliação dos transtornos de aprendizagem 78

5 Transtornos da leitura: reconhecimento de palavras 100

6 Transtornos da leitura: fluência 177

7 Transtornos da leitura: compreensão 197

8 Transtornos da matemática 220

9 Transtornos da expressão escrita 250

10 Conclusões e rumos futuros 274

Índice 289

Referências 299

Prefácio

Em uma época de grande interesse por práticas educacionais baseadas em evidências científicas, este livro integra os diferentes domínios da investigação, da prática e das políticas públicas relacionados aos transtornos de aprendizagem (TAs)*. Representando diversas disciplinas em psicologia e em educação, o livro faz uma exposição e uma análise das pesquisas científicas que se acumularam nos últimos 30 anos sobre os TAs, desde a identificação e a avaliação, os fatores cognitivos e neurobiológicos, até a intervenção. O foco do livro trata das pesquisas nos diferentes domínios dos TAs: a leitura (reconhecimento de palavras, fluência e compreensão); a matemática (cálculos e resolução de problemas); e a linguagem escrita (grafia, ortografia e produção textual). Estabelece-se uma relação clara entre o que se sabe sobre o desenvolvimento típico dessas habilidades e como ensiná-las, refletindo evidências de que os transtornos de aprendizagem acadêmicos presentes nos estudantes diagnosticados com TA não são entidades, qualitativamente discretas, mas o extremo inferior de um *continuum*.

Acreditamos que a compreensão dos TAs deve partir de um modelo de classificação que leve a definições e a métodos para identificar os TAs. Também com base na classificação, podem-se identificar determinados TAs segundo seus déficits acadêmicos básicos, proporcionando a capacidade de estudar sistematicamente os fatores neurobiológicos e ambientais que interagem e produzem um TA. Embora o livro tenha um foco de pesquisa, ele se estende à

---

* N. de R. T: No original: *learning disabilities*. Tradicionalmente, essa expressão vem sendo traduzida para dificuldades de aprendizagem. Entretanto, nos últimos anos pesquisadores internacionais (BROWN e TANNOCK, 2000; VAN KRAAYENOORD e ELKINS, 2004; ELLIS, 2005) e nacionais (MOOJEN, 1999, 2004; MOOJEN e FRANÇA, 2006) tem sugerido uma distinção entre *learning difficulties* e *learning disabilities*. Essa distinção será mantida, assim, a expressão *learning difficulties* será traduzida por dificuldades de aprendizagem e *learning disabilities* por transtornos de aprendizagem.

prática, com considerável atenção para métodos de avaliação e de ensino que possuem eficácia demonstrada em cada domínio dos TAs.

Nosso interesse em escrever o livro foi estimulado em parte pelo reconhecimento das principais mudanças nas políticas públicas norte-americanas envolvendo a educação, a começar com o foco científico para a reautorização do Elementary and Secondary Education Act, por meio da lei No Child Left Behind* de 2001, e continuando com a reautorização da lei Individuals with Disabilities Education** (IDEA 2004). Pela primeira vez desde a legislação inicial em favor do IDEA em 1975, o IDEA de 2004 permite que o sistema de educação pública norte-americano examine novas abordagens para identificar e para tratar os TAs dentro da categoria geral dos modelos de resposta à intervenção e de expectativas pontuais para a adequada instrução na educação geral como pré-requisitos para identificar os TAs.

Embora o modelo de resposta à intervenção possa ser usado para ajudar a identificar os TAs, uma importante finalidade desses modelos é melhorar os resultados educacionais para todas as crianças, por meio de uma integração maior entre a educação geral e a especial. Uma questão frequente sobre esses modelos é se os métodos de avaliação e de intervenção necessários para a implementação estão suficientemente desenvolvidos. Revisamos essas pesquisas, identificamos lacunas na base de conhecimento e concluímos que, embora algumas questões exijam mais investigações científicas, existe uma base substancial de pesquisas, e muitas das questões relativas aos modelos de resposta à intervenção não representam a falta de instrumentos de avaliação e de intervenção, mas a necessidade de aperfeiçoá-los.

Esperamos que este livro promova a capacidade dos educadores e das escolas de identificar instrumentos sólidos para a avaliação e a intervenção e de implementá-los na busca de resultados melhores para estudantes em situação de risco ou identificados com TAs. Acreditamos que a pesquisa incorporada neste livro mostra que os TAs são reais, que o campo tem uma forte base científica e que o desenvolvimento do campo está em uma direção positiva e que continuará a frutificar. Mais importante, o livro identifica métodos válidos de instrução para cada um dos TAs específicos, refletindo o acúmulo de informações científicas substanciais sobre os TAs, que podem ser usadas para aperfeiçoar a prática e as políticas públicas.

Este livro evoluiu a partir de uma série de capítulos sobre TAs que surgiram em vários outros publicados (Fletcher, Morris, Francis e Lyon, 2003; Lyon, Fletcher e Barnes, 2003; Lyon, Fletcher, Fuchs e Chhabra, 2006). Em uma

---

* N. de R.T Lei Federal Americana (tradução literal: nenhuma criança deixada para trás)

** N. de R.T Lei Federal Americana (tradução literal: lei educacional para indivíduos com transtornos) que determina que todos os Estados devem proporcionar educação pública livre e adequada a todas as crianças, incluindo aquelas com transtornos de aprendizagem e quaisquer outras necessidades especiais.

parte do livro, reorganizamos esses capítulos em cinco domínios específicos de TAs e relacionamos diretamente os componentes das intervenções com os componentes que envolvem a identificação, correlatos cognitivos e fatores neurobiológicos. Novos capítulos foram escritos sobre a classificação, a definição e a avaliação dos TAs. A pesquisa foi minuciosamente atualizada, propondo-se um modelo geral para integrar as diferentes fontes de evidências científicas revisadas no livro. O resultado é um volume único que integra pesquisas sobre classificação e definição, processamento cognitivo, fatores neurobiológicos e ensino.

Agradecemos a Rochelle Serwator, nossa editora na Guilford, que propôs a ideia para o livro, e Eric J. Mash, Leif G. Terdal e Russel A. Barkley, que organizaram dois dos volumes para os quais certas partes dos capítulos foram escritas originalmente. Também agradecemos a Rita Taylor, Michelle Hoffman e Susan Ciancio, por tantas horas de apoio para finalizar o livro.

Verbas do Instituto Nacional de Saúde Infantil e Desenvolvimento Humano (NICHD) para Jack M. Fletcher ajudaram parte das pesquisas descritas no livro, incluindo P50 HD052117, Texas Center for Learning Disabilities, e P01 HD46261, Cognitive, Instructional, and Neuroimaging Factors in Math (que também financiaram as pesquisas realizadas por Lynn S. Fuchs e Marcia A. Barnes). O Dr. Fletcher também teve apoio de verbas da rubrica NSF9979968, Early Development of Reading Skills: A Cognitive Neuroscience Approach (patrocinado pela Interagency Educational Research Initiative da Fundação Nacional de Ciências, do NICHD e do Instituto para Ciências Educacionais (J. M. Fletcher, Principal Investigador); P50 HD25802, Center for Learning and Attention Disorders (S.E. Shaywitz e B.A. Shaywitz, Principais Investigadores); e R01 HD38346, Brain Activation Profiles in Dyslexia (A.C. Papanicolaou, Principal Investigador). O trabalho da Dra. Fuchs também teve o apoio do NICHD Grant R01 HD46154-01, Understanding/Preventing Math Problem-Solving Disability; H324V980001, Center on Accelerating Student Learning, e 324U010004, National Research Center on Learning Disabilities, Escritório de Programas de Educação Especial do Departamento de Educação dos Estados Unidos. O trabalho da Dra. Barnes também teve apoio de verbas da Canadian Language and Literacy Research Network e do NICHD Grant P01 HD048497, Preschool Curricula: Outcomes and Developmental Processes. Os conteúdos são responsabilidade integral dos autores e não representam necessariamente as visões oficiais de nenhuma das fontes de apoio financeiro.

1
Introdução

Desde que os transtornos de aprendizagem (TAs) receberam a designação federal nos Estados Unidos de "condições debilitantes", em 1968, a proporção de crianças identificadas como portadoras de TAs tem aumentado constantemente. Hoje, esses alunos representam aproximadamente metade das crianças que recebem serviços de educação especial (U.S. Department of Education, 1999). Embora houvesse relativamente poucas pesquisas sobre as TAs na época em que foi criada a legislação federal sobre deficiências, houve um grande progresso na compreensão e no tratamento dos TAs que envolvem a leitura, a matemática e a expressão escrita. Com a área da leitura de palavras à frente, houve importantes avanços em questões relacionadas à classificação e à definição (Fletcher, Morris e Lyon, 2003; Lyon et al., 2001), processos cognitivos (Siegel, 2003), correlatos neurobiológicos envolvendo o cérebro (Eden e Zeffiro, 1998; S.E. Shaywitz e B.A. Shaywitz, 2005) e genética (Grigorenko, 2005; Plomin e Kovas, 2005), práticas de avaliação (Fuchs e Fuchs, 1998; Speece e Case, 2001) e intervenções (Swanson, Harris e Graham, 2003). Ainda na área da leitura, os avanços na intervenção são especialmente promissores, à medida que novas pesquisas mostram que os transtornos da leitura podem ser evitados em muitas crianças e que as intervenções intensivas podem ser efetivas para crianças maiores com transtornos graves de leitura. Além disso, na área da leitura, as pesquisas convergem para um modelo abrangente da dislexia – transtorno grave da leitura – baseada na teoria desenvolvimental da leitura e trata de fatores neurobiológicos e ambientais, bem como dos efeitos das intervenções (Lyon et al., 2001; Plomin e Kovas, 2005; Rayner, Foorman, Perfetti, Pesetsky e Seidenberg, 2002; Vellutino, Fletcher, Scanlon e Snowling, 2004). De fato, a mesma teoria que explica como as crianças desenvolvem habilidades de leitura explica por que algumas fracassam, unificando as pesquisas sobre TAs em leitura e o desenvolvimento normativo da capacidade de ler.

Com esses avanços sobre a dislexia, avanços semelhantes para os outros TAs não podem estar muito longe. Atualmente, o construto de TA e as muitas definições que servem como modelos conceituais para a identificação e o tratamento continuam sendo malcompreendidos. O campo está repleto de discordâncias sobre a definição de TA, critérios diagnósticos, práticas de avaliação, procedimentos de tratamento e políticas educacionais (Lyon et al., 2001). Ao escrever este livro, nosso objetivo é ajudar a integrar as diferentes fontes de informações em uma visão mais coerente dos TAs, a começar por uma abordagem baseada em evidências científicas para a definição e a classificação, e pelas implicações dessa abordagem para a avaliação e a identificação. Com uma classificação adequada, torna-se possível discutir pesquisas sobre a natureza, os tipos, as causas e os tratamentos para TAs, começando, assim, a integrar ciência e prática. Este livro diz respeito à integração horizontal do conhecimento sobre os TAs, proporcionando menos profundidade nos diferentes domínios do conhecimento em favor das conexões entre esses domínios e os limites entre as disciplinas. Diz menos respeito a novas ideias sobre os TAs, e mais a uma visão abrangente das evidências científicas e suas implicações para melhorar as condições relacionadas aos TAs.

UM MODELO GERAL

A Figura 1.1 apresenta um modelo para compreender as diferentes variáveis que influenciam os resultados escolares de crianças com TAs. Usamos esse modelo para organizar nossas revisões dos principais tipos de TAs em leitura, em matemática e em expressão escrita. O modelo se ancora em uma classificação hipotética dos TAs, baseada nas potencialidades e nas fraquezas em habilidades acadêmicas. Para cada TA, sua principal manifestação representa déficits em habilidades acadêmicas específicas (p. ex., em reconhecimento de palavras, em compreensão leitora, em fluência da leitura, em cálculos/resolução de problemas matemáticos e em expressão escrita). Acreditamos que é possível validar uma classificação das TAs originada nesses déficits acadêmicos, representando um conjunto de indicadores de desempenho que formam a base para a classificação.

O segundo nível de análise envolve as características da criança, incluindo processos cognitivos básicos (p. ex., consciência fonológica e nomeação rápida de letras) que determinam diretamente os déficits em habilidades acadêmicas (p. ex., reconhecimento de palavras e fluência da leitura), além das potencialidades acadêmicas. O desempenho ou a operação das potencialidades e das fraquezas acadêmicas também é influenciado por um segundo conjunto de características que se encontram no domínio psicossocial, como as motivações, as habilidades sociais ou os problemas comportamentais da criança envolvendo ansiedade, depressão e/ou atenção, que interferem no desempenho em domínios acadêmicos. A seta entre os processos cognitivos básicos e os fatores comportamentais/psicossociais é bidirecional, pois os transtornos

```
┌─────────────────────────┐
│      NEUROBIOLOGIA      │
│   • Fatores genéticos   │────▶
│ • Estrutura e funcionamento│
│       do cérebro        │
└─────────────────────────┘
       ┌─────────────────────────┐
       │       PROCESSOS         │
       │   COGNITIVOS BÁSICOS    │────▶   ┌──────────────────┐
       │   (p. ex., consciência  │        │   DÉFICITS EM    │
       │        fonêmica)        │        │   HABILIDADES    │
       └─────────────────────────┘        │    ACADÊMICAS    │
            ┌─────────────────────────┐   │ (p. ex., reconhecimento│
            │        FATORES          │   │    de palavras)  │
            │   COMPORTAMENTAIS/      │   └──────────────────┘
            │     PSICOSSOCIAIS       │────▶
            │ (p. ex., atenção, ansiedade,│
            │         motivação)      │
            └─────────────────────────┘
       ┌─────────────────────────┐
       │        AMBIENTE         │
       │    • Socioeconômico     │────▶
       │     • Escolarização     │
       │       • Intervenção     │
       └─────────────────────────┘
```

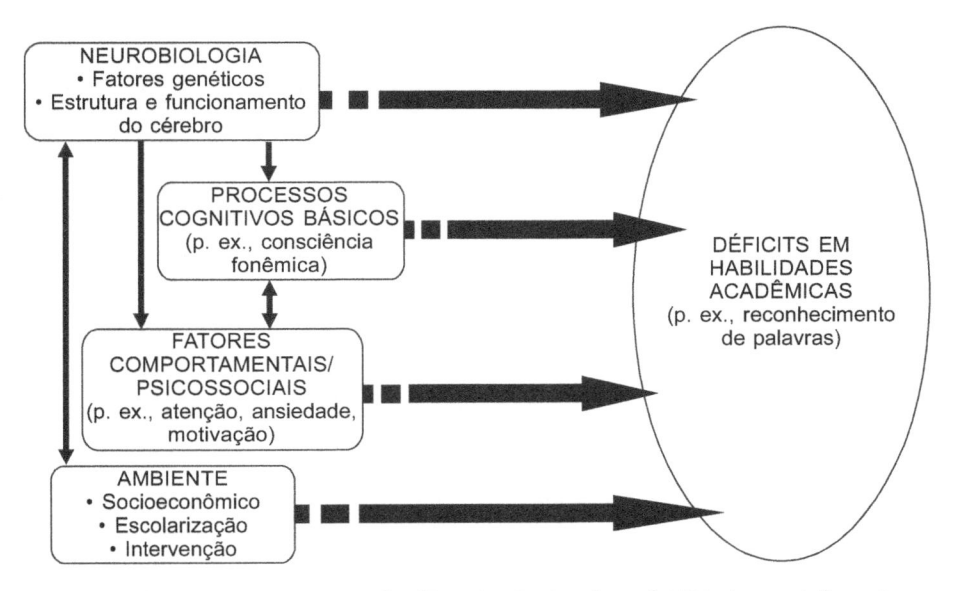

FIGURA 1.1 Modelo representando diferentes fontes de variabilidade que influenciam os resultados acadêmicos e as principais manifestações do transtorno em crianças com TAs.

cognitivos também podem levar a problemas, por exemplo, com a atenção e as habilidades sociais.

O terceiro nível de análise representa a influência de fatores neurobiológicos e ambientais. Os fatores neurobiológicos são fontes neurais e genéticas de variabilidade que causam déficits em habilidades acadêmicas por meio de sua influência nas características da criança ou diretamente nas próprias habilidades acadêmicas. Os fatores ambientais são as circunstâncias sociais e econômicas que envolvem a criança, bem como influências escolares, como a qualidade da escola e das diferentes intervenções. A seta que liga os fatores neurobiológicos e os ambientais é bidirecional, indicando uma interação entre esses domínios. Em uma visão integradas dos TAs, todos esses níveis de análise devem ser considerados. Neste livro, enfocamos a relação entre as habilidades acadêmicas e os processos cognitivos básicos, os fatores neurobiológicos e as intervenções. Sempre que possível, usamos diferentes sínteses com bases científicas e conceituais para um determinado domínio, em vez de revisões detalhadas de estudos individuais.

ORGANIZAÇÃO DO LIVRO

Para entender os avanços envolvendo os TAs, bem como o material dos Capítulos 3 a 9, deve-se entender a busca da área por uma base científica. Acreditamos que essas iniciativas estejam ligadas ao progresso na classificação e na definição, e apresentamos uma classificação hipotética dos TAs, com base na variabilidade dos indicadores de desempenho. No Capítulo 2, revisamos os eventos históricos que moldaram o campo dos TAs em sua forma atual, com foco nas origens das atuais definições das políticas públicas, por meio da reautorização de 2004 da lei Individuals with Disabilities Education (IDEA, 2004). Uma revisão do histórico mostra que os TAs são difíceis de definir, em parte porque não constituem um transtorno homogêneo. De fato, por definição, eles dizem respeito a déficits em um ou mais domínios do desempenho acadêmico, incluindo dificuldades em leitura, em matemática e na expressão escrita. Cada tipo de TA se caracteriza por questões distintas relacionadas com a definição e o diagnóstico, bem como por questões associadas à heterogeneidade. Entretanto, a heterogeneidade é melhor explicada por variações em habilidades acadêmicas, de modo que uma classificação que incorpore explicitamente essa variação permitirá o estabelecimento de relações fortes com a pesquisa normativa sobre o desenvolvimento de diferentes domínios acadêmicos e de um modelo coerente para organizar a pesquisa cognitiva, a neurobiológica e a pesquisa sobre as intervenções, como na Figura 1.1.

O argumento a favor dessa abordagem é desenvolvido no Capítulo 3, que discute a classificação e a definição, e no Capítulo 4, que discute a avaliação e a identificação. Acreditamos que, embora os TAs sejam heterogêneos, eles são melhor definidos por indicadores relacionados a habilidades acadêmicas. Pesquisas sugerem cinco tipos principais de TA envolvendo o reconhecimento de palavras, a fluência e a compreensão leitora, a matemática e a expressão escrita. Esses domínios foram selecionados por sua proeminência nas definições atuais dos TAs, e porque a maioria das crianças é identificada como portadora de TAs devido ao desempenho inesperadamente baixo ou ao desenvolvimento atípico nessas áreas. Na matemática e na escrita, sabe-se menos sobre os déficits em habilidades acadêmicas básicas que representariam as variáveis indicadoras na classificação. É possível que outras formas de TAs sejam identificadas, ou que alguns desses domínios sejam mais diferenciados no campo da escrita e da matemática. Torna-se necessária uma convergência das pesquisas que estão ocorrendo sobre a identificação, a avaliação e a intervenção.

Do ponto de vista da classificação, os fundamentos históricos básicos do construto de TA estão intrinsecamente relacionados ao conceito de desempenho inesperadamente baixo. A ideia original era que os TAs representam um grupo de indivíduos que devem ser capazes de ter um bom desempenho porque apresentam habilidades sensoriais intactas, inteligência adequada, ausência de dificuldades emocionais que interfiram na aprendizagem e uma oportunidade adequada para aprender (Kirk, 1963). Assim, o baixo desempenho é inesperado. Com essa abordagem, a incapacidade de garantir que as oportunidades instrucionais oferecidas à criança sejam suficientes para aprender habilidades acadêmicas foi a principal culpada pela dificuldade para definir o desempenho inesperadamente baixo.

Desse modo, no Capítulo 3, argumentamos que as classificações devem garantir que os indivíduos que são identificados com TAs apresentem evidências de que são demonstravelmente difíceis de ensinar. *Nenhuma pessoa pode ser definida como portadora de transtorno de aprendizagem sem evidências de falta de resposta adequada à instrução que é efetiva com a maioria dos estudantes, e a maioria das tentativas de definir incorporam a existência de oportunidades instrucionais adequadas como critério de exclusão.* A questão é como definir a resposta adequada à instrução, que é a razão por que enfocamos as avaliações baseadas em currículos seriais no Capítulo 4 (Fuchs e Fuchs, 1998). Defendemos um modelo híbrido de identificação proposto por um grupo consensual de pesquisadores (Bradley, Danielson e Hallahan, 2002) que tem três componentes: (1) uma resposta inadequada à instrução apropriada; (2) baixo desempenho em leitura, em matemática e/ou em expressão escrita; e (3) evidências de que outros fatores (p. ex., transtornos sensoriais, retardo mental, proficiência limitada na língua da instrução, instrução inadequada) não sejam a principal causa do baixo desempenho.

Do ponto de vista da avaliação, o Capítulo 4 sugere que a identificação deve se concentrar no desempenho acadêmico e na resposta à instrução, especialmente porque esses tipos de avaliações estão diretamente relacionados com o tratamento e porque as intervenções nas habilidades acadêmicas têm as maiores evidências de eficácia. A avaliação e a identificação também envolvem avaliações da resposta à instrução e da qualidade da instrução. Embora a Figura 1.1 tenha diversos níveis de análise, uma classificação válida baseia-se em um conjunto parcimonioso de indicadores, que identificam os membros das diferentes partes da classificação. Nossa discussão dos déficits em habilidades acadêmicas visa identificar esses indicadores, que devem prever os fatores cognitivos e neurobiológicos. Existem interações importantes entre as variáveis psicossociais e as ambientais que são fundamentais para entender as intervenções. Dessa forma, a identificação e a intervenção exigem foco no desempenho, resposta à instrução e outros fatores que influenciam o desenvolvimento de habilidades acadêmicas. Esses fatores costumam ser usados para excluir certas pessoas como portadores de transtornos de aprendizagem. Todavia, sem um foco nesses fatores, a explicação para as dificuldades em muitas crianças identificadas como portadoras de transtornos de aprendizagem será a má instrução, e não o desempenho inesperadamente baixo. Embora reconheçamos que os processos cognitivos estão intimamente ligados aos déficits em habilidades acadêmicas, encontramos poucas evidências sugerindo que a avaliação desses processos cognitivos forneça informações que facilitariam o formato da intervenção, e mesmo as potencialidades e as fraquezas em habilidades cognitivas que alguns consideram essenciais para a natureza dos TAs (p. ex., a consciência fonológica) podem ser compreendidas pela simples avaliação dos domínios do desempenho (p. ex., reconhecimento de palavras). A avaliação de rotina das habilidades cognitivas não é indicada, e a impressionante base de pesquisa em neuroimagem não sugere a necessidade de se fazer tomografias cerebrais de cada criança com suspeita de ter um TA: os correlatos neurais são previstos pelo teste usado para evocar a ativação cerebral (leitura de palavras, cálculos precisos, etc.), que também deve prever os processos cognitivos correlacionados. A capacidade de fazer essas previsões e de simplificar os processos de classificação, de identificação e de avaliação indica o surgimento de uma base de evidências em TAs e de uma classificação com regras simples de decisão, que leve as pessoas ao tratamento o mais rápido possível.

Nos Capítulos 5 a 9, revisamos cada domínio acadêmico dos TAs. Em cada capítulo, abordamos (1) os déficits em habilidades acadêmicas que representam os indicadores de desempenho do TA (p. ex., leitura de palavras e ortografia na dislexia); (2) processos cognitivos básicos correlacionados com as habilidades acadêmicas; (3) a epidemiologia e seu curso evolutivo; (4) fatores neurobiológicos (estrutura e função cerebrais, genética) que podem causar e/ou contribuir para o tipo específico de TA (quando algum TA tiver sido identificado); e (5) pesquisas sobre intervenções, incluindo questões relevantes sobre os objetivos da intervenção e a validade de diferentes protocolos de tratamento. A realização de pesquisas sobre intervenções com indivíduos portadores de TAs é complexa e trabalhosa. Diversos fatores têm impedido o estudo da efetividade e da eficácia de intervenções distintas de um modo bem-controlado, entre os quais está a necessidade de definir cuidadosamente os tipos de TAs que são tratados. Como na pesquisa neurobiológica, essa necessidade é fundamental e foi diretamente ligada ao progresso em todo o campo dos TAs. Para que as pesquisas e os tratamentos futuros sejam o mais produtivos e informativos possível, eles devem estar relacionados com uma classificação explícita.

O livro termina com o Capítulo 10, uma revisão de questões atuais e uma visão do futuro. Enfocamos a necessidade de continuar a integrar a pesquisa sobre as TAs com pesquisas normativas sobre o desenvolvimento de habilidades acadêmicas e cognitivas. Relações mais próximas entre a pesquisa neurobiológica e a instrucional são possíveis e promissoras. A qualidade da pesquisa sobre o tratamento deve continuar a aumentar, e identificamos fatores que devem ser abordados em estudos sobre intervenções. Resumimos dez princípios que emergiram da pesquisa e que devem proporcionar direcionamento para a área. Finalmente, sugerimos, a partir do nosso ponto de vista, que o futuro dos TAs está ligado ao processo científico, e que o campo deve abarcar o processo de pesquisa científica e se afastar da intuição clínica não-verificada e de fontes informais para proporcionar uma base sólida para a prática. A experiência clínica é um solo fértil para a geração de hipóteses, mas as inferências que surgem da experiência devem ser verificadas de forma científica, particularmente em práticas de identificação e em intervenções. Resta a questão: em que os diferentes fatores convergem para causar um TA, e como os diferentes componentes das intervenções se relacionam com as diversas expressões do TA?

ADVERTÊNCIAS

Algumas advertências merecem ser feitas. Apresentamos uma abordagem específica para entender os TAs, que se baseia em uma classificação com raízes no desempenho acadêmico e que usamos para explicar a heterogeneidade dos TAs. Os déficits acadêmicos são necessários, mas não são suficientes para uma classificação de TAs e, sem o desempenho como âncora, é difícil validar o construto de TA. Não revisamos pesquisas sobre estudantes definidos de forma ampla como portadores de transtornos de aprendizagem que não indicam a forma de comprometimento acadêmico, a menos que a abordagem seja proeminentemente sobre a instrução. Na ausência desse tipo de especificação, os grupos são heterogêneos demais para determinar a relação com formas específicas de TA.

Não revisamos pesquisas que sugerem que os TAs que envolvem funções executivas ou sociais devam ser identificadas separadamente, pois não acreditamos que essas abordagens de identificação resultem em classificações efetivas para TAs. De maneira semelhante, ainda que reconheçamos que outras abordagens para definir TAs "verbais" e "não-verbais" representaram contribuições importantes ao campo (p. ex., Johnson e Myklebust, 1967; Rourke, 1989), não organizamos a nossa abordagem explicitamente em torno desse sistema de definição e de classificação. Discutimos algumas dessas abordagens conceituais no contexto das habilidades acadêmicas associadas a eles, como a breve discussão sobre TAs não-verbais no Capítulo 8 (TAs em matemática). Incentivamos o leitor a analisar essas abordagens, como a abordagem de definição de TAs "verbais" e "não-verbais" desenvolvida por Rourke e colaboradores (www.nld-bprourke.ca/index.html).

Devido ao enorme volume e complexidade da literatura sobre temas associados ao tratamento e à instrução, nossa revisão das pesquisas relevantes é necessariamente seletiva, em vez de exaustiva. Não foi possível incluir pesquisas relacionadas a transtornos da atenção ou com problemas sociais e emocionais – áreas do desenvolvimento que são claramente problemáticas para muitos estudantes com TAs. Essas influências geralmente são co-mórbidas, ou seja, representam problemas concomitantes, em vez de TAs qualitativamente diferentes. Com relação à Figura 1.1, não fazemos uma longa discussão dos fatores psicossociais e comportamentais ou uma avaliação ampla dos fatores ambientais (p. ex., pobreza) que influenciam o desenvolvimento de crianças com TAs (para uma revisão, ver Phillips e Lonigan, 2005). Isso se dá, em parte, porque existem poucas evidências de que manifestações fenotípicas das dificuldades acadêmicas variem conforme o caso. Ao invés disso, enfocamos a intervenção. A maioria das influências psicossociais e ambientais torna os problemas acadêmicos mais graves, mas não produz uma variação qualitativa. Daí a importância da resposta à instrução para operacionalizar o desempenho inesperadamente baixo (Capítulo 3). Além disso, embora existam diversos modelos teóricos e conceituais relacionados com o tratamento implícitos em nossa revisão de intervenções, assim como métodos de intervenção específicos, não consideramos que o trabalho que emana dessas diferentes fontes e perspectivas seja necessariamente contraditório e não discutimos esses modelos de forma detalhada (ver Lyon, Fletcher, Fuchs e Chhabra, 2006). Ao invés disso, a integração criteriosa desses modelos tem resultado em intervenções mais eficazes para indivíduos com diferentes tipos de TAs. Fica claro que as terapias acadêmicas que envolvem exposição substancial à leitura, à matemática e à escrita são mais efetivas, e que as intervenções mais antigas que ensinam processos ou que se concentram em aspectos do transtorno (p. ex., visão) que não estejam diretamente ligados à habilidade acadêmica não trazem maiores resultados para estudantes com TAs. Além disso, a literatura está repleta de alegações de métodos de instrução e de tratamentos que se baseiam em relatos clínicos subjetivos e não-replicados, testemunhos e histórias anedóticas sobre grupos definidos de forma ampla como portadores de transtornos de aprendizagem. Limitamos nossa discussão a pesquisas com base científica que vão além de testemunhos ou de indícios de eficácia na ausência de grupos de comparação adequados ou de grupos de estudantes claramente definidos com tipos acadêmicos específicos de TAs. Finalmente, tentamos revisar pesquisas de todo o mundo, mas nosso foco na história e em políticas públicas se limita aos Estados Unidos. Não temos um bom acesso às políticas de outros países e nem sempre temos um bom acesso aos muitos estudos excelentes realizados por nossos colegas internacionais, especialmente na área da intervenção.

Mesmo com essas condições, a quantidade de pesquisas incluída neste livro é ampla, e existe uma grande variabilidade na qualidade dos estudos e das sínteses que selecionamos para discussão. De um modo geral, tentamos selecionar os estudos e as sínteses mais fortes para a revisão. A qualidade de muitas das informações nos torna otimistas com relação ao desenvolvimento continuado da ciência e da prática para TAs. Como mostra o exemplo da dislexia do Capítulo 5, os TAs são únicos entre os transtornos do desenvolvimento, não apenas no crescimento dramático do conhecimento entre seus diferentes domínios, como também no grau que tem ocorrido de integração vertical e transdisciplinar (Shavelson e Towne, 2002). No futuro, acreditamos que esse tipo de integração transdisciplinar será essencial para o desenvolvimento de um modelo abrangente, que envolva todas as formas de TAs, e oferecemos este livro em antecipação ao desenvolvimento continuado de uma compreensão integrada dos TAs.

2

A história do campo dos transtornos de aprendizagem

Desde a designação dos TAs como um transtorno na legislação federal norte-americana em 1968, os indivíduos com TAs representam aproximadamente metade de todos os estudantes que recebem educação especial em âmbito nacional (Donavon e Cross, 2002; President's Commission on Excellence in Special Education, 2002). Ainda assim, dentre os transtornos identificados tradicionalmente na infância e na adolescência, os TAs são os menos compreendidos e os mais questionados (Bradley et al., 2002; Fuchs e Fuchs, 1998; Lyon et al., 2001). Apesar da ideia defendida por certos indivíduos, de que os TAs constituem uma entidade unitária (Kavale e Forness, 2000), essa observação não tem o amparo das pesquisas atuais. Pelo contrário, evidências científicas convergentes mostram que os TAs representam uma categoria geral composta por transtornos de domínios acadêmicos específicos (Lyon, Fletcher e Barnes, 2003a). De fato, o caráter heterogêneo do transtorno já foi citado em normas federais norte-americanas de 1977, que organizavam os diferentes tipos de TAs em sete áreas: (1) compreensão da escuta (linguagem receptiva), (2) expressão oral (linguagem expressiva), (3) habilidades básicas de leitura (decodificação e reconhecimento de palavras), (4) compreensão leitora, (5) expressão escrita, (6) cálculos matemáticos e (7) raciocínio matemático.

Esses tipos separados de TAs ocorrem de maneira concomitante entre si e com déficits em habilidades sociais, transtornos emocionais e transtornos da atenção. Desse modo, um estudante com TAs pode ter um problema em mais de uma área – uma condição chamada de "co-morbidade" (Fletcher et al., 1999). Os transtornos de aprendizagem não são sinônimos de transtornos da leitura ou dislexia, embora muitas vezes sejam interpretados incorretamente desta forma (Lyon, Shaywitz e Shaywitz, 2003b). Porém, grande parte das informações disponíveis sobre os TAs dizem respeito ao transtorno da leitura (Lyon et al., 2001), e a maioria dos estudantes com TAs (80-90%) apresentam transtornos significativos em leitura (Kavale e Reese, 1992; Lerner, 1989; Lyon et al., 2001). Além disso, dois em cada cinco estudantes que recebem educação especial nos Estados Unidos foram identificados devido a suas dificuldades para aprender a ler (President's Commission on Excellence in Special Education, 2002).

Entender os TAs tem o objetivo de proporcionar o ensino mais efetivo possível para reduzir os efeitos debilitantes dessas condições. Todavia, como muitos pesquisadores e profissionais sabem, é difícil identificar e entender a natureza, as causas e os correlatos que devem ser considerados ao se ensinar para crianças com TAs. Conforme discutimos neste livro, a base crescente de evidências sobre os TAs desempenha hoje um papel mais explícito e proeminente de informar a instrução do que antes. O campo tem avançado, de simples explicações concentradas em características comportamentais e cognitivas fenotípicas, para explicações mais complexas, que relacionam fatores cognitivos, neurobiológicos e instrucionais. Dos pontos de vista clínico e educacional, a validade do construto do TA está diretamente relacionada com a sua capacidade de informar decisões para intervenções. Dessa forma, o ensino é central ao conceito de TA como condição debilitante. Se a identificação de estudantes com TAs não informar a intervenção e não melhorar a comunicação entre os educadores que proporcionam a instrução, o conceito será praticamente insignificante – exceto como uma definição legal de um grupo de pessoas com transtornos que necessitam de proteção dos direitos civis.

Para entender como essas perspectivas alternativas evoluíram, este capítulo analisa os fundamentos históricos dos TAs. Existem muitas fontes com revisões gerais da história e do desenvolvimento científico, social e político do campo (Doris, 1993; Hammill, 1993; Kavale e Forness, 1985; Morrison e Siegel, 1991; Rutter, 1982; Satz e Fletcher, 1980; Torgesen, 1991). Esses comentários indicam que o campo dos TAs desenvolveu-se em resposta a duas grandes necessidades. Primeiramente, a emergência do campo estava ligada a uma necessidade de entender diferenças individuais em aprendizagem e em desempenho entre crianças e adultos que apresentam déficits *específicos* na linguagem falada ou escrita, enquanto mantêm um funcionamento geral em níveis adaptativos. Padrões inesperados de potencialidades e de fraquezas *específicas* na aprendizagem foram observados e estudados por médicos e psicólogos, conferindo, assim, a orientação biomédica e psicológica que sempre caracterizou o campo dos TAs. Em segundo lugar, o movimento dos TAs desenvolveu-se como um campo aplicado de educação especial, movido por forças sociais e políticas, e pela necessidade de proporcionar serviços para jovens cujas características de aprendizagem não estavam sendo tratadas adequadamente pelo sistema educacional. Cada um desses contextos históricos será revisado brevemente.

OS TAs E O ESTUDO DAS DIFERENÇAS INDIVIDUAIS
A influência de Gall

Torgesen (1991) mostrou que o interesse pelas causas e pelas consequências de diferenças interindividuais e intraindividuais na cognição e na aprendizagem pode ser rastreado até a civilização grega. Contudo, o primeiro trabalho que tem relevância clara para as conceituações atuais dos TAs foi realizado por Gall, no contexto de seu trabalho com transtornos da linguagem oral, no início do século XIX (Wiederholt, 1974). Ao descrever as características de um paciente com lesão cerebral, Gall registrou o seguinte:

> Em consequência de um ataque de apoplexia, tornou-se impossível para um soldado expressar em linguagem oral os seus sentimentos e ideias. Seu rosto não tinha sinais de um intelecto prejudicado. Sua mente (*esprit*) sabia a resposta para as perguntas que lhe faziam, e ele fazia tudo que lhe pediam; ao lhe mostrarem uma cadeira e perguntarem o que era, respondia sentando-se nela. Ele não conseguia articular de imediato uma palavra que lhe fosse pronunciada, e repeti-la; mas, alguns momentos depois, a palavra escapava de seus lábios, como de maneira voluntária. Não era a sua língua que estava embargada, pois ele a movia com bastante agilidade e conseguia pronunciar muito bem um grande número de palavras isoladas. Sua memória não tinha problemas, pois ele citava a sua raiva por não conseguir se expressar em relação a muitas coisas que queria dizer. Era a faculdade da fala, apenas, que havia sido abolida. (citado em Head, 1926, p. 11)

A relevância das observações de Gall para as atuais conceituações dos TAs foi sintetizada corretamente por Hammill (1993). Hammill postulou que Gall havia observado que alguns de seus pacientes não podiam falar, mas podiam produzir pensamentos por escrito, manifestando, assim, um padrão de potencialidades e de fraquezas na linguagem oral e escrita. Além disso, Gall estabeleceu que esses padrões de potencialidades e de fraquezas ocorriam em função de traumatismos cranianos, e que a lesão cerebral poderia comprometer seletivamente uma capacidade linguística específica, sem afetar outras. Assim, foram estabelecidas as raízes clínicas na área do traumatismo craniano para a observação atual de que muitas crianças com TAs manifestam déficits "específicos" em vez de déficits globais ou "generalizados". Finalmente, Gall argumentou que era essencial descartar outras condições debilitantes, como o retardo mental ou a surdez, que poderiam comprometer o desempenho do paciente. Nesse contexto, fica evidente a origem do componente de "exclusão" das atuais definições de TAs.

O início da neurologia e os transtornos da linguagem adquiridos

Vários outros profissionais médicos também começaram a observar e a publicar a respeito de pacientes que apresentavam potencialidades e fraquezas interindividuais com déficits específicos em habilidades linguísticas, de leitura e cognitivas. Por exemplo, Broca (1865) fez observações importantes que serviram para construir as bases da hipótese da "especificidade" nos transtornos de aprendizagem. Broca (1865) afirmou que a "afasia expressiva", ou a incapacidade de falar, resultava de lesões seletivas (em vez de difusas) nas regiões anteriores do hemisfério esquerdo, localizadas principalmente na segunda convolução frontal. Os efeitos de uma lesão nessa área do cérebro eram bastante comuns em indivíduos destros e *não pareciam* afetar a capacidade da linguagem receptiva (escuta) ou outras funções não-linguísticas (p. ex., percepção visual, consciência espacial).

De maneira semelhante, Wernicke (1894) introduziu o conceito de "síndrome de desconexão", prevendo que a síndrome afásica denominada "afasia de condução" poderia resultar de uma desconexão entre a área da fala receptiva (sensorial) e a zona motora da fala por uma lesão perfurante no hemisfério esquerdo. As observações de Wernicke também são relevantes para a criação das teorias sobre TAs. Wernicke afirmava que uma função complexa como a linguagem receptiva poderia estar comprometida em um indivíduo que não apresentasse outras disfunções cognitivas ou linguísticas significativas. Assim, nasceu o conceito de diferenças intraindividuais no processamento de informações, principalmente com observações e estudos clínicos com adultos com lesões cerebrais específicas.

No final do século XIX e começo do século XX, foram publicados outros casos de dificuldades cognitivas e linguísticas inesperadas, no contexto do funcionamento normal. Esses casos eram únicos porque pareciam não ter as mesmas características neurológicas que os transtornos da linguagem adquiridos que ocorrem com comprometimento das funções sensoriais ou motoras. Kussmaul (1877) descreveu um paciente que não conseguia rir, mesmo tendo habilidades intelectuais e perceptivas suficientes. Outros estudos de Hinshelwood (1895, 1917), de Morgan (1896) e de outros (Bastian, 1898; Clairborne, 1906) distinguiram um tipo específico de déficit da aprendizagem, caracterizado por uma incapacidade de ler, apesar de uma inteligência normal e de oportunidades adequadas para aprender. Hinshelwood (1917, p. 46-47) descreveu uma criança de 10 anos da seguinte maneira:

> O garoto estava na escola havia três anos e ia bem em todas as disciplinas, exceto em leitura. Ele parecia ser um garoto esperto e inteligente em todos os aspectos. Vinha aprendendo música havia um ano e tinha feito um bom progresso nessa habilidade. Em todas as áreas dos estudos onde a instrução fosse oral, ele havia progredido, mostrando que a sua memória auditiva era boa. Ele faz contas simples corretamente, e seu progresso em aritmética tem sido considerado satisfatório. Não apresenta dificuldade para aprender a escrever, e sua acuidade visual é boa.

No início do século XX, vários estudos contribuíram para um grupo de observações que definiram um tipo singular de dificuldade de aprendizagem em adultos e crianças – com um quadro específico ao invés de geral, e diferente do transtornos associados a deficiências sensoriais e inteligência abaixo da média. Conforme sintetizaram Hynd e Willis (1988), as primeiras observações importantes e confiáveis de indivíduos com transtornos de aprendizagem foram: (1) as crianças tinham algum tipo de problema de aprendizagem congênito; (2) mais crianças do sexo masculino do que do feminino eram afetadas; (3) o transtorno era heterogêneo com relação ao padrão específico e à gravidade dos déficits; (4) o transtorno poderia estar relacionado com um processo evolutivo que afetava principalmente os processos centrais da linguagem no hemisfério esquerdo; e (5) a instrução na sala de aula comum não era adequada para satisfazer as necessidades educacionais das crianças.

Orton e as origens da dislexia

Durante a década de 1920, Samuel Orton ampliou o estudo dos transtornos de aprendizagem com estudos clínicos para testar a hipótese de que os déficits nessa habilidade eram decorrentes de um retardo ou de uma incapacidade do hemisfério cerebral esquerdo de estabelecer dominância para as funções da linguagem. Segundo Orton (1928), as crianças portadoras de transtornos da leitura tendiam a trocar letras como *b/d* e *p/q*, e palavras como *saw/was** e *not/ton*, pela falta de dominância do hemisfério esquerdo no processamento de símbolos linguísticos.

Porém, a teoria de Orton sobre os transtornos da leitura e sua observação de que as inversões eram sintomáticas do transtorno não resistiram ao teste do tempo (Torgesen, 1991). Mesmo assim, a obra de Orton foi bastante influente, estimulando pesquisas, mobilizando grupos de pais e professores para chamar atenção para os transtornos da leitura e para outros TAs e em relação ao desenvolvimento de técnicas de instrução para ensinar crianças com transtornos da leitura.

Além disso, a influência de Orton sobre as conceituações atuais dos TAs pode ser vista indiretamente em suas tentativas de classificar uma variedade de transtornos linguísticos e motores, além dos transtornos da leitura (Doris, 1993). Mais especificamente em 1937, Orton publicou diversos casos em que crianças de inteligência média ou acima da média manifestavam 1 entre 6 deficiências: (1) "alexia evolutiva", ou dificuldade para aprender a ler; (2) "agrafia evolutiva", ou uma dificuldade significativa para aprender a escrever; (3) "surdez evolutiva para palavras", ou um déficit específico na compreensão verbal, apesar da acuidade auditiva dentro dos padrões da normalidade; (4) "afasia motora evolutiva", ou retardo motor da fala; (5) falta de jeito anormal; e (6) tartamudez. Orton (1937) foi o primeiro a enfatizar que os transtornos da leitura manifestados em um nível simbólico pareciam estar relacionados a uma disfunção cerebral, em vez de a uma lesão cerebral específica (conforme

---

* N.de R. T. Um exemplo em português seria substituição de *em* por *me*.

postulado por Hinshelwood e por outros) e poderiam ser identificados em crianças com inteligência média ou acima da média.

O movimento straussiano e o conceito de disfunção cerebral

Embora as contribuições de Orton estejam ligadas principalmente ao desenvolvimento do interesse científico e clínico nos transtornos da leitura (particularmente a dislexia), foi o trabalho de Strauss e Werner (1943) e de seus colegas (Strauss e Lehtinen, 1947), após a Segunda Guerra Mundial, que levou diretamente ao surgimento de uma categoria geral de TAs como um campo reconhecido formalmente (Doris, 1993; Rutter, 1982; Torgesen, 1991). Esse trabalho baseia-se em tentativas anteriores de entender as transtornos comportamentais de crianças que foram descritas como hiperativas. Nessa série de observações clínicas, a hiperatividade, a impulsividade e o pensamento concreto das crianças eram atribuídos a traumatismo craniano na ausência de evidências físicas de lesões no sistema nervoso.

Strauss e Werner expandiram esse conceito em pesquisas envolvendo crianças com retardo mental. Eles estavam particularmente interessados em comparar o comportamento de crianças cujo retardo era associado a lesões cerebrais conhecidas com o de crianças cujo retardo não era associado a comprometimentos neurológicos, mas supostamente tinha uma natureza familiar. Strauss e Lehtinen (1947) diziam que crianças com retardo mental e com traumatismo craniano manifestavam dificuldades em testes que avaliavam a percepção de figura-fundo, a atenção e a formação de conceitos, além da hiperatividade. Entretanto, crianças sem lesões cerebrais mas com retardo mental apresentavam um nível de desempenho semelhante ao de crianças que não tinham comprometimento mental e eram menos prováveis de apresentar hiperatividade comportamental.

No contexto desses estudos, o grupo de Strauss observou o que acreditou ser padrões semelhantes de comportamento e de desempenho em crianças com inteligência média que tinham transtornos comportamentais e de aprendizagem. Os pesquisadores atribuíram o comportamento de todos esses grupos de crianças a uma síndrome que chamaram de "lesão cerebral mínima" (LCM). A partir desses estudos, na década de 1960, surge o conceito de "disfunção cerebral mínima" (DCM) (Clements, 1966), com ênfase na tese straussiana de que a LCM ou DCM poderia ser identificada simplesmente com base em sinais comportamentais, mesmo quando os exames físicos e neurológicos fossem normais.

Quando não existe retardo mental, a presença de perturbações psicológicas pode ser descoberta com o uso de alguns dos nossos testes qualitativos para perturbações perceptivas e cognitivas. Embora os critérios [físicos] possam ser negativos, o comportamento das crianças em questão lembre o comportamento característico das lesões cerebrais e o desempenho das crianças em nossos testes não seja um forte indicativo de lesão cerebral, ainda pode ser razoável considerar um diagnóstico de lesão cerebral. (Strauss e Lehtinen, 1947, p. 112)

O movimento straussiano teve uma profunda influência sobre o desenvolvimento do campo dos TAs (Doris, 1993; Hammill, 1993; Kavale e Forness, 1985). Torgesen (1991) concluiu que três conceitos que emergiram do movimento straussiano proporcionavam uma base racional para o desenvolvimento do campo dos TAs separadamente de outros campos da educação: (1) diferenças individuais em aprendizagem poderiam ser compreendidas analisando-se as diferentes maneiras em que as crianças abordam as tarefas de aprendizagem (os processos que ajudam ou que interferem na aprendizagem); (2) os procedimentos educacionais devem ser preparados conforme os padrões de potencialidades e de fraquezas no processamento de cada criança e (3) crianças com processos de aprendizagem deficientes podem ser ajudadas a aprender de maneira normal com o uso de métodos de ensino que enfoquem suas potencialidades, em vez de suas fraquezas. Ampliando essa lista, Kavale e Forness (1985) adicionaram que (1) o *locus* de um TA se encontra dentro do indivíduo afetado e, assim, representa um modelo médico (de doença); (2) os TAs são associados a disfunções neurológicas (ou causadas por eles); (3) os problemas acadêmicos observados em crianças com TAs estão relacionados com déficits no processamento psicológico, mais notavelmente no domínio perceptivo-motor; (4) o fracasso acadêmico em crianças com TAs ocorre mesmo na presença de inteligência normal e (5) os TAs não podem ser causadas por outras condições debilitantes.

Cruikshank, Myklebust, Johnson e Kirk e o conceito de TAs

Entre os cientistas comportamentais mais importantes envolvidos na conceituação e no estudo inicial dos TAs, estavam William Cruikshank, Helmer Myklebust, Doris Johnson e Samuel Kirk, que afastaram o campo do foco na etiologia, enfatizando as características do aprendiz e as intervenções educacionais para tratar os déficits em aprendizagem. Por exemplo, Cruikshank e colaboradores (Cruikshank, Bice e Wallen, 1957) estudaram e recomendaram modificações no ambiente da sala de aula para reduzir os estímulos que supostamente distrairiam as crianças com déficits de aprendizagem e atenção. Helmer Myklebust e Doris Johnson, da Northwestern University, realizaram diversos estudos sobre os efeitos de diferentes tipos de déficits linguísticos e perceptivos sobre a aprendizagem acadêmica e social de crianças. Eles estavam entre os primeiros a desenvolver procedimentos de intervenção bem-projetados para remediar os transtornos em habilidades relacionadas com a aprendizagem escolar (Johnson e Myklebust, 1967). Todavia, foi Samuel Kirk quem propôs a expressão "transtornos de aprendizagem", em uma conferência em 1963 dedicada a explorar os problemas de crianças com deficiências perceptivas. Kirk (1963, p. 2-3) afirmou:

Usei a expressão "transtornos de aprendizagem" para descrever um grupo de crianças que apresentam distúrbios no desenvolvimento da linguagem, da fala, da leitura e de habilidades de comunicação necessárias para a interação social. Nesse grupo, não incluí crianças que tivessem deficiências sensoriais, como cegueira, pois temos métodos para lidar e para treinar surdos e cegos. Também excluí do grupo crianças com retardo mental generalizado.

Em 1963, o novo campo avançava para a designação legislativa formal de TA como um transtorno específico, merecedor de proteção dos direitos civis e de serviços especiais. Esse movimento baseava-se principalmente nos argumentos de Kirk e de outros, de que as crianças com TAs (1) tinham características de aprendizagem diferentes de crianças diagnosticadas com retardo mental ou com perturbações emocionais; (2) manifestavam características de aprendizagem que resultavam de fatores intrínsecos (isto é, neurobiológicos) em vez de fatores ambientais; (3) apresentavam dificuldades de aprendizagem que eram "inesperadas", devido às capacidades das crianças em outras áreas e (4) exigiam intervenções educacionais especializadas. Veja que, nessa definição criteriosa, não se faz menção à inteligência. Pelo contrário, o foco é na interação social e no comportamento adaptativo "normal". As condições de exclusão são identificadas com base em necessidades diferenciais para intervenção, e não envolvem simplesmente definir as TAs em termos das condições que não são TAs. O interessante é que o campo recebeu seu ímpeto inicial com base no apoio público e na observação clínica.

A INFLUÊNCIA DO APOIO PÚBLICO SOBRE AS DEFINIÇÕES E O RECONHECIMENTO DO CAMPO

Normalmente, nos domínios educacional e da saúde pública, os TAs eram identificados inicial e formalmente como transtornos com base em iniciativas de apoio público, em vez da investigação científica sistemática. De fato, nos Estados Unidos, a maioria dos avanços científicos costuma ser estimulado por críticos do *status quo* educacional ou médico. É raro uma condição psicológica, uma doença ou um problema educacional receber atenção até que forças políticas sejam mobilizadas por pais, por pacientes ou por outros indivíduos afetados que expressam suas preocupações com a qualidade de vida para as autoridades que elegeram. De forma clara, isso foi o que aconteceu no campo das TAs, quando pais e representantes de crianças fizeram *lobby* no Congresso para aprovar legislação em 1969, por meio da lei *Education of the Handicapped* (Lei Pública 91-230). Essa lei autorizava programas de pesquisa e formação para abordar as necessidades de crianças com transtornos específicos de aprendizagem (Doris, 1993).

O conceito diagnóstico de TAs recebeu um grande ímpeto durante as décadas de 1960 e 1970. Conforme explicou Zigmond (1993), a proliferação de crianças diagnosticadas com TAs durante essas duas décadas estava relacionada a diversos fatores. Em primeiro lugar, o rótulo "TA" não criava estigma. Os pais e os professores sentiam-se mais confortáveis com a expressão do que com rótulos de base etiológica, como "lesões cerebrais", "lesões cerebrais mínimas (LCM)" e "deficiências perceptivas". Além disso, um diagnóstico de TA não implicava pouca inteligência, transtornos comportamentais ou deficiências sensoriais. Pelo contrário, as crianças portadoras de TAs manifestavam dificuldades na aprendizagem *apesar* de terem comportamento adaptativo e inteligência "normal", e audição, visão e estado emocional intactos. O fato de que crianças com TAs apresentavam um bom nível de inteligência dava esperança aos pais e aos professores de que as dificuldades de aprendizagem poderiam ser superadas, se fosse possível identificar o conjunto adequado de métodos, de condições e de ambientes de instrução. As iniciativas de apoio público levaram a uma série de conferências, duas das quais merecem ser citadas: uma sobre DCMs e a outra sobre TAs. Ambas visavam identificar uma categoria diagnóstica geral única que pudesse definir as deficiências que supostamente atrapalhavam o desempenho educacional e comportamental de muitas crianças.

DISFUNÇÃO CEREBRAL MÍNIMA (DCM)

Na década de 1960, as duas linhas de apoio público e político para as diferenças individuais uniram-se em uma iniciativa comum para definir as transtornos comportamentais inesperados e o desempenho baixo dependente de fatores intrínsecos à criança. A primeira iniciativa importante envolveu o desenvolvimento de uma definição de DCM em 1962. Uma definição formal para uma síndrome chamada "disfunção cerebral mínima" foi formulada em uma reunião entre a Easter Seals Society e o que hoje se conhece como o National Institute of Neurological Disorders and Stroke (NINDS):

> A expressão "síndrome da disfunção cerebral mínima" refere-se a crianças de inteligência próximo à média, média ou acima da média com certos transtornos de aprendizagem ou comportamentais, variando de leves a graves, que são associados a desvios do funcionamento do sistema nervoso central. Esses desvios podem se manifestar em combinações variadas de comprometimentos na percepção, na conceituação, na linguagem, na memória e no controle da atenção, dos impulsos ou das funções motoras. (Clements, 1966, p. 9-10)

Essa definição substituiu, essencialmente, o termo "lesão" por "disfunção", reconhecendo as implicações etiológicas de termos como "lesão". Ela enfatizava que a DCM era uma categoria heterogênea, abrangendo transtornos comportamentais e de aprendizagem. Conforme observado antes, a definição estipulou que a disfunção cerebral pode ser identificada apenas com base em sinais comportamentais. Todavia, a definição de DCM era controversa (Rutter, 1982; Satz e Fletcher, 1980). Os educadores levantaram objeções ao conceito, apesar do fato de que a definição baseava-se em meio século de observações clínicas e de pesquisas em neurologia clínica, além de ter o amparo científico de métodos psicofisiológicos emergentes para estudar o funcionamento cerebral (Dykman, Ackerman, Clements e Peters, 1971). Para a comunidade educacional, a DCM estava intimamente conectada com o modelo médico e acarretava que psicólogos e médicos teriam que trabalhar nas escolas para fazer o diagnóstico. Outros consideravam o conceito nebuloso e demasiado amplo (Rutter, 1982). Esta última preocupação foi amplificada na década de 1970, com o desenvolvimento de listas para DCM que continham mais de 30 sintomas (Peters, Davis, Goolsby e Clements, 1973). Esses sintomas variavam de transtornos com habilidades acadêmicas a comportamentos agressivos. A síndrome abrangia uma faixa tão ampla de sintomas que as implicações para o tratamento não eram claras (Rutter, 1982; Satz e Fletcher, 1980).

Associação Americana de Psiquiatria

Quando a terceira edição do *Manual diagnóstico e estatístico de transtornos mentais* (DSM-III) foi publicada pela Associação Americana de Psiquiatria (1980), o conceito de DCM foi abandonado e as características da aprendizagem e comportamentais foram definidas separadamente como "transtornos específicos do desenvolvimento" e "transtorno de déficit de atenção". Essa divisão resolveu o problema da classificação da co-morbidade dos transtornos de aprendizagem e de atenção que aborrecia aqueles que se interessavam pelas LCMs e DCMs. Embora muitas crianças com TAs também satisfaçam os critérios para transtorno de déficit de atenção/hiperatividade (TDAH), esses transtornos são distintos (Rutter, 1982). Todavia, ambos exigem intervenção. A herdabilidade, os correlatos neurobiológicos e as necessidades relacionadas com a intervenção são diferentes, de modo que a sua unificação como uma síndrome única não facilitou a pesquisa ou a prática.

A definição federal norte-americana para os TAs

Como não é de surpreender, o desenvolvimento da definição de DCM desencadeou reações entre educadores e outros profissionais que trabalham nas escolas. Em 1966, o Ministério da Educação norte-americano organizou uma reunião cujos participantes definiram formalmente o conceito de Kirk (1963) de "transtorno de aprendizagem" da seguinte maneira:

> A expressão "transtorno específico de aprendizagem" significa um distúrbio em um ou mais dos processos psicológicos básicos envolvidos na compreensão ou no uso da linguagem, falada ou escrita, que pode se manifestar em uma capacidade imperfeita de ouvir, de falar, de ler, de escrever, de soletrar ou de efetuar cálculos matemáticos. A expressão compreende condições como deficiências perceptivas, lesões cerebrais, disfunções cerebrais mínimas, dislexia e afasia evolutiva. A expressão não compreende crianças com transtornos de aprendizagem que resultam principalmente de deficiências visuais, auditivas ou motoras, ou de retardo men-

tal, ou de distúrbios emocionais, ou de desvantagens ambientais, culturais ou econômicas. (U.S. Office of Education, 1968, p. 34)

É notável a semelhança entre essa definição de TA de 1966 e a definição de DCM de 1962 (Satz e Fletcher, 1980). Refletindo mais de 60 anos de trabalho, a noção da DCM como um transtorno "inesperado" que não pode ser atribuído a deficiências mentais, a transtornos sensoriais, a distúrbios emocionais ou a perturbações culturais ou econômicas foi mantida. Os termos etiológicos foram abandonados e substituídos por descritores educacionais. A definição reconhecia fatores intrínsecos à criança e pretendia incluir a disfunção cerebral mínima e outras formulações derivadas da neurologia e da psicologia (Doris, 1993; Rutter, 1982; Satz e Fletcher, 1980). Todavia, a importância fundamental dessa definição é que ela continua a servir como a definição estatutária norte-americana para os TAs, resistindo através de uma série de iniciativas de pais e de professores que levaram à criação de serviços educacionais especiais para crianças com TAs, que ocorreu inicialmente por meio da lei Learning Disabilities de 1969. A definição estatutária de TAs na lei de 1969 apareceu na lei Education for All Handicapped Children de 1975 (Lei Pública 94-142) e atualmente faz parte do IDEA 2004. Essa definição se manteve, apesar de não especificar critérios de inclusão para TAs. Essencialmente, ela diz que os TAs são heterogêneas, refletem problemas com o processamento cognitivo, e não estão envolvidas em outros transtornos que representam condições de exclusão. De certo modo, os TAs foram legitimadas e codificadas na legislação norte-americana principalmente com base naquilo que não eram.

A ausência de critérios de inclusão tornou-se um problema imediato em 1975, com a aprovação da lei 94-142 e a expectativa de que os estados norte-americanos identificassem e atendessem as crianças com TAs. Em resposta a esse problema, o Ministério da Educação dos Estados Unidos (U.S. Office of Education, 1977) publicou recomendações para auxiliar na identificação dos TAs, incluindo a noção de uma discrepância entre o QI e o desempenho acadêmico como indicador para TAs, da seguinte maneira:

> Uma discrepância grave entre o desempenho e a capacidade intelectual em uma ou mais das seguintes áreas: (1) expressão oral; (2) compreensão auditiva; (3) expressão escrita; (4) habilidades básicas de leitura; (5) compreensão leitora; (6) cálculos matemáticos; ou (7) raciocínio matemático. A criança não pode ser identificada como portadora de um transtorno específico de aprendizagem se a discrepância entre a capacidade e o desempenho resultar principalmente de: (1) uma deficiência visual, auditiva ou motora; (2) retardo mental; (3) distúrbios emocionais ou (4) desvantagens ambientais, culturais ou econômicas. (p. G1082)

O uso da discrepância entre o QI e o desempenho acadêmico como indicador para TAs tem tido um impacto profundo na maneira como os TAs são conceituadas. Na época, havia pesquisas que validavam esse modelo (Rutter e Yule, 1975), que não se manteve ao longo do tempo (Fletcher et al., 2002).

Todavia, os pesquisadores, profissionais e o público continuam a crer que essa discrepância seja um indicador de determinados tipos de TA que são inesperados e categoricamente distintos de outras formas de desempenho fraco. Alguns pesquisadores continuam a usar a discrepância entre o QI e o desempenho como um aspecto fundamental no processo de identificação (Kavale e Forness, 2000), apesar do fato de que a base de evidências para a sua validade como característica central da classificação das TAs é fraca ou inexistente (ver Capítulo 3). Todavia, o impacto da discrepância entre o QI e o desempenho ficou claro nas diretrizes para a identificação de TAs nas reautorizações do IDEA de 1992 e de 1997. O estatuto manteve a definição de TA formulada na reunião de 1966, e as diretrizes mantiveram os procedimentos de 1977 até a reautorização de 2004.

Outras definições de TA

A definição federal dos transtornos de aprendizagem tem sido amplamente criticada (Fletcher et al., 2002; Kavale e Forness, 1985; Lyon, 1987; Lyon et al., 2001; Senf, 1987). Conforme mostra Torgesen (1991), essa definição tem pelo menos quatro problemas que a tornam ineficiente: (1) ela não indica de forma clara que os TAs são um grupo heterogêneo; (2) não reconhece que as TAs muitas vezes persistem e se manifestam também em adultos; (3) não especifica de forma clara que, independentemente da causa do TA, a "via comum final" consiste em alterações inerentes na maneira como as informações são processadas; e (4) não reconhece adequadamente que pessoas com outras limitações debilitantes ou ambientais podem ter um TA *concomitantemente* com essas condições. Outras tentativas formais de estreitar a definição federal dos TAs não foram mais bem sucedidas, como se pode ver na definição revisada produzida pelo National Joint Committee on Learning Disabilities (NJCLD, 1988, p. 1; ver também Hammill, 1993):

> A expressão *transtornos de aprendizagem* é uma expressão geral que se refere a um grupo heterogêneo de transtornos, manifestados por uma dificuldade significativa na aquisição e no uso de habilidades auditivas, da fala, de escrita, de leitura, de raciocínio ou de matemática. Esses transtornos são intrínsecos ao indivíduo e supostamente são decorrentes de disfunções no sistema nervoso central, podendo ocorrer ao longo de toda a vida. Pode haver problemas no comportamento autorregulatório, percepção social e interações sociais juntamente com os transtornos de aprendizagem, mas não constituem em si um transtorno de aprendizagem. Embora os transtornos de aprendizagem possam ocorrer de maneira concomitante com outras condições debilitantes (por exemplo, comprometimento sensorial, retardo mental, distúrbios sociais e emocionais) ou com influências extrínsecas (como diferenças culturais, instrução insuficiente ou inadequada), elas não resultam dessas condições ou influências.

Embora a definição do comitê abranja as questões de heterogeneidade, de persistência, de etiologia intrínseca e de co-morbidade discutidas por Torgesen (1991), ela continua a refletir uma descrição vaga e ambígua de transtornos múltiplos e heterogêneos. Esses tipos de definições não podem ser operacionalizados facilmente ou validados com pesquisa científica e não proporcionam informações úteis para os clínicos, os professores ou os pesquisadores melhorarem a comunicação ou suas previsões. Não existem critérios de inclusão, e a definição baseia-se na exclusão. Devido a esse estado do campo, muitos estudiosos pediram uma moratória no desenvolvimento de definições amplas e defendem definições que tratem os TAs apenas em termos de domínios coerentes e operacionais. Por exemplo, Stanovich (1993, p. 273) afirmou:

> As investigações científicas de uma entidade definida genericamente, chamada "transtorno de aprendizagem", simplesmente fazem pouco sentido, em vista do que já se sabe sobre a heterogeneidade em diversos domínios da aprendizagem. As pesquisas devem definir grupos especificamente segundo o domínio do déficit (transtorno da leitura, transtorno de aritmética). O nível de co-ocorrência dessas disfunções então se torna uma questão com base científica, e não algo decidido *a priori* por práticas de definição.

Tanto o DSM-IV (American Psychiatric Association, 1994) quanto a *Classificação Internacional de Doenças*, 10ª revisão (CID-10; World Health Organization, 1992, publicada pela Artmed Editora) definiram, classificaram e codificaram os transtornos de aprendizagem e determinados transtornos do desenvolvimento de habilidades acadêmicas em domínios de transtornos específicos. Por exemplo, o DSM-IV contém critérios para o diagnóstico de "transtorno da leitura" (315.00), e a CID-10 traz critérios de identificação, sob a categoria de "transtorno específico da leitura" (F81.0). O DSM-IV e a CID-10 referem-se a transtornos da matemática, respectivamente, como "transtorno da matemática" (315.1) e "transtorno específico da habilidades em aritmética" (F81.2). Finalmente, as deficiências que envolvem habilidades da linguagem escrita são classificadas e codificadas pelo DSM-IV como "transtorno da expressão escrita" (315.2) e pela CID-10 como "transtorno específico da soletração" (F81.1). Essas definições corroboram implicitamente os componentes de heterogeneidade e de exclusão da maioria das definições.*

De maneira interessante, as definições evocam a discrepância entre o QI e o desempenho como um critério de inclusão. Porém, as definições do DSM-IV e da CID-10 são essencialmente as mesmas definições aplicadas a cada domínio, carecendo, assim, de uma especificidade verdadeira. Os problemas com a definição federal de TAs também se aplicam às definições do DSM-IV e da CID-10. Independentemente de uma definir os TAs de um modo geral, como tradicionalmente se faz no âmbito federal, ou da outra tentar definir TAs em domí-

---

*N. de R.T. A Artmed Editora publicou o DSM-IV-TR (2002) e a CID-10 (1993).

nios específicos (p. ex., transtorno da leitura), conforme defende Stanovich (1993), o processo de definição deve ser informado e construído dentro de um sistema de classificação que tem poder comunicativo e preditivo (Capítulo 3). A lógica por trás do desenvolvimento desse sistema de classificação é que a identificação, o diagnóstico, o tratamento e o prognóstico não podem ser feitos de maneira efetiva até que se aborde a heterogeneidade entre e dentro de domínios específicos do TA, e até que sejam delineados subgrupos teoricamente significativos, confiáveis e válidos. A validade das três hipóteses de classificação (discrepância, heterogeneidade, exclusões) implícitas na maioria das definições de TA é de importância máxima.

A revisão de 2004 da definição regulatória dos TAs

Na reautorização de 2004 do IDEA, o Congresso norte-americano aprovou estatutos que permitiam alterações nas diretrizes de 1977, indicando especificamente que (1) os estados não podem exigir que os distritos escolares usem testes de QI para a identificação de estudantes para a educação especial na categoria de TA e (2) os estados devem permitir que os distritos implementem modelos de identificação que incorporem a resposta à instrução (IDEA, 2004). Além disso, o estatuto indica claramente que as crianças não podem ser encaminhadas para educação especial se o baixo desempenho se dever à falta de instrução adequada em leitura ou em matemática, ou a limitações na proficiência em inglês. Em resposta ao estatuto, o Office of Special Education and Rehabilitative Services (OSERS) dentro do Ministério da Educação dos Estados Unidos (U.S. Department of Education, 2006) publicou normas federais para revisar as regras para a identificação de TAs. O que é notável aqui é que o estatuto e as diretrizes baseiam-se nas evidências científicas convergentes relacionadas ao valor limitado das discrepâncias entre o QI e o desempenho para identificar os TAs, enquanto, ao mesmo tempo, enfatizam o valor da resposta à instrução no processo de identificação. Embora as questões relacionadas com a validade de discrepâncias entre o QI e o desempenho e a resposta à instrução sejam discutidas em detalhe no Capítulo 3, as diretrizes relevantes para os TAs são sintetizadas aqui. Em essência, as diretrizes indicam que os estados:

1. não podem exigir que as agências educacionais locais usem um modelo de discrepância para determinar se um estudante tem TAs.
2. devem permitir o uso de um processo que determine se o estudante responde a uma intervenção baseada em pesquisas científicas.
3. podem permitir outros procedimentos baseados em pesquisas.

Embora diversos grupos profissionais e de apoio público tenham questionado certas cláusulas das diretrizes, o animador é que todas as organizações reconheceram a importância fundamental de usar pesquisas para orientar políticas e práticas relacionadas a estudantes com TAs, o que é claramente refletido nos estatutos e nas diretrizes do IDEA 2004. Igualmente significativo no novo estatuto e nas novas diretrizes é o reconhecimento mais explícito de que não se devem identificar TAs se não houver evidências de instrução adequada. O estatuto indica que não se pode identificar TAs se a causa do baixo desempenho for instrução inadequada em leitura ou em matemática, ou proficiência limitada em inglês*, exigindo:

1. evidências de instrução adequada em leitura e em matemática na educação geral.
2. informações documentadas em intervalos repetidos sobre a resposta do aluno a essa instrução.

Essas informações devem ser fornecidas para os pais e devem ser incluídas nas decisões da equipe que determina se a criança tem um TA, que o TA é uma condição debilitante e que existe justificativa para o uso de serviços educacionais especiais. Desse modo, o estatuto do IDEA 2004 se aproxima da base crescente de pesquisas, reduzindo o foco em testes de QI e enfatizando o papel crítico da instrução para prevenir TAs e para a sua identificação.

CONCLUSÕES

O campo dos TAs emergiu de uma necessidade social e educacional genuína. Os TAs constituem uma categoria diagnóstica de interesse para a prática clínica, para o direito e para as políticas públicas. Historicamente, pais, educadores e outros representantes de crianças conseguiram negociar uma categoria de educação especial que compreendia os TAs como um meio de promover os direitos civis e as proteções da lei (Lyon e Moats, 1997; Zigmond, 1993). Todavia, em muitos sentidos, os TAs têm sido legitimados e codificados na lei com base naquilo que não são, ou seja, por meio de um foco na definição por exclusão. Além disso, o conceito de TAs baseia-se no que hoje já completa um século de tentativas de defini-lo como uma classificação geral, aplicável a um segmento amplo de transtornos da infância envolvendo a aprendizagem (e o comportamento). Somente nos últimos 30 anos, surgiram iniciativas sistemáticas de pesquisa que tornaram realidade o progresso rumo à compreensão das causas, do curso evolutivo, das condições de tratamento e dos resultados a longo prazo dos TAs. Apesar dos grandes avanços na pesquisa, muitas dessas iniciativas não levaram a definições e a intervenções mais precisas para indivíduos com TAs. Entretanto, as revisões na reautorização do IDEA em 2004 podem garantir que as políticas públicas e a prática sejam baseadas em evidências científicas consensuais.

Para que o campo dos TAs venha a progredir e ter resultados positivos, resta-lhe poucas opções. A reificação de pressupostos historicamente infunda-

---

*N. de R. Chamamos a atenção para a língua inglesa, pois o estatuto referido é norte-americano.

dos sobre os TAs que se encaminham para a ruína sob escrutínio científico pode atrapalhar a aplicação do que aprendemos com os significativos avanços que ocorreram na pesquisa nos últimos 30 anos. Isso é uma pena. Os grupos que conseguiram implementar reformas educacionais essenciais legitimando o conceito de TAs e que ajudaram a tornar possível um programa sistemático de pesquisa talvez continuem a defender certos componentes da definição que são ultrapassados, indefensáveis e que não estão alinhados com as pesquisas. Dessa forma, podem estar promulgando práticas de identificação e de intervenção que não sejam efetivas, tornando difícil implementar práticas que emergiram da pesquisa (Fletcher et al., 2003; Lyon et al., 2001). Essas práticas têm o potencial de melhorar alguns dos problemas a longo prazo associados aos TAs (Bruck, 1987; Satz, Buka, Lipsitt e Seidman, 1998; Spreen, 1989).

3

Classificação, definição e identificação dos transtornos de aprendizagem

Nenhuma questão preocupou tanto o estudo dos TAs quanto o problema da definição. Esse problema emergiu nas primeiras tentativas de tratar as TAs por meio das políticas públicas norte-americanas, e a falta de uma definição clara impediu a identificação precisa de crianças e de adultos com necessidade de serviços de educação especial e de outros serviços para pessoas com transtornos. Além disso, essa falta de clareza interferiu na criação de adaptações para os testes de capacidade e aptidão acadêmica, na seleção de sujeitos com TAs para pesquisas, na elegibilidade individual para seguros, na previdência social e em outros direitos, bem como o desenvolvimento de intervenções especializadas. Conforme ilustra o Capítulo 2, a evolução dos TAs em uma entidade que merece atenção especial de políticas públicas e das pesquisas teve muito a ver com as tentativas ocorridas na década de 1960 de definir um grupo de estudantes que apresentavam um desempenho acadêmico baixo e "inesperado". Ao mesmo tempo, essas primeiras iniciativas visavam diferenciar os TAs de seus antecedentes históricos, sintetizados na hipótese da disfunção cerebral mínima (DCM).

Mesmo com mais de um século de tentativas, as questões ligadas à definição permanecem sem ser resolvidas adequadamente, embora tenha havido algum progresso. Não existe melhor espaço para enfatizar as questões de definição que as políticas públicas educacionais. Conforme discutido no Capítulo 2, na reautorização de 2004 da lei Individuals with Disabilities Education (IDEA), a definição de TAs foi debatida calorosamente. Com base em sua revisão das evidências científicas convergentes, tanto a Câmara de Deputados quanto o Senado dos Estados Unidos concordaram em reescrever os estatutos do IDEA para permitir que os estados abandonassem as diretrizes que fundamentavam a identificação dos TAs com base em modelos de aptidão e desempenho, voltando-se para modelos que incorporassem explicitamente a instrução como um componente do processo de elegibilidade. Apesar das evidências em favor dessa mudança nas políticas públicas, houve uma resistência substancial às modificações, da parte de indivíduos e de grupos preocupados que as mudanças na atual prática pudessem levar a uma redução nos serviços para indivíduos com TAs. Como em qualquer mudança nas políticas educacionais, essa resistência não foi inesperada.

No coração do problema da definição, está uma falta de compreensão dos critérios pelos quais os diferentes transtornos são classificados, de modo que as categorias resultantes tenham validade interna e externa. Por essa razão, neste capítulo, abordamos a questão da definição por uma perspectiva de classificação, revisando evidências para a fidedignidade e a validade de quatro modelos diferentes: discrepância entre aptidão-desempenho, desempenho baixo, diferenças intraindividuais e resposta à instrução. Também revisamos as evidências para a validade das diferentes condições de exclusão observadas na maioria das definições de TAs.

A CLASSIFICAÇÃO NA PESQUISA E NA PRÁTICA

O que são classificações?

As classificações são sistemas que permitem que um conjunto maior de entidades seja dividido em subgrupos menores e mais homogêneos, com base em semelhanças e diferenças em atributos que definem aspectos distintos do fenômeno de interesse. Quando as entidades são designadas ou identificadas em subgrupos, o processo representa uma operacionalização das definições que emergem da classificação. O diagnóstico (ou identificação) ocorre quando se usam definições operacionais para determinar a inclusão em um ou mais subgrupos. Esse processo ocorre na biologia, quando as plantas e os animais são divididos em espécies; na medicina, quando as doenças são organizadas em categorias baseadas na etiologia, nos sintomas e nos tratamentos; e nos TAs, quando se determina que os transtornos de uma criança na escola representam um TA, ao contrário de um problema de comportamento, um problema com a linguagem oral ou um retardo mental. Decidir que a criança precisa de intervenções acadêmicas é uma decisão que também reflete uma classificação subjacente (crianças que precisam ou que não precisam de intervenção; Morris e Fletcher, 1988).

Embora a terminologia descreva agrupamentos, estes são definidos como decisões tomadas sobre como os indivíduos se relacionam nas dimensões correlacionadas que definem os subgrupos. As decisões podem parecer arbitrárias e estar sujeitas a erros de mensuração. Assim, é fundamental avaliar formalmente a validade e a fidedignidade do agrupamento. As classificações válidas não existem apenas porque se podem criar subgrupos. Pelo contrário, os subgrupos que formam uma classificação válida podem ser diferenciados segundo as variáveis (isto é, a validade externa) que não são usadas para estabelecer os subgrupos (Skinner, 1981). Todavia, a validade exige evidências de que a classificação não depende do método usado para classificar, pode ser replicada em outras amostras e permite a identificação da maioria das entidades de interesse (isto é, fidedignidade ou validade interna). As classificações fidedignas e válidas facilitam a comunicação, a previsão e o tratamento, embora determinadas classificações possam se aplicar mais a certos propósitos que outras (Blashfield, 1993).

Para os TAs, a classificação ocorre: na identificação de crianças que necessitam de intervenção; como portadoras de transtornos de aprendizagem ou de desempenho típico; como portadoras de transtornos de aprendizagem em vez de retardo mental ou TDAH; e, dentro dos TAs, como prejuízos de leitura ou de matemática. Em virtude dos critérios de exclusão, acredita-se que os TAs representem um subgrupo de pessoas com desempenho baixo *inesperado*. O TA é diferenciado do desempenho baixo *esperado*, que envolve distúrbios emocionais, desvantagens econômicas, diversidade linguística e instrução inadequada (Kavale e Forness, 2000). Esses níveis de classificação representam hipóteses que devem ser avaliadas para verificar a fidedignidade do modelo hipotético e a sua validade em relação a variáveis diferentes das que são usadas para estabelecer a classificação e para dividir os indivíduos em subgrupos.

Por que os TAs são difíceis de definir?

Existem duas questões importantes que tornam os TAs difíceis de definir (Fletcher, Denton e Francis, 2005a; Francis et al., 2005a). A primeira é que, como construto, o TA representa uma variável latente não-observável, que não existe separadamente das tentativas de mensurá-la. Dessa forma, o TA tem o mesmo *status* de outros construtos não-observáveis, como o QI, o desempenho ou o TDAH. A segunda envolve a natureza dimensional dos TAs (isto é, a observação comum de que os traços que representam TAs existem em um *continuum* e não representam categorias discretas; Ellis, 1984).

O TA é um construto não-observável

No Capítulo 2, mencionamos o construto latente que representa os TAs, citando as tentativas de identificar um grupo de crianças com desempenho inferior mesmo na ausência de circunstâncias que causem esse baixo desempenho. Essas iniciativas representam tentativas de avaliar o *desempenho inesperadamente baixo*, que geralmente é conceituado como indivíduos que não conseguem aprender as habilidades acadêmicas, mesmo na ausência de causas conhecidas para o desempenho inferior (transtorno sensorial, retardo mental, distúrbios emocionais, desvantagens econômicas, diversidade linguística, instrução inadequada).

Muitas iniciativas de definição e de identificação foram tentativas de medir esse atributo, que simboliza o construto do TA. A principal abordagem para a identificação dos TAs é a mensuração da desigualdade entre o desenvolvimento acadêmico e o cognitivo como indicador do caráter "inesperado" dos TAs, juntamente com a exclusão de outras causas que poderiam justificar um baixo desempenho. Dessa forma, o interesse das discrepâncias entre aptidão e desempenho está na tarefa relativamente simples de avaliar o QI e o desempenho acadêmico para determinar se existe alguma discrepância entre os dois domínios. Se o escore em um teste de desempenho for significativamente inferior ao obtido em uma medida do QI, acredita-se que os transtornos de aprendizagem de fato são inesperados, pois o escore de QI é considerado uma medida do "potencial de aprendizagem", e as discrepâncias ocorrem apenas quando as exclusões tiverem sido eliminadas.

Infelizmente, as evidências para essa hipótese são fracas e a medição do desempenho inesperadamente baixo não é uma tarefa simples. Qualquer tentativa de mensuração será imperfeita e inconsistente por conta de diferenças na maneira como essa variável latente não-observável é mensurada, levando a diferenças em quem é identificado como portador de um TA. Podemos observar o que é mensurado, como os processos de leitura, de matemática e/ou cognitivos. Cada uma dessas medidas observáveis indica, ainda que de maneira imperfeita, a variável latente do TA. A mensuração é imperfeita porque nenhuma medida única consegue compreender todos os componentes do construto, e cada medida contém uma certa quantidade de erro. A questão crítica é o efeito dessas mensurações imperfeitas sobre a fidedignidade e a validade da classificação geral, que é a base para identificar os TAs. Essa é a essência da pesquisa em classificação.

Os TAs são dimensionais

A segunda questão é a natureza dimensional dos TAs. A maior parte da pesquisa sobre os TAs, particularmente aquelas que afetam a leitura, mostra que eles ocorrem ao longo de um *continuum* de gravidade, em vez de se apresentarem como uma categoria dicotômica explícita, delineada por pontos de corte claros na distribuição do desempenho. Os indicadores psicométricos dos TAs, assim como os escores em testes de desempenho, parecem ter distribuição normal na maioria dos estudos populacionais (Jorm, Share, Matthews e Matthews, 1986; Mewis, Hitch e Walker, 1994; Rodgers, 1983; Shalev, Auerbach, Manor e Gross-Tsur, 2000; S. E. Shaywitz, Escobar, B. A. Shaywitz, Fletcher e Makuch, 1992; Silva, McGee e Williams, 1985). Essa conclusão é controversa. Alguns estudos de crianças com TAs em leitura sugerem que a distribuição de escores de testes de desempenho não é normal e identificaram um ponto de corte natural, onde se pode identificar uma distribuição separada de leitores fracos sem dislexia (Miles e Haslum, 1986; Rutter e Yule, 1975; Wood e Grigorenko, 2001). Nos estudos de Rutter e Yule (1975), a distribuição separada, ou "pico", foi atribuída a um teto inadequado no teste de leitura (van der Wissell e Zegers, 1985) e à inclusão de um grande número de crianças com lesão cerebral e com QIs na faixa deficiente (Fletcher et al., 2002). Os estudos de Miles e Haslum (1986) e Wood e Grigorenko (2001) não fornecem detalhes suficientes para uma avaliação de seus resultados. Assim, a maioria dos estudos sustenta a afirmação de Stanovich (1988) de que os TAs ocorrem ao longo de um *continuum* de capacidade de leitura e que se assemelham aos transtornos médicos que ocorrem ao longo de um *continuum*, como a hipertensão e a obesidade (Ellis, 1984; S. E. Shaywitz, 2004).

Os estudos que defendem a natureza dimensional dos TAs condizem com outros que aplicam métodos da genética comportamental, que não identificaram constelações genéticas qualitativamente diferentes associadas à herdabilidade dos transtornos da leitura e da matemática (Fisher e DeFries, 2002; Grigorenko, 2001, 2005; Plomin e Kovas, 2005). Como são traços dimensionais que ocorrem em um *continuum*, não seria de esperar que houvesse pontos de corte naturais que diferenciassem indivíduos com TAs de indivíduos que apresentam desempenho fraco mas que não são identificados com TAs, pois a distribuição é um simples *continuum* de gravidade (Saywitz et al., 1992).

Se lidarmos simplesmente com os níveis médios de desempenho de grupos com e sem TAs, como na pesquisa, a natureza dimensional dos TAs (e a imperfeição de medições do construto) não seria um grande problema, pois os erros de avaliação seriam refletidos na variabilidade em torno da média. Todavia, é necessário identificar indivíduos com e sem TAs (e raramente falamos de graus de TA, exceto em termos da gravidade, que também é um conceito contínuo), tornando necessário categorizar quais são as distribuições inerentemente normais de um atributo que serve como indicador de TA (p. ex., leitura ou matemática).

Na pesquisa, o TA costuma ser definido segundo um ponto de corte (p. ex., leitura abaixo do 20º percentil), e os estudantes com escores abaixo desse ponto são agrupados no "grupo com TA", enquanto aqueles acima desse ponto são categorizados como o "grupo sem TA". As políticas públicas norte-americanas aplicaram esse procedimento às escolas, estipulando o uso de definições baseadas em aptidão-desempenho, que fizeram certos estados estabelecer pontos de corte na distribuição bivariada do QI e do desempenho. O uso de um ponto de corte, particularmente quando o escore não é referenciado por critérios e as distribuições dos escores foram normalizadas, se torna um grande problema quando o atributo em questão é contínuo. O problema ocorre em parte por causa do erro de medição do teste usado. Devido ao erro de medição, qualquer ponto de corte levará a uma instabilidade na identificação de indivíduos específicos para a categoria. Os escores oscilarão em torno do ponto de corte a cada novo teste, mesmo para uma decisão tão direta quanto a demarcação do desempenho baixo ou de retardo mental (Francis et al., 2005a). Essa flutuação não resulta da repetição do teste, e não é questão de selecionar o ponto de corte ideal. Dito de modo simples, *nenhum* escore capta perfeitamente a capacidade de um aluno em um determinado domínio e em um dado momento. Portanto, na identificação de TAs, é comum adicionarem-se outros critérios, como a ausência de outros transtornos que causem o baixo desempenho, para tentar aumentar a precisão da avaliação do construto latente.

A subdivisão de uma distribuição normal para criar grupos foi criticada na literatura da avaliação (Cohen, 1983). A estrutura dos grupos geralmente é arbitrária quando as distribuições são dimensionais, e pode limitar a variabilidade dentro dos grupos e reduzir a faixa de avaliação. Desse modo, a subdivisão distorce a importância relativa das dimensões subjacentes ao desempenho em outras medidas, levando a um poder menor em comparações estatísticas, além de resultados imprecisos devido à ausência de correlação entre dimensões diferentes. Como os indivíduos em torno do ponto de corte são semelhantes, o erro ao seu redor não é uma questão importante. A quantidade de erro referente ao ponto de corte pode influenciar o tamanho de efeito, mas essa questão também envolve as correlações entre as variáveis dependentes e independentes. Se o tamanho de efeito for o principal foco da pesquisa, existe pouca razão para usar uma subdivisão do atributo avaliado, e qualquer questão deve ser abordada com métodos de correlação (Stuebing et al., 2002). Todavia, é necessário determinar a gravidade do TA para identificar indivíduos em necessidade de serviços, de adaptações e de melhor tratamento da sociedade. Portanto, os TAs não podem ser definidos unicamente com base em pontos de corte em procedimentos psicométricos, particularmente quando o atributo é avaliado apenas uma vez, o que aumenta o efeito do erro de medição (Francis et al., 2005a).

Muitas das questões que envolvem modelos diferentes para identificar crianças com TAs refletem confusão sobre a relação entre classificação, definição e identificação. A relação é inerentemente hierárquica, no sentido de que as definições derivadas de uma classificação produzem critérios para identificar indivíduos nos subcomponentes da classificação. As definições dos TAs originam-se de uma classificação geral de transtornos da infância, que diferencia os TAs do retardo mental e de vários transtornos do comportamento, como o TDAH. Essa classificação produz definições e critérios baseados em atributos que diferenciam os TAs do retardo mental e do TDAH. Esses critérios podem ser usados para identificar crianças como membros de diferentes subgrupos dentro do modelo de classificação.

MODELOS DE CLASSIFICAÇÃO PARA TAS

No restante deste capítulo, abordamos a fidedignidade e a validade dos quatro principais modelos propostos para a identificação de indivíduos com TAs: (1) discrepância entre aptidão e desempenho; (2) desempenho baixo; (3) diferenças intraindividuais; e (4) resposta à instrução. Na avaliação desses modelos, pressupomos que uma classificação válida deve identificar indivíduos que representem um subgrupo com desempenho baixo e inesperado. O padrão de diferenças entre aqueles que apresentam desempenho baixo identificados ou não com transtornos de aprendizagem em cada modelo deve levar a um conjunto único de características nos indivíduos que são identificados como tal. Uma avaliação da validade da classificação deve determinar o quanto a definição produz um grupo singular de indivíduos com desempenho baixo quando se usam variáveis que não fazem parte da abordagem de identificação.

A discrepância entre a aptidão e o desempenho

Embora a abordagem mais comum para determinar a discrepância entre a aptidão e o desempenho seja identificar uma discrepância entre os resultados de um teste de QI e de um teste de desempenho, não existe consenso em relação a quais testes de QI e de desempenho devem ser usados. Inicialmente, concentramo-nos nas discrepâncias entre uma medida composta do QI e o desempenho em leitura, geralmente a leitura de palavras. Depois disso, revisamos questões relacionadas com o uso proposto de uma medida do QI verbal, uma medida do QI não-verbal e uma medida de outro fator, como a compreensão auditiva. Também revisamos outros domínios que não envolvem necessariamente os TAs, mas para os quais foram propostos modelos semelhantes. Nosso foco é verificar se as variáveis externas validam a classificação proposta.

Antes de considerarmos as pesquisas sobre essas diferentes abordagens, é importante observar que o uso de uma medida de aptidão pressupõe que esses testes avaliam, até um certo grau, a capacidade da pessoa de aprender. Essa é uma premissa que tem origem no início do desenvolvimento dos testes de QI e que tem sido debatida desde a sua criação (Kamin, 1974). Uma revisão desse debate vai além dos limites deste livro, mas deve-se dizer que essa premissa está implícita no uso de qualquer medida da aptidão e que é bastante questionada. Conforme disse Cyril Burt (1937, p.77): "a capacidade obviamente deve limitar o conteúdo. Uma jarra de um litro não pode conter mais de um litro de leite, assim como as realizações educacionais de uma criança não podem superar a sua capacidade de aprender". Essa visão da avaliação da aptidão, na qual o QI limita o potencial de aprendizagem da criança, foi chamada de pensamento *"Milk and jug"** (Share, McGee e Silva, 1989), devido ao pressuposto não-comprovado de que o QI estabelece um limite máximo para os resultados educacionais.

Correlatos cognitivos comportamentais de desempenho e da discrepância em QI

Nos últimos 20 anos, as pesquisas tentaram a estabelecer se variáveis cognitivas, comportamentais e do desempenho podem diferenciar as crianças com discrepância entre QI e o desempenho acadêmico daquelas com desempenho baixo. De um modo geral, esses estudos, revisados por Aaron (1997), Siegel (1992), Stuebing e colaboradores (2002) e Stanovich (1991), mostram diferenças pequenas – mas significativas – entre crianças com discrepâncias entre o QI e o desempenho com pouca habilidade em leitura e crianças sem a discrepância, mas com problemas iguais em leitura. Contudo, o mais importante não é se esses grupos de crianças são diferentes, mas o quanto eles diferem e se as diferenças são significativas.

---

* N. de R. T. Pensamento "leite e jarra".

Duas metanálises sintetizaram as pesquisas sobre os correlatos cognitivos em leitores fracos definidos de maneiras variadas em dois grupos: com a presença da discrepância entre o QI e o desempenho, e sem a discrepância. No primeiro estudo metanalítico, Hoskyn e Swanson (2000) codificaram 19 estudos que satisfaziam critérios rigorosos para o QI e o desempenho. Os autores calcularam os tamanhos de efeito dos estudos que compararam as habilidades cognitivas em grupos de crianças com poucas habilidades de leitura que diferiam em relação à presença de uma discrepância significativa entre o QI e o desempenho acadêmico. A convenção é conceituar o tamanho de efeito em efeitos pequenos, médios e grandes (Cohen, 1983). Uma diferença de zero no tamanho de efeito indica uma sobreposição completa entre os dois grupos. Tamanhos de efeito de 0,20 são considerados pequenos, enquanto aqueles acima de 0,50 são considerados médios e os acima de 0,80 são considerados grandes.

A Figura 3.1 mostra o tamanho de efeito médio e os intervalos de confiança para oito domínios representativos. Um tamanho de efeito positivo indica que um grupo com discrepância entre QI e desempenho tinha escores médios maiores, ao passo que um tamanho de efeito negativo indica escores médios mais baixos para o grupo de desempenho baixo. A Figura 3.1 mostra diferenças de desprezíveis a pequenas para medidas da leitura de palavras reais (-0,02), rapidez (0,05) e memória (0,12), efeitos pequenos para fonologia (0,27) e leitura de pseudopalavras (0,29), mas diferenças maiores em medidas de vocabulário (0,55) e de sintaxe (0,87). Os autores concluíram que a maioria das habilidades cognitivas avaliadas na metanálise, especialmente aquelas relacionadas intimamente com a leitura, apresenta uma sobreposição considerável entre os dois grupos, levando-os a questionar a validade da discrepância entre o QI e o desempenho. Essa sobreposição ocorreu apesar da tentativa de Hoskyn e Swanson (2000) de selecionar estudos em que o desempenho baixo estivesse associado a escores baixos de QI. Alguns estudos incluíram crianças com QI na faixa deficiente.

No segundo estudo, Stuebing e colaboradores (2002) sintetizaram 46 estudos que compararam grupos compostos de leitores fracos que satisfaziam os critérios explícitos para a discrepância entre o QI e o desempenho ou para baixo desempenho sem a discrepância. Os 46 estudos satisfaziam diversos critérios para inclusão e exclusão, mas eram mais liberais que os analisados por Hoskyn e Swanson (2000), especialmente por permitirem uma variação nos escores de QI em ambos os grupos. Os critérios mais importantes exigidos foram (1) critérios de discrepância explícitos para formar o grupo discrepante e (2) uma indicação de que o grupo sem discrepância e de baixo desempenho não continha indivíduos que poderiam ter uma discrepância entre o QI e o desempenho ou um desempenho atípico em leitura. As variáveis usadas para formar grupos não foram usadas para estimar os tamanhos de efeito para avaliar a validade, pois as definições garantiram a presença de grandes diferenças grupais nessas variáveis. Além dos tamanhos de efeito na habilidade cognitiva,

Stuebing e colaboradores (2002) também avaliaram os domínios do desempenho e do comportamento. Os tamanhos de efeito agregados foram desprezíveis para os domínios do comportamento (-0,05, intervalo de confiança de 95% = -0,14, 0,05) e do desempenho (-0,12, intervalo de confiança de 95% = -0,16, -0,07). Uma diferença pequena em tamanho de efeito foi observada para o domínio da habilidade cognitiva (0,30, intervalo de confiança de 95% = 0,27, 0,34), com escores maiores no grupo com discrepância entre o QI e o desempenho. Todavia, a significância dessa diferença é questionável, pois esse grupo tinha escores de QI com uma média de um desvio padrão acima dos do grupo com desempenho baixo e sem a discrepância.

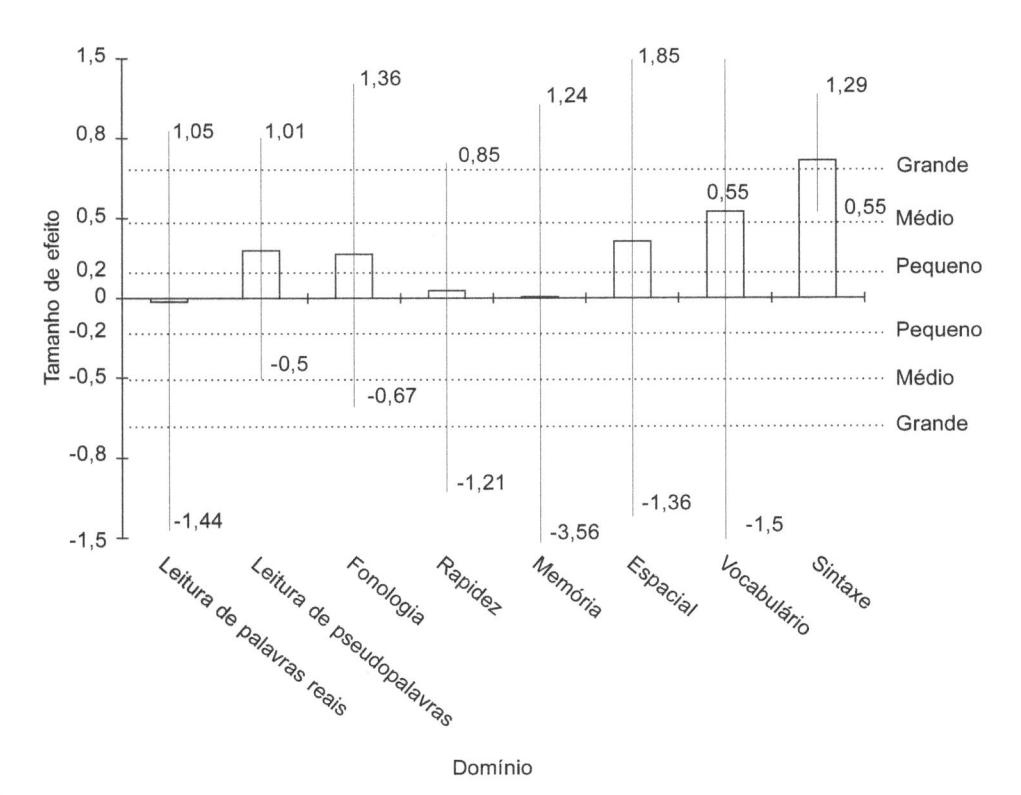

FIGURA 3.1 Tamanhos de efeitos e intervalos de confiança de 95% para domínios selecionados, a partir de Hoskyn e Swanson (2000). O tamanho de efeito é representado pela caixa e o intervalo de confiança pelas linhas em ambos os lados da caixa. Um tamanho de efeito de zero indica sobreposição total entre os grupos. Tamanhos de efeito de 0,2 são considerados pequenos, de 0,5 são considerados médios e de 0,8 são considerados grandes.

Quando o domínio do desempenho foi decomposto com base nas evidências estatísticas de heterogeneidade e nas estimativas do tamanho de efeito (Figura 3.2), os testes que envolviam a leitura de palavras reais (-0,25) e de pseudopalavras (-0,23), leitura oral (-0,25) e ortografia (-0,31) apresentaram tamanhos de efeito pequenos, indicando um desempenho fraco para o grupo com discrepância entre o QI e o desempenho. Os testes que envolviam a compreensão leitora (-0,04), conceitos matemáticos (0,03), cálculos matemáticos (0,06) e escrita (-0,08, não apresentado na Figura 3,2) produziram tamanhos de efeito desprezíveis. Como muitos testes usam o reconhecimento de palavras como medida da capacidade fraca de leitura, os tamanhos de efeito para a leitura de palavras reais, para a ortografia e para a leitura oral talvez reflitam sua semelhança com os testes usados para definir a leitura fraca em outros estudos.

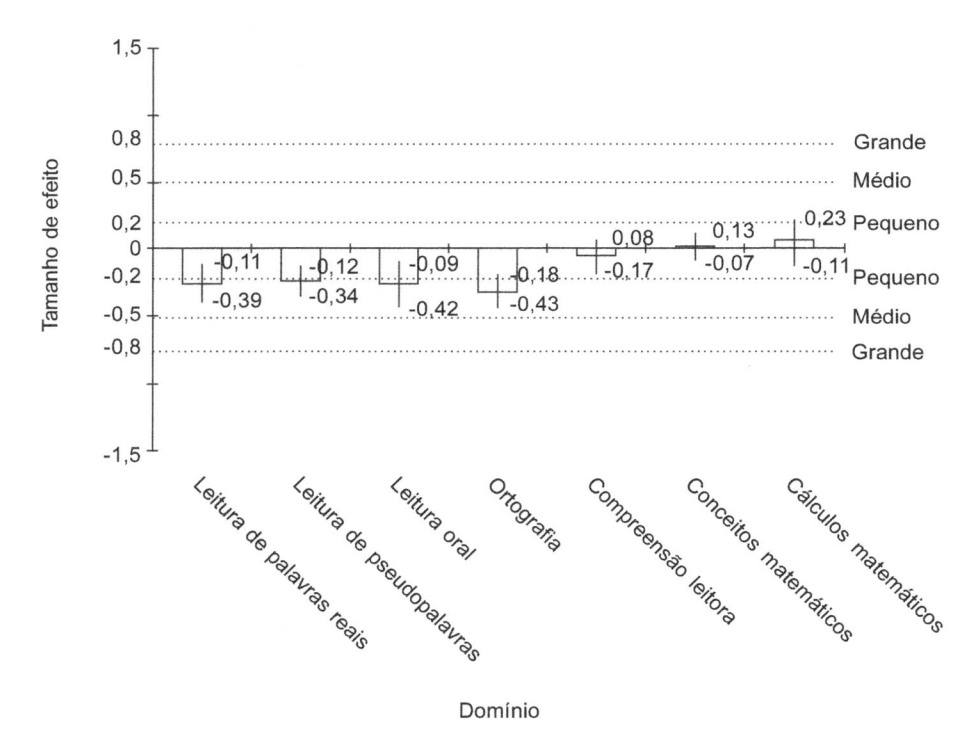

FIGURA 3.2 Tamanhos de efeitos e intervalos de confiança de 95% para domínios acadêmicos em Stuebing e colaboradores (2002). O tamanho de efeito é representado pela caixa e o intervalo de confiança pelas linhas em ambos os lados da caixa. Um tamanho de efeito de zero indica sobreposição total entre os grupos. Tamanhos de efeito de 0,2 são considerados pequenos, de 0,5 são considerados médios e de 0,8 são considerados grandes.

A Figura 3.3 resume os tamanhos de efeito para testes no domínio cognitivo. Como na metanálise de Hoskyn e Swanson (2000), as habilidades cognitivas relacionadas com a leitura não diferenciaram os dois grupos com leitura fraca: consciência fonológica (-0,13), nomeação rápida (-0,12), memória verbal (0,10) e vocabulário (0,10). Assim, as habilidades cognitivas básicas que estão mais relacionadas com os transtornos da leitura (ver Capítulos 5 a 7) não discriminam significativamente as crianças com discrepância entre o QI e o desempenho de crianças com desempenho baixo e sem a discrepância. Como não é de surpreender, já que essas medidas são semelhantes às usadas para definir os grupos, as medidas do QI que não são usadas para definir os grupos apresentaram tamanhos de efeito médios ou grandes (faixa 0,60 - 1,01). As medidas das habilidades cognitivas que envolvem habilidades espaciais (0,43) e a sintaxe (0,72) e outros domínios que não aparecem na Figura 3.3 produziram

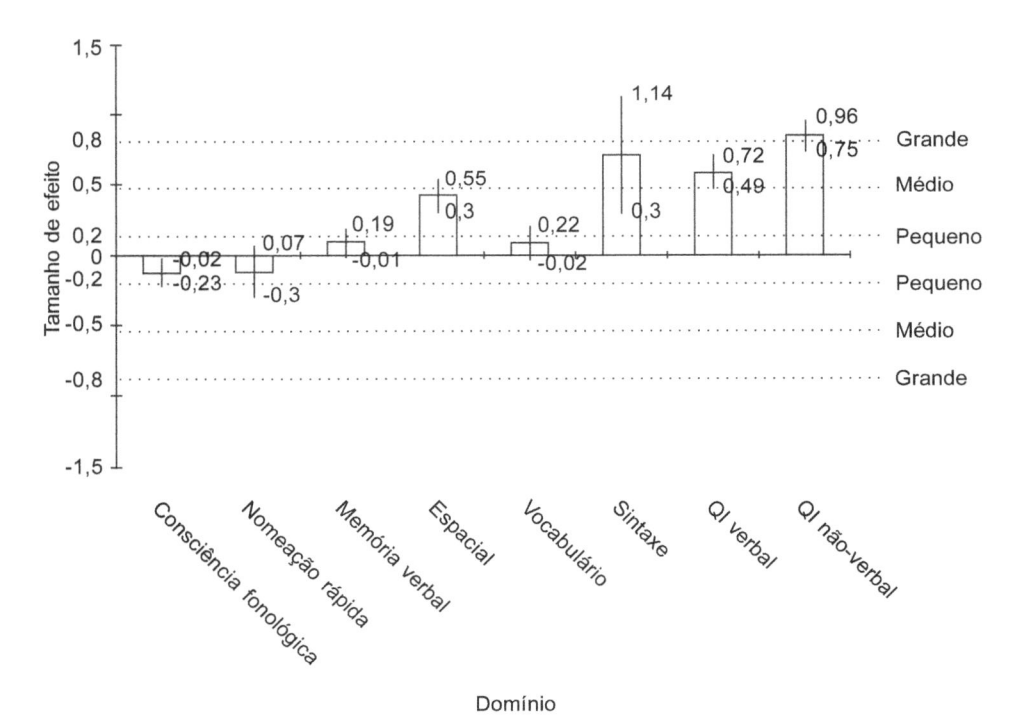

FIGURA 3.3 Tamanhos de efeitos e intervalos de confiança de 95% para habilidades cognitivas, a partir de Stuebing e colaboradores (2000). O tamanho de efeito é representado pela caixa e o intervalo de confiança pelas linhas em ambos os lados da caixa. Um tamanho de efeito de zero indica sobreposição total entre os grupos. Tamanhos de efeito de 0,2 são considerados pequenos, de 0,5 são considerados médios e de 0,8 são considerados grandes.

tamanhos de efeito pequenos ou médios, demonstrando um desempenho melhor para o grupo com a discrepância. Esses testes são semelhantes aos usados em muitos testes de QI. O resultado encontrado para a sintaxe em ambos os estudos baseia-se em um pequeno número de comparações.

Outras análises indicam que o tamanho de efeito em diferentes estudos pode ser previsto pelos testes de QI e de leitura usados para definir os grupos. Em outras palavras, a variação da amostragem entre os estudos explica as diferenças observadas no tamanho de efeito. Seguindo o caminho de outros pesquisadores (Hoskyn e Swanson, 2000; Siegel, 1992; Stanovich e Siegel, 1994; Sternberg e Grigorenko, 2002), Stuebing e colaboradores (2002) concluíram que as classificações de TAs baseadas na discrepância entre o QI e o desempenho acadêmico têm pouca validade. A diferença é que essa conclusão baseia-se em uma síntese com base em pesquisas científicas – e não em um único estudo ou revisão de estudos.

Desenvolvimento e prognóstico

Existem poucas evidências de que o desenvolvimento a longo prazo das habilidades de leitura em crianças com uma discrepância entre o QI e o desempenho acadêmico seja diferente do de crianças que apresentam desempenho fraco mas não a discrepância. Em um estudo, Rutter e Yule (1975) observam que as crianças do primeiro grupo apresentaram um desenvolvimento mais rápido de suas habilidades em leitura e em ortografia do que as do segundo grupo. Todavia, as habilidades ortográficas e de leitura das crianças de baixo desempenho mas sem a discrepância foram inferiores na medida inicial. Como as crianças não foram divididas aleatoriamente entre os dois grupos, os maiores avanços podem refletir uma regressão à média. Em um estudo subsequente com uma grande coorte longitudinal na Nova Zelândia, Share e colaboradores (1989) tentaram replicar essas observações usando definições semelhantes e metodologias alternativas que testassem a relação entre o QI e o desempenho em leitura ao longo do tempo. Os autores não encontraram nenhuma relação entre o QI e o desempenho em leitura nas faixas etárias de 7, 9, 11 e 13 anos. Além disso, os escores de QI não foram indicativos de mudanças nas habilidades de leitura ao longo do tempo. Share e colaboradores (1989) concluíram que o QI não é uma variável explicativa relevante para prever o desenvolvimento de crianças com transtornos da leitura.

Francis, Shaywitz, Stuebing, Shaywitz e Fletcher (1996) analisaram a questão do prognóstico usando dados do Connecticut Longitudinal Project (Shaywitz et al., 1992, 1999). Crianças da 3a série do ensino fundamental com baixo desempenho na leitura foram divididas em dois grupos, aquelas que apresentavam uma discrepância entre o QI e o desempenho e aquelas que não apresentavam essa discrepância. Os autores compararam o crescimento das habilidades de leitura, usando avaliações anuais de leitura da 1ª à 9ª série. Os resultados, apresentados na Figura 3.4 até o 3º ano do ensino médio (Shaywitz et al., 1999), não mostram diferenças entre os dois grupos com transtornos da leitura na taxa de crescimento ao longo do tempo ou no nível de habilidade em leitura em qualquer idade, apesar do escore de QI ser 18 pontos em média maior para o grupo discrepante. Shaywitz e colaboradores (1999) relataram que mais de 70% dos que liam mal na 3ª série também liam mal no 3º ano do ensino médio, apesar do fato de que muitas dessas crianças receberam atenção especial, por meio de educação especial e de outros recursos. Outros estudos longitudinais também não encontraram diferenças no prognóstico de longo prazo (Flowers, Meyer, Lovato, Wood e Felton, 2001) ou nos precursores da baixa capacidade de leitura (Wristers, Francis, Foorman, Fletcher e Swank, 2002) em comparações de leitores fracos definidos como discrepantes ou de baixo desempenho sem a discrepância.

Resultados de intervenções

Diversos estudos analisaram os resultados de intervenções de leitura em relação a diferentes índices de QI ou a discrepâncias entre o QI e o desempenho. Aaron (1997) revisou estudos que faziam comparações entre grupos de-

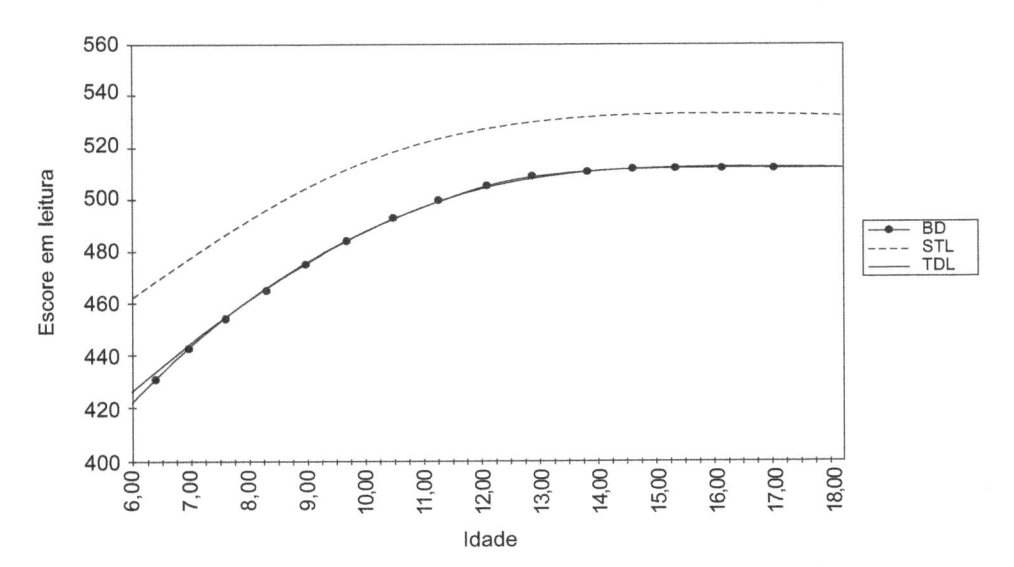

FIGURA 3.4 Crescimento das habilidades de leitura em crianças no ensino fundamental e médio no Connecticut Longitudinal Study, com base no grupo de leitura de Woodcock-Johnson. As crianças foram identificadas na 3ª série como: "sem comprometimento da leitura (STL); com transtornos da leitura segundo uma discrepância de 1,5 erro padrão entre o QI e o desempenho em leitura (TLD); ou com desempenho baixo em leitura sem discrepância (25º percentil; BD). Não há diferença no crescimento de longo prazo dos grupos TDL e BD. A partir de Fletcher e colaboradores (2002, p. 192).

finidos como portadores de discrepância entre QI e desempenho ou com baixo desempenho mas sem a discrepância. O autor mostra que ambos grupos fizeram pouco progresso no desenvolvimento da capacidade de ler, mesmo com o uso de uma série de adaptações. Estudos mais recentes analisaram explicitamente essa hipótese em intervenções de remediação ou de prevenção. A maioria dos estudos não identifica uma relação forte, particularmente uma interação que demonstraria efeitos diferenciais da intervenção entre os níveis de QI (Foorman et al., 1997; Foorman, Francis, Fletcher, Schatschneider e Mehta, 1998; Hatcher e Hulme, 1999; Mathes et al., 2005; Stage, Abbott, Jenkins e Berninger, 2003; Torgesen et al., 1999, 2001; Vellutino, Scanlon e Lyon, 2000; Vellutino, Scanlon, Small e Faneule, 2006). Uma exceção foi um estudo de remediação com crianças com transtornos da leitura da 2ª à 5ª séries (Wise, Ring e Olson, 2000). Nesse estudo, o QI Total previu em torno de 5% da variância nos resultados em uma medida da leitura de palavras, mas seu efeito não foi observado em outras medidas da leitura de palavras ou em avaliações da capacidade de processamento fonológico. Sintetizando os resultados de seu estudo da discrepância entre o QI e o desempenho e os resultados para a leitura, Vellutino e colaboradores (2000, p. 235) concluíram que

> a discrepância entre o QI e o desempenho não distingue de maneira segura os leitores com transtornos de leitores que não possuem transtornos. Também não distingue crianças difíceis de remediar e crianças que são remediadas facilmente antes do início da remediação e não prevê a resposta à remediação.

Alguns desses estudos mostram que os níveis de QI preveem os resultados para a compreensão leitora (Wise et al., 2000; Fletcher e Hulme, 1999; Torgesen, Wagner e Rashotte, 1999). Todavia, os subtestes que formam uma escala de QI Verbal representam um fator de compreensão verbal geral, relacionado intimamente com o vocabulário (Fletcher et al., 1996a; Sattler, 1993; Share, Jorm, MacLean e Matthews, 1984). Como o vocabulário é um componente do QI e está correlacionado às habilidades de compreensão leitora, não é de surpreender que o QI Verbal preveja a compreensão leitora. Todavia, o construto relevante não é o QI, mas o vocabulário (Sternberg e Grigorenko, 2002). Considere que, se as medidas do processamento fonológico forem incluídas como subtestes do QI, é improvável que qualquer criança com problemas com o reconhecimento de palavras satisfaça a definição da discrepância entre QI e desempenho, pois o QI dessa criança, em média, seria muito mais baixo.

Fatores neurobiológicos

A hipótese da discrepância entre o QI e o desempenho foi abordada explicitamente na pesquisa sobre fatores genéticos em TAs e implicitamente na pesquisa com neuroimagem. Pennington, Gilger, Olson e DeFries (1992) usaram uma amostra de gêmeos para criar um grupo sem transtornos e três grupos com transtorno da leitura: um grupo com uma discrepância entre o QI e o desempenho, um sem essa discrepância e um grupo misto. Pennington e colaboradores não encontraram evidências de uma etiologia genética diferencial baseada no tipo de definição. Em um estudo subsequente de um grupo do Colorado com uma amostra maior, Wadsworth, Olson, Pennington e DeFries (2000) subdividiram pares de gêmeos com e sem transtornos da leitura segundo escores de QI superiores (> 100) ou inferiores (< 100). Embora a herdabilidade geral das habilidades de leitura tenha sido de 0,58, as crianças com transtorno da leitura e com escores inferiores de QI tiveram uma estimativa de herdabilidade de 0,43 comparada a 0,72 para o grupo de QI superior. Porém, essas diferenças estatisticamente significativas na herdabilidade são pequenas e Wadsworth e colaboradores (2000) necessitaram de quase 400 pares para detectar a diferença.

Também existem estudos de crianças com transtorno da leitura que utilizam métodos de imagem funcional, como imagem de ressonância magnética funcional (IRMf) e imagem de fonte magnética (MSI) (ver Capítulo 5). Embora nenhum estudo tenha uma amostra suficientemente grande para comparar crianças que leem mal com e sem discrepâncias entre o QI e o desempenho, é importante observar que nenhum estudo envolve apenas crianças com a discrepância. Esses estudos não apresentam evidências de que esses dois grupos de crianças tenham diferentes perfis de neuroimagem. Em particular, os estudos que permitem a análise dos perfis individuais de ativação cerebral, especialmente com imagem de fonte magnética, não apresentam diferenças em mapas cerebrais de maus leitores com e sem discrepâncias entre o QI e o desempenho.

Abordagens alternativas para a discrepância entre a aptidão e o desempenho

Quais são as melhores medidas para a aptidão, os índices do QI ou avaliações da compreensão leitora? Alguns autores defendem o uso de medidas do QI não-verbal (p. ex., escala de execução) pois esse tipo de medida é menos confundida pela linguagem, e muitos estudantes com TAs têm dificuldades linguísticas. Acredita-se que os escores em medidas do QI não-verbal revelem melhor a aptidão de um estudante para aprender (Perfetti, 1985; Rutter e Yule, 1975). De maneira alternativa, Hessler (1987) e Berninger e colaboradores (2003a) sugerem que uma medida verbal do QI avaliaria melhor a aptidão, pois a dificuldade para aprender a ler representaria uma discrepância relacionada com o potencial linguístico. Aqui, a distinção é essencialmente entre estudantes que não aprendem a ler, apesar de terem habilidades verbais adequadas, e aqueles cujas dificuldades em leitura fazem parte de uma constelação de problemas linguísticos. Finalmente, outros autores argumentam que uma medida da compreensão oral/auditiva seria um índice melhor da aptidão para aprender a ler, pois uma dificuldade em leitura deveria representar uma discrepância entre a compreensão oral/auditiva e a compreensão leitora (Spring e French, 1990).

Não existem evidências em favor de uma maior validade para essas abordagens. Fletcher e colaboradores (2005a) sintetizaram as evidências relacionadas com abordagens alternativas para operacionalizar a aptidão e o desempenho de estudantes que são leitores fracos e encontraram tamanhos de efeitos desprezíveis a pequenos entre as medidas. Por exemplo, em Fletcher e colaboradores (1994), os tamanhos de efeito em relação ao reconhecimento de palavras foram de 0,14 para o QI Total e o QI Verbal, e de 0,22 para o QI de execução. Stanovich e Siegel (1994) encontraram diferenças pequenas e inconsistentes em medidas cognitivas, principalmente fora do domínio linguístico, com base no uso do QI Verbal, em comparação com o QI de execução. Como Aaron, Kuchta e Grapenthin (1988), Fletcher e colaboradores (1994) encontraram diferenças pequenas entre leitores fracos com e sem a discrepância, com base em uma discrepância entre a compreensão auditiva e a compreensão leitora (tamanho de efeito = 0,20). Badian (1999) mostra que essas definições foram instáveis ao longo do tempo.

A discrepância entre o QI e o desempenho nos transtornos da matemática

Fletcher (2005) comparou grupos de crianças com baixo desempenho em matemática com e sem a presença da discrepância entre QI e desempenho e que não apresentavam evidências de problemas com o reconhecimento de palavras. As análises envolveram variáveis cognitivas como a atenção, a linguagem, a resolução de problemas, a formação de conceitos e o processamento visuoespacial. Os resultados mostram que o grupo discrepante apresentou níveis maiores de desempenho em todas as variáveis. O grupo sem discrepância que tinha desempenho baixo em matemática foi notavelmente mais fraco em vocabulário, apesar de ter habilidades médias em leitura. A questão crítica, como para os transtornos da leitura, não é que os grupos diferem. As diferenças no nível de desempenho são esperadas, pois os grupos são definidos com testes de QI. Um grupo tinha escores maiores de QI, e o QI apresentou correlação moderada a alta com cada uma das medidas usadas para avaliar as crianças (p. ex., vocabulário). Mais significativo é o *padrão* (forma) das diferenças entre os grupos. Um teste dos perfis para as diferenças em padrão não produziu uma diferença estatisticamente significativa, e o tamanho de efeito foi desprezível (0,06). Conforme mostramos na área da leitura (Fletcher et al., 1994), eliminar a variabilidade devido a uma diferença em vocabulário – um substituto para o QI em muitos estudos – elimina a maior parte das diferenças no nível do desempenho observadas entre os dois grupos em matemática. As diferenças parecem resultar das definições, e os correlatos do desempenho fraco em matemática não parecem variar quando se levam em conta as diferenças induzidas pela definição. As diferenças em vocabulário entre indivíduos com discrepância entre o QI e o desempenho e indivíduos sem discrepância e com desempenho baixo em matemática e em leitura provavelmente refletem uma correlação maior entre a leitura e o vocabulário do que entre o vocabulário e a matemática. Mazzocco e Myers (2003) também encontraram pouca validade para o uso da discrepância entre o QI e o desempenho ao definirem TAs em matemática.

O QI e os transtornos da compreensão leitora

O papel do QI na definição do subgrupo da compreensão leitora é diferente em estudos de indivíduos com pouca compreensão e em estudos de indivíduos com dislexia. Existem poucos estudos que usam discrepâncias entre o QI e o desempenho para definir grupos com pouca compreensão. Assim, a questão do QI ou da discrepância entre o QI e o desempenho tem pouco impacto nas pesquisas sobre transtornos da compreensão leitora. Alguns estudos da compreensão leitora usam o QI como medida de resultado ou covariável, em vez de um critério de inclusão para identificar o transtorno. Por exemplo, crianças com determinadas dificuldades em compreensão leitora apresentam habilidades fonológicas e inteligência não-verbal semelhante às de crianças com desempenho típico, mas seus QIs verbais são inferiores (p. ex., Stothard e Hulme, 1996). Essas observações sugerem que existem dificuldades mais gerais no processamento verbal por trás dos transtornos da compreensão leitora de certas crianças com boa decodificação mas pouca compreensão, enfatizando os problemas que surgiriam se o QI fosse controlado em estudos de indivíduos com pouca compreensão. Como as medidas do vocabulário e outras medidas lexicais estão relacionadas com a compreensão leitora e o QI verbal, os escores verbais inferiores não são uma surpresa (Fletcher et al., 1996a). Todavia, em um estudo recente de leitores com desempenho típico, o QI verbal explicou apenas uma pequena quantidade da variabilidade em habilidades de compreensão leitora (Oakhill, Cain e Bryant, 2003). Após as habilidades intelectuais verbais serem explicadas em diferentes modelos, a variação significativa na compreensão foi prevista pelas habilidades de integração do texto, pelo monitoramento metacognitivo e pela memória de trabalho.

A discrepância entre QI e desempenho e os transtornos da fala e da linguagem

A definição federal para TA compreende os transtornos da expressão oral e da compreensão oral/auditiva. Esses transtornos também podem ser representados como transtornos da linguagem expressiva e receptiva, que constituem uma categoria distinta em educação especial, segundo o IDEA. Um grupo de consenso formado pelo National Institute of Deafness and Communication Disorders concluiu que a prática de usar escores de QI para identificar crianças com esses transtornos não tinha amparo da pesquisa e da prática (Tager-Flusberg e Cooper, 1999). Essa conclusão baseia-se em um banco de dados emergente sobre a validade da "referenciação cognitiva", a expressão usada para a identificação de discrepâncias nessa área (Casby, 1992). Nesse banco de dados, as evidências mais convincentes advêm de um estudo epidemiológico de Tomblin e Zhang (1999). Os pesquisadores usaram medidas do QI não-verbal e da habilidade oral para criar três subgrupos de crianças de uma grande amostra epidemiológica: um grupo sem comprometimento, um grupo com comprometimento específico da linguagem (QI acima de 87 e habilidades variadas de linguagem abaixo de 1,25 desvio padrão da idade) e um grupo com retardo geral (QI abaixo de 87 e habilidades variadas de linguagem abaixo de 1,25 desvio padrão da idade). As comparações dos três grupos em diferentes medidas da linguagem apresentam diferenças consistentes entre o grupo sem comprometimento e ambos grupos com comprometimentos linguísticos. Todavia, também havia diferenças visíveis entre os dois grupos com comprometimento: "as crianças com retardo geral assemelhavam-se ao grupo com comprometimento específico da linguagem, exceto que as primeiras tinham maior comprometimento e apresentaram um desempenho notavelmente inferior no teste envolvendo a compreensão de sentenças (compreensão gramatical)" (p. 367). Tomblin e Zhang (1999) questionaram se essa última diferença era específica do grupo, observando que "os atuais métodos diagnósticos e padrões para comprometimentos específicos da linguagem não resultam em um grupo de crianças com perfis singulares de desempenho linguístico" (p. 367).

FATORES PSICOMÉTRICOS EM MODELOS DA DISCREPÂNCIA

Até aqui, abordamos a *validade* da abordagem de identificação segundo a discrepância entre o QI e o desempenho, sem encontrar muitos estudos em favor da validade de definições e de procedimentos de identificação baseados em discrepâncias entre a aptidão e o desempenho. As razões para essa validade fraca certamente partem de questões relacionadas com a *fidedignidade* de qualquer modelo baseado em testes para identificar estudantes com TAs. Embora esses problemas tenham sido bem documentados para diversas abordagens de estimação da discrepância, muitas das mesmas questões afetam o uso de uma definição baseada no desempenho baixo. Esses problemas envolvem o erro de medição dos testes, a falta de fidedignidade entre diferentes escores e o uso de pontos de corte para subdividir uma distribuição normal.

REGRESSÃO À MÉDIA

Quando existem dois testes envolvidos, as abordagens de discrepância entre o QI e o desempenho baseadas em métodos de regressão com ajuste da correlação entre o QI e o desempenho são superiores a outros métodos (Bennett e Clarizio, 1988; Reynolds, 1984-1985). Os escores em testes de QI e de desempenho apresentam correlação moderada, de modo que a falta de ajuste nessa correlação leva a regressão à média. Os efeitos da regressão indicam que, quando os indivíduos são escolhidos por terem desempenho baixo em um teste, eles, em média, apresentarão um escore mais próximo da média no próximo teste. Esse fenômeno resulta na identificação excessiva de TAs nos níveis superiores do QI e na identificação insuficiente nos níveis inferiores. Uma abordagem de regressão ajusta a correlação entre o QI e o desempenho, corrigindo, assim, esse problema.

A BAIXA FIDEDIGNIDADE DOS VALORES DA DISCREPÂNCIA

Os modelos de discrepância envolvem estimar um escore que reflete a diferença existente entre dois testes. Sabe-se que os escores para a diferença geralmente têm menos fidedignidade do que as medidas usadas para calcular a diferença (Bereiter, 1967). A baixa fidedignidade dos escores da diferença pode ser exacerbada, pois eles limitam a variância nos escores de maneira artificial (Rogosa, 1995), como em casos que usam escores de QI e de desempenho para identificar a parcela da população com desempenho inferior.

PONTOS DE CORTE

Descrevemos os problemas associados ao uso de pontos de corte para subdividir uma distribuição normal. Os efeitos com base científica dessa subdivisão foram estudados por Shaywitz e colaboradores (1992), que observaram que as definições baseadas na discrepância entre o QI e o desempenho eram especialmente instáveis da 1ª à 3ª séries, mas tornavam-se mais estáveis da 3ª à 5ª. Todavia, esse estudo não analisou as definições do baixo desempenho. Em um estudo sistemático dessa questão, Francis e colaboradores (2005a) usaram dados simulados e dados reais do Connecticut Longitudinal Study para avaliar a estabilidade das classificações baseadas em definições da discrepância entre o QI e o desempenho e no desempenho baixo sem discrepância. Se os grupos formados por cada definição representassem subdivisões significativas da distribuição do desempenho, seria de esperar que houvesse um certo grau de estabilidade ao longo do tempo. Os resultados das simulações mostram que os grupos formados pela imposição de pontos de corte baseados em cada definição de TA eram instáveis ao longo do tempo, mesmo quando as simulações haviam sido criadas com uma avaliação com fidedignidade elevada e de maneira a minimizar a mudança individual. Um nível semelhante de instabilidade foi observado nos dados longitudinais do Connecticut Longitudinal Study, em que 39% das crianças designadas como portadoras de TAs na 3ª série usando diferentes definições mudaram de grupo com a repetição do teste na 5ª série.

Não é de surpreender que diferentes abordagens à discrepância entre a aptidão e o desempenho não produzam classificações válidas, pois o modelo psicométrico subjacente é o mesmo, e as medidas apresentam uma correlação moderada. Os indivíduos que se agrupam em torno de um ponto de corte são mais semelhantes que diferentes, de modo que as diferenças na identificação refletem diferenças na correlação entre os dois testes e o desempenho. Desse modo, muda a inclinação da linha de regressão, dependendo da correlação entre as medidas de aptidão e desempenho, independente de como os construtos são avaliados ou do domínio em que se calcula a discrepância. Na Figura 3.5 (Fletcher et al., 2005a), a linha de regressão é mais inclinada para o QI Verbal do que para o QI de execução, por causa da maior correlação populacional entre a leitura (0,69) e o QI Verbal do que para leitura e QI de execução(0,40). A diferença nas inclinações e nas medidas muda os indivíduos ao redor do ponto de corte em uma medida do QI tanto para o subgrupo com a discrepância entre QI e desempenho quanto para o de desempenho baixo quando outra medida do QI é usada. Como a correlação entre o QI e a leitura é menor, os tamanhos de efeito seriam maiores para o QI de execução do que para o QI verbal (ver Fletcher et al., 1994). Todavia, desconsiderando a definição por discrepância de QI e de desempenho baixo, 80% da amostra são identificados consistentemente como portadores de TAs, simplesmente mudando-se de um grupo de TA para outro. A mudança na medida de QI altera as observações para a esquerda ou para a direita do ponto de corte, mas não as altera para cima ou para baixo, pois a medida do desempenho é a mesma. Essas alterações são apresentadas na Figura 3.5 por uma linha que conecta pares de observações. Uma observação que não muda no grupo identificado tem o mesmo símbolo conectado por uma linha horizontal tênue, e as observações que mu-

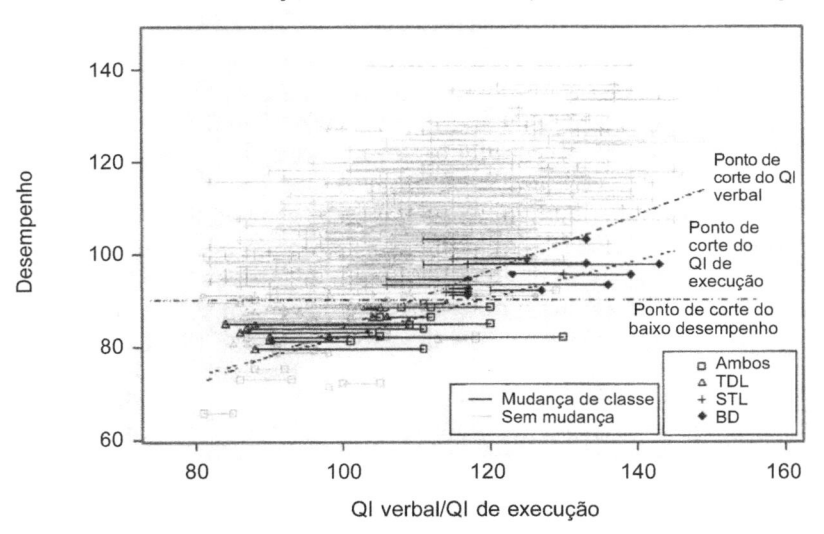

FIGURA 3.5 Linhas de regressão baseadas nas correlações populacionais do escore de habilidades básicas de leitura de Woodcock-Johnson* com o QI de execução e o QI verbal. As correlações maiores são refletidas em inclinações maiores, fazendo com que diferentes decisões sobre a inclusão em grupos sejam feitas segundo pequenas mudanças na inclinação. As observações individuais são conectadas e apresentam uma mudança significativa em torno dos pontos de corte que demarcam indivíduos que satisfazem ambas as definições de baixo desempenho e de discrepância, apenas definições de baixo desempenho (BD), apenas definições de discrepância (TLD) e sem transtorno da leitura (STL). A partir de Fletcher e colaboradores (2005a, p. 548).

---

* N. de R.T. Woodcock-Johnson III é uma bateria de testes que avalia desempenho e habilidades cognitivas. Teste não disponível em língua portuguesa.

dam de grupo têm dois símbolos diferentes, que são conectados por uma linha horizontal escura. Conforme mostra a Figura 3.5, as observações com escores de QI mais diferentes e que se localizam perto do ponto de corte são mais prováveis de mudar, refletindo erros de medição e diferenças na maneira como o construto da aptidão é avaliado pelo QI verbal e de execução.

Conclusões: a discrepância entre aptidão e desempenho

A hipótese da classificação baseada na discrepância entre aptidão e desempenho não possui fortes evidências para a sua validade externa em domínios diferentes. As evidências psicométricas mostram que as classificações baseadas em pontos de corte têm problemas de fidedignidade. Desse modo, a hipótese da classificação baseada na discrepância entre o QI e o desempenho tem pouca validade e não produzirá diferenças entre subgrupos que representam formas diferentes de desempenho fraco. Os modelos de discrepância não produzem um conjunto claramente singular de indivíduos com desempenho baixo que seja valorizado pela composição de escores de diferença, e os indivíduos ao redor dos pontos de corte são parecidos demais. Os modelos baseados em discrepâncias entre aptidão e desempenho não parecem identificar um grupo singular de indivíduos com desempenho baixo e, portanto, não operacionalizam adequadamente o construto de TA.

Modelos de desempenho baixo

Uma alternativa comum às discrepâncias entre a aptidão e o desempenho envolve identificar indivíduos com transtornos de aprendizagem unicamente com base no desempenho baixo absoluto (Siegel, 1992). Ao revisar essa proposta, um problema imediato é que a identificação de TAs unicamente com base no baixo desempenho equipara os TAs ao baixo desempenho. Como o propósito do construto de TA é identificar um grupo singular de indivíduos com desempenho baixo cujos problemas sejam inesperados, é questionável se essa abordagem poderia identificar indivíduos com TAs sem outros critérios. No mínimo, seria necessário descartar outras causas do mau desempenho. Contudo, seria difícil identificar o baixo desempenho inesperado sem avaliar o desempenho, especialmente porque as principais evidências da validade do construto de TA provêm de estudos que usam o baixo desempenho como parte da definição.

Validade

Os modelos baseados no uso de indicadores de desempenho têm uma grande validade (ver Fletcher et al., 2002, 2003; Siegel, 1992). Formando-se grupos com participantes que não satisfaçam os critérios para retardo mental e que apresentem escores de desempenho abaixo do 20º percentil (uma designação arbitrária), as comparações mostram que emergem subgrupos de indivíduos com desempenho fraco que podem ser validamente diferenciados em variáveis externas e ajudam a demonstrar a viabilidade do construto de TA. Considere, por exemplo, a Figura 3.6, que apresenta os perfis reais de três grupos de estudantes de 2ª e 3ª séries do ensino fundamental que participaram do estudo de classificação do Yale Center for Learning and Attention Disorders (S. E. Shaywitz, 2004). Essas crianças representam grupos com problemas isolados no domínio do reconhecimento de palavras e da matemática, juntamente com um grupo-controle de crianças com desempenho típico. Os estudantes com transtornos foram definidos segundo diversas abordagens de identificação, incluindo discrepâncias relacionadas com o QI verbal, o QI de execução ou o QI total, bem como uma definição de baixo desempenho que simplesmente exigia um desempenho abaixo do 26º percentil em reconhecimento de palavras ou em cálculos matemáticos, e QI (QI verbal, QI de execução QI total) de pelo menos 80.

Para validar a classificação hipotética implícita dos TAs de leitura e de matemática, as crianças fizeram avaliações de habilidades cognitivas que não foram usadas para criar os subgrupos de TA. Essas medidas envolveram avaliações da

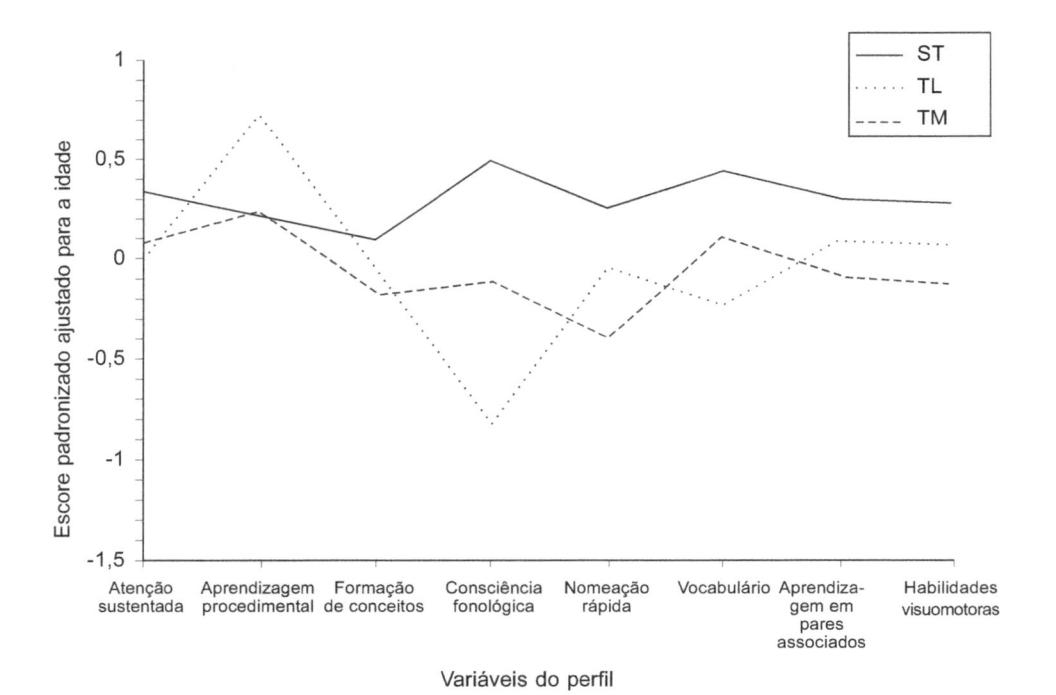

FIGURA 3.6 Perfis em diferentes testes cognitivos para crianças com comprometimento apenas em leitura (TL) e em matemática (TM) em relação a indivíduos com desempenho típico (ST). Os grupos diferem na forma e na elevação, sugerindo três grupos distintos.

capacidade de resolver problemas, formação de conceitos, consciência fonológica, nomeação rápida, desenvolvimento do vocabulário, aprendizagem verbal e habilidades visuomotoras. Conforme mostra a Figura 3.6, os três grupos são distintos no padrão e no nível de desempenho, indicando que a classificação implícita dos TAs de leitura ou de matemática é corroborada por seus correlatos cognitivos, juntamente com evidências claras de que as crianças definidas com TAs nos domínios da leitura e da matemática diferem de estudantes com desempenho típico. Conforme veremos nos capítulos seguintes, esses grupos diferem nos correlatos neurais do desempenho em leitura e em matemática e na herdabilidade dos transtornos da leitura e da matemática (Plomin e Kovas, 2005). Esses subgrupos de desempenho, que, por definição, incluem crianças que satisfazem critérios de baixo desempenho ou da discrepância entre o QI e o desempenho, diferem na resposta à instrução: as intervenções efetivas são específicas para o domínio acadêmico, de modo que não seria efetivo ensinar matemática para crianças cujo problema é em leitura (e vice-versa). Essas observações corroboram a classificação baseada no desempenho baixo, especialmente porque uma comparação de crianças com discrepância entre QI e desempenho com crianças de baixo desempenho dentro dos grupos de leitura e de matemática não produziu diferenças grandes ou significativas em nenhuma dessas variáveis externas.

Apesar das evidências de validade, simplesmente usar uma definição por desempenho baixo, mesmo quando se aplicam critérios de exclusão diferentes, não operacionaliza o verdadeiro significado do "baixo desempenho inesperado". Embora essa abordagem de identificação seja ilusoriamente simples, questiona-se se os subgrupos representam um grupo singular de indivíduos com desempenho inferior. Por exemplo, em que nível os indivíduos cujo baixo desempenho é atribuído a um TA se diferenciam de indivíduos cujo baixo desempenho é atribuído a perturbações emocionais, a desvantagens econômicas ou a instrução inadequada (Lyon et al., 2001)? Para usar o exemplo do reconhecimento de palavras, existem poucas evidências de que esses subgrupos variam em relação à consciência fonológica ou a outros testes linguísticos, à resposta à instrução ou mesmo aos seus correlatos em neuroimagem. Nesse sentido, a validade é fraca, pois o construto subjacente de TA não é avaliado de forma adequada. Embora sejam necessários outros critérios, a simples adição de uma única medida da aptidão *diminui* a fidedignidade e não aumenta a validade de uma definição por baixo desempenho.

Fidedignidade

Os problemas de mensuração que ocorrem quando se usa um ponto de corte específico para fins de identificação em definições da discrepância entre o QI e o desempenho afetam *qualquer* abordagem psicométrica para identificar TAs (ver Figura 3.5). Para reiterar, os TAs são um traço essencialmente dimensional, ou uma variação do desenvolvimento normal. Esses problemas são mais significativos quando o escore do teste não é um critério referenciado ou quando as distribuições de escores foram suavizadas para criar uma distribuição univariada normal. Independente da normalidade, os erros de medição ocorrem em qualquer procedimento psicométrico e afetam os pontos de corte em uma distribuição normal (Shepard, 1980). São necessários mais dados para aumentar a fidedignidade da avaliação da posição de cada indivíduo em relação ao ponto de corte, que é a razão por que os modelos baseados em uma única tentativa de estabelecer o *status* em uma distribuição normal costumam ser pouco identificados.

O modelo das diferenças intraindividuais

Atualmente, continuam a ser propostos modelos baseados na avaliação de potencialidades e de fraquezas cognitivas para identificar indivíduos com TAs. Sabe-se bem que os TAs são associados a comprometimentos específicos em processos cognitivos e que existe variabilidade nas potencialidades e nas fraquezas cognitivas que os indivíduos com TAs apresentam. O modelo de diferenças intraindividuais propõe o uso desse padrão de potencialidades e de fraquezas como um indicador para o baixo desempenho inesperado. Assim, esse modelo vai além da premissa dos modelos da discrepância entre a aptidão e o desempenho na busca por um indicador para a capacidade de aprender. Em vez disso, esses modelos operacionalizam o baixo desempenho inesperado como uma irregularidade no desenvolvimento, indicada pelo desempenho em uma bateria de testes cognitivos ou neuropsicológicos. A pessoa com TA tem potencialidades em muitas áreas, mas fraquezas em certos processos cognitivos básicos que levam ao desempenho inferior.

Existem poucas pesquisas que abordam especificamente a fidedignidade e a validade dos modelos de classificação baseados em diferenças intraindividuais em habilidades cognitivas. Todavia, poucos estudos mostram que a avaliação das habilidades cognitivas seja necessária ou suficiente para identificar TAs (Reschly e Tilly, 1999). Entretanto, os proponentes dessa visão clamam por classificações melhores, que delineiem de forma mais clara os diferentes perfis associados aos TAs. Com frequência, argumentam que os déficits cognitivos são uma parte inerente dos TAs e que o conhecimento dos pontos fortes e fracos pode facilitar os planos do tratamento. Alguns chegam a argumentar que as avaliações cognitivas podem separar o baixo desempenho que se deve a fatores intrínsecos e constitucionais daquele que se deve a fatores socioeconômicos (Hale, Naglieri, Kaufman e Kavale, 2004).

Validade

Nessa linha, Hale e colaboradores (2004, p.9) indicaram que existem pesquisas que sugerem a existência de diferenças cognitivas entre populações com transtornos de aprendizagem e com baixo desempenho, concluindo "que algumas dessas crianças têm transtornos e algumas têm baixo desempenho, mas seria difícil discriminar os dois tipos sem uma avaliação individual objetiva". Reiteramos que as grandes metanálises do modelo da aptidão e do desempenho não encontraram evidências para essa afirmação (Hoskyn e Swanson, 2000; Stuebing et al., 2002). Hale e colaboradores (2004) também sugerem que a avaliação dos processos cognitivos ajuda a determinar se a causa é neurobiológica, ambiental ou se pode ser atribuída a alguma outra causa. Conforme revisado a seguir, existem poucas evidências de que os transtornos no desempenho de crianças que têm desvantagens econômicas, que são aprendizes de uma segunda língua ou emocionalmente perturbadas variem conforme a suposta causa (Kavale, 1988). Para ilustrar essa questão, os problemas no reconhecimento de palavras em indivíduos com atributos associados a um TA, distúrbios emocionais ou pobreza são associados de forma segura às transtornos cognitivos em consciência fonológica e na nomeação rápida das letras. Não parece provável que uma avaliação das características fenotípicas permita a identificação das causas do baixo desempenho.

Uma premissa importante desse modelo é que as classificações baseadas em diferenças intraindividuais e em habilidades cognitivas auxiliariam no tratamento de crianças com TAs. Essa premissa é infundada, pois não existem evidências de uma relação entre uma instrução que lide com as potencialidades e as fraquezas em habilidades cognitivas e os resultados da intervenção (Fletcher et al., 2003; Reschly e Tilly, 1999). Na ausência de ênfase no conteúdo, os processos cognitivos de treinamento geralmente não se traduzem para a área acadêmica em questão, o que justifica a pergunta: por que ensinamos o processo? Por exemplo, treinar habilidades de consciência fonológica sem a inclusão de um componente que envolva letras geralmente leva a melhoras em consciência fonológica, mas essas melhoras não se aplicam à leitura (National Reading Panel, 2000). Na área da matemática, Naglieri avaliou a utilidade do Cognitive Assessment System (CAS; Naglieri e Das, 1997) como uma avaliação que leva à instrução diferencial para estudantes com problemas de matemática. Naglieri e Johnson (2000) avaliaram 19 crianças com o CAS e identificaram um subgrupo com escores significativamente mais baixos em Planejamento ($n = 3$). Os autores compararam esse subgrupo com um subgrupo de 6 estudantes com escores mais baixos em uma das outras escalas do CAS e outro subgrupo de 10 estudantes sem pontos fracos. Os estudantes com transtornos de planejamento beneficiaram-se mais com uma intervenção que enfatizava o planejamento do que os outros dois subgrupos. Todavia, em um estudo maior, Kroesbergen, Van Luit e Naglieri (2003) identificaram 267 estudantes com TAs em matemática. Uma avaliação dos efeitos da intervenção não revelou relação entre o subgrupo e os resultados do CAS.

Fidedignidade

Outra questão importante envolve indivíduos com baixo desempenho e perfis cognitivos relativamente planos. Supostamente, esses indivíduos não têm transtornos de aprendizagem. Porém, a gravidade do problema com o desempenho está correlacionada à horizontalidade do perfil, devido à dependência dos diferentes testes usados para construir o perfil (Morris, Fletcher e Francis, 1993). Indivíduos com problemas acadêmicos cada vez mais graves apresentam perfis cada vez mais planos em testes cognitivos (e em medidas de desempenho), em correspondência direta com a gravidade. Se o critério for a existência de evidências de uma discrepância em habilidades de processamento cognitivo, essa abordagem pode excluir os indivíduos mais comprometidos, pois eles são menos prováveis de apresentar discrepâncias com a inter-relação dos testes (Morris et al., 1993, 1998). Assim, esse modelo introduz outras questões psicométricas na identificação, especialmente as que envolvem a análise de perfis.

Modelos de resposta à instrução

Todas as abordagens revisadas por enquanto baseiam-se em avaliações administradas em um único momento. Se as mesmas avaliações fossem usadas diversas vezes no ano, o que seria necessário para aumentar a sua fidedignidade na avaliação de indivíduos ao redor de um ponto de corte (Francis et al., 2005a), elas não seriam produtivas ou práticas. Ao discutir o modelo da discrepância entre a aptidão e o desempenho, Shepard (1980) propôs que os estudantes façam quatro avaliações de aptidão e desempenho para avaliar de forma confiável a sua posição em relação ao ponto de corte, mas uma abordagem de identificação que prevê 12 horas ou mais de avaliação provavelmente não será tão viável. A abordagem das diferenças intraindividuais visa lidar com esse problema, usando diversos testes no mesmo ponto, procurando, assim, discrepâncias recorrentes em testes semelhantes dentro de um perfil. Todavia, as medidas de habilidades de processamento usadas no modelo de diferenças intraindividuais têm fidedignidade geralmente menor que os testes de QI e de desempenho normatizados, aumentando, assim, o problema de identificar de modo confiável as variações em perfis.

Os modelos que incorporam a resposta à instrução geralmente envolvem a identificação baseada, em parte, na triagem em massa de todos os estudantes e a avaliação repetida da mesma área básica, como a leitura ou a matemática, para estudantes que apresentam características de risco de desenvolverem algum transtorno de aprendizagem. Os modelos de resposta à instrução são dinâmicos e fundamentam a identificação na avaliação da capacidade de mudar. Conectando diversas avaliações a tentativas específicas de intervir com um estudante, pode-se operacionalizar o construto de baixo desempenho inesperado em parte com base em uma resposta inadequada à instrução que é efetiva para a maioria dos indivíduos (Fuchs e Fuchs, 1998; Gresham, 2002). Aqueles que não obtêm benefícios com o aumento na intensidade da instrução podem ser identificados como portadores de um TA. Esses modelos foram propostos em diversos documentos de consenso recentes que tratam da identificação dos TAs (Bradley et al., 2002; President's Commission on Excellence in Special Education, 2002), principalmente em um relatório recente do Conselho Nacional de Pesquisa dos Estados Unidos (Donavon e Cross, 2002). Esses documentos sugerem que um critério para identificar TAs é que o aluno não responda satisfatoriamente à instrução e às intervenções de qualidade elevada.

Existem muitos modelos baseados na resposta à instrução, desenvolvidos inicialmente a partir de modelos de saúde pública para a prevenção de doenças (Vaughn, Wanzek, Woodruff e Linan-Thompson, no prelo) e utilizados inicialmente em modelos de educação escolares que visam prevenir problemas comportamentais em crianças (Donavon e Cross, 2002). Para a implementação nas escolas, é melhor pensar na resposta à instrução como um processo, e não como um modelo único, com uma variabilidade considerável na maneira como o processo é implementado. O objetivo não é apenas identificar os estudantes com transtornos de aprendizagem ou com necessidade de educação especial, mas também aumentar as oportunidades educacionais para todas as crianças e prevenir os transtornos. São essenciais à implementação efetiva de um processo de resposta à instrução: (1) medidas fidedignas e válidas, que sejam sensíveis à intervenção e possam ser administradas em momentos variados (Stecker, Fuchs e Fuchs, 2005), (2) protocolos validados de intervenção visando fatores como o reconhecimento de palavras e a compreensão (Vaughn, Linan-Thompson e Hickman, 2003a), e (3) modelos em nível escolar delineando um sistema coordenado de triagem, de intervenção e de colocação (Vaughn et al., no prelo). Às vezes, os protocolos de intervenção são padronizados, como nos exemplos de intervenções com componentes múltiplos em leitura, descritas no Capítulo 5. Outras implementações usam um processo de resolução de problemas que simplesmente tenta implementar uma variedade de estratégias que abordem as transtornos que o estudante apresenta com uma disciplina acadêmica ou o comportamento. Isso reflete uma abordagem científica à descoberta "daquilo que funciona", concentrada principalmente em melhoras nos comportamentos que podem levar à identificação (Reschly e Tilly, 1999). Comum a qualquer modelo de resposta à instrução, é a visão de que o fundamental ao se considerar os TAs é como tratá-los para garantir resultados melhores para todos os estudantes. Para os TAs, a identificação não é um modelo de teste visando o diagnóstico, segundo o qual deve haver identificação para se intervir. Pelo contrário, a resposta à instrução incorpora a instrução na definição dos TAs.

Os modelos que utilizam um processo de resposta à instrução não representam classificações radicalmente novas de TAs. Como os outros modelos revisados neste capítulo, os modelos de resposta à instrução mantêm os conceitos do desempenho inesperadamente baixo e da discrepância, mas os baseiam em avaliações da aprendizagem e do progresso ao longo do tempo (Fletcher et al., 2003). Por exemplo, a decisão inicial de se uma criança apresenta discrepância em relação às expectativas da escola e/ou dos pais, essencial a esse modelo, é uma classificação de discrepância (Ysseldyke e Marston, 1999). A decisão envolve as mesmas questões difíceis dos sistemas mais tradicionais de classificação normativa. Se uma criança vem de uma escola fraca, isso não significa que ela é uma leitora fraca se seu desemepnho está de acordo com as expectativas da escola? Da mesma forma, se as crianças vêm de uma escola com um funcionamento de alto nível, as expectativas dos pais de que seus filhos devem ser leitores excepcionais representam a base para a decisão? Mesmo se usarmos avaliações baseadas no currículo (CBM) como alternativas a medidas psicométricas referenciadas por normas mais tradicionais, sempre há que se decidir se a criança alcançou ou não o nível especificado de habilidade acadêmica para o seu grupo. A decisão reflete um problema de classificação pela necessidade de definir o grupo-controle, as habilidades acadêmicas a serem avaliadas e os critérios de progresso. A decisão envolve uma discrepância baseada em diversas avaliações ao longo do tempo. Desse modo, o baixo desempenho inesperado é quantificado em parte por meio de uma resposta discrepante à instrução, baseada em diversas avaliações. Isso proporciona uma vantagem distinta sobre os modelos do *status* do sujeito. A classificação subjacente baseia-se no *status* da resposta, e a identificação envolve estipular critérios para selecionar indivíduos entre os que respondem e os que não respondem à intervenção.

Validade

A introdução de avaliações seriais tem uma vantagem além de qualquer estatística que possa conferir para a estimativa do verdadeiro *status* do indivíduo. Especificamente, a introdução de avaliações seriais traz a aprendizagem e as medidas da mudança para o primeiro plano em conceituações dos TAs. A coleta de avaliações seriais sob condições específicas de instrução concentra a definição de TA simultaneamente na incapacidade de aprender, e a aprendizagem pode ser mensurada de forma mais direta. Além disso, os elementos específicos da instrução e as condições em que são implementados podem ser descritos, proporcionando assim, uma base mais clara para a expectativa de aprendizagem e o caráter inesperado de qualquer dificuldade para aprender. Finalmente, o enfoque de avaliações múltiplas no modelo de resposta à instrução tem a vantagem clara de relacionar o processo de identificação com o componente mais importante do construto de TA, que é o desempenho inesperadamente baixo. Os modelos que incorporam a resposta à instrução podem identificar um grupo singular de indivíduos com resposta inadequada, que podem ser claramente diferenciados de outros indivíduos com desempenho baixo em termos dos correlatos cognitivos, do prognóstico e mesmo de fatores neurobiológicos. Além disso, existem evidências, a partir de pesquisas e de intervenções escolares, de que os modelos de resposta à instrução levam a resultados melhores para o estudante e a taxas menores de encaminhamento à educação especial (Burns, Appleton e Stenhouwer, 2005a; VanDerHeyden e Burns, 2005).

Estudos com crianças que apresentaram e que não apresentaram resposta a diferentes métodos mostram grandes diferenças em habilidades cognitivas.

Por exemplo, Stage e colaboradores (2003), Vellutino, Scanlon e Jaccard (2003) e Vaughn e colaboradores (2003a) mostram que os indivíduos que apresentam resposta inadequada à intervenção precoce diferem dos que respondem em seus escores de desempenho e em testes cognitivos antes da intervenção. Esses indivíduos geralmente têm déficits mais graves em fatores relacionados à leitura (p. ex., consciência fonêmica, fluência) e habilidades de leitura. Em estudos recentes com imagem cerebral envolvendo a intervenção precoce e a remediação para estudantes maiores (Fletcher, Simos, Papanicolaou e Denton, 2004), também observamos que os indivíduos que não responderam tinham transtornos mais graves em leitura antes da intervenção. As diferenças nos correlatos em neuroimagem entre aqueles que responderam à intervenção e os que não responderam foram mais drásticas. Observamos que os indivíduos que não apresentaram resposta mantinham um padrão de ativação cerebral, com ausência de ativação em áreas do hemisfério esquerdo que são reconhecidamente envolvidas no desenvolvimento de habilidades de leitura. De fato, os sujeitos que não respondiam apresentaram predomínio da atividade no hemisfério direito, assim como o observado em crianças e em adultos com transtornos da leitura.

Fidedignidade

As abordagens de resposta à instrução que envolvem diversas avaliações ao longo do tempo são mais fidedignas do ponto de vista psicométrico do que as abordagens tradicionais de identificação de TAs? Uma abordagem baseada em avaliações múltiplas tem o potencial de reduzir as dificuldades encontradas com o uso de uma única avaliação em um único momento. Certamente, a fidedignidade da abordagem de avaliações múltiplas é maior do que quando se usa uma única avaliação para formar a discrepância, pois, de um modo geral, a discrepância será uma medida inferior (isto é, menos fidedigna) da diferença verdadeira do que as medidas observadas de seus respectivos construtos subjacentes. O uso de diversas medições ao longo do tempo tem o efeito de melhorar o processo de identificação, de comparações de "habilidade-habilidade" (duas habilidades diferentes comparadas em um dado momento) para modelos de "habilidade-mudança" (a mesma habilidade ao longo do tempo). Essas abordagens têm o potencial de melhorar as dificuldades associadas a discrepâncias entre habilidades, sejam univariadas ou bivariadas, pois elas envolvem o uso de mais de dois pontos de avaliação. De um modo geral, quanto mais informações influenciam as decisões diagnósticas ou relacionadas com a elegibilidade a serviços especiais, mais confiável será a decisão, embora certamente seja possível criar contraexemplos, combinando informações de fontes irrelevantes e confusas. Essas irrelevâncias provavelmente não ocorrerão com a avaliação de uma mesma habilidade ao longo do tempo, como em um modelo que incorpore a resposta à instrução, quando a avaliação dessa habilidade em um único ponto no tempo for considerada relevante.

Do ponto de vista conceitual, o estudo da mudança se torna *mais* exequível com a realização de avaliações múltiplas, pois a precisão com a qual se pode medir a mudança aumenta à medida que aumenta o número de pontos no tempo (Rogosa, 1995). Quando são feitas avaliações em mais de dois pontos, a fidedignidade da mudança também pode ser estimada diretamente a partir dos dados, e a imprecisão inerente em estimativas individuais pode ser usada para proporcionar estimativas melhores dos parâmetros de crescimento para estudantes individuais, assim como para grupos de estudantes. Se a mudança não for linear, o uso de quatro ou mais pontos no tempo pode mapear a forma de crescimento. E, para aqueles que favorecem modelos de estado sobre modelos de mudança ou aprendizagem, ainda se pode usar o termo da interceptação no modelo de crescimento individual como estimativa do estado. Essa interceptação proporcionará uma estimativa mais precisa do verdadeiro estado em um dado ponto no tempo do que qualquer avaliação única.

Essas abordagens não estão isentas de dificuldades. A introdução de avaliações seriais não eliminou a necessidade de uma estimativa indireta dos parâmetros de interesse, representando a mudança ao longo do tempo. Os modelos baseados na resposta à instrução também envolvem medidas inexatas com erros de medição (Fletcher et al., 2003). Todavia, esse problema é reduzido pelo uso de diversas avaliações e pelo empréstimo da precisão dos dados como um todo para proporcionar uma estimativa mais precisa dos parâmetros de crescimento de cada indivíduo. Assim, torna-se possível estimar o "verdadeiro" *status* de uma criança de forma mais precisa, bem como estimar a taxa de aquisição de habilidades e usar essas estimativas como indicadores de TAs. Além disso, essa abordagem de estimação tem pressupostos em relação à distribuição dos erros de avaliação. Em alguns casos, pode-se supor que os erros não estão correlacionados. Mais uma vez, esse pressuposto deve ser analisado em termos de sua importância para as inferências sobre o estado e as taxas de aprendizagem de cada indivíduo. Em muitos casos, a inclusão de diversos momentos de avaliação permitirá que essa premissa seja relaxada, podendo-se estimar e considerar a correlação entre os pontos de medição ao fazer inferências sobre o estado e as taxas de aprendizagem do indivíduo.

Talvez o problema mais significativo com os modelos de resposta à instrução seja a necessidade de considerar outros fatores na identificação de indivíduos com TAs (Fuchs e Fuchs, 2006). É necessário identificar cada criança como portadora de transtorno de aprendizagem, e é preciso considerar alguns pontos de corte, a menos que todo o processo se baseie no juízo clínico. Os modelos que usam a resposta à instrução não resolvem a questão da natureza dimensional ou categórica dos TAs. Por exemplo, a determinação de pontos de corte e marcos evolutivos continuará a ser um processo arbitrário até que os pontos de corte estejam ligados a resultados funcionais (Cisek, 2001), uma questão que nunca foi abordada realmente na identificação de TAs em *nenhum* modelo de identificação. Todavia, os modelos que usam a resposta à instrução trazem a promessa de incorporar resultados funcionais, pois são ligados à resposta, e também sugerem maneiras em que outros critérios podem ser incorporados à identificação de maneiras significativas. Na próxima seção, discutimos o uso de critérios que, por definição, impedem a identificação de TAs.

FATORES DE EXCLUSÃO

A maioria das definições de TA têm componentes que indicam quais condições levam ao desempenho baixo que representa o "baixo desempenho esperado". É razoável estipular que os TAs não se devam a retardo mental, transtornos sensoriais ou diversidade linguística, pois as crianças com essas características têm necessidades diferentes para a intervenção. Uma pessoa cuja primeira língua seja um dialeto de minoria não deve ser identificada como portadora de transtorno de aprendizagem, a menos que se possa demonstrar que os transtornos que causam o problema de leitura ou de matemática seja uma característica que perpasse as línguas. Também existem problemas com distinções entre o retardo mental e os TAs que tornam a demarcação confusa, mas são necessárias informações além de testes de QI para identificar a deficiência mental (MacMillan e Siperstein, 2002).

Outras exclusões partem de decisões políticas que envolvem a necessidade de não misturar verbas para a educação especial e para a educação compensatória, bem como da existência de outras categorias de elegibilidade no IDEA para amparar crianças com necessidades especiais (p. ex., retardo mental, distúrbios emocionais). Os critérios de exclusão originais não visavam impedir que as crianças obtivessem uma vaga, mas discutir melhor as dificuldades de cada uma, com base na premissa de que, quando as dificuldades econômicas, as perturbações emocionais e a instrução inadequada são as principais causas do desempenho baixo, são necessárias intervenções diferentes.

Nas outras áreas de exclusão, a tentativa de determinar a principal "causa" quando as evidências são principalmente comportamentais mostrou ser uma proposta difícil. Os correlatos cognitivos das dificuldades acadêmicas em crianças com deficiências no desempenho atribuídas a perturbações emocionais, a instrução inadequada e a desvantagens econômicas não parecem ser diferentes segundo a suposta causa. Além disso, as necessidades relacionadas com a intervenção, as respostas às intervenções ou os mecanismos pelos quais as intervenções atuam não parecem variar conforme esses fatores (Fletcher et al., 2005a; Lyon et al., 2001). Dessa forma, essas distinções não estão fortemente relacionadas aos tipos de programas de intervenção que provavelmente serão efetivos, particularmente em leitura. Especialmente interessante é a ideia de que a instrução inadequada impede a identificação de TAs, quando, de fato, pode causar um TA. Mais adiante nesta seção, analisamos especificamente a exclusão devido a dificuldades econômicas e à falta de oportunidades para aprender.

Transtornos emocionais e comportamentais

A maioria das definições de TAs excluem os indivíduos cujo baixo desempenho se deve principalmente a transtornos emocionais e comportamentais. Essa avaliação é difícil de se fazer, principalmente porque os TAs ocorrem simultaneamente com transtorno de déficit de atenção/hiperatividade (TDAH) (Barkley, 2006; Fletcher et al., 1999b) e com outros problemas sociais e emocionais. É difícil determinar qual é o transtorno primário, pois os indivíduos com desempenho inferior podem desenvolver transtornos comportamentais que serão secundárias à falta de sucesso na escola. Desse modo, muitas crianças têm transtornos de aprendizagem e comportamentais concomitantes, ou *co-mórbidos*. Conforme a Figura 3.7 mostra para a área da leitura, o transtorno da leitura e o TDAH são distintos e separáveis (Fletcher et al., 1999b; Wood, Felton, Flowers e Naylor, 1991). Os TAs que envolvem o reconhecimento de

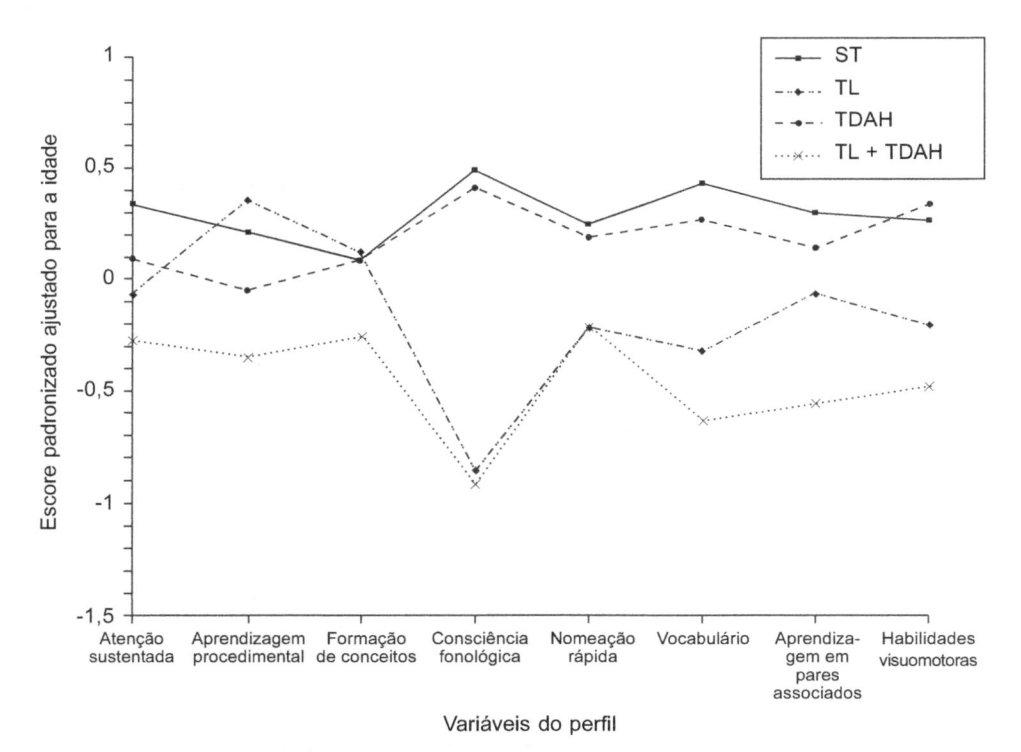

FIGURA 3.7 Perfis de desempenho cognitivo de crianças com apenas transtorno da leitura (TL), apenas transtorno de déficit de atenção/hiperatividade (TDAH), ambos TL e TDAH (TL + TDAH) e crianças de desempenho típico (ST). O TDAH resulta em uma TL mais grave, mas as diferenças na forma não são significativas entre os dois grupos com transtorno da leitura. A partir de Fletcher (2005, p. 310).

palavras costumam estar associados a déficits na consciência fonológica, independentemente da presença ou da ausência de TDAH, ao passo que os efeitos do TDAH sobre o funcionamento cognitivo são variáveis, com déficits primários observados em funções executivas (Barkley, 1997). Além disso, o TDAH parece relativamente não ter conexão com testes de consciência fonológica (Fletcher et al., 1999; Wood et al., 1991). Uma criança que satisfaz os critérios para um TA de leitura e TDAH apresenta características de ambos.

Em estudos que analisam a co-morbidade entre transtornos da matemática e TDAH (Figura 3.8), os grupos se sobrepõem mais que os grupos com transtornos da leitura e TDAH. Isso provavelmente reflete o papel das funções executivas (uso de estratégias, aprendizagem procedimental) e da memória de trabalho nas transtornos da matemática e no TDAH. Porém, os transtornos podem ser divididos em dimensões que envolvem a atenção e o comportamen-

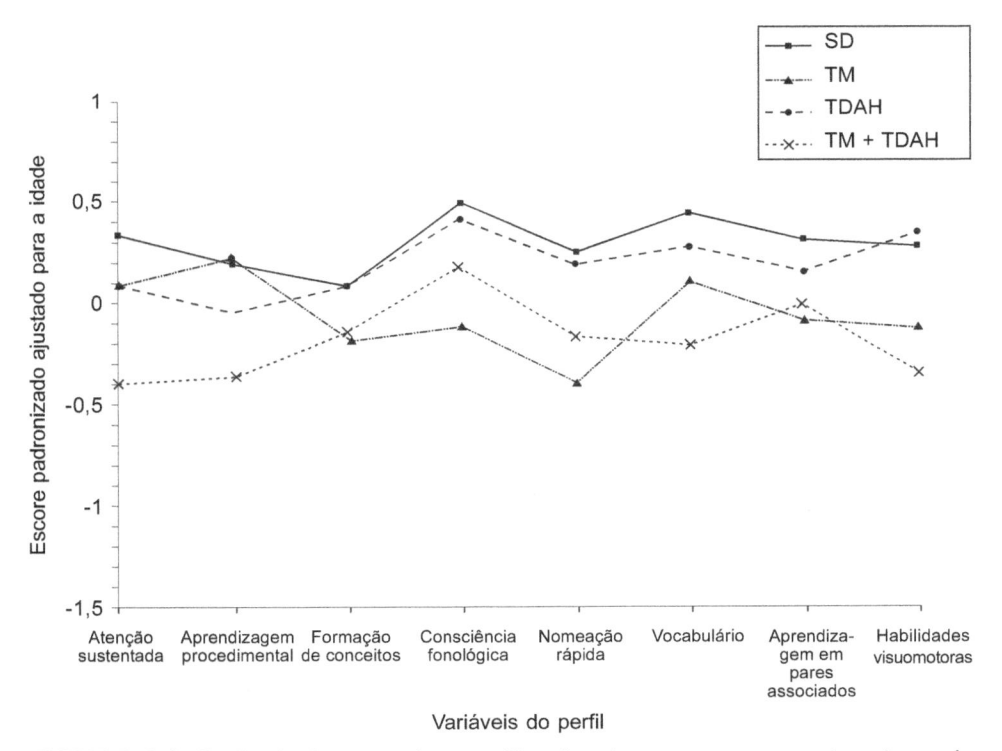

FIGURA 3.8 Perfis de desempenho cognitivo de crianças com apenas transtorno da matemática (TM), apenas transtorno de déficit de atenção/hiperatividade (TDAH), ambos TM e TDAH (TM + TDAH) e crianças de desempenho típico (ST). O TDAH resulta em um TM mais grave, mas as diferenças na forma não são significativas entre os dois grupos com transtornos da matemática. A partir de Fletcher (2005, p. 311).

to (Fletcher et al., 2002), com os indivíduos que satisfazem os critérios para ambos os transtornos apresentando características de ambos. Finalmente, os transtornos da linguagem escrita e de matemática são especialmente comuns em crianças identificadas como portadoras de TDAH (Barkley, 1997). Todavia, os problemas de leitura também são comuns (Fletcher et al., 1999). Na maioria dos casos, eles parecem ser associações co-mórbidas: uma criança com deficiências que envolvem o TDAH e um TA em um domínio específico se parece com uma criança com TDAH quando vista pela lente comportamental, e com uma criança com TAs se olhada pela lente cognitiva. Todavia, quando ambas as formas são visíveis, os déficits cognitivos e acadêmicos invariavelmente parecem mais graves (Figuras 3.7 e 3.8).

Os pesquisadores também afirmam que crianças com transtornos da leitura apresentam transtornos socioemocionais concomitantes (Bryan, Burstein e Ergul, 2004). Em alguns estudos clínicos, essas dificuldades parecem ser secundárias a dificuldades para aprender a ler. Por exemplo, dos 93 adultos em uma população clínica com TAs, cuja maioria apresentava problemas de leitura, 36% haviam recebido aconselhamento ou psicoterapia para sua baixa autoestima, seu isolamento social, sua ansiedade, sua depressão e sua frustração (Johnson e Blalock, 1987). Da mesma forma, outros (Bruck, 1987; Cooley e Ayers, 1988) relataram que muitos dos problemas emocionais de leitores com TAs refletem transtornos de adaptação que resultam da rotulação ou do fracasso acadêmico. Apesar desses estudos com populações altamente selecionadas, algumas metanálises sobre as relações entre TAs e habilidades sociais encontraram poucas evidências de déficits específicos em crianças definidas de forma ampla como portadoras de TAs (Zeleke, 2004) ou para a efetividade de intervenções que abordam esses problemas (Kavale e Mostert, 2004), a menos que um estudante tivesse baixa autoestima antes de começar o estudo (Elbaum e Vaughn, 2003). Muitos desses estudos não tiveram controle adequado para outros fatores relacionados às habilidades sociais, como o TDAH e o nível socioeconômico. A ausência comum de especificação dos TAs em subgrupos de leitura e de matemática é um problema, pois existem evidências de que as crianças com transtornos da matemática têm maior comprometimento que aquelas com transtornos da leitura, especialmente se outras habilidades de processamento não-verbal também estiverem comprometidas (Rourke, 1989, 1993). Outros estudos observam que os problemas com a leitura são associados a taxas maiores de psicopatologias internalizantes e externalizantes, mesmo em amostras não-clínicas (Willcutt e Pennington, 2000). Neste último estudo, a associação co-mórbida entre os transtornos da leitura e o TDAH explicou grande parte da relação. Quando o TDAH foi controlado, os transtornos externalizantes não estavam mais relacionados, mas as relações com os sintomas internalizantes persistiam, especialmente em garotas com transtornos da leitura. Finalmente, estudos recentes em larga escala, recentes mostram que melhoras na instrução em leitura e em matemática em programas com apoio comportamental positivo reduzem as dificuldades comportamentais subsequentes de alunos da 1ª série do ensino fundamental acompanhados até os anos escolares intermediários. O caminho mais significativo é do desempenho para o comportamento, de modo que o desempenho inferior claramente leva a dificuldades comportamentais (Kellam, Rebok, Mayer, Ialongo e Kalodner, 1994). Vistos em conjunto, esses resultados ilustram a grande necessidade de identificar e de intervir cedo com crianças em situação de risco de fracasso acadêmico, devido às substanciais consequências sociais e emocionais que podem ocorrer se os transtornos não forem remediados. Os estudos não corroboram a ideia de excluir indivíduos da identificação como portadores de transtornos de aprendizagem quando apresentarem evidências de transtornos emocionais, comportamentais ou sociais.

Dificuldades econômicas

Embora as definições mais atuais de TAs afirmem que os déficits acadêmicos que o transtorno abrange não podem ser atribuídos a dificuldades econômicas e a fatores culturais (incluindo etnia), existem informações limitadas em relação ao nível em que a etnia e a origem cultural podem influenciar a aprendizagem escolar em geral e a expressão de diferentes tipos de TAs em particular. Por exemplo, Wood e colaboradores (1991) realizaram um estudo longitudinal de determinado TA (de leitura) com uma amostra aleatória de 485 crianças selecionadas na 1ª série do ensino fundamental e acompanhadas até a 3ª série (55% euro-americanos, 45% afro-americanos). Wood e colaboradores (1991) mostraram que os efeitos da etnia, de fato, eram importantes, e bastante complicados. Por exemplo, na 1ª série, a etnia não parecia ser uma variável influente no desenvolvimento da leitura, desde que se levasse em conta o vocabulário. Ou seja, quando se conheciam a idade e o nível de vocabulário da criança, a etnia não aumentava o poder preditivo em relação aos escores em leitura na 1ª série. Todavia, ao final da 3ª série, a etnia havia se tornado um fator preditivo significativo ($p = 0,001$) mesmo quando os indicadores mais poderosos – os escores de leitura da 1ª série – também faziam parte da equação. De maneira específica, ao final da 3ª série, as crianças afro-americanas estavam tendo transtornos significativamente maiores na aprendizagem da leitura. Tentando compreender o efeito da etnia, Wood e colaboradores avaliaram diversos outros fatores demográficos, incluindo o estado civil dos pais, a formação dos pais, o *status* dos pais como beneficiários da assistência social, o nível socioeconômico, o número de livros no lar e o *status* ocupacional. Suas observações são claras: a presença de qualquer uma ou de todas essas variáveis demográficas na equação de previsão "não diminuiu a potência do efeito da etnia como indicador independente do nível de leitura na 3ª série" (Wood et al., 1001, p. 9).

Uma questão importante é que muitas das condições que são excluídas como influências potenciais sobre os TAs interferem no desenvolvimento de habilidades cognitivas e linguísticas que levam aos déficits acadêmicos que, por sua vez, levam a TAs (Phillips e Lonigan, 2005). Pais com problemas de leitura, por exemplo, podem ter dificuldade para estabelecer práticas de leitura adequadas em casa por causa dos efeitos cumulativos dos seus problemas (Wadsworth et al., 2000). As crianças que crescem em ambientes com dificuldades econômicas encontram-se atrasadas em seu desenvolvimento linguístico quando entram na escola (Hart e Risley, 1995), e esse atraso interfere no desenvolvimento de habilidades em leitura e em matemática. Além disso, as intervenções que abordam o desenvolvimento precoce dessas habilidades parecem promover o sucesso acadêmico em estudos avaliativos de programas sob o Título I,* bem como em estudos de intervenções cujas formas alfabéticas de instrução se mostraram vantajosas para crianças com dificuldades econômicas (Foorman et al., 1998; National Reading Panel, 2000). Desse modo, os mecanismos e as práticas que promovem o sucesso na leitura em populações privilegiadas parecem ser semelhantes aos que promovem o sucesso ou o fracasso da leitura em populações em desvantagem. Existem poucas evidências de que a representação fenotípica dos transtornos da leitura varie conforme o nível socioeconômico. As crianças em todas as faixas de nível socioeconômico parecem ter problemas em leitura predominantemente (mas não exclusivamente) devido a dificuldades no nível das palavras que são observadas nos estágios iniciais do desenvolvimento da leitura (Foorman et al., 1998; Wood et al., 1991). Conforme indicam Kavale (1998) e Lyon e colaboradores (2001), a base para excluir crianças em desvantagem da categoria de TAs tem mais a ver com o modo como as crianças são atendidas do que com evidências com base em pesquisas científicas que demonstrem que as características do fracasso na leitura são diferentes entre os grupos com TAs e crianças com dificuldades econômicas.

Instrução inadequada

A exclusão baseada na oportunidade de aprender e no fornecimento da instrução adequada na educação geral faz sentido se não houver nenhum esforço para ensinar as crianças. Porém, essa noção costuma ser ampliada e incluir crianças cuja instrução é adequada. Embora a ausência de resposta das crianças à instrução adequada seja um forte indicativo de um transtorno, os problemas cognitivos associados aos seus TAs assemelham-se aos de crianças que não respondem adequadamente à instrução. Entre os diferentes critérios de exclusão, os fatores instrucionais são os menos estudados, mas talvez os mais importantes. A exclusão baseada na oportunidade de aprender presume que o campo tem uma boa compreensão do que constitui uma instrução adequada. Esse não era o caso na época em que a definição federal foi adotada. Documentos de consenso recentes (Snow, Burns e Griffin, 1998; National Reading Panel, 2000) deixam claro que sabemos muito sobre como ensinar as

---

* N. de R.T. Título I é um fundo do governo norte-americano que financia programas e serviços para estudantes em desvantagem econômica.

crianças a ler. Pelo menos em relação à leitura, que envolve a maioria das formas de TAs, a resposta dos estudantes a intervenções de qualidade deve se tornar parte da definição de TA, representando um grande ímpeto para os modelos baseados na resposta à instrução (Gresham, 2002; Fuchs e Fuchs, 1998). Por que usar os complexos critérios de identificação e os caros procedimentos da educação especial antes de se experimentar uma intervenção no início do desenvolvimento da criança? A falta de resposta da criança a uma intervenção de qualidade pode ser a melhor maneira de operacionalizar a noção da oportunidade de aprender.

Conclusões: fatores de exclusão

Uma abordagem à hipótese da exclusão a partir da perspectiva da pesquisa em classificação apresenta poucas evidências em favor das exclusões baseadas em dificuldades econômicas e na falta de oportunidade para aprender. Isso reflete as dificuldades para diferenciar formas de desempenho baixo que supostamente são "específicas" ou "inesperadas", de formas que possam ser atribuídas a outras causas e para as quais se espera um desempenho baixo. Isso não significa que o conceito de TAs não seja válido ou que não se devam usar as exclusões, particularmente porque muitas crianças podem ser atendidas segundo outras categorias do IDEA ou outras formas de serviços (p. ex., educação compensatória). Essas exclusões devem ser vistas como determinações baseadas em políticas públicas para facilitar a prestação do serviço e para evitar a mistura das verbas, e não como fatores de classificação que possuam uma forte validade.

CONCLUSÕES: UM MODELO INTEGRADO

Com base nas recomendações introduzidas pelo Learning Disabilities Summit, organizado pelo U.S. Office of Special Education Programs (Bradley et al., 2002), recomendamos um modelo híbrido que combina as características dos modelos do baixo desempenho e da resposta à instrução. Bradley e colaboradores propuseram três conjuntos de critérios para identificar estudantes com TAs. O primeiro é a resposta do estudante à instrução, que deve se basear em designações da criança como "em situação de risco", em avaliações seriais baseadas no currículo (CBM) em relação ao domínio acadêmico de interesse e em avaliações da qualidade da instrução. Em segundo lugar, se a criança apresentar uma resposta inadequada à instrução, devem ser feitas através de testes com normas de referência* especificamente no domínio do desempenho. Essas avaliações ajudam a estabelecer o nível normativo de desempenho da criança, verificar os resultados das avaliações

---

* N. de R.T. No original *norm-referenced assessments*, (avaliações com normas de referência). Optou-se por utilizar o termo já empregado em *Crianças com dificuldades de aprendizagem: uma abordagem cognitiva*, de Dockrell e McShane, publicado pela Artmed Editora.

baseadas no currículo e garantir que todos os domínios acadêmicos sejam avaliados (ver Capítulo 4). Finalmente, a criança deve ter algum tipo de avaliação abrangente, que vá além do domínio do desempenho. Essa avaliação deve ser relativamente breve e não deve se basear em nenhum tipo de bateria padronizada. Pelo contrário, sempre deve haver uma preocupação com condições co-mórbidas na criança considerada com TA, que exigiriam, no mínimo, o uso de escalas de avaliação comportamental para pais e professores. Além disso, devem-se avaliar outras questões com relação às causas do baixo desempenho, incluindo a possibilidade de retardo mental, comprometimento da fala e da linguagem e transtornos comportamentais. Finalmente, sempre deve haver avaliações de fatores domésticos, linguísticos e sociais que possam causar o baixo desempenho. Em casos raros, há necessidade de avaliações cognitivas extensivas, mas pode haver casos em que indivíduos com uma resposta inadequada precisem de avaliações cognitivas adicionais para determinar a razão para a falta de resposta (p. ex., dificuldades graves com a consciência fonológica). Desse modo, recomendamos um modelo essencial-

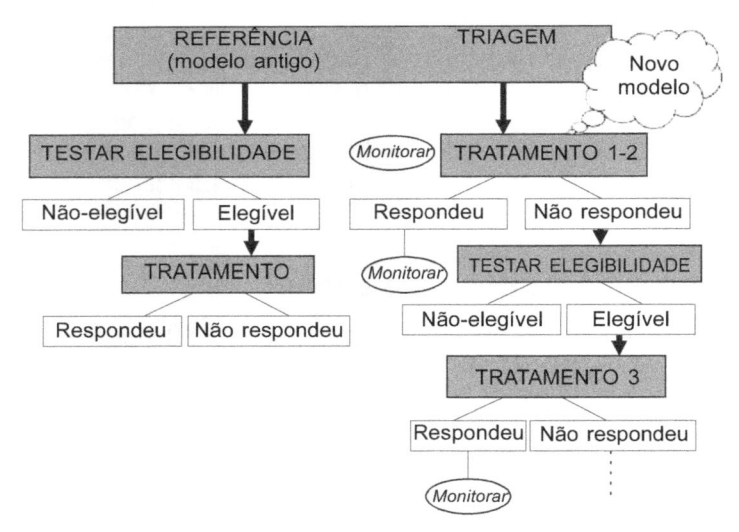

FIGURA 3.9 Comparação de um modelo tradicional para identificação e um modelo baseado na resposta à instrução. À esquerda, o estudante geralmente é encaminhado para uma avaliação da elegibilidade. O estudante é elegível ou não. Se elegível, recebe uma intervenção que é avaliada de 1 a 3 anos. Em um modelo de resposta à instrução, todas as crianças são triadas, e aquelas em situação de risco recebem avaliações do monitoramento de seu progresso e intervenção imediata. Se não houver uma resposta adequada a diferentes intervenções, a começar na educação geral, são usadas intervenções cada vez mais intensas. A falta de uma resposta adequada pode resultar no encaminhamento para educação especial e uma avaliação de elegibilidade bastante diferente. O progresso é monitorado em todos os estágios, de modo que se possa ajustar a intervenção em intervalos curtos. Figura cortesia de Maureen Dennis.

mente híbrido envolvendo a resposta à instrução, diferenças intraindividuais nos domínios do desempenho com uma perspectiva de baixo desempenho e intraindividual e a consideração dos fatores de exclusão. Um modelo híbrido deve permitir o isolamento de um grupo de indivíduos com resposta inadequada, para os quais se garanta a integridade da instrução, e que represente o construto do desempenho inesperadamente baixo.

As diferenças em um modelo que incorpore a resposta à instrução em vez de modelos tradicionais baseados no encaminhamento e na avaliação podem ser identificadas de forma clara na Figura 3.9. Na figura, a abordagem tradicional não envolve monitorar o progresso ou o conceito da triagem de massa, que fica visível no novo modelo. O ideal de tratamentos múltiplos e de modificar a instrução baseada no progresso está implícito no modelo tradicional, mas explícito no modelo novo. O modelo tradicional isola a educação especial como um serviço em separado, ao passo que o novo relaciona a educação geral e a especial. Enfim, o teste real do novo modelo envolve verificar se são identificados diferentes tipos de estudantes com TAs em relação ao modelo tradicional. Pode-se argumentar que os dois modelos devem ser comparados em algum tipo de estudo randomizado. Um estudo desses seria caro e difícil de realizar, devido à complexidade de ambos os modelos. Do ponto de vista da classificação, os controles históricos para a eficácia já seriam suficientes, desde que se possa determinar se os estudantes identificados com TAs em cada modelo são diferentes. Acreditamos que os indivíduos identificados no modelo que incorpora a resposta à instrução serão mais difíceis de ensinar e apresentarão uma resposta inferior mesmo a uma instrução de alta qualidade, que apresentarão maior hereditariedade em seus transtornos da leitura e cérebros com menos ativação em áreas consideradas fundamentais para certos TAs, bem como problemas mais graves no processamento cognitivo. Desse modo, haverá menos debate em relação aos TAs serem transtornos e menos discussão sobre a sua realidade.

4

Avaliação dos transtornos de aprendizagem

A revisão dos modelos de classificação apresentada no Capítulo 3 leva diretamente a uma abordagem para a avaliação clínica de pessoas para as quais os TAs são um problema (Fletcher, Francis, Morris e Lyon, 2005b; Fuchs e Fuchs, 1998). Os testes e os procedimentos selecionados para qualquer avaliação partem de um modelo de classificação e dos construtos que ele especifica. Se a classificação segue um modelo baseado em uma discrepância entre a aptidão e o desempenho, os principais instrumentos seriam os testes usados para mensurar a aptidão (p. ex., QI ou compreensão oral/auditiva) e testes de desempenho em leitura, em matemática e em linguagem escrita. Se a classificação reflete um modelo de desempenho, a aptidão não seria medida, privilegiando o desempenho. As classificações baseadas em um modelo de diferenças intraindividuais utilizam medidas do processamento cognitivo ou testes neuropsicológicos. Se o modelo incorpora a resposta à instrução, são necessárias avaliações da qualidade da instrução, juntamente com avaliações baseadas no currículo, para aferir a resposta à instrução.

No modelo híbrido que propomos, avaliar os TAs envolve uma avaliação da resposta à instrução, avaliações com normas de referência para o desempenho e uma avaliação de fatores contextuais e de condições associadas que possam explicar o problema com o desempenho e, mais importante, sugerir necessidades alternativas para a intervenção, que difiram daquelas que tratam diretamente das questões relacionadas ao desempenho por meio de métodos de instrução.

TESTAR E TRATAR *VERSUS* TRATAR E TESTAR

Essa abordagem de avaliação dos TAs é diferente das abordagens tradicionais de teste para o diagnóstico que têm dominado o campo da avaliação há muitos anos (ver Figura 3.9, Capítulo 3). Na abordagem de identificação que propomos, os TAs não são "diagnosticados" com base em uma bateria de testes psicométricos administrados em uma única ocasião. Pelo contrário, somente são identificados após uma tentativa específica de instruir o aluno de forma sistemática. Uma questão óbvia é se os TAs podem ser identificados na ausência de uma intervenção ou mesmo fora das escolas. Sugerimos que garantir uma oportunidade adequada para aprender é, de fato, um pré-requisito para a identificação de TAs, independentemente do ambiente em questão, de modo que as abordagens tradicionais podem, no máximo, identificar a pessoa como "em situação de risco" para TAs. Todavia, uma única avaliação não levará à identificação confiável se a abordagem for baseada em pontos de corte ou em outra abordagem semelhante.

O objetivo de qualquer avaliação em alunos que estão apresentando dificuldades acadêmicas deve ser intervir o mais rápido possível. Nas escolas, a triagem para problemas de leitura pode ocorrer em grande escala, conforme defendido no relatório de consenso do Conselho Nacional de Pesquisa dos Estados Unidos sobre a proporção elevada de indivíduos de minorias na educação especial (Donovan e Cross, 2002) e implementado em estados como o Texas (Foorman, Fletcher e Francis, 2004). Aqueles que são identificados em situação de risco devem ter seu progresso monitorado com medidas baseadas no currículo e receber intervenções com componentes múltiplos cada vez mais intensas, que podem culminar na identificação para educação especial se o estudante responder inadequadamente à intervenção e satisfizer outros critérios (Vaughn e Fuchs, 2003). Essa abordagem, central ao modelo da resposta à instrução, prioriza a determinação de um transtorno sobre a determinação de um déficit, em um modelo de "tratar e testar". Na maior parte dos sistemas de elegibilidade, o *status* do transtorno depende da presença de um déficit *e de evidências de que o déficit interfere nas funções adaptativas,* de modo que existam evidências de que o transtorno é *debilitante.* A avaliação da resposta instrucional é uma maneira de operacionalizar o componente do transtorno em uma avaliação para TAs.

Se uma avaliação das diretrizes federais for realizada de forma independente (isto é, fora das escolas, em clínicas de saúde mental ou de psicoeducação ou em outros ambientes semelhantes), a base ainda deve residir no modelo híbrido descrito no Capítulo 3 (Bradley et al., 2002). Em situações clínicas, talvez seja necessário inicialmente estabelecer evidências do baixo desempenho. As evidências do baixo desempenho devem levar a questões sobre a intervenção, e não sobre avaliações do QI e de habilidades cognitivas para "diagnosticar" TAs. Os profissionais que realizam avaliações relacionadas aos TAs devem ter um conhecimento operacional das intervenções educacionais e uma relação com profissionais dentro e fora da escola, que possam proporcionar intervenção e mensurar a resposta à instrução em pessoas com dificuldades. Não existe razão para avaliar estudantes apenas para fazer um diagnóstico. Se necessário, de maneira independente, o profissional pode avaliar o progresso juntamente com avaliações mais frequentes obtidas pela fonte da intervenção, por exemplo, a escola.

A HETEROGENEIDADE DOS TAs

Antes de discutirmos as avaliações baseadas na resposta à instrução, no desempenho e em fatores contextuais, devemos abordar a questão dos domínios relevantes de TAs. Esse tema reflete questões antigas relacionadas com a heterogeneidade dos TAs – o fato de que o construto de TA pode estar enraizado em comprometimentos em vários domínios diferentes do desempenho. Os TAs claramente são de domínio específico, significando que os transtornos que envolvem a leitura, a matemática e a expressão escrita são diferentes em características fenotípicas e em necessidades de intervenção. Embora muitas pessoas com TAs tenham comprometimento em mais de um desses domínios, existem protótipos para subgrupos de pessoas com transtornos isolados nos domínios da leitura e da matemática. Essa heterogeneidade, por si só, torna difícil a ideia de que os TAs podem ser agrupados em uma única conceituação geral.

Existem protótipos que representam outros grupos que formariam os domínios de uma classificação hipotética para TAs. Todavia, esses domínios não são refletidos na definição federal de 1977 para TA. Ao discutir essa questão, Fletcher e colaboradores (2002) observaram que duas das categorias da definição federal de 1977 (Capítulo 2) envolvendo domínios da expressão oral e da compreensão auditiva também são tratadas na categoria da fala e da linguagem. A razão para essa duplicação é que essas condições são descritas na definição estatutária norte-americana (Capítulo 2). Mesmo que a compreensão auditiva não seja considerada um componente da linguagem receptiva, ela se assemelha à compreensão leitora em crianças que não apresentam transtornos para ler palavras (Capítulo 7).

A organização de outros cinco domínios (leitura básica, compreensão leitora, cálculos matemáticos, conceitos matemáticos e expressão escrita) não condiz com os subgrupos que costumam ocorrer nas pesquisas. Não se identificam transtornos na "fluência da leitura", e os "conceitos matemáticos" não representam o domínio que está sendo abordado na educação e em estudos de intervenção. De maneira condizente com o Capítulo 8, talvez seja melhor identificar a "resolução de problemas" como um domínio relevante das habilidades matemáticas.

O Quadro 4.1 lista cinco subgrupos que costumam ser identificados nas pesquisas. Eles incluem três formas de transtornos da leitura, envolvendo o reconhecimento de palavras (Capítulo 5), a fluência (Capítulo 6) e a compreensão (Capítulo 7), transtornos da matemática (Capítulo 8) e transtornos da expressão escrita, envolvendo ortografia, grafia e produção textual (Capítulo 9). A base de pesquisa é mais fraca para a identificação de déficits em habilidades acadêmicas que levam à identificação de transtornos da matemática – cálculos, resolução de problemas, e assim por diante. Além disso, não está claro se os transtornos da matemática associados a transtornos da leitura são diferentes ou se refletem uma associação co-mórbida (ver Capítulo 8). A fluência na matemática e na escrita também pode envolver domínios importan-

QUADRO 4.1 Subgrupos que formam uma classificação hipotética de TAs

Tipo de DA	Componente de déficits acadêmicos
Transtorno da leitura	Reconhecimento de palavras e ortografia
Transtorno da leitura	Compreensão
Transtorno da leitura	Fluência e automaticidade
Transtorno da matemática	Cálculos, resolução de problemas
Transtorno da expressão escrita	Grafia, ortografia e/ou produção textual

tes, mas existem poucas evidências atualmente para sugerir que os transtornos que envolvem a fluência da leitura, a matemática e a escrita sejam distintos. É possível que pesquisas futuras venham a identificar outros subgrupos para essa classificação hipotética.

As evidências que sustentam esses domínios são sintetizadas a seguir nos seus respectivos capítulos. Para fins de avaliação, esses domínios do desempenho devem ser considerados. As avaliações da resposta à instrução com base no currículo são mais desenvolvidas para o reconhecimento de palavras, a fluência da leitura, a matemática e a ortografia. É possível avaliar a compreensão com medidas baseadas no currículo usando testes de preencher lacunas ou de labirinto, mas o formato proporciona uma avaliação limitada da compreensão leitora, que já é difícil de avaliar, pois reflete muitos processos subjacentes. Todos esses domínios podem ser avaliados usando testes normatizados. As dificuldades para avaliar habilidades complexas como a compreensão leitora e a expressão escrita são razões importantes para a nossa sugestão de que as avaliações normatizadas do domínio do desempenho são importantes para identificar TAs.

Conforme indicamos no Capítulo 1, alguns argumentam que os TAs vão além dos domínios do desempenho, e o exemplo mais claro são as habilidades sociais. Muitos indivíduos com TAs não têm problemas com habilidades sociais. Em alguns casos, isso representa um transtorno co-mórbido, como no exemplo do TDAH. Em outros casos, os problemas associados a habilidades sociais parecem refletir os mesmos processos subjacentes que levam a dificuldades no desempenho, representadas pela hipótese de um TA não-verbal. Essa forma proposta de TA se caracteriza por uma constelação de déficits em procedimentos matemáticos, na compreensão leitora e em habilidades sociais e em outras funções cognitivas, motoras e sensoriais (Rourke, 1989). Algumas crianças com TAs têm problemas claros com habilidades sociais, motoras, perceptivas, com a linguagem oral e com outras áreas que não envolvem o desempenho diretamente. Entretanto, considere que muitas pessoas com problemas nessas áreas não têm problemas com o desempenho. Ao argumentar que os déficits no desempenho são necessários mas não são suficientes, estamos sugerindo que as classificações que incluem TAs não são viáveis sem algum tipo de indicador confiável da presença de um TA (Stanovich, 1991, 2000).

Nas próximas seções, discutimos os três componentes essenciais que são necessários para avaliar e para identificar pessoas com TAs, a avaliação baseada na resposta à instrução (incluindo a avaliação da integridade da avaliação), a avaliação do desempenho e a avaliação de fatores contextuais e condições afins.

AVALIANDO OS TAs

Monitorando o progresso

Se uma criança faz uma triagem ou um teste para déficits em desempenho e um problema é identificado, deve-se monitorar o progresso em relação à instrução. Enfatizamos a triagem porque acreditamos que a identificação rápida de estudantes com desempenho fraco é essencial e deve levar diretamente à intervenção e ao monitoramento do progresso. Mesmo que a triagem seja realizada por meio de testes com normas de referência, os mesmos devem ser administrados novamente pelo menos duas vezes durante o ano escolar, como método para avaliar a eficácia do plano de intervenção. A taxa de desenvolvimento de uma criança em situação de risco e que responde à intervenção deve ser acelerada em relação às expectativas normativas, indicando que a lacuna no desempenho está diminuindo (Torgesen, 2000). O progresso pode ser monitorado, com frequência, com o uso de testes curtos para avaliar a precisão na leitura de palavras e a fluência, a matemática e a escrita. É mais difícil monitorar o progresso da compreensão leitora e da produção textual porque esses domínios apresentam mudanças menos rápidas, e não foram desenvolvidos instrumentos adequados para monitorar o progresso nessas habilidades. Nesses casos, são necessários métodos para avaliar o progresso durante períodos mais longos.

A Figura 4.1 mostra um gráfico com o desenvolvimento do programa e o progresso em matemática para uma criança da 3ª série do ensino fundamental. Cada ponto representa o desempenho em uma ocasião com uma forma alternativa de um teste baseado no currículo (CBM)* que foi realizado sistematicamente nessa série. Nesse exemplo, a professora de Stephen pode olhar as colunas do perfil de habilidades para ver, por exemplo, que os cálculos aplicados passaram de (1) não tentado, para (2) tentado, mas não aprendido, para (3) aprendido parcialmente, e de volta a (4) tentado, mas não aprendido após as férias de inverno, para (5) aprendido parcialmente novamente e para (6) provavelmente aprendido em março-abril.

A maioria dos testes com normas de referência têm formas alternativas, mas podem ser aplicados a cada 1 a 3 semanas, o que é necessário para monitorar o progresso. Desse modo, existem avaliações baseadas no currículo (CBM) que permitem avaliações frequentes (Stecker et al., 2005). Essas medi-

---

*N. de R.T. No original *curriculum-based measurements* (CBM), é um é todo de monitoramento do progresso educacional do estudante através de avaliações diretas de habilidades acadêmicas, isto é, os testes são criados a partir do currículo. Manteve-se a sigla no original.

Avaliação

Stephen Painter | Aplicações 3ª série

(gráfico de PONTOS de 0 a 50, meses Set a Mai)

Eleve a meta
Os quatro escores mais recentes estão acima da linha.

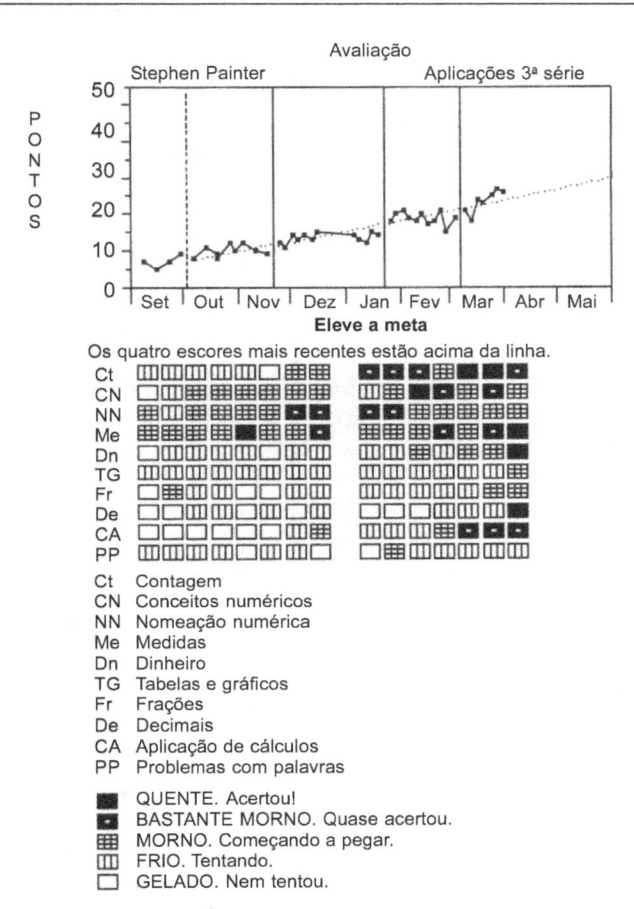

Ct
CN
NN
Me
Dn
TG
Fr
De
CA
PP

- Ct Contagem
- CN Conceitos numéricos
- NN Nomeação numérica
- Me Medidas
- Dn Dinheiro
- TG Tabelas e gráficos
- Fr Frações
- De Decimais
- CA Aplicação de cálculos
- PP Problemas com palavras

- ■ QUENTE. Acertou!
- ▨ BASTANTE MORNO. Quase acertou.
- ▦ MORNO. Começando a pegar.
- ▥ FRIO. Tentando.
- □ GELADO. Nem tentou.

FIGURA 4.1 Gráfico de avaliação baseada no currículo mostrando o desenvolvimento e o progresso do programa da área da matemática para "Stephen Painter" da 3ª série. Cada ponto representa o desempenho em uma forma alternativa de teste baseado no currículo que foi realizado na turma toda. A linha pontilhada vertical indica o cumprimento do objetivo (veja também G ao final do ano) e a taxa de progresso necessária para alcançar o objetivo do final do ano; e as linhas sólidas verticais mostram quando o professor revisou o programa de instrução na tentativa de reforçar a taxa de progresso. O último conjunto de pontos revela uma taxa de crescimento maior (os quatro escores mais recentes estão todos acima da linha), de modo que a decisão foi elevar a meta. Os quadrados ao final representam o domínio de habilidades ensinadas no currículo da 3ª série. A primeira coluna de quadrados não apresenta domínio (isto é, nenhum quadrado escuro); em meados de abril, Stephen havia dominado três áreas (mensuração, dinheiro, decimais); havia provavelmente dominado duas outras habilidades (contagem, cálculos aplicados); e havia dominado parcialmente quatro outras habilidades (conceitos numéricos, nomeação numérica, gráficos/tabelas, frações), deixando apenas os problemas com palavras como tentados mas não aprendidos. O professor de Stephen podia olhar as colunas do perfil de habilidades para ver, por exemplo, que os cálculos aplicados passaram de (1) não tentado, para (2) tentado, mas não aprendido, para (3) aprendido parcialmente, e de volta a (4) tentado, mas não aprendido após as férias de inverno, para (5) aprendido parcialmente novamente e para (6) provavelmente aprendido em março-abril.

das costumam ser usadas pelo professor para avaliar a resposta à instrução, mas também podem ser preenchidas pelo clínico ou por outro profissional que aplique o teste. Com o monitoramento do progresso, as crianças leem um trecho curto adequado para a série, fazem cálculos matemáticos ou escrevem palavras por 1 a 6 minutos. O número de palavras lidas corretamente, problemas matemáticos corretos ou palavras escritas corretamente e tabulado ao longo do tempo e comparado com os marcos que representam os resultados esperados. Essas medidas também podem ser usadas para determinar o nível de risco e para proporcionar uma medida basal para a avaliação da resposta à instrução.

As avaliações com monitoramento do progresso envolvem mais que um simples teste, elas são parte integral das boas estratégias de intervenção. Embora a pesquisa sustente a eficácia de uma variedade de métodos de instrução para promover o desempenho acadêmico entre estudantes com TAs (Swanson et al., 2003), a heterogeneidade dessa população, combinada com a natureza grave e multifacetada de suas necessidades, resulta em uma elevada falta de resposta a intervenções validadas, que varia de 10 a 50%, dependendo da intervenção e dos critérios para o uso do termo "resposta inadequada". Por essa razão, os resultados acadêmicos dos estudantes com TAs podem ser melhorados substancialmente quando se monitora o progresso sistematicamente durante a implementação de intervenções validadas. Com o monitoramento do progresso, os professores e outras pessoas aferem o nível em que o estudante está respondendo a uma intervenção instrucional. Quando a resposta é inadequada, os professores podem revisar rapidamente o programa e monitorar o impacto dessas revisões.

O monitoramento do progresso pode ser feito com uma variedade de métodos. Em relação a testes com normas de referência, é possível empregar testes comuns como o Test of Word Reading Efficiency (Torgesen et al., 1999a) ou a Woodcock-Johnson Achievement Battery (Woodcock, McGrew e Mather, 2001). Com esses testes, formas alternativas podem ser usadas repetidamente para modelar a melhora do estudante como função da intervenção, mas apenas em intervalos relativamente longos (geralmente de alguns meses). Existem formas alternativas para a coleta frequente de dados em avaliações baseadas no currículo (CBM), muitas das quais foram revisadas pelo National Center for Student Progress Monitoring (www.studentprogress.org). Conforme indicam as revisões realizadas pelo centro, os procedimentos de avaliação baseada no currículo (CBM) variam consideravelmente no nível dos dados de fidedignidade e no número de formas, notas e domínios acadêmicos que abordam. Todavia, a pesquisa mostra que certas formas de avaliação baseada no currículo (CBM) proporcionam informações fidedignas e válidas sobre o progresso dos estudantes e que, quando se usa essa forma de avaliação para determinar a necessidade de revisões nos programas estudantis, os resultados acadêmicos ao final do ano são melhores do que quando não se usa.

Os estudos sobre a eficácia da avaliação baseada no currículo (CBM) analisam os efeitos de estratégias alternativas de utilização dos dados, mostrando que essa avaliação promove o planejamento instrucional e a aprendizagem dos estudantes, ajudando os professores a estabelecer metas ambiciosas para os alunos, auxiliando a determinar quando são necessárias adaptações instrucionais para promover o crescimento dos alunos e proporcionando ideias para adaptações potencialmente efetivas no ensino. Com relação ao estabelecimento de objetivos, Fuchs, Fuchs e Hamlett (1989b) exploraram a contribuição das diretrizes que preveem a elevação das metas nas regras para decisões relacionadas com a avaliação baseada no currículo (CBM). Os professores foram divididos aleatoriamente em três tratamentos em matemática por 15 semanas: (1) sem avaliação baseada no currículo (2) avaliação baseada no currículo sem a regra de elevar a meta e (3) avaliação baseada no currículo com a regra de elevar a meta. Essa regra exigia que os professores tornassem a meta mais difícil sempre que a taxa de crescimento do estudante excedesse a taxa de crescimento que haviam previsto. Os professores na condição 3 (com a regra) elevaram as metas com mais frequência (para 15 dos 30 alunos) do que os professores nas condições sem a regra (para 1 dos 30 alunos). Além disso, juntamente com o comportamento dos professores de elevar as metas, houve um desempenho diferencial por parte dos alunos nos testes padronizados de desempenho prévio/posterior. O tamanho de efeito na comparação da mudança no desempenho prévio/posterior nas duas condições de avaliação baseada no currículo (isto é, com e sem a regra de elevar a meta) foi de 0,52 unidades de desvio padrão. Consequentemente, o uso da avaliação baseada no currículo (CBM) para monitorar a adequação dos objetivos instrucionais e para elevar as metas quando possível é um modo de usar a própria avaliação para ajudar os professores no planejamento da instrução.

Outra maneira em que se pode usar a avaliação baseada no currículo (CBM) para promover a tomada de decisões ligadas à instrução é para avaliar a adequação do progresso dos estudantes e para determinar se é necessário adaptar a instrução. Quando a taxa de crescimento real é menor que a taxa de crescimento esperada (a inclinação da linha do objetivo), o professor modifica o programa de instrução para promover uma aprendizagem maior. Fuchs, Fuchs e Hamlett (1989c) estimaram a contribuição dessa estratégia de tomada de decisões com 29 educadores especiais que implementaram avaliação baseada no currículo (CBM) durante 15 semanas escolares com 53 alunos com deficiências leve/moderadas. Os professores no grupo de "avaliação baseada no currículo (CBM) – apenas avaliar" testaram o crescimento dos alunos em leitura conforme o exigido, mas não usaram as informações da avaliação para estruturar os programas de leitura. Os professores do grupo "avaliação baseada no currículo (CBM) – mudar o programa" avaliaram o desempenho dos alunos e usaram as informações para determinar quando deviam introduzir adaptações no programa para aumentar as taxas de crescimento. Os resultados indicam que, embora os professores em ambos grupos tenham avaliado o desempenho dos alunos, diferenças importantes foram associadas ao uso da decisão de "mudar o programa". Conforme indicado no Stanford Achievement Test – Reading Comprehension Subtest, os estudantes no grupo que deveriam "mudar o programa" tiveram desempenho melhor que o grupo-controle sem avaliação baseada no currículo (tamanho de efeito = 0,72), ao passo que o grupo de "apenas avaliar" não teve (tamanho de efeito = 0,36). Além disso, as inclinações dos dois grupos de tratamento foram significativamente diferentes, favorecendo o desempenho do grupo de "mudar o programa" (tamanho de efeito = 0,86). Conforme sugerem esses resultados e as observações de outros pesquisadores (p. ex., Wesson, 1991), a coleta de dados da avaliação baseada no currículo (CBM), por si só, exerce um efeito pequeno sobre a aprendizagem estudantil. Para melhorar os resultados dos estudantes, os professores devem usar os dados da avaliação baseada no currículo (CBM) de forma experimental para construir programas efetivos para estudantes com TAs.

Para ajudar os professores a determinar quando são necessárias adaptações nos programas dos estudantes e para identificar quando se justifica elevar as metas, são usados os escores totais da avaliação baseada no currículo (CBM). Além disso, inspecionando o gráfico dos indicadores de desempenho ao longo do tempo (ver Figura 4.1), os professores podem formular ideias para adaptações instrucionais potencialmente efetivas. Por exemplo, uma inclinação baixa ou decrescente pode gerar hipóteses sobre a falta de manutenção do material aprendido ou sobre problemas de motivação. Todavia, para obter descrições ricas do desempenho estudantil, são necessárias maneiras alternativas de resumir e de descrever o desempenho dos alunos. Como a avaliação baseada no currículo (CBM) afere o desempenho no currículo do ano a cada testagem, podem ser geradas descrições ricas de potencialidades e de fraquezas.

Os efeitos dos perfis diagnósticos da avaliação baseada no currículo (CBM) foram analisados em três estudos, um em matemática (Fuchs, Fuchs, Hamlett e Stecker, 1991b), um em leitura (Fuchs, Fuchs e Hamlett, 1989d) e um em escrita (Fuchs, Fuchs, Hamlett e Allinder, 1991a). Em cada investigação, os professores foram divididos de forma aleatória em três condições: (1) sem avaliação baseada no currículo, (2) avaliação baseada no currículo com regras de decisão de elevar as metas e mudar o programa e (3) avaliação baseada no currículo com regras de decisão de elevar as metas e de mudar o programa, juntamente com perfis diagnósticos da avaliação baseada no currículo (CBM). Em todos os três estudos, os professores no grupo de tratamento com perfil diagnóstico criaram planos instrucionais mais variados e mais sensíveis às necessidades de aprendizagem dos estudantes. Além disso, os estudantes obtiveram uma maior aprendizagem, avaliada pela mudança entre o desempenho prévio e posterior em medidas globais de desempenho. Os tamanhos de efeito associados aos grupos do perfil diagnóstico da avaliação baseada no currículo (CBM) variaram de 0,65 a 1,23. Essa série de estudos demonstra como informações estruturadas e organizadas da avaliação baseada no currículo (CBM) em relação às potencialidades e aos transtornos dos estudantes ajudam os professores a criar programas melhores e a obter mais aprendizagem.

A pesquisa também proporcionou evidências da utilidade geral da avaliação baseada no currículo (CBM) para ajudar professores a planejar programas mais efetivos (p. ex., L.S. Fuchs, Deno e Mirkin, 1984; Fuchs et al., 1991a; Shapiro, Edwards e Zigmond, 2005; Wesson, 1991). Para ilustrar esses dados, descrevemos o estudo sobre a leitura. Fuchs e colaboradores (1984) realizaram um estudo nas escolas públicas de Nova York. Os professores participaram por 18 semanas em um grupo-controle ou em um grupo de tratamento com avaliação baseada no currículo (CBM), onde verificaram o desempenho estudantil em leitura pelo menos duas vezes por semanas, classificaram e tabularam o desempenho e usaram regras prescritivas de tomada de decisões conforme a avaliação baseada no currículo (CBM) para planejar os programas de leitura. Quando os professores empregaram a avaliação baseada no currículo (CBM) para planejar programas de leitura, seus alunos tiveram um desempenho melhor do que quando usaram métodos convencionais de monitoramento no Passage Reading Test e nos subtestes de decodificação e de compreensão do Stanford Diagnostic Reading Test, com tamanhos de efeito respectivos de 1,18, 0,94 e 0,99. Isso sugere que, apesar do foco exclusivo na fluência na leitura de parágrafos para o monitoramento do progresso, os professores planejaram programas de leitura mais amplos, envolvendo a fluência, a decodificação e a compreensão.

Em suma, um grande conjunto de pesquisas controladas proporciona evidências que corroboram os efeitos robustos sobre os resultados em leitura, em escrita e em matemática quando os professores baseiam-se unicamente na avaliação baseada no currículo (CBM) para informar o planejamento instrucional. Quando essa forma de monitoramento do progresso é usada para avaliar os efeitos de intervenções validadas para estudantes com TAs e para revisar os programas conforme esses dados, é mais provável que se obtenham resultados acadêmicos positivos para os estudantes com TAs.

Avaliando intervenções

As avaliações baseadas no currículo também devem ser acompanhadas de observações da integridade da implementação da intervenção, incluindo a natureza e a quantidade do tempo gasto em instrução complementar, especialmente se a criança parece não estar fazendo progresso. Os psicólogos escolares geralmente estão preparados para essa avaliação. Embora um psicólogo que atue fora da escola possa não estar em posição de implementar a avaliação baseada no currículo (CBM) ou de avaliar pessoalmente a integridade com a qual a intervenção é implementada, essas avaliações devem ocorrer, especialmente no caso de encaminhamento a um profissional privado.

Identificando uma resposta inadequada

Quando os dados da avaliação baseada no currículo (CBM) são coletados de forma sistemática, pode-se usar uma variedade de abordagens para estabelecer se a resposta da pessoa é adequada. Embora fique claro que a "resposta" ocorre em um *continuum* e que os pontos de corte não abarcam cada estudante em questão, critérios específicos proporcionam diretrizes para identificar os alunos em necessidade. A literatura identifica diferentes abordagens para definir a resposta adequada à instrução. Alguns índices baseiam-se em avaliações do monitoramento do progresso, que permitem calcular as funções de inclinação e de interceptação em relação a um grupo-controle, que pode ser escolar ou ter outra base normativa. Fuchs e Fuchs (1998) e Speece e Case (2001) afirmam que os índices baseados na inclinação e na interceptação são mais indicativos dos resultados de longo prazo do que apenas a inclinação e a interceptação, pois um estudante pode iniciar uma intervenção bastante abaixo dos padrões de referência, mas ter uma resposta muito positiva, que seria mascarada pela interceptação ou pelo padrão do fim do ano.

Outros baseiam-se principalmente nos padrões do final do ano (Torgesen, 2000), calculando o número de alunos que leem abaixo dos padrões, geralmente um padrão ajustado para a idade abaixo do 25º ou 30º percentil. Finalmente, outra referência comum estabelece um critério com base na fluência da leitura de parágrafos. Os alunos da 1ª série do ensino fundamental, por exemplo, devem ler de 35 a 40 palavras por minuto, dependendo do nível de dificuldade do texto. É importante analisar diversos critérios. Porém, devem ser usadas análises da inclinação, pois a questão envolve a mudança (progresso), e o número de pontos necessários para estimar a mudança aumenta a fidedignidade da identificação de uma resposta inadequada. Como uma estimativa da mudança sempre inclui uma função de interceptação que aborda o nível de funcionamento, devem-se analisar a inclinação e o nível absoluto de desempenho com uma avaliação baseada no currículo (CBM). Fuchs e Fuchs (1998) propuseram o uso da inclinação e do estado final para identificar a resposta inadequada, sugerindo que o estudante deve apresentar uma "discrepância dupla", na qual a inclinação e o nível final estejam pelo menos um desvio padrão abaixo do dos colegas ou de algum tipo de padrão referenciado. A Figura 4.2 apresenta diferentes trajetórias baseadas em uma análise mista do crescimento (Fuchs, Compton, Fuchs, Hamlett e Bryant, 2006a). Para a análise, 25 avaliações semanais baseadas no currículo de cálculos matemáticos foram coletadas de outubro a abril na 1ª série ($n = 225$). A análise produziu quatro classes de trajetórias. Os estudantes com baixa interceptação e com baixa inclinação foram significativamente mais prováveis de ser classificados com transtornos da matemática ao final da 2ª série (definidas como um desempenho abaixo do 10º percentil no Wide Range Achievement Test-Arithmetic), em comparação com estudantes com interceptação elevada (independente da inclinação) e em comparação com estudantes com interceptação baixa, mas com inclinação elevada. Conforme mostra a Figura 4.2, o estado final em si já permite que alguns alunos sejam classificados com

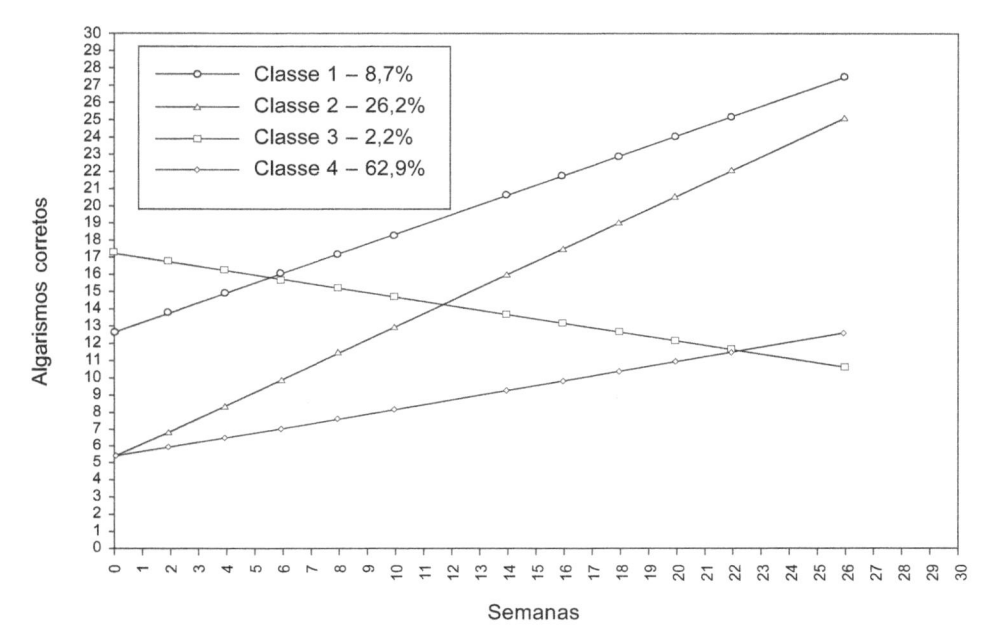

FIGURA 4.2 Quatro classes de trajetórias derivadas da modelagem mista do crescimento em 27 avaliações semanais baseadas no currículo de cálculos matemáticos da 1ª série (Fuchs, Compton, Fuchs, Hamlett e Bryant, 2006a). Estudantes com baixa interceptação e baixa inclinação foram significativamente mais prováveis de ser classificados como portadores de um transtorno da matemática (TM) ao final da 2ª série, em comparação com estudantes com interceptação elevada (independente da inclinação) e com estudantes com baixa interceptação mas com inclinação elevada.

uma resposta inadequada, apesar de apresentarem um progresso significativo, pois o nível inicial de desempenho foi muito baixo. Mesmo com bastante crescimento, os estudantes permaneceram abaixo dos padrões ao final da intervenção. Enfocar apenas o padrão pode sugerir que a intervenção não foi efetiva, quando uma análise da inclinação sugere que seria prematuro abandonar a intervenção. De maneira alternativa, analisar apenas a inclinação permite que alguns estudantes sejam identificados com resposta inadequada, mesmo que concluam a intervenção satisfazendo os critérios referenciados ou padronizados, sugerindo resultados positivos no futuro. Considerando, simultaneamente, a inclinação da melhora e o estado final, a abordagem de discrepância dupla somente permite a identificação da resposta inadequada quando o estudante (1) não apresenta crescimento adequado e (2) conclui a intervenção abaixo dos critérios referenciados ou padronizados. São necessários mais estudos para analisar e para comparar métodos alternativos para identificar TAs e um sistema de resposta à instrução, mas a abordagem da discrepância dupla parece bastante promissora.

Avaliando domínios do desempenho

Existem muitos testes de desempenho com normas de referência que podem ser incorporados à avaliação dos TAs. A Tabela 4.1 sugere cinco grandes subgrupos que representam pessoas com comprometimento principalmente em (1) reconhecimento de palavras, (2) fluência da leitura, (3) compreensão leitora, (4) cálculos matemáticos/resolução de problemas e (5) expressão escrita, inclusive ortografia, grafia e/ou produção textual. Esses padrões foram estabelecidos por meio de pesquisas de Rourke e Finlayson (1978), Siegel e Ryan (1989), Stothard e Hulme (1996), e os Capítulos 6 a 9 proporcionam uma ampla discussão das evidências para esses subgrupos. Muitos sujeitos têm transtornos de diversos domínios, tornando necessária uma avaliação completa do desempenho acadêmico. O Quadro 4.1 também identifica os déficits em habilidades acadêmicas que representam os indicadores primários de desempenho de cada forma de TA.

Fletcher e colaboradores (2005b) propuseram o uso de testes da mesma bateria de desempenho, pois os mesmos coortes seriam usados para desenvolver as normas. Essa constância facilita a comparação entre os testes. Todavia, mais importante que a bateria da qual os testes são obtidos são os construtos avaliados e a qualidade dos indicadores desses construtos. Com base no Quadro 4.1, os construtos importantes são o reconhecimento de palavras, a fluência da leitura, a compreensão leitora, os cálculos matemáticos e a resolução de problemas e a expressão escrita.

O Quadro 4.2 mapeia o construto e sua avaliação com a Woodcock-Johnson Achievement Battery-III (WJ; Woodcock et al., 2001) ou o Wechsler Individual Achievement Test-II (WIAT; Wechsler, 2001), ambos usados com frequência* para avaliar os TAs. Também existem outros testes com normas de referência que podem ser usados no lugar desses ou para complementar a WJ ou o WIAT, e citaremos alguns deles a seguir. Por exemplo, o teste que avalia a ortografia pode ser usado para triar transtornos da expressão escrita ou em grafia.

Como muitas pessoas têm problemas em diversos domínios acadêmicos, o *padrão* das potencialidades e das fraquezas acadêmicas entre esses testes é uma consideração importante (Fletcher et al., 2002; Fletcher et al., 2005b; Rourke, 1975). A avaliação pode ser realizada de forma hierárquica, podendo nem todos os testes ser administrados a cada pessoa. A maioria das pessoas com problemas acadêmicos significativos que podem vir a ter um TA têm transtornos com o reconhecimento de palavras. Isso geralmente causa problemas em diferentes domínios da leitura, de modo que geralmente não são necessárias avaliações além dos testes básicos. Problemas isolados com a compreensão leitora e a expressão escrita ocorrem com menos frequência. Se o problema for especificamente em matemática, o uso de avaliações além da WJ e do WIAT ajuda a garantir que a deficiência não é apenas uma questão de atenção ou outros transtornos.

---

*N. do R. T. No original: *sight word*. Tal expressão significa um conjunto de palavras frequentes que o leitor não necessita mais fazer a conversão letra-som, ou seja, ele olha a palavra e já identifica rapidamente a mesma, por isso optamos por usar a expressão: palavras visuais.

QUADRO 4.2 Subtestes Woodcock-Johnson-III (WJ) e Wechsler Individual Achievement Test-II (WIAT) em relação a déficits em habilidades acadêmicas

Déficit em habilidade acadêmica	Testes básicos	
	Subteste WJ	Subteste WIAT
Reconhecimento de palavras	Identificação de palavras	Leitura de palavras
	Abordagem às palavras	Decodificação de pseudopalavras
Fluência da leitura	Fluência da leitura	—
Compreensão leitora	Compreensão de trechos	Compreensão da leitura[a]
Cálculos matemáticos	Cálculos	Operações numéricas
Resolução de problemas matemáticos	Problemas aplicados	Raciocínio matemático
Ortografia	Ortografia	Ortografia

Obs.: Adaptado de Fletcher, Francis, Morris e Lyon (2005b).
[a]Também avalia a fluência.

Reconhecimento de palavras

Tanto o Woodcock-Johnson Achievement Battery-III quanto o Wechsler Individual Achievement Test-II (WIAT) têm subtestes que exigem a leitura oral de listas de palavras reais e de pseudopalavras para possibilitar a avaliação do reconhecimento imediato das palavras visuais e da capacidade de decodificar cada pedaço da palavra desconhecida ou inventada. A maioria das baterias de desempenho avalia o reconhecimento de palavras reais ordenadas pela dificuldade, que é o componente essencial de qualquer avaliação relacionada com TAs nesse domínio. Fletcher e colaboradores (1996) observam que essas medidas da precisão na leitura apresentam correlação elevada, avaliando uma variável latente semelhante (p. ex., Wide Range Achievement Test-III [Wilkinson, 1993] e o Gray Oral Reading Test-Fourth Edition [GORT-IV; Wiederholt e Bryant, 2001]).

Fluência da leitura

As medidas da fluência da leitura também costumam estar bastante correlacionadas. Observamos que o subteste de fluência da leitura Woodcock-Johnson Achievement Battery-III tem correlação elevada com outras medidas da fluência, apesar do fato de exigir que a criança responda a certas questões enquanto lê uma série de trechos por três minutos. O Wechsler Individual Archievement Test-II (WIAT) avalia a velocidade da leitura durante a compreensão leitora silenciosa. Nenhuma dessas medidas é tão direta quanto a avaliação da fluência do Test of Word Reading Efficiency (Torgesen et al., 1999a), que envolve a leitura oral de palavras reais e de pseudopalavras em uma lista, ou o Test of Reading Fluency (Deno e Marston, 2001), que exige a leitura de textos. As avaliações baseadas no currículo para cada série também são abordagens razoáveis para avaliar a fluência da leitura. Todas essas medidas são rápidas, eficientes e amplamente utilizadas. A chave para avaliar a fluência da leitura é o aluno ler o texto oralmente, de modo que a fluência pode ser aferida pelo número de palavras lidas corretamente por minuto. Desse modo, o Gray Oral Reading Test IV (GORT-IV) tem um escore para a fluência da leitura oral de textos.

Compreensão leitora

A compreensão leitora é difícil de avaliar (Francis et al., 2005b). É importante ter atenção à natureza do material que a pessoa lê, além do formato da resposta. Os testes que avaliam a compreensão leitora variam de acordo com o que a criança lê (sentenças, trechos, gêneros [narrativo, expositivo]), o formato da resposta (lacunas, questões abertas, escolha múltipla, pensar em voz alta), as demandas para a memória (responder questões com e sem o texto) e a profundidade da avaliação da abstração do significado (elaboração do vocabulário *versus* conhecimento, inferência e ativação do conhecimento prévio). Se a questão for compreensão, e a fonte contiver elementos além das habilidades de fluência ou de reconhecimento de palavras da criança, um único teste raramente será adequado, podendo ser necessárias diversas medidas para avaliar a compreensão leitora de diferentes maneiras.

Para ilustrar essa questão, medidas como os subtestes de compreensão de trechos da Woodcock-Johnson Archivement Battery-III (WJ) somente podem ser consideradas triagens para o desempenho em compreensão leitora. Essa avaliação baseada no preenchimento de lacunas exige que a criança leia uma sentença ou um trecho e preencha uma lacuna com a palavra que falta. De maneira semelhante, o WIAT não exige a leitura de grandes quantidades de texto. O problema é que muitas crianças com transtornos para compreender textos na sala de aula não têm transtornos com os materiais de leitura da WJ ou do WIAT, porque o nível de complexidade não alcança o que as crianças leem na sala de aula. Uma boa avaliação da compreensão leitora exige a leitura de quantidades significativas de texto complexo. Para pessoas com problemas de compreensão, é essencial usar o Group Reading Assessment and Diagnostic Education (GRADE; Williams, Cassidy e Samuels, 2001), o GORT-IV (Wiederholt e Bryant, 2001) ou um dos testes de compreensão leitora em grupo, como o Iowa Test of Basic Skills (Hoover, Hieronymous, Frisbie e Dunbar, 2001), ou ainda o Stanford Achievement Test-10th edition (Harcourt Assessment, 2002). Se a pessoa tiver feito algum desses testes na escola, os resultados podem ser revisados como parte de sua avaliação. É importante não se basear unicamente em testes grupais, pois a pessoa pode não ter se esforçado ou prestado atenção suficiente, ou pode ter tido outros comportamentos que invalidaram o teste.

Matemática

O Quadro 4.2 identifica o subteste de Cálculos da WJ e o subteste de Operações Numéricas do WIAT, representando testes escritos de cálculos matemáticos. O desempenho fraco nesses testes de cálculo prevê de forma confiável a variação em habilidades cognitivas associadas a dificuldades em matemática conforme a existência de outras potencialidades e fraquezas acadêmicas (Rourke, 1993). O problema é que as dificuldades em matemáticas têm diversas fontes. O desempenho fraco nesses testes pode refletir problemas com a recuperação de fatos e a memória fonológica se o reconhecimento de palavras for comparavelmente inferior. Por outro lado, se o reconhecimento de palavras for significativamente superior ao desempenho em matemática, os problemas podem partir de dificuldades com o conhecimento procedimental. Em qualquer pessoa, o desempenho baixo pode refletir dificuldades com a atenção (Fuchs et al., 2006b), especialmente em crianças também diagnosticadas com TDAH. O subteste de aritmética (cálculos matemáticos) do WRAT-III é útil porque é cronometrado, e os problemas são menos organizados, tornando-o sensível a dificuldades com a atenção e com as funções executivas. A chave está nos cálculos matemáticos em um formato de lápis e papel, que é como as dificuldades em matemática geralmente se manifestam em crianças que não apresentam problemas em leitura. Se for necessário avaliar a capacidade de resolver problemas matemáticos, que somente faríamos se a matemática fosse uma preocupação importante, pode-se usar o subteste de Problemas Aplicados da WJ e o de Raciocínio Matemático do WIAT. Esses testes introduzem problemas matemáticos que são difíceis para crianças com transtornos da leitura.

Como na leitura, as avaliações da fluência podem ajudar, embora não existam evidências sugerindo um transtorno da fluência em matemática. O subteste de Fluência em Matemática da WJ pode ser usado como uma medida complementar, com uma avaliação cronometrada de fatos aritméticos descritos com um algarismo que pode ajudar a identificar crianças lentas em habilidades aritméticas básicas, as quais podem levar a transtornos para aprender matemática mais avançada.

Expressão escrita

O domínio mais difícil de avaliar é o da expressão escrita, em parte porque aquilo que constitui um transtorno da expressão escrita não está bem estabelecido. Um transtorno da expressão escrita envolve principalmente a ortografia, grafia ou a produção textual? Os problemas com a grafia e a ortografia limitam a produção textual, de modo que esses domínios estão relacionados (Berninger, 2004). O Quadro 4.2 identifica a ortografia, que deve ser avaliada, pois pode representar a principal fonte de dificuldade com a expressão escrita para muitas crianças, especialmente aquelas com dificuldades no reconhecimento de palavras. Uma análise dos erros ortográficos pode ajudar a entender se o problema é com o componente fonológico da linguagem ou com a forma visual das letras (isto é, a ortografia visual; Rourke, 1993). Os testes de ortografia também permitem uma avaliação informal da grafia.

A Woodcock-Johnson Achievement Battery-III e o Wechsler Individual Achievement Test-II (WIAT) contêm medidas da expressão escrita. A utilidade dessas medidas não está bem estabelecida. A partir de uma visão construtiva, não se exige muito na escrita e na construção parágrafos. Com estudantes para os quais escrever textos é um grande problema, as avaliações com uma medida como o subteste de Maturidade Temática do Test of Written Language (Hammill e Larsen, 2003) podem ser essenciais. Como na leitura e na matemática, as avaliações da fluência da escrita podem ser informativas, pois podem prever a qualidade da composição (Berninger e Hart, 1993). Dessa forma, é importante aferir a fluência com uma medida como o subteste de Fluência da Escrita da WJ, particularmente para fins de triagem.

Padrões de desempenho

Os padrões característicos que podem emergir dos resultados dos testes com normas de referência podem ajudar a identificar o tipo de TA e a indicar tipos específicos de intervenção. Para cada um dos cinco tipos de TAs apresentados no Quadro 4.1, existem intervenções com evidências de eficácia que devem ser utilizadas dentro ou fora do ambiente escolar (ver Capítulos 5 a 9). O objetivo não é diagnosticar os TAs, o que não é exequível em uma avaliação única, pelas razões psicométricas e conceituais discutidas no Capítulo 3, mas identificar as dificuldades que podem ser desenvolvidas na intervenção. Se o profissional que aplica o teste conhece esses padrões, é possível fazer recomendações específicas para a intervenção, assim como a necessidade de outras avaliações.

O Quadro 4.3 resume seis padrões de desempenho que foram estabelecidos pela pesquisa (Fletcher et al., 2005b), diretamente relacionados com a classificação hipotética do Quadro 4.1 e as avaliações básicas do Quadro 4.2. Deve-se entender que o ponto de corte é deliberadamente elevado para reduzir os erros falso-negativos (não identificar pessoas com problemas significativos). Os pontos de corte não são regras de decisão rígidas, assim como os níveis de discrepância entre os domínios não são firmes. Os padrões são a dimensão importante (Rourke, 1975). Não estamos indicando que 25% de todas as crianças têm um TA, apenas que escores abaixo do 25° percentil costumam estar associados a um baixo desempenho escolar, pressupondo-se que o ponto de corte é fidedigno. Também se deve avaliar a resposta a intervenções válidas para determinar a presença de um TA.

Os padrões no Quadro 4.3 ajudam a distinguir estudantes com transtornos no reconhecimento de palavras, que geralmente têm comprometimentos da escrita e da compreensão leitora, daqueles que têm habilidades adequadas em leitura e em escrita, mas que apresentam problemas com a matemática. Reconhecemos que alguns estudantes têm dificuldades em leitura e em escrita, mas se saem bem em matemática, ao passo que outros têm problemas em todos esses domínios. Existe uma quantidade considerável de pesquisas a favor dessa distinção, representando um grupo com prováveis dificuldades co-

QUADRO 4.3 Padrões de desempenho associados à intervenção

1. Reconhecimento de palavras e ortografia < 90; cálculos matemáticos: meio desvio padrão acima do reconhecimento de palavras e da ortografia e no mínimo 90. Esse padrão se caracteriza por problemas com a decodificação de palavras individuais e maior habilidade aritmética. A compreensão leitora varia, dependendo de como é avaliada, mas costuma estar comprometida. Crianças com esse padrão têm problemas significativos com o processamento fonológico e muitas vezes apresentam boas habilidades espaciais e motoras (Rourke e Finlayson, 1978).

2. Fluência em leitura < 90 e reconhecimento de palavras meio desvio padrão acima refletem um problema em que a precisão na leitura das palavras não é tão problemática quanto a automaticidade (Lyon et al., 2003a). O correlato mais fidedigno é a automatização na identificação das letras pelo nome.

3. Compreensão leitora < 90 e sete pontos abaixo do reconhecimento de palavras. Esse padrão reflete problemas com o vocabulário e com a linguagem receptiva, com memória de trabalho e com a atenção e com habilidades de processamento fonológico (Stothard e Hulme, 1996).

4. Cálculos matemáticos < 90, reconhecimento de palavras e ortografia > 90 e pelo menos sete pontos acima. Crianças com dificuldades que envolvem apenas a matemática apresentam esse padrão, que é associado a problemas com as funções executivas, com a atenção, com a memória de trabalho, com habilidades motoras e espaciais; o processamento fonológico e o vocabulário são pontos fortes (Rourke e Finlayson, 1978). Se a ortografia também for < 90, esse é essencialmente o mesmo padrão, com um problema motor mais significativo.

5. Escrita < 90. Este padrão reflete (1) déficits motores em uma criança pequena ou (2) resíduos de problemas fonológicos anteriores que foram remediados ou compensados em crianças maiores e adultos. O padrão é comum em adultos com histórico de dificuldades no reconhecimento de palavras. A fluência costuma estar comprometida.

6. Reconhecimento de palavras, fluência da leitura, compreensão leitora, escrita e aritmética < 90. Este padrão representa um problema com o reconhecimento de palavras e a matemática, caracterizado por problemas globais com a linguagem e com a memória de trabalho, mais graves do que em crianças com pouca habilidade de decodificação e com melhor desenvolvimento de habilidades matemáticas (Rourke e Finlayson, 1978). É provável uma associação co-mórbida entre dificuldades com o reconhecimento de palavras e a matemática.

Obs. Os padrões baseiam-se em relações entre o reconhecimento de palavras, a fluência da leitura, a compreensão da leitura, a aritmética e a ortografia. Qualquer escore abaixo do 25º percentil (escore padrão = 90) indica pelo menos um comprometimento leve. Acredita-se que uma diferença de meio desvio padrão já seja importante (± 7 pontos do escore padrão). Esses padrões não estão relacionados com os escores do QI. Os padrões são protótipos, e as regras devem ser aplicadas livremente. Dados de Fletcher, Foorman e colaboradores, (2002) e Fletcher, Francis, Morris e Lyon (2005).

mórbidas em leitura e em matemática, que costumam ser mais graves do que quando o problema em leitura ou em matemática ocorre isoladamente (ver Capítulo 8). De maneira semelhante, estudantes com habilidades desenvolvidas de reconhecimento de palavras e de escrita, mas que têm problemas com a matemática, são claramente diferentes dos estudantes cujo principal problema é no domínio do reconhecimento de palavras (Rourke, 1993). A discrepância entre as habilidades de reconhecimento de palavras e de matemática é um dos melhores indicadores de uma dificuldade de aprendizagem não-verbal (Pelletier, Ahmad e Rourke, 2001; Rourke, 1993). O Quadro 4.3 também identifica estudantes que apresentam transtornos especificamente em fluência e em compreensão leitora. Também existem sugestões para analisar variações na compreensão leitora, na decodificação e na escrita, principalmente em relação à intervenção.

A identificação de TAs deve levar em conta alguns fatores que vão além dos escores em testes (ver Figura 1.1). Conforme descreveremos na seção seguinte, o processo decisório deve se concentrar no que é necessário para a intervenção. Isso exige uma avaliação de variáveis contextuais e da presença de transtornos co-mórbidos que influenciem as decisões sobre o tipo de plano que será mais efetivo para uma dada criança. O baixo desempenho está relacionado com muitas variáveis contextuais, o que explica por que a flexibilidade em diretrizes educacionais permite que equipes interdisciplinares fundamentem suas decisões em fatores que vão além dos escores em testes. O propósito da avaliação essencialmente é desenvolver um plano de intervenção.

Avaliando fatores contextuais e condições afins

A avaliação de fatores contextuais e de condições afins que ajudam a explicar o baixo desempenho é necessária para se planejar a intervenção adequadamente. O princípio geral é avaliar esses fatores da mesma maneira que se avaliaria um fator ou uma condição se houvesse a possibilidade do fator ou da condição ocorrer na ausência de um TAs. Devem-se obter rotineiramente avaliações em escalas do comportamento e da adaptação acadêmica para pais e professores, juntamente com o histórico médico e do desenvolvimento informado pelos pais. Muitos transtornos comportamentais têm co-morbidade com TAs e, às vezes, explicam a dificuldade no desempenho (Fletcher et al., 1999a). Esses fatores potencialmente co-mórbidos devem ser avaliados e tratados. Simplesmente encaminhar a criança para intervenções educacionais sem tratar esses fatores aumentará a probabilidade de uma resposta fraca à intervenção. De maneira semelhante, não é provável que tratar uma criança para um transtorno do comportamento, como o TDAH, resulte em níveis maiores de desempenho na ausência de uma intervenção educacional, de modo que sempre se devem fazer avaliações do desempenho acadêmico ao avaliar crianças. Assim, esses fatores e condições devem ser avaliados rotineiramente por diversos informantes. Se o problema for acadêmico e comportamental, a ocorrência conjunta geralmente representa duas áreas de dificuldade, ambas exigindo intervenção.

Em outros domínios, as avaliações realizadas dependem do problema. Se houver suspeita de retardo mental, devem ser administrados testes de QI, do comportamento adaptativo e outras avaliações relacionadas com essa classificação. Contudo, uma pessoa com escores de desempenho em compreensão leitora ou em matemática dentro de dois desvios padrão da média (isto é, incompatível com as definições legais tradicionais de retardo mental) ou com o desenvolvimento de comportamento adaptativo claramente não-condizente com retardo mental é improvável de apresentar níveis de desempenho em testes de QI que indiquem retardo mental. Um escore em níveis condizentes com retardo mental não seria interpretado como indicativo de retardo mental na ausência de déficits em comportamento adaptativo ou em habilidades de compreensão leitora ou da matemática além do desenvolvimento das habilidades básicas.

Algumas crianças com escores de QI baixos podem ter transtornos da linguagem oral, necessitando de uma intervenção para a fala e para a linguagem que exija outra avaliação e encaminhamento. Esses problemas costumam ser vistos nos TAs, e os transtornos da linguagem oral aumentam o risco de desenvolver problemas acadêmicos (Bishop e Snowling, 2004). As avaliações simples com medidas de vocabulário ajudam a identificar crianças cujo desenvolvimento da linguagem é problemático e também ajudam a fazer uma triagem das crianças que podem se beneficiar com avaliações mais formais da inteligência. Mais uma vez, esses problemas geralmente vão além do domínio acadêmico e representam outras áreas que exigem intervenção.

Outras considerações importantes envolvem fatores relacionados com aprendizes da língua inglesa como segunda língua. Pessoas que estão com dificuldades para ler em sua segunda língua não devem ser consideradas portadoras de transtornos de aprendizagem, a menos que haja evidências claras de que os problemas também ocorrem na língua materna. Pode ser necessário administrar testes formais de proficiência linguística e de desenvolvimento de habilidades acadêmicas na língua materna e em inglês para avaliar essa possibilidade. Essa questão não precisa ser avaliada rotineiramente em crianças cuja exposição a línguas ocorre exclusivamente com o inglês, mas pode ser um grande problema quando segmentos significativos da população não são formados por falantes nativos do inglês.

CONCLUSÕES

Com base em nossas avaliações de modelos no Capítulo 3, propusemos um modelo híbrido que incorporava aspectos de modelos segundo a resposta à instrução, baixo desempenho e diferenças intraindividuais para a identificação de crianças como portadoras de transtornos de aprendizagem. Não sugerimos avaliações extensivas de habilidades cognitivas, neuropsicológicas ou intelectuais para identificar crianças com transtornos de aprendizagem devido à falta de evidências de que essas avaliações contribuam para a intervenção ou que as discrepâncias nesses testes proporcionem informações que não apareçam nos perfis de testes de desempenho (ver Capítulo 3). Essa abordagem de avaliação pressupõe que a pessoa tem idade suficiente para que as habilidades de leitura, de matemática e de expressão escrita já tenham começado a se desenvolver. É totalmente apropriado administrar testes cognitivos ou neuropsicológicos para crianças abaixo dessas idades, particularmente na tentativa de identificar características de risco. Mesmo essas avaliações devem ser relativamente breves e abordar áreas acadêmicas específicas (p. ex., consciência fonológica e conhecimento de letras e de sons na educação infantil como indicadores da capacidade de ler). Quando o estudante alcança uma idade em que se espera que as habilidades de reconhecimento de palavras, de matemática e de expressão escrita estejam desenvolvidas, ocorre pouca variabilidade independente em testes cognitivos ou neuropsicológicos. De um modo geral, não se devem identificar TAs em crianças pré-escolares. Mesmo na 1ª série, a fidedignidade da identificação será menor, por questões de maturidade e dos pisos limitados de muitos testes de desempenho nessa faixa etária (S. E. Shaywitz et al., 1992).

O centro do modelo de identificação e da abordagem de avaliação é o foco na avaliação da resposta à instrução. Embora certas pessoas possam considerar o nosso modelo adequado apenas para escolas, existem poucas evidências de que avaliar uma pessoa com uma avaliação única baseada na discrepância entre o QI e o desempenho, baixo desempenho ou padrões de testes cognitivos e neuropsicológico leve a uma intervenção melhor. Essas avaliações não têm implicações diretas para o tratamento. Se o "diagnóstico" baseia-se em uma única avaliação, ele talvez não seja adequadamente fidedigno. Mais importante, assim que fica claro que a pessoa tem um problema de desempenho, a intervenção começa, e os recursos gastos no diagnóstico devem ser gastos na intervenção. *As pessoas não devem ser identificadas como portadoras de transtornos de aprendizagem até que se faça uma tentativa adequada de instrução*. O monitoramento serial da resposta à instrução com avaliação baseada no currículo (CBM) e a integridade da instrução devem ser concluídos antes que as crianças sejam identificadas como portadoras de transtornos de aprendizagem. Todavia, devido à necessidade de mais pesquisas sobre o que constitui uma intervenção intensiva apropriada, de estimar os efeitos da inclinação e da interceptação e de tomar decisões sobre pontos de corte para diferenciar indivíduos com resposta adequada e inadequada (Gresham, 2002), a resposta à instrução não pode ser o único critério de identificação. Entretanto, parece haver considerável validade em abordagens que incorporam a resposta à instrução, entre as quais está a provável possibilidade de que os indivíduos com resposta inadequada representem o "desempenho baixo inesperado", simbolizando o construto essencial dos TAs (Fletcher et al., 2003).

As avaliações devem ser derivadas e relacionadas com uma classificação geral de dificuldades de aprendizagem e comportamentais da infância. Os déficits em habilidades acadêmicas representam *marcadores* para uma classificação subjacente que distingue o protótipo de TA de, por exemplo, um transtorno comportamental como o TDAH. Se a classificação e a avaliação forem estendidas ao retardo mental, a chave para diferenciar o retardo mental do TA (ou do TDAH) não é apenas o escore do QI; a principal questão é o desenvolvimento de comportamentos adaptativos. Para o retardo mental, os déficits em comportamento adaptativo são globais, mas, para os TAs, o comportamento adaptativo representa uma faixa relativamente limitada de déficits (Bradley et al., 2002). Uma classificação de TAs, de retardo mental e de TDAH (como exemplo de transtorno do comportamento) exige marcadores para o desempenho, comportamentos relacionados com a atenção e comportamentos adaptativos. A avaliação deve enfocar as variáveis marcadoras que identificam membros de diferentes subgrupos da classificação. Na ausência desses tipos de marcadores, que advêm de uma classificação geral, as pessoas com problemas são consideradas simplesmente "deficientes". Não há necessidade de nenhum tipo de avaliação, pois as mesmas intervenções se aplicariam a todos. Quando a avaliação de TA está ligada a níveis e a padrões de desempenho e da resposta à instrução, surge uma base de evidências para intervenções diferenciais concentradas na aprendizagem em domínios acadêmicos específicos, que proporciona fortes evidências para a validade do conceito de TA. Torna-se possível articular claramente como os TAs devem ser classificados, identificados e diferenciados de outros transtornos. Esses modelos de classificação levam diretamente a abordagens baseadas em evidências científicas para a avaliação e a identificação, e também para intervenção, que serão discutidas nos próximos cinco capítulos.

5

Transtornos da leitura
Reconhecimento de palavras

Nos capítulos anteriores, discutimos as evidências de diferentes subgrupos de transtornos de aprendizagem baseados em déficits na capacidade de leitura, de matemática e de expressão escrita. Os Capítulos 5 a 9 discutem cada um dos seis domínios de TAs, a começar pelos transtornos que envolvem o reconhecimento de palavras, seguidos dos transtornos que envolvem a fluência da leitura (Capítulo 6), a compreensão leitora (Capítulo 7), a matemática (Capítulo 8) e a expressão escrita (Capítulo 9). Em cada capítulo, discutimos a definição, a epidemiologia, o curso evolutivo, os déficits em habilidades acadêmicas, os processos cognitivos básicos, os fatores neurobiológicos e as intervenções. Este capítulo é mais longo que os outros, em parte porque existem mais pesquisas sobre TAs que envolvem o reconhecimento de palavras, mas também por refletir o fato de que os transtornos no nível da palavra são a forma mais comum de TA. Além disso, também usamos este capítulo para ressaltar muitas das questões envolvidas na realização de pesquisas e no tratamento dos TAs, novamente porque essas questões são mais comuns para os TAs relacionados ao reconhecimento de palavras.

DÉFICITS EM HABILIDADES ACADÊMICAS

Reconhecimento de palavras

O transtorno da leitura no nível das palavras é sinônimo de "dislexia", uma forma de TA descrito ao longo do século XX como "cegueira verbal", "agnosia visual para palavras" e "transtorno específico de leitura" (Doris, 1993). Dessa forma, o principal déficit em habilidades acadêmicas que caracteriza crianças com dislexia é uma dificuldade na decodificação de palavras isoladas (Olson, Forsberg, Wise e Rack, 1994; Perfetti, 1985; S. E. Shaywitz, 2004; Stanovich, 1986). Esse déficit leva a uma perturbação profunda na capacidade de ler, que permeia diferentes domínios do desempenho acadêmico. A compreensão depende da capacidade do indivíduo de decodificar rapidamente e reconhecer palavras isoladas de maneira automática e fluente. Stanovich (1994) observou que: "a leitura com significado (compreensão) é bastante prejudicada quando a criança tem muita dificuldade para reconhecer as palavras. Quando os processos de reconhecimento das palavras exigem muita capacidade cognitiva, sobram menos recursos cognitivos para direcionar aos processos superiores de integração e compreensão do texto" (p. 281).

Devido às evidências convergentes que documentam a importância do reconhecimento preciso e fluente de palavras, não é de surpreender que essa capacidade seja o alvo mais frequente das pesquisas que estudam os transtornos da leitura. Mais uma vez, isso não significa diminuir o papel da compreensão leitora que é uma habilidade acadêmica que deve ser ensinada e adquirida. Contudo, o reconhecimento de palavras não é apenas um comportamento necessário para a compreensão, ele é um comportamento mais específico, diretamente relacionado ao ato de ler. Enquanto a compreensão está associada a diversos fatores sendo que nem todos estão relacionados com a leitura (Wood et al., 1991). Portanto, ele representa uma variável evolutiva mais exata para estudo. Muitos dos avanços na pesquisa sobre a leitura resultaram do foco nas definições que usam o reconhecimento de palavras, ao contrário de simplesmente agrupar crianças como portadoras de "TAs" ou combinar crianças com diferentes tipos de transtornos da leitura. De fato, o foco em domínios específicos da leitura (reconhecimento de palavras, fluência, compreensão) é especificamente responsável por muitos dos avanços no entendimento das causas de TAs e dos métodos efetivos de intervenção que são descritos em seções subsequentes deste capítulo.

Ortografia*

O outro déficit característico nas habilidades acadêmicas observado na dislexia é um déficit na ortografia. Não apenas é difícil para indivíduos com dislexia decodificar palavras, como também é difícil soletrar (codificar) as palavras de forma isolada ou contextualizada. Retornaremos à questão da ortografia no Capítulo 9, como parte da nossa discussão sobre a escrita. Contudo, embora a ortografia (como a leitura de palavras) seja uma habilidade multidimensional e não se resuma simplesmente ao processamento fonológico, em pessoas com dislexia, é provável que os mesmos transtornos no processamento fonológico que causam transtornos na leitura de palavras também causem problemas na escrita. Todavia, a distinção entre a leitura de palavras e a ortografia é importante, pois existem indivíduos para os quais a ortografia é problemática, mas o

---

* N. de R. T. O verbo *to spell* pode ter três traduções para o português: soletrar, escrever e ortografar. Optou-se por utilizar soletrar toda vez que se referir à capacidade de transcrever os sons de uma palavra em sua forma escrita (conversão letra-som), escrever quando se referir a uma habilidade mais geral e ortografar quando se referir à convenção sobre a forma correta de escrita da palavra.

reconhecimento de palavras não o é. Esses padrões são especialmente claros na identificação de TAs em pessoas que falam línguas que têm relações mais transparentes entre a fonologia e a escrita, como o alemão ou o espanhol* (Wimmer e Mayringer, 2002). Nesse caso, a fluência da leitura emerge como um déficit central em habilidades acadêmicas, mesmo quando a ortografia é adequada. Essa questão será discutida em mais detalhe no Capítulo 6, como parte da discussão sobre transtornos na fluência da leitura.

PROCESSOS COGNITIVOS BÁSICOS

Com os marcadores identificados, continua a existir um certo debate sobre o fator ou fatores que não estão relacionados com a leitura (p. ex., linguísticos, perceptivos, velocidade do processamento temporal) que explicam déficits na leitura de palavras isoladas. Existem duas perspectivas. A primeira e mais influente escola de pensamento propõe que os déficits no reconhecimento de palavras estão principalmente associados ou são causados por um fator principal sem relação com a leitura (isto é, consciência fonológica, processamento temporal rápido). A segunda é que os déficits na capacidade de ler palavras isoladas de forma rápida e automática estão ligados a diversos fatores (p. ex., consciência fonológica, nomeação rápida, memória verbal de curto prazo), abrindo, assim, o caminho para subtipos de transtornos da leitura. Todavia, qualquer teoria da dislexia deve explicar os déficits em habilidades acadêmicas básicas, que são a decodificação e a codificação de palavras (Share e Stanovich, 1995; Vellutino et al., 2004).

Consciência fonológica

O principal correlato cognitivo predominante da dislexia (e do reconhecimento de palavras) envolve deficiências em consciência fonológica, uma compreensão metacognitiva de que as palavras que ouvimos e lemos têm estruturas internas baseadas em sons (Blachman, 1997; Liberman e Shankweiler, 1991; Share e Stanovich, 1995). Os sons da fala, ou fonemas, são as menores unidades da fala que fazem a diferença no significado de uma palavra. Elas são descritas segundo suas propriedades fonéticas, como o seu modo ou ponto de articulação, e suas características acústicas e padrões de ondas sonoras. O inglês é uma língua alfabética, composta por 44 fonemas**. Como em qualquer língua alfabética, as unidades (letras) que as crianças aprendem para ler e para soletrar palavras estão ligadas à estrutura fonológica das palavras

---

* N. de R. T. O sistema de escrita do português apresenta um grau de transparência relativo. Ele é menos transparente do que o espanhol e o italiano, entretanto, é mais transparente do que o francês e, incomparavelmente, mais regular do que o inglês.

** N. de R.T. No português brasileiro há 27 fonemas consonantais e três alofones (o número pode variar de região para região), além dos fonemas vocálicos. Leitores interessados podem consultar: LAMPRECHT, R.R. et al. *Aquisição fonológica do português: perfil de desenvolvimento e subsídios para terapia*. Artmed: Porto Alegre, 2004.

(Liberman e Shankweiler, 1991; Lukatela e Turvey, 1998). A principal tarefa da criança no desenvolvimento inicial da leitura e da escrita em uma língua alfabética é desenvolver um entendimento do princípio alfabético – a compreensão de que a fala pode ser segmentada em fonemas e que esses fonemas são representados na forma escrita (Blachman, 1997; Liberman, 1971; Lyon, 1995). Todavia, essa consciência de que as palavras podem ser divididas em segmentos de som é uma tarefa muito difícil para muitas crianças. A dificuldade está em grande parte no fato de que a fala, ao contrário da escrita, não consiste em fonemas separados, produzidos um depois do outro "em fila ao longo do tempo" (Gleitman e Rosen, 1973, p. 460). Pelo contrário, os sons são "coarticulados" (sobrepostos uns aos outros) para permitir a comunicação rápida da fala, em vez de uma pronúncia som por som. Liberman e Shankweiler (1991) explicam essa propriedade de coarticulação – crítica para a fala, mas talvez prejudicial para o leitor ou escritor iniciante – da seguinte maneira:

> A vantagem da coarticulação dos sons da fala é que esta pode ocorrer em um ritmo satisfatório – em um ritmo em que possa ser entendida.... Você pode se imaginar tentando compreender a fala se cada palavra fosse dolorosamente pronunciada, letra por letra? Assim, a coarticulação certamente é vantajosa para a percepção da fala. Porém, um outro resultado da coarticulação, que é muito menos vantajoso para o futuro leitor, é que, inevitavelmente, não existe uma correspondência clara entre a estrutura fonológica subjacente e o som que chega aos ouvidos. Desse modo, embora a palavra "bola" tenha quatro unidades fonológicas e quatro letras correspondentes na escrita, tem apenas dois pulsos sonoros.* Os leitores iniciantes somente podem entender e fazer uso do fato de que a palavra escrita *bola* tem quatro letras se tiverem consciência de que a palavra falada *"bola"*, com a qual já estão familiarizados, pode ser dividida em quatro segmentos. Eles provavelmente não aprenderão isso espontaneamente, pois, como dissemos, somente há dois segmentos de som, e não quatro, e porque os processos de percepção da fala que recuperam a estrutura fonológica são automáticos e bastante inconscientes. (p. 5-6).

A consciência da estrutura fonológica da linguagem é a base para o reconhecimento preciso das palavras familiares necessárias para um nível básico de leitura, de compreensão leitora, de ortografia e de expressão escrita (Liberman e Shankweiler, 1991; Rayner et al., 2002; Share e Stanovich, 1995). Quando a consciência fonológica se desenvolve, e a criança entende o princípio alfabético, ela passa a dominar o reconhecimento das palavras logo no início do processo de leitura. As questões críticas então são a automaticidade desses processos e o desenvolvimento da capacidade de compreensão, que se desenvolvem juntamente com a precisão, mas têm trajetórias evolutivas mais longas. Quando a criança não entende a relação entre o som e a escrita, o reconhecimento das palavras pode ser retardado. Quanto mais tempo a criança leva para aprender a ler palavras, maior a possibilidade de ocorrer um trans-

---

*N. de R.T. Duas aberturas e fechamentos de boca, que correspondem a duas sílabas.

torno grave de leitura, pois a criança não terá acesso à escrita. Quando a criança perde a exposição à imagem das palavras e a oportunidade de ler livros, torna-se cada vez mais difícil desenvolver a fluência e acessar habilidades de compreensão. Não é de surpreender que, atualmente, a forma mais comum de TA em leitura envolva a capacidade de reconhecer as palavras.

Existe um suporte substancial para essa relação e sua importância, não apenas para aprender a ler, mas também como uma causa proximal da dislexia (Shankweiler e Crain, 1986; Share e Stanovich, 1995; S. E. Shaywitz, 2004). Aprender a ler em línguas não-alfabéticas, ou em línguas com uma relação mais transparente entre a fonologia e a escrita, ainda tem uma relação significativa com o processamento fonológico (Goswami, 2002).

Outros processos cognitivos

Além de problemas com a consciência fonológica, existem dois outros processos cognitivos relacionados com transtornos no reconhecimento de palavras, a nomeação rápida e a memória fonológica. Esses processos raramente são incluídos como parte integrante do processamento fonológico. Seu papel geralmente é formulado em termos de se outros processos cognitivos contribuem de forma isolada para os resultados em leitura (Wolf e Bowers, 1999) ou se simplesmente envolvem déficits no processamento fonológico (Shankweiler e Crain, 1986).

Nomeação rápida

O primeiro processo é a nomeação rápida e automatizada das letras e dos números. Muitos indivíduos com dislexia não têm dificuldade apenas para manipular as estruturas sonoras da língua, mas também apresentam dificuldades em testes nos quais devem nomear letras ou números (ou até mesmo objetos). Wolf e Bowers (1999) afirmam que o déficit na nomeação rápida é independente do processamento fonológico, e existem evidências em favor dessa hipótese. Por exemplo, Schatschneider, Fletcher, Francis, Carlson e Foorman (2004) observam que a consciência fonológica e a nomeação rápida das letras preveem o nível de reconhecimento de palavras ao final da 1ª série, com base em avaliações da pré-escola. Bowers e Wolf (1993) argumentam que os déficits na velocidade da nomeação refletem a operação de um mecanismo de marcação do tempo que influencia a integração temporal dos componentes fonológicos e visuais das palavras escritas. Os autores tentam relacionar especificamente o déficit na velocidade da nomeação com o processamento dos padrões ortográficos das palavras.

Os estudos com modelos de equações estruturais que associam o crescimento da leitura com habilidades relacionadas à leitura mostram que a consciência fonológica e a nomeação rápida preveem as habilidades de leitura de um modo singular ao longo do tempo (Wagner, Torgesen e Rashotte, 1994; Wagner, Torgesen, Rashotte e Hecht, 1997). Todavia, Wagner e colaboradores (1997) sugerem que, devido à elevada correlação entre avaliações da consciência fonológica e da nomeação rápida no nível das variáveis latentes, ambas são determinadas pelo processamento fonológico. Essa interpretação condiz com a hipótese da limitação fonológica na dislexia (Shankweiler e Crain, 1986).

A relação entre os déficits em nomeação rápida e em leitura em indivíduos com dislexia permanece controversa. Uma revisão recente sobre essa relação (Vukovic e Siegel, 2006) concluiu que havia pouca comprovação de que as dificuldades de nomeação rápida são um efeito isolado de indivíduos específicos com dislexia, afirmando que "as evidências existentes não mostram um déficit básico persistente na velocidade de nomeação para leitores com dislexia" (p. 25). Em comparação, um estudo realizado por Petrill, Deater-Deckard, Thompson, DeThorne e Schatschneider (2006a) com gêmeos mostra que a consciência fonológica e a nomeação rápida têm correlação moderada, mas apresentam diferenças fatoriais no nível das variáveis latentes, e que ambas contribuem para o reconhecimento de palavras. Todavia, embora a consciência fonológica tenha influências genéticas e ambientais compartilhadas, a contribuição da nomeação rápida é principalmente genética. Os autores concluem "que a velocidade da nomeação é fenotipicamente separável da consciência fonológica e pode constituir uma segunda fonte etiologicamente distinta de variação nas habilidades de leitura" (p. 120). Muitos estudos de populações não-clínicas mostram que a nomeação rápida de letras contribui para a variação independente na leitura de palavras, mesmo quando o processamento fonológico é controlado (Schatschneider et al., 2004). Todavia, não está claro se essa relação se mantém *especificamente* em pessoas com dislexia (Vukovic e Siegel, 2006).

Independentemente de a nomeação serial rápida envolver o domínio fonológico ou não, Wolf e Bowers (1999) provavelmente concordariam que a nomeação rápida está mais relacionada com a leitura *fluente* de palavras e de textos do que com a leitura precisa de palavras. Nos países de língua inglesa onde se realiza a maioria dos estudos, a falta de precisão na leitura é o principal problema que caracteriza os indivíduos com dislexia. Isso é menos claro em países como a Alemanha, onde a leitura de palavras sem fluência e problemas ortográficos ocorrem juntamente com a leitura precisa. Em crianças alemãs, a nomeação rápida é um indicativo de fluência (Wimmer e Mayringer, 2002). Voltaremos a essa questão no Capítulo 6, mas, por enquanto, lembre que a nomeação rápida de letras está mais relacionada com avaliações da fluência do que com avaliações da precisão (Schatschneider et al., 2004). Além disso, quando o processamento fonológico é controlado, surgem muitos fatores cognitivos relacionados com habilidades discretas como o reconhecimento de palavras. Essas correlações não indicam um papel causal, sendo necessário mais pesquisas para esclarecer essa questão.

A memória fonológica

O outro processo cognitivo que está significativamente relacionado com a habilidade de reconhecer palavras e com a dislexia envolve a memória de trabalho para informações verbais e/ou acústicas (baseadas no som). Em

Wagner e colaboradores (1997) e Schatschneider e colaboradores (2004), diferentes testes da memória fonológica não tiveram uma contribuição isolada para a variância quando o processamento fonológico foi incluído no modelo. Contudo, existem muitas comparações de diferentes testes de memória verbal entre disléxicos e indivíduos com desempenho típico, nos quais são comuns os problemas com a memória de trabalho (Siegel, 2003). A questão é se os problemas com a memória de trabalho são independentes do processamento fonológico.

Oakhill e Kyle (2000) sugeriram que a natureza do teste pode ser particularmente importante, isto é, se enfatiza a capacidade de armazenamento ou a de processamento. Os pesquisadores não encontraram evidências de que o teste da memória de curto prazo explicasse a significativa variância independente nas medidas da consciência fonológica. Todavia, a memória de trabalho previu a variabilidade independente em um teste de consciência fonológica que claramente implicou a memória de trabalho. Como praticamente qualquer avaliação da consciência fonológica envolve algum componente da memória de trabalho, talvez seja difícil avaliar a consciência fonológica sem mobilizar um componente da memória de trabalho, que pode ser a razão por que esses testes não mostram variabilidade independente em muitos estudos multivariados.

Uma relação causal?

Independentemente da interpretação, existem evidências substanciais de uma relação causal entre o processamento fonológico e a capacidade de aprender a ler palavras. A intensidade dessa relação causal costuma ser questionada. Por exemplo, Castles e Coltheart (2004) argumentaram que a literatura existente era basicamente correlacional e não proporcionava um controle adequado das diferentes habilidades para corroborar uma relação inequívoca entre a consciência fonológica e a capacidade de reconhecer palavras. Em uma resposta, Hulme, Snowling, Caravolas e Carroll (2005) argumentam que o equilíbrio das evidências não sustenta uma relação causal. Eles também observam que aprender a ler depende de habilidades linguísticas mais amplas e que as tentativas de relacionar a consciência fonológica com a capacidade de ler são inerentemente deficientes, pois a própria leitura representa um sistema com componentes múltiplos.

Outros processos unitários

MODALIDADE VISUAL

Existe um longo histórico de identificação de fatores individuais na etiologia da dislexia e de outros transtornos da leitura, que foi revisado em Vellutino (1979) e Vellutino e colaboradores (2004). Isso é visto de forma clara, por exemplo, na tentativa de relacionar as *dificuldades visuoperceptivas* com os transtornos da leitura, uma característica de grande parte da pesquisa das décadas de 1960 e 1970 (Vellutino, 1979). Embora seja comum observar a presença de dificuldades de copiar ou em combinar figuras geométricas em comparações de crianças com e sem transtornos da leitura, existem poucas evidências de que os problemas com o processamento espacial em si estão relacionados com transtornos da leitura (Vellutino et al., 2004).

Ao mesmo tempo, as crianças com transtornos da leitura têm problemas que vão além do processo de leitura. Elas muitas vezes apresentam transtornos co-mórbidos envolvendo a matemática ou a atenção, ou outras dificuldades cognitivas e motoras que são consideradas clinicamente relevantes em avaliações psicométricas. Esse padrão fica claro nos estudos neuropsicológicos mais antigos, que se concentravam na busca de uma diferença entre os grupos como explicação para o transtorno (Doehring, 1978). Assim, o histórico da pesquisa comportamental com crianças com transtornos da leitura se caracteriza por diversas tentativas de contrastar e comparar fatores causais individuais (Benton e Pearl, 1978). Invariavelmente, esses estudos levam à questão de como a presença de um determinado fator em crianças com transtornos da leitura explica o problema com a leitura. Essas pesquisas, às vezes, levam a teorias complexas, em que o suposto fator causal está relacionado com o processo de leitura. As teorias visuoperceptivas são exemplos clássicos de generalização de uma diferença grupal ou correlação para a causa.

Essa mesma tendência é visível em estudos mais contemporâneos que tentam relacionar *déficits sensoriais de baixo nível* na modalidade auditiva ou visual com a dislexia. No sistema visual, existem estudos que usam métodos psicofísicos envolvendo a persistência visual, a sensibilidade ao contraste, a tremulação e a detecção de patamares de movimento. Em sua interpretação, esses estudos sugerem uma deficiência no processamento temporal de informações visuais (Stein, 2001). Esses déficits costumam estar relacionados com determinados transtornos na via visual magnocelular. A via magnocelular é responsável por operações do canal visual transitório, o qual orienta os movimentos dos olhos e procede a integração de informações entre as fixações, agindo, assim, rapidamente e detectando estímulos visuais móveis. Em comparação, a via visual parvocelular está relacionada com operações do canal visual prolongado, que está envolvido na extração da informação visual durante as fixações. Na leitura e em outras tarefas visuais, esses dois sistemas se inibem mutuamente. Diversos estudos sugerem que indivíduos com transtornos da leitura têm inibição ineficiente do sistema transitório, que interfere na supressão sacádica das informações visuais. Isso leva à persistência da imagem retinal, de modo que as palavras vistas na página podem parecer embaralhadas (Lovegrove, Marti e Slaghuis 1986; Stein, 2001).

Esse exemplo ilustra alguns dos transtornos que surgem nas tentativas de relacionar esses tipos de problemas com o processo de leitura. Embora fique claro que os indivíduos com transtornos da leitura diferem de indivíduos com desempenho típico em medidas que envolvem o sistema visual, não está claro como o sistema magnocelular pode estar envolvido no reconhecimento das palavras. A escrita é estacionária, e não se move. Se as palavras parecem embaralhadas quando a pessoa está fazendo uma varredura, essa tarefa não parece envolver a percepção de palavras individuais, mas de grupos de palavras, enquanto a pessoa lê o texto (Iovino, Fletcher, Breitmeyer e Foorman, 1999). O sistema magnocelular atua quando a pessoa está lendo um texto contínuo, e o principal problema na dislexia envolve a identificação de palavras isoladas. Desse modo, é difícil ver como essa teoria pode explicar os problemas básicos de leitura associados à dislexia. As pesquisas sobre essa hipótese são decididamente ambíguas, e muitos estudos não encontraram evidências de déficits na função magnocelular em pessoas com dislexia (Amitay, Ben-Yehudah, Banai e Ahissar, 2002; Hulme, 1988; Ramus, 2003).

Tentativas mais recentes de explicar as transtornos no processamento visual observadas em crianças com dislexia relacionam essas transtornos com o processamento dos componentes ortográficos da linguagem escrita e pressupõem que esses déficits não estão relacionados com a decodificação fonológica. Essas explicações às vezes são associadas à relação irregular entre a pronúncia das palavras e sua representação escrita. A relação entre a fonologia e a ortografia em inglês muitas vezes é inconsistente, e a ortografia inglesa é bastante irregular (Rayner et al., 2002; Ziegler e Goswami, 2005). Desse modo, acredita-se que os déficits no sistema visual estão relacionados com a capacidade de processar imediatamente palavras que podem ser pronunciadas de forma automática – uma representação da teoria das duas rotas da leitura. Nessa teoria, as palavras podem ser acessadas por meio de uma rota fonológica ou reconhecidas imediatamente por uma rota visual, que elimina a necessidade de processamento fonológico (Castles e Coltheart, 1993; Coltheart, 2005a).

A teoria das duas rotas é importante para hipóteses sobre o processamento visual, pois sugere que as palavras podem ser reconhecidas independentemente do processamento fonológico. Talcott e colaboradores (2000) encontraram correlações entre a sensibilidade ao movimento visual e o processamento ortográfico, mesmo quando a variância devida ao processamento fonológico e ao QI covariou na relação. Todavia, essa relação ocorreu com todas as crianças, independente da presença de um transtorno. Além disso, não houve evidências de que a relação entre o processamento ortográfico e o reconhecimento de palavras fosse mais forte que a relação com o processamento fonológico. Eden, Stern, Wood e Wood (1995) realizaram análises semelhantes, nas quais observaram que medidas do processamento visual continuaram a contribuir de forma independente para se prever as habilidades em leitura, após o QI e o processamento fonológico serem controlados. Todavia, a quantidade de variância explicada foi relativamente pequena, e os métodos usados capitalizaram essa independência após as variáveis mais correlacionadas serem incluídas. Portanto, as hipóteses mais recentes envolvendo o processamento visual não proporcionam explicações robustas para os problemas básicos de leitura encontrados em crianças com dislexia. Nesse sentido, elas se parecem com as antigas hipóteses neuropsicológicas baseadas em comparações univariadas entre crianças com e sem dificuldades de leitura. As diferenças em funções neuropsicológicas entre os grupos são fáceis de observar, mas difíceis de relacionar com o problema de leitura (Doehring, 1978; Satz e Fletcher, 1980).

Sem dúvida, o processamento visual tem um papel na leitura. As palavras são estímulos visuais, e a rede neural envolvida no cérebro claramente envolve o processamento de aspectos grafofonêmicos por meio da região occipitotemporal (ver Figura 5.3 mais adiante neste capítulo; Dehaene, Cohen, Sigma e Vinckier, 2005; S. E. Shaywitz e B. A. Shaywitz, 2005). Essa área do cérebro é sensível a uma variedade de características visuais das palavras e se conecta aos padrões de letras mais frequentes. Quando ocorre a aprendizagem perceptiva dessas combinações, ela leva à automaticidade na leitura das palavras, que é essencial para o desenvolvimento da fluência. Essas conexões são mais fáceis em línguas que têm relações mais regulares entre grafemas e fonemas, como o italiano ou o alemão, em comparação com o inglês. Todavia, grande parte da pesquisa em neuroimagem (revisada a seguir) identifica um papel do processamento visual como parte de uma rede neural mais ampla que termina no sistema linguístico do cérebro. Os estudos sobre processos visuais e auditivos devem buscar uma relação mais formal com as teorias do reconhecimento de palavras, na tentativa de desenvolver essas hipóteses mais plenamente.

A MODALIDADE AUDITIVA

Algumas hipóteses sensoriais foram desenvolvidas em relação à modalidade auditiva, sendo a mais proeminente a proposta por Tallal e colaboradores (Tallal, 2004). Para resumir, em uma série de estudos envolvendo crianças com comprometimento específico da linguagem, foram encontradas diferenças entre essas crianças e crianças normais na capacidade de acessar estímulos acústicos com parâmetros espectrais que mudavam rapidamente de intensidade. Foram observados problemas com o processamento de estímulos com alterações rápidas relacionados ou não com a fala, levando Tallal e colaboradores a propor que as deficiências linguísticas são causadas por problemas no processamento auditivo de baixo nível envolvendo a percepção de estímulos com alterações rápidas. Tallal (1980) estendeu esses estudos a crianças com transtornos da leitura, usando estímulos verbais ou não-verbais. A autora mostrou que um subgrupo de crianças com transtornos da leitura apresentou desempenho inferior em testes de percepção auditiva do que crianças sem transtornos, e que o desempenho estava correlacionado à capacidade de ler. Todavia, os participantes foram recrutados de uma amostra de crianças identificadas originalmente com transtornos da linguagem oral. Essas correlações podem estar associadas à incapacidade total de ler em muitas crianças e, assim, muitas delas receberam escores brutos de zero. Entretanto, Reed (1989) replicou o trabalho de Tallal (1980), encontrando déficits em estímulos auditivos verbais ou não-verbais, ao passo que Mody, Studdert-Kennedy e Brady (1997) não replicaram os resultados para estímulos não-verbais. Algumas questões foram levantadas sobre esses estudos, por causa dos critérios usados para definir as crianças como portadoras de transtornos da leitura, assim como a possibilidade de que outros fatores possam explicar as diferenças entre os grupos, como a elevada co-morbidade entre transtornos da leitura e o TDAH. Também houve questões em relação aos estímulos auditivos.

Diversos estudos mais recentes envolveram amostras controlando a presença de TDAH e usaram definições bem fundamentadas para a dislexia. Em um estudo de Waber e colaboradores (2001), crianças com dislexia mas sem TDAH foram identificadas a partir de um grupo maior de crianças encaminhadas originalmente para avaliação de comprometimentos na aprendizagem em um ambiente clínico. Waber e colaboradores (2001) encontraram diferenças significativas entre grupos de crianças com habilidades boas ou deficientes de leitura em sua capacidade de discriminar estímulos verbais ou não-verbais, mas não para estímulos que apresentavam alterações rápidas em seus parâmetros acústicos. De maneira semelhante, Breir, Fletcher, Foorman e Gray (2002) usaram testes de avaliação e de discriminação da ordem temporal com crianças com dislexia e sem TDAH, com dislexia e TDAH, com TDAH e sem dislexia, e crianças de desempenho típico sem TDAH. As crianças com dislexia não apresentaram sensibilidade específica a variações nos intervalos entre os estímulos, e também tiveram desempenho inferior ao de crianças sem dislexia apenas nos estímulos da fala, mas não em estímulos que não tinham relação com a fala. As medidas do processamento fonológico estavam mais relacionadas com estímulos verbais do que com estímulos não-verbais. Os resultados foram independentes da presença de TDAH. Como Waber e colaboradores (2001), Breier e colaboradores (2002) concluíram que as crianças com dislexia podem ter dificuldades com a percepção da fala correlacionadas à leitura e o processamento fonológico, mas encontraram poucas evidências de dificuldades com o processamento auditivo generalizado. Em um estudo de adultos com dislexia bem-estabelecida, Griffiths, Hill, Bailey e Snowling (2003) compararam a capacidade de discriminar a ordem temporal, com intervalos curtos e longos entre os estímulos. Houve correlações moderadas entre as avaliações dos patamares auditivos e do processamento fonológico, mas apenas um pequeno grupo de adultos com dislexia pôde ser caracterizado com patamares elevados entre os diferentes testes auditivos. Dessa forma, a associação entre as habilidades de processamento auditivo e fonológico não foi robusta, especialmente porque um subgrupo dos controles sem transtornos da leitura também apresentou patamares auditivos elevados.

Vistas em conjunto, as pesquisas sobre os déficits auditivos de nível inferior não proporcionam explicações convincentes para o problema de leitura observado em crianças com dislexia. Nesse sentido, não explicam as dificuldades no reconhecimento de palavras de um modo parcimonioso, e a maior parte das evidências não tem tanto peso quanto as explicações baseadas no processamento fonológico. Ao mesmo tempo, existem evidências ambíguas de que os problemas com a percepção da fala caracterizem muitos indivíduos com dislexia (ao contrário de um problema com o processamento auditivo de baixo nível. Por exemplo, Joanisse, Manis, Keating e Seidenberg (2000) afirmam que os déficits na percepção da fala caracterizam apenas crianças identificadas com dislexias no contexto de um transtorno da linguagem oral. Em comparação, Breier e colaboradores (2002) observaram que crianças com dislexia apresentaram problemas significativos com a percepção da fala em uma amostra que excluiu crianças com indícios de um transtorno da linguagem oral. Breier, Fletcher, Denton e Gray (2004) demonstraram que os problemas com a percepção de sons da fala caracterizavam alunos da pré-escola em situação de risco para transtornos da leitura. Todavia, em um estudo com neuroimagem envolvendo a discriminação dos sons da fala, Breier e colaboradores (2003) observaram que as crianças com dislexia apresentavam pouca ativação em áreas temporoparietais no hemisfério esquerdo do cérebro, que também correspondem a áreas envolvidas no processamento fonológico. Os problemas com a percepção da fala podem dificultar ainda mais o entendimento do princípio alfabético, mas a especificidade desses déficits à dislexia não foi estabelecida.

Outras hipóteses

A HIPÓTESE CEREBELAR

Existem outras hipóteses recentes sobre a natureza da dislexia. Nicolson, Fawcett e Dean (2001) propuseram uma hipótese de déficit cerebelar, indicando que as crianças com dislexia representam um grupo que não conseguiu automatizar diversas habilidades adequadamente, uma função que afirmam ser influenciada pelo cerebelo. Entre elas, estão diferentes habilidades que envolvem a leitura, particularmente aquelas que exigem a nomeação rápida ou o processamento de informações. Essa hipótese levou a intervenções que visam especificamente remediar os déficits cerebelares, concentrando-se no sistema motor.

Existem poucas evidências para sustentar essa teoria, especialmente em comparação com evidências para teorias baseadas no processamento fonológico (Ramus, 2001). Em um estudo anterior, Wimmer, Mayringer e Raberger (1999) observaram que as crianças alemãs com dislexia (que se caracterizam principalmente por transtornos na fluência e na ortografia) não difeririam dos controles em um teste de equilíbrio, desde que se controlasse o TDAH. De fato, o TDAH foi um melhor indicador do desempenho nesse teste cerebelar do que o *status* em leitura. Em um estudo subsequente, Raberger e Wimmer (2003) replicaram esses resultados e não conseguiram identificar uma relação entre o equilíbrio e a nomeação rápida. Kibby, Francher, Markanen, Lewandowski e Hynd (2003) administraram testes de leitura e de ortografia, juntamente com avaliações de funções linguísticas. Os autores também obtiveram imagens de ressonância magnética e mediram o volume do cerebelo. Embora houvesse diferenças pequenas – mas significativas – nos volumes do cerebelo entre as crianças disléxicas e as crianças com desempenho típico, as quais foram observadas para diferentes estruturas cerebelares em diversos estudos (ver Eckert et al., 2003), não houve evidências de correlação entre os volumes e habilidades acadêmicas ou linguísticas para nenhum dos grupos. De maneira semelhante, Ramus, Pidgeon e Frith (2003a) não encontraram evidências de déficits na estimativa do tempo em indivíduos com dislexia, ou de relações causais entre o funcionamento motor e diferentes habilidades fonológicas ou de leitura. Em uma comparação de três hipóteses sobre a dislexia envolvendo (1) o processamento fonológico, (2) déficits visuais e auditivos de baixo nível e (3) funções cerebelares, Ramus e colaboradores, (2003b) encontraram maior amparo para os déficits fonológicos, que costumam ocorrer na ausência de qualquer transtorno sensorial ou motor. Os autores observaram a presença de transtornos sensoriais e motores em alguns indivíduos, mas não conseguiram relacioná-los com nenhum problema de leitura. De maneira semelhante, Savage e colaboradores (2005) observaram que as medidas do equilíbrio motor (e da percepção da fala) não contribuem para a variância em resultados em leitura e em ortografia se o processamento fonológico fizer parte do modelo de regressão. Savage (2004) revisou teorias sobre a automaticidade na dislexia. Nessa revisão, foram encontradas fortes evidências de relações entre a velocidade de nomeação e a fluência da leitura. Todavia, as evidências de déficits na automaticidade motora foram inconsistentes, levando o revisor a concluir que havia evidências muito mais claras para déficits baseados na linguagem do que motores em relação à automaticidade. Ramus (2001, 2003) reconheceu que foram encontrados déficits sensoriomotores em pessoas com dislexia, mas observou que o seu papel não era suficiente para explicar os problemas com a leitura.

A HIPÓTESE DA VISÃO PERIFÉRICA

Problemas semelhantes foram observados em várias tentativas de se relacionar problemas com a visão periférica e a dislexia. Essas hipóteses geralmente levam a exercícios de treinamento optométrico ou a intervenções envolvendo lentes coloridas e/ou sobrepostas. Nenhuma dessas hipóteses tem muito amparo em termos da teoria subjacente ou da eficácia das intervenções. Kriss e Evans (2005) não encontraram diferenças na incidência de distorções visuais entre uma amostra de crianças com dislexia e os controles. Em uma revisão crítica sobre o uso de lentes coloridas, por exemplo, Solan e Richman (1990) encontraram pouco amparo científico para a teoria subjacente ou a eficácia de diferentes intervenções, com diversos estudos sugerindo que as lentes e os filtros coloridos aumentam levemente a velocidade de leitura em todas as pessoas, independente do seu *status* em leitura (Iovino et al., 1999; Kriss e Evans, 2005). Para reiterar, existem poucas evidências de que as intervenções que não envolvam exercícios de leitura sejam efetivas para crianças com transtornos da leitura.

É verdade que a dislexia é mais do que um transtorno da leitura e que as crianças disléxicas diferem das crianças normais em uma variedade de dimensões. Porém, essas diferenças não explicam o problema com a leitura, podendo estar relacionadas com a natureza dos problemas neurobiológicos subjacentes que parecem estar na raiz da dislexia, mas a base para essas diferenças ainda deve ser examinada (Eden e Zeffiro, 1998). Também é provável que os testes usados para mensurar esses déficits apresentem mais variância e/ou sejam sensíveis a condições co-mórbidas associadas a dislexia (p. ex., atenção) (Doehring, 1978; Satz e Fletcher, 1980).

Subtipos de dislexia

Na tentativa de explicar a variabilidade em TAs, costuma-se propor que existem diversos *subtipos* que podem ser identificados com base no desempenho das pessoas em medidas de habilidades cognitivo-linguísticas, perceptivas e outras habilidades (ver revisões de Hooper e Willis, 1989; Rourke, 1985). O argumento para a existência de subtipos na população com TAs baseia-se na observação prática de que, embora as crianças portadoras de TAs possam parecer semelhantes com relação aos seus déficits de leitura (isto é, déficits no reconhecimento de palavras), elas podem diferir significativamente no desenvolvimento de outras habilidades que podem estar correlacionadas com o desenvolvimento básico da leitura (Lyon, 1983). Dessa forma, mesmo em amostras bem-definidas de crianças com dislexia, existe uma grande variância em certas habilidades. Essa observação pode explicar, em parte, por que essas crianças diferem dos controles em tantas variáveis que não estão relacionadas com a leitura (Doehring, 1978).

A literatura sobre os subtipos de dislexia e outros transtornos da leitura é volumosa, compreendendo mais de cem estudos classificatórios desde 1963 (Hooper e Willis, 1989). Grande parte dessas pesquisas precederam o reconhecimento da importante relação entre o reconhecimento das palavras e o processamento fonológico, e a homogeneidade em TAs que emerge com uma classificação baseada em déficits em habilidades acadêmicas. Desse modo, grande parte das pesquisas envolve crianças identificadas como portadoras de TAs. Embora os déficits sejam predominantemente no reconhecimento de palavras, as amostras são bastante heterogêneas, e essas pesquisas não serão revisadas aqui. Iremos nos concentrar em duas abordagens que claramente envolvem a dislexia e estão relacionadas com uma teoria da leitura, uma envolvendo subtipos baseados nas habilidades que compõem a capacidade de reconhecer palavras (Castles e Coltheart, 1993) e a outra representando uma busca com base científica por subtipos cognitivos baseados na hipótese da limitação fonológica (Morris et al., 1998). Existem outras hipóteses proeminentes para subtipos, que envolvem distinções na velocidade e na precisão da leitura de palavras/textos (Lovett, 1987) e distinções baseadas na consciência fonológica e nomeação rápida (Wolf e Bowers, 1999). Como representam tentativas de enfatizar o papel da fluência, serão revisadas no Capítulo 6.

Dislexia superficial versus *fonológica*

A primeira abordagem de subtipagem deriva do modelo de duas rotas da leitura (Coltheart, 2005a) e baseia-se em uma distinção entre a dislexia superficial e fonológica na literatura da alexia adquirida (Castles e Coltheart, 1993;

Coltheart, 2005b). Para reiterar, a teoria das duas rotas estipula que o sistema da leitura compreende um sistema sublexical, no qual as regras fonológicas relacionam grafemas com fonemas, e um sistema visual-ortográfico, no qual o significado é avaliado diretamente. Se o comprometimento estiver principalmente no sistema sublexical, o problema é considerado *dislexia fonológica* e representa a visão comum da dislexia como um transtorno causado por comprometimentos no processamento fonológico. Se o sistema lexical for o principal *locus* de comprometimento, o transtorno é denominado *dislexia superficial* e representa um problema que se manifesta no componente ortográfico da leitura. Assim, o modelo prevê que pessoas com dislexia fonológica apresentarão mais transtornos na leitura de pseudopalavras do que de palavras irregulares. Em contrapartida, pessoas com dislexia superficial devem apresentar melhor capacidade de leitura para pseudopalavras do que para palavras irregulares.

Os estudos relacionados com essa hipótese de subtipagem questionam se crianças com problemas de leitura podem ser caracterizadas com dislexia superficial. Embora um estudo de Murphy e Pollatsek (1994) não apresente evidências de um subtipo de dislexia superficial, Manis, Seidenberg, Doi, McBride-Chang e Peterson (1996) e Stanovich, Siegel e Gottardo (1997) obtiveram evidências para essa hipótese com crianças pequenas. Em Manis e colaboradores (1996), crianças com dislexia tiveram dificuldade para ler palavras irregulares e pseudopalavras, e o grupo identificado com dislexia superficial apresentou desempenho semelhante ao dos controles emparelhados no nível de leitura. Os pesquisadores argumentam que os resultados condizem com um modelo conexionista do reconhecimento de palavras (Foorman, 1994; Seidenberg e McClelland, 1989), segundo o qual a leitura de qualquer tipo de palavra evoca padrões de ativação distribuídos em representações ortográficas, fonológicas e semânticas. A pronúncia de pseudopalavras e de palavras irregulares não reflete rotas separadas de reconhecimento de palavras, mas simplesmente envolve o peso diferencial das conexões. Essa observação foi corroborada por Griffiths e Snowling (2002), que observaram que as medidas do processamento fonológico causavam a variância observada na leitura de pseudopalavras, incluindo a consciência fonológica e a memória verbal de curto prazo. O único indicador da leitura de palavras irregulares foi uma avaliação da experiência da leitura, condizente com a visão de que o processamento ortográfico envolve um componente significativo de experiência. Os autores argumentam que o déficit na decodificação que caracteriza a dislexia parte da representações fonológicas mal especificadas, ao passo que o problema com as palavras irregulares é influenciado principalmente pela exposição à escrita.

Em outro estudo, Stanovich e colaboradores (1997) também observaram que a maioria das crianças com dislexia tinha problemas com os componentes fonológico e ortográfico do reconhecimento de palavras, levando Stanovich (2000) a sugerir que a dislexia superficial representava um subtipo instável com um atraso transitório no desenvolvimento das habilidades de reconhecimento de palavras. Em comparação, a dislexia fonológica representa um déficit de longo prazo na aquisição de habilidades de leitura de palavras. Isso condiz com Griffiths e Snowling (2002), que também sugerem que as diferenças entre a dislexia superficial e a fonológica são essencialmente de severidade. Além disso, a dislexia superficial aparece principalmente em crianças pequenas. Zabell e Everatt (2002) observam que os adultos com características que sugerem dislexia fonológica ou superficial não foram significativamente diferentes em uma variedade de medidas envolvendo o processamento fonológico. Como um todo, o valor dessa hipótese de subtipagem é a sua fundamentação em uma teoria do reconhecimento de palavras, mas seu ponto fraco está nas poucas evidências da dislexia superficial, ortográfica ou lexical.

Subtipagem com base científica

Um formato de estudo proeminente nas décadas de 1970 e 1980 envolvia a aplicação de métodos de classificação multivariada na tentativa de identificar subtipos de TAs (Hooper e Willis, 1989; Rourke, 1985). Um estudo subsequente (Morris et al., 1998) diferia das abordagens com base científica anteriores de subtipagem, no sentido de que se baseava em um modelo que enfatizava o papel do processamento fonológico nos transtornos da leitura (Liberman e Shankweiler, 1991; Stanovich, 1988), e também usava outras teorias para selecionar variáveis potenciais, como medidas da nomeação rápida, da memória de curto prazo, do vocabulário e de habilidades perceptivas. Do ponto de vista metodológico, a amostra era grande e havia sido selecionada para um estudo de subtipagem (isto é, não era uma simples amostra de conveniência). Foram usadas diversas definições para identificar crianças com dislexia, sendo incluídas as crianças com dislexia e com transtornos da matemática, crianças com a presença exclusiva de transtornos da matemática, crianças com TDAH e crianças com desempenho típico. A aplicação dos algoritmos de agrupamento foi rigorosa e seguiu diretrizes para garantir a validade interna e externa (Morris e Fletcher, 1988).

Os nove subtipos resultantes são apresentados na Figura 5.1. Todos os cinco subtipos são representados como escores-*z* relativos à média amostral. Existem cinco subtipos com transtornos específicos de leitura, dois subtipos que representam comprometimentos mais globais na linguagem e na leitura e dois que representam grupos de crianças com desempenho típico. Todavia, 6 dos 7 subtipos com transtornos da leitura compartilham um comprometimento em habilidades ligadas à consciência fonológica. Os cinco subtipos específicos (ver Figura 5.2) variam com relação aos comprometimentos na nomeação rápida automatizada e na memória verbal de curto prazo. Existem dois subtipos com comprometimentos na consciência fonológica e na memória verbal de curto prazo, variando em habilidades lexicais e espaciais, um subtipo com dificuldades com a consciência fonológica e a nomeação rápida e um subtipo sem comprometimento na consciência fonológica, mas com déficits em qualquer medida que exija rapidez de processamento, inclusive a nomeação. Este último subtipo não apresenta problemas com o reconhecimento de palavras ou comprometimento fonológico, mas tem transtornos de medidas da fluência e da

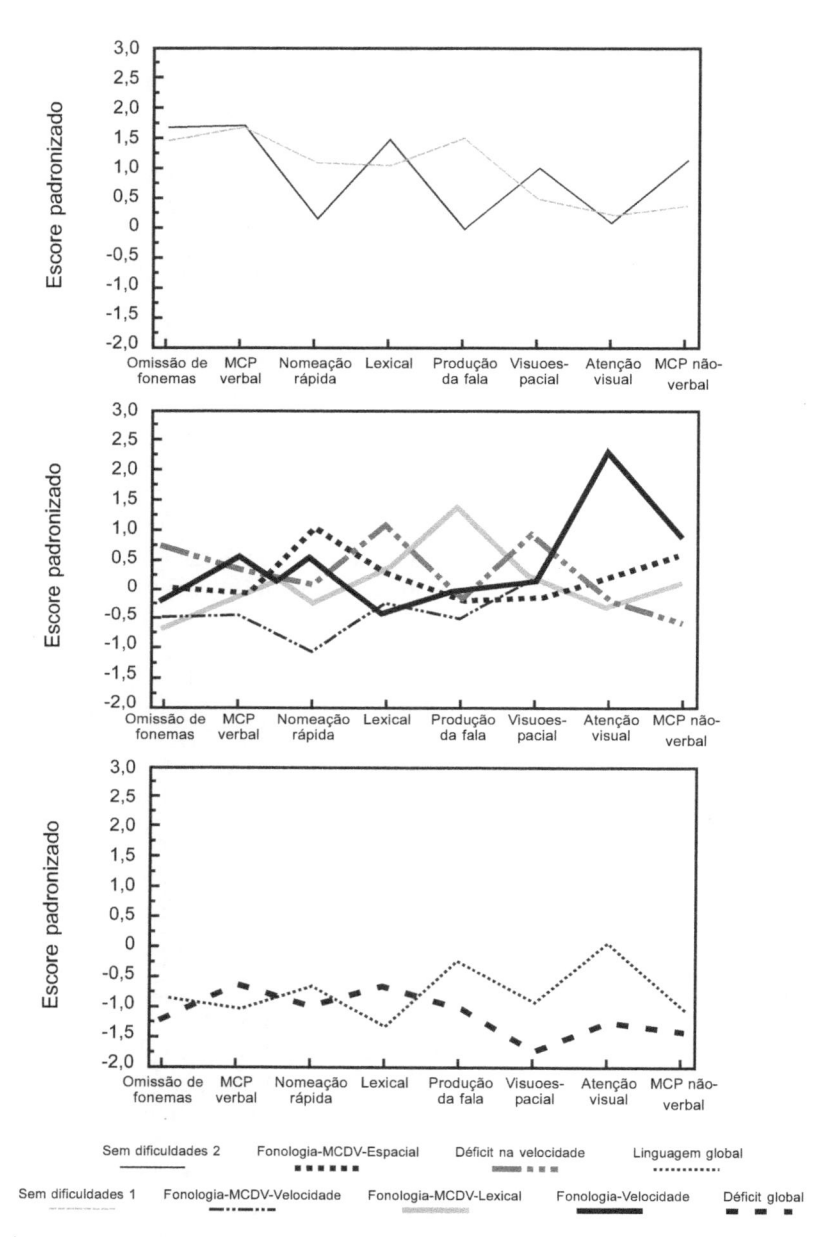

FIGURA 5.1 Escores-z para nove subtipos gerados por análise de *cluster* com oito variáveis. Os dois subtipos no diagrama superior apresentam desempenho típico. Os subtipos no diagrama inferior apresentam um nível inferior de funcionamento geral. Os cinco subtipos no diagrama do meio apresentam subtipos específicos de dificuldades em leitura (Morris et al., 1998). V = verbal; MCP = memória de curto prazo. A partir de Lyon, Fletcher e Barnes (2003a, p. 550).

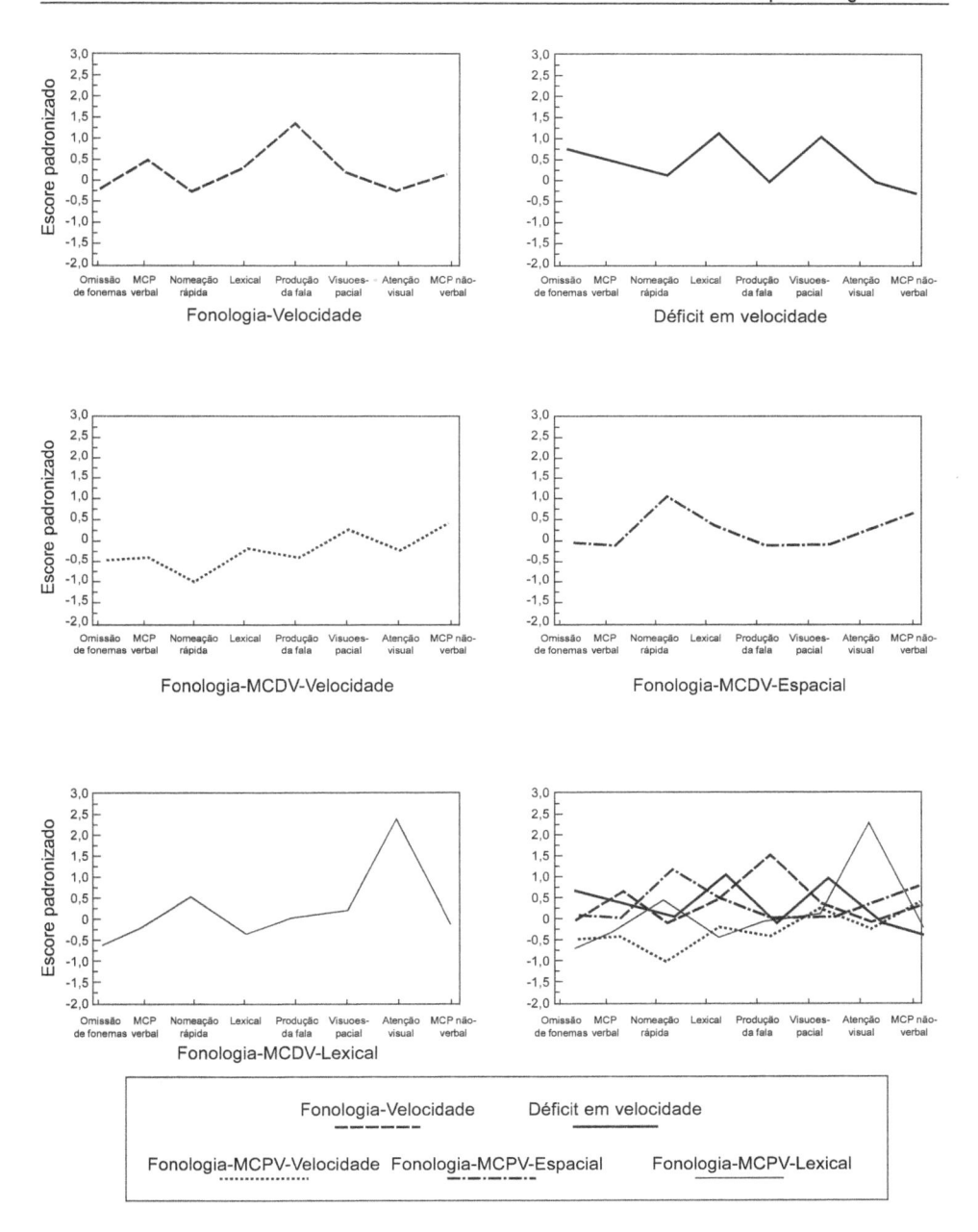

FIGURA 5.2 Escores-z para os cinco subtipos de crianças com transtornos específicos de leitura plotados separadamente (Morris et al., 1998). V = verbal; MCP = memória de curto prazo. De Lyon, Fletcher e Barnes (2003a, p. 550).

compreensão leitora, o que condiz com o modelo do déficit duplo de Wolf e Bowers (1999). Os cinco subtipos específicos podem ser diferenciados dos subtipos da variedade jardim*, com base no desenvolvimento do vocabulário. Crianças com subtipos específicos de transtornos da leitura têm níveis de vocabulário na faixa média, e as crianças com perturbações mais globais da leitura e da linguagem têm vocabulário na faixa médio-baixa.

Vistos em conjunto, esses resultados condizem com a hipótese do processamento fonológico apresentada anteriormente neste capítulo, assim como com o modelo do déficit duplo de Wolf e Bowers (1999). Os resultados também condizem com o modelo da diferença em variáveis fonológicas básicas de Stanovich (1988). Esse modelo postula que o processamento fonológico está no centro de todas as dislexias. Porém, os transtornos da leitura geralmente são mais que simples problemas no processamento fonológico. As crianças podem ter problemas fora do domínio fonológico que não contribuam para os transtornos no reconhecimento de palavras, como comprometimentos no vocabulário que interferem na compreensão. Perturbações mais globais da linguagem levariam à variedade jardim (*garden variety*), e o padrão poderia envolver problemas motores e visuoperceptivos sem relação com o reconhecimento de palavras.

Uma definição para dislexia

A evolução da "dislexia", de um termo vago e geral, para um sinônimo de transtorno da leitura no nível da palavra proporciona um exemplo de como as definições de TAs podem avançar de abordagens baseadas em critérios de exclusão que indicam principalmente o que elas não são (Rutter, 1982) para definições inclusivas que enfoquem um conjunto básico de marcadores que levem diretamente à identificação. Como exemplo de uma abordagem de exclusão, considere a definição da dislexia formulada pela World Federation of Neurology em 1968, resumida por Critchley (1970, p. 11): "um transtorno manifestado por transtornos para aprender a ler, mesmo com instrução convencional, inteligência adequada e oportunidades socioeconômicas. Depende de deficiências cognitivas fundamentais, frequentemente de origem constitutiva".

Em comparação, considere a seguinte definição de dislexia, que foi desenvolvida em 1994 (Lyon, 1995) e depois revisada pelo comitê de pesquisa da International Dyslexia Association para aproveitar o rápido progresso na pesquisa que havia ocorrido na década que se seguiu (Lyon et al., 2003b, p.1):

> A dislexia é um transtorno específico de aprendizagem, de origem neurobiológica. Ela se caracteriza por dificuldades com o reconhecimento preciso e/ou fluente de palavras e por poucas habilidades de ortografia e de decodificação. Essas dificuldades geralmente resultam de um déficit no componente fonológico da lingua-

---

*N. de R.T. Alunos que leem mal as palavras e que, além disso, têm problemas na compreensão oral e escrita. Fonte: *Desenvolvimento psicológico e educação*. vol. 3, p.100, de Coll, Marchesi, Pallacios e cols., publicado pela Artmed Editora.

gem, que costuma ser inesperado em relação a outras habilidades cognitivas e à existência de instrução efetiva na sala de aula. Suas consequências secundárias podem envolver problemas na compreensão leitora e pouca experiência com leitura, que impedem o crescimento do vocabulário e do conhecimento geral.

Com base nas pesquisas sobre déficits em habilidades acadêmicas e seus correlatos cognitivos, essa definição indica que a dislexia se manifesta por dificuldades variáveis com diferentes formas de linguagem, incluindo, além dos problemas com a leitura de palavras, um problema óbvio com a aquisição de proficiência em ortografia e em escrita. Os problemas com a leitura de palavras e a ortografia são os principais déficits em habilidades acadêmicas encontrados na dislexia. Embora a definição enfatize a precisão, ela também mostra explicitamente que a fluência da decodificação também está envolvida. É comum haver problemas com a compreensão leitora, refletindo os problemas com a decodificação das palavras. Com base nas pesquisas revisadas a seguir, essa definição identifica a dislexia como um transtorno da leitura no nível da palavra causado principalmente por processos cognitivos básicos que envolvem problemas no processamento fonológico e identifica fatores neurobiológicos e ambientais como causas da dislexia. A definição é inclusiva pois especifica que as pessoas podem ser identificadas como disléxicas quando apresentam dificuldade para decodificar palavras individuais de forma precisa e fluente, e escrevem mal. Ela serve de modelo para definições em outros domínios de TAs.

EPIDEMIOLOGIA

Prevalência

A prevalência da dislexia foi estimada em até 17,4% da população em idade escolar (S. E. Shaywitz, 2004). Todavia, de um modo geral, os transtornos da leitura historicamente apresentam estimativas de prevalência de pelo menos 10-15% na população em idade escolar (Benton e Pearl, 1978). Essas estimativas ocorrem no contexto de relatórios do National Center for Educational Statistics (NCES, 2003), que indicam que mais de 35% das crianças na 4ª série do ensino fundamental leem abaixo do nível básico de proficiência. É claro que, como os transtornos da leitura parecem ser dimensionais, a prevalência depende de onde se estabelece o ponto de corte, e não são informadas estimativas relacionadas com o critério de prevalência. Não existem estimativas publicadas que incorporem a resposta à instrução na definição.

A dislexia é a forma mais comum de TA. Lerner (1989) observa que 80 a 90% de todas as crianças atendidas em programas de educação especial tinham problemas com a leitura, e Kavale e Reese (1992) mostram que mais de 90% das crianças em Iowa com o rótulo de TA haviam sido identificadas com transtornos da leitura. Ambos estudos indicam que a maioria das crianças com problemas de leitura tem dificuldade com habilidades no nível das palavras. De maneira semelhante, Leach, Scarborough e Rescorla (2003) afirmam que em torno de 80% da amostra de uma escola fundamental selecionada por problemas com a leitura tinham transtornos envolvendo a precisão da leitura das palavras, e os 20% restantes tinham transtornos principalmente no nível da compreensão leitora. Desse modo, a maioria das crianças atendidas em programas de educação especial para TAs provavelmente tem dislexia como parte de sua deficiência (Lyon, 1995).

A razão de gênero

Embora a dislexia sempre seja considerada mais comum em homens do que em mulheres, diversos estudos indicam que a razão de gênero entre indivíduos com dislexia não é diferente da razão de gênero na população como um todo (DeFries e Gillis, 1991; Flynn e Rahbar, 1994; S. E. Shaywitz, B. A. Shaywitz, Fletcher e Escobar, 1990; Wood e Felton, 1994). Estimativas anteriores indicam que a preponderância masculina tende a se basear em ambientes clínicos e escolares que estavam sujeitos a um viés no encaminhamento. Os garotos são mais prováveis de apresentar comportamentos externalizantes que levem ao encaminhamento, e a forma hiperativa-impulsiva do TDAH parece ser mais comum em garotos do que em garotas (Barkley, 1997; S. E. Shaywitz et al., 1990).

Análises mais recentes de diferentes estudos epidemiológicos questionaram se a prevalência da dislexia é semelhante em garotos e garotas (Rutter et al., 2004), mas estimaram a proporção em cerca de 1,5-2:1 em favor dos homens, muito mais baixa que a razão de 3-4:1 divulgada em estudos anteriores. Rutter e colaboradores (2004) reanalisaram dados de quatro estudos epidemiológicos independentes que possibilitariam estimar a taxa de gênero para o transtorno da leitura. Os autores observam que, entre esses estudos, a razão de gênero variou de 1,4-2,7:1. Eles também incluíram resultados de outros estudos realizados no Reino Unido e nos Estados Unidos, que mostram razões de aproximadamente 2:1. No extremo inferior, essas taxas não são realmente diferentes das indicadas por S. E. Shaywitz e colaboradores (1990) e Flynn e Rahbar (1994), que encontraram uma razão de 1,4:1.

Vistos em conjunto, esses estudos estabeleceram que existe uma tendência de preponderância masculina na dislexia, mas não com a magnitude sugerida pelas amostras clínicas. Uma questão importante é por que essas diferenças são significativas. Estudos genéticos não obtiveram evidências que sugerissem que os traços associados à dislexia sejam ligados ao sexo (Plomin e Kovas, 2005). De fato, a única variável explicativa confiável identificada para a preponderância masculina envolve questões relacionadas com a determinação (Donovan e Cross, 2002). Por que as amostras escolares e clínicas geralmente apresentam taxas de identificação mais elevadas para o sexo masculino do que os estudos epidemiológicos, com a subidentificação de garotas como leitoras fracas, se não houver nenhuma forma de viés de determinação envolvida? Poucos estudos mostram evidências de diferenças fenotípicas baseadas no gênero para a expressão de dislexia, e a maioria dos estudos sugere efeitos bastante pequenos do gênero (Flynn e Rahbar, 1993; Canning, Orr e Rourke, 1980).

Não estamos dizendo que o gênero não seja importante, especialmente com as evidências de diferenças baseadas no gênero na estrutura e funcionamento do cérebro (Lambe, 1999), e certamente não estamos sugerindo que o gênero não deva ser isolado como uma variável explicativa em estudos sobre a dislexia. Todavia, os efeitos parecem pequenos, e não foi identificada nenhuma ligação genética, que seria uma diferença muito importante ligada ao gênero. De certo modo, os relatos da preponderância masculina simplesmente indicam que a distribuição das habilidades em leitura difere em homens e mulheres e levanta a questão da combinação entre as distribuições para se estimar a prevalência.

O CURSO EVOLUTIVO

A dislexia, em particular, e os transtornos da leitura, em geral, refletem déficits persistentes em vez de uma lacuna evolutiva em habilidades linguísticas e de leitura (Francis et al., 1996; S. E. Shaywitz et al., 1999). Estudos longitudinais mostram que, das crianças identificadas com transtornos da leitura na 3ª série do ensino fundamental, mais de 70% mantêm esse *status* até o fim do ensino médio (Figura 3.4; S. E. Shaywitz, 2004). Estudos de adultos com dislexia mostram que os transtornos da leitura de palavras persistem e que os correlatos cognitivos básicos no domínio do processamento fonológico também são persistentes (Bruck, 1987; Cirino, Israelian, Morris e Morris, 2005; Ransby e Swanson, 2003). Esses dados indicam um resultado pessimista para crianças com dislexia, especialmente porque muitas foram identificadas e colocadas em educação especial. Como um todo, o curso evolutivo da dislexia é desfavorável, e esses transtornos representam problemas crônicos para o estudante. Essas observações ressaltam a importância de se organizar a identificação em torno da instrução.

FATORES NEUROBIOLÓGICOS

A hipótese de que os TAs são "inesperados" advém em parte da noção de que, se as crianças que apresentam desempenho baixo devido a fatores como dificuldades econômicas e instrução inadequada forem excluídas da categoria dos TAs, a causa nas que apresentam desempenho baixo que não se deva a essas situações deverá ser intrínseca às crianças.

Conforme observamos em nossa revisão da história dos TAs (Capítulo 2), a natureza intrínseca dos TAs foi inferida inicialmente a partir das características linguísticas e comportamentais de adultos com lesões cerebrais documentadas. À medida que o campo avançou, as definições de TA continuavam a atribui-las a causas intrínsecas (cerebrais) em vez de extrínsecas (p. ex., ambientais, instrucionais), embora não houvesse um modo objetivo de avaliar adequadamente a presença de lesões ou de disfunções cerebrais. Esse problema sempre era descartado, como uma questão que a tecnologia acabaria resolvendo! Essa convicção foi reforçada pela associação não-específica entre índices de disfunção neurológica e TAs, incluindo problemas perceptuomotores (isto é, dificuldade em copiar figuras geométricas), sinais neurológicos paraclássicos ou sutis (p. ex., desajeitamento motor bruto, descoordenação motora fina), anomalias e medidas eletrofisiológicas (Dykman et al., 1971; Taylor e Fletcher, 1983). Mesmo naquela época, a falta de especificidade dessas observações aos TAs ou à integridade neurológica já era amplamente reconhecida (Rutter, 1982; Satz e Fletcher, 1980).

No decorrer das duas últimas décadas, a qualidade das pesquisas aumentou. Hoje, é possível sustentar claramente a hipótese de que os TAs, de um modo geral, e a dislexia, em particular, têm um *locus* em fatores neurobiológicos. Porém, as evidências também sugerem que os modelos causais em que déficits neurobiológicos produzem uma criança com dislexia são simplistas e não levam em conta a complexa inter-relação entre o cérebro e o ambiente durante o desenvolvimento. Nesta seção, revisamos estudos sobre (1) a estrutura cerebral, (2) o funcionamento cerebral e (3) genética. A maioria desses estudos identificou explicitamente crianças com transtornos da leitura com base em habilidades para o reconhecimento de palavras e para o processamento fonológico, de modo que tendem a ser específicas à dislexia. Existem relativamente poucas pesquisas sobre os fatores neurobiológicos que envolvem outros transtornos de aprendizagem, além da dislexia.

A estrutura do cérebro

As pesquisas sobre a estrutura do cérebro envolvem estudos *post-mortem* ou o uso de técnicas de neuroimagem, tais como tomografia computadorizada cerebral (TCC) e imagem por ressonância magnética anatômica (IRMa). Como a TCC não fornecia informações particularmente úteis e sua resolução é considerada inferior à da IRMa, não discutiremos a TCC. Revisões bibliográficas sobre esse tema podem ser encontradas em Hynd e Semrud-Clikeman (1989).*

Estudos post-mortem

Existem poucas análises *post-mortem* da anatomia cerebral de adultos com histórico de dislexia. Esses casos são raros, pois a dislexia não é considerada letal. Esses estudos, realizados principalmente por um grupo liderado por Galaburda (1993), envolveram um total de 10 cérebros acumulados durante vários anos. Os resultados indicam que os indivíduos com dislexia se caracterizam por apresentarem diferenças no tamanho de determinadas estruturas cerebrais (p. ex., plano temporal) e pela presença de certas anomalias neuroanatômicas (Filipek, 1996; Galaburda, 1993; S. E. Shaywitz et al., 2000).

Os exames das estruturas corticais em adultos com histórico de problemas de leitura quando crianças mostram que o plano temporal, uma estrutura no plano do lobo temporal, tem tamanho simétrico nos hemisférios esquerdo e direito (Galaburda, Sherman, Rosen, Aboitiz e Geschwind, 1985; Humphreys,

---

*N. de R.T. Sugestão de leitura: STERNBERG, R. *Psicologia cognitiva*. Artmed: Porto Alegre, 2008.

Kaufmann e Galaburda, 1990). Em estudos *post-mortem* de adultos que supostamente não tinham problemas de leitura, essa estrutura geralmente é maior no hemisfério esquerdo do que no direito (Geschwind e Levitsky, 1968). Como essa área do hemisfério esquerdo dá suporte à função da linguagem, a ausência dessa diferença anatômica tem sido considerada uma explicação parcial para deficiências linguísticas que resultam em problemas de leitura. Além disso, exames microscópicos da arquitetura cortical apresentam pequenas distorções focais, chamadas "ectopias". Embora também sejam comuns em indivíduos sem histórico de dislexia, essas ectopias eram mais comuns do que seria de esperar em indivíduos com histórico de dislexia, e também eram mais comuns no hemisfério esquerdo. Os exames microscópicos de estruturas subcorticais também mostram diferenças relacionadas com expectativas normativas, particularmente no tálamo (Livingstone, Rosen, Drislane e Galaburda, 1991). Acredita-se que essas estruturas do tálamo estejam envolvidas no processamento visual. Finalmente, exames do cerebelo em um subconjunto desses cérebros (Finch, Nicholson e Fawcett, 2002) revelaram células de tamanho médio inferior no cerebelo posterior medial em relação às expectativas normais, assim como distribuições inesperadas de células em diversas partes do cerebelo.

Vistos em conjunto, os estudos *post-mortem* mostram evidências claras de anomalias em níveis subcorticais e corticais em muitas partes do cérebro. Todavia, esses estudos são limitados porque as características da leitura, os históricos educacionais e fatores importantes que influenciam a organização cerebral, como a preferência no uso das mãos, são difíceis de determinar em um estudo *post-mortem* (Beaton, 2002; S. E. Shaywitz et al., 2000). Não foi possível correlacionar o tamanho do plano temporal ou a frequência/localização das ectopias com o desempenho em leitura em um estudo *post-mortem*, tornando difícil para estabelecer o seu papel como causa da dislexia.

Estudos com imagens por ressonância magnética anatômica (IRMa)

Devido às dificuldades envolvidas em obter cérebros para análises *post-mortem*, assim como às limitações supracitadas, os pesquisadores voltaram-se para a IRMa para a avaliação de diferenças potenciais na estrutura cerebral. O uso de uma IRMa é desejável porque não é invasivo e é seguro para crianças. Os dados da IRMa também podem ser segmentados e quantificados, possibilitando a realização de medições precisas da estrutura cerebral, que podem ser correlacionadas com o desempenho em leitura.

Estudos analisaram uma variedade de estruturas (Filipek, 1996; S. E. Shaywitz e B. A. Shaywitz, 2005). Devido ao interesse gerado pelos estudos *post-mortem*, eles envolvem o plano temporal e os lobos temporais. Além disso, também foram realizados estudos com o corpo caloso, podendo refletir o fato de ele ser relativamente fácil de se quantificar. O cerebelo também foi estudado.

Essas pesquisas produziram resultados ambíguos. Estudos sobre o corpo caloso tiveram resultados confusos, alguns apresentando diferenças no tamanho (Duara et al., 1991; Hynd et al., 1995). Contudo, outros estudos não encontraram diferenças em medidas do corpo caloso (Larsen, Hoien, Lundberg e Ödegaard, 1990; Schultz et al., 1994). Estudos que comparam o plano temporal em indivíduos com e sem dislexia mostram simetria (Hynd, Semrud-Clikeman, Lorys, Novey e Eliopulos, 1990; Larsen et al., 1990) e mesmo inversões nos padrões esperados de assimetria (Hynd et al., 1990) nos grupos com dislexia. Todavia, outros estudos não encontraram uma associação entre a simetria do plano temporal na dislexia (Rumsey et al., 1997; Schultz 1994). Leonard e colaboradores (1996) correlacionaram o desempenho em leitura e a assimetria dos lobos temporais, observando que níveis maiores de assimetria favorecendo o hemisfério esquerdo estavam associados a um desempenho melhor em leitura, independente de a criança ter transtornos da leitura. Todavia, Leonard e colaboradores (2001) não conseguiram replicar esse resultado. Por outro lado, Hugdahl e colaboradores (2003) observaram que o plano temporal esquerdo era menor em um grupo de 23 crianças com dislexia, em comparação com 23 controles, com idades entre 10 e 12 anos. A redução da área do plano temporal somente apresentou correlação no grupo de crianças com dislexia, com uma correlação positiva com o desempenho em um teste de escuta dicótica.*

Alguns estudos mostram diferenças entre indivíduos disléxicos e normais em regiões cerebrais temporoparietais que se estendem além do plano temporal (Duara et al., 1991), mas outros estudos não encontraram essas diferenças (Hynd et al., 1990). Eckert e colaboradores (2003) mediram diversas áreas do cérebro em 19 controles e 18 crianças com dislexia da 4ª à 6ª séries do ensino fundamental que haviam sido recrutadas em um estudo de genética familiar (Raskind et al., 2005). As avaliações envolveram medidas do lobo temporal posterior, do giro frontal inferior e do cerebelo. As medições que mais discriminaram as crianças com e sem dislexia envolveram o lobo anterior direito do cerebelo, e o par triangular em ambos hemisférios, uma área que envolve o giro frontal inferior. As medidas do plano temporal não discriminaram os grupos. Eckert e colaboradores (2003, p. 488) observaram especificamente que seu estudo era "pelo menos o oitavo estudo a demonstrar que indivíduos com dislexia não apresentam assimetria inversa do plano temporal". Os autores afirmam que as avaliações dos lobos temporais, de um modo geral, não eram sensíveis a diferenças na estrutura cerebral entre amostras com e sem dislexia. Em comparação, Silani e colaboradores (2005) estudaram adultos com dislexia que, em média, apresentavam ativação reduzida no lobo ocipitotemporal esquerdo enquanto liam. Concentrando a avaliação das estruturas cerebrais nessas áreas, Silani e colaboradores (2005) observaram alterações na densidade das substâncias cinzenta e branca envolvendo os giros temporais médio e inferior e o fascículo arqueado no hemisfério esquerdo, e relacionaram essas alterações com um grau inadequado de conectividade em áreas notavelmente envolvidas na leitura, observando que as diferenças foram replicadas em

---

*N. de R.T. Consiste na apresentação simultânea de estímulos verbais no ouvido esquerdo e no direito, com a finalidade de identificar a predominância auditiva.

amostras de três países diferentes. Em um estudo de indivíduos com histórico familiar de dislexia, Brambati e colaboradores (2004) também encontraram reduções no volume da substância cinzenta em áreas semelhantes do cérebro, incluindo o plano temporal. Brambati e colaboradores (2004) também encontraram diferenças no cerebelo, assim como Rae e colaboradores (2002), mas não como as encontradas por Eckert e colaboradores (2003), que relataram que os hemisférios cerebelares eram assimétricos. Rae e colaboradores observaram simetria nos hemisférios cerebelares dos indivíduos disléxicos.

Essas amostras eram pequenas e heterogêneas, o que contribui para as variações nos resultados encontrados pelos estudos. As comparações entre os laboratórios também foram prejudicadas pelo uso de diferentes métodos de neuroimagem e de técnicas de análise de dados, levando a dificuldades na replicação desses resultados (Filipek, 1996; S. E. Shaywitz et al., 2000). A quantificação da imagem por ressonância magnética anatômica (IRMa) envolve um conjunto de procedimentos tecnicamente difíceis, muitas vezes exigindo desenhos manuais e um grau elevado de sofisticação anatômica. Essas questões tornam a análise demorada, levando inevitavelmente a pequenas amostras e aos tipos de fatores metodológicos que emergiram.

Também é muito importante controlar variações na demografia, no uso das mãos e no QI, todas relacionadas com avaliações dos volumes cerebrais. Schultz e colaboradores (1994) encontraram diferenças estatisticamente significativas em várias medidas de IRMa em crianças com dislexia e em controles de mesma idade, incluindo o plano temporal e diversas estruturas do hemisfério esquerdo. Todavia, quando as variáveis usadas para a seleção dos sujeitos (especialmente o gênero e a preferência no uso das mãos) foram controladas estatisticamente, essas diferenças desapareceram, e a única observação confiável foi uma redução no tamanho do lobo temporal esquerdo em indivíduos com dislexia. Pennington e colaboradores (1999) usaram imagens cuidadosamente adquiridas e análises morfométricas elaboradas para mensurar diversas áreas corticais e subcorticais do cérebro. Os pesquisadores encontraram reduções bilaterais no tamanho da ínsula e do córtex superior anterior em indivíduos com dislexia. Além disso, a área do cérebro posterior ao esplênio do corpo caloso – principalmente as regiões occipital, parietal e temporal posterior – era maior nos hemisférios direito e esquerdo de indivíduos com dislexia. Entretanto, essas diferenças eram relativamente pequenas e ocorreram em uma amostra de pares de gêmeos disléxicos e não-disléxicos que tinha grandes diferenças entre os escores de QI, embora os resultados fossem robustos quando a idade, o gênero e o QI eram controlados estatisticamente.

De um modo geral, existem evidências convergentes que indicam diferenças sutis em diversas estruturas cerebrais entre leitores disléxicos e leitores sem comprometimentos, especialmente nas regiões do hemisfério esquerdo que dão suporte à linguagem. Todavia, os estudos com IRMa podem ser aperfeiçoados com as novas modalidades de neuroimagem estrutural existentes atualmente. A imagem com tensor de difusão (DTI, *diffusion tensor imaging*) é um método de neuroimagem estrutural especialmente indicado para avaliar a integridade da substância branca e a conectividade cerebral. Em um estudo inicial, Klingberg e colaboradores, (2000) usaram a DTI para avaliar a integridade da substância branca cerebral em áreas da linguagem no hemisfério esquerdo. Comparações dessas medidas em adultos com e sem histórico de problemas de leitura mostram menos desenvolvimento da substância branca para indivíduos com problemas de leitura. Esses resultados sugerem uma redução na mielinação dessas áreas da linguagem. Em estudos subsequentes, Beaulieu e colaboradores (2005) usaram DTI com 32 crianças de 8 a 12 anos, que variavam consideravelmente na capacidade de leitura. Apenas quatro leitores ficaram abaixo da faixa média. Os pesquisadores encontraram correlações significativas entre a capacidade de ler e avaliações da conectividade cerebral regional envolvendo a substância branca do lobo parietal temporal esquerdo. Da mesma forma, Deutsch e colaboradores (2005) avaliaram 14 crianças de 7 a 13 anos. Os grupos foram divididos em bons e maus leitores ($n = 7$ cada). Os pesquisadores encontraram pequenas diferenças no tamanho da região temporoparietal esquerda, sugerindo menos desenvolvimento da substância branca nessa região. Esses resultados são instigantes, devido às evidências de estudos com imagem funcional que sugerem que essas regiões costumam estar comprometidas em indivíduos com transtornos da leitura, assim como os estudos morfométricos de Silani e colaboradores (2005) e Brambati e colaboradores (2004). Todavia, são necessários estudos de DTI com grupos maiores de crianças, com indivíduos com comprometimento significativo em leitura. No futuro, será interessante combinar avaliações estruturais de imagem com tensor de difusão (DTI) com estudos de neuroimagem estrutural da mesma pessoa.

O funcionamento cerebral

Diferentes tipos de métodos de neuroimagem *funcional* são usados para mensurar a ativação cerebral em resposta a testes visuais, linguísticos e de leitura em indivíduos que leem com habilidade e indivíduos com dislexia. Evidências convergentes a partir de uma variedade de métodos de imagem funcional usados em estudos com ambos grupos indicam que existe uma rede de áreas cerebrais envolvida na capacidade de reconhecer as palavras com exatidão, e que adultos e crianças com dislexia manifestam padrões diferentes de ativação nessas áreas, em comparação com leitores hábeis. Essas áreas envolvem as regiões temporal basal (occipitotemporal), temporoparietal e frontal inferior, de um modo mais predominante no hemisfério esquerdo (Eden e Zeffiro, 1998; S. E. Shaywitz e B. A. Shaywitz, 2005).

Modalidades de neuroimagem

A neuroimagem funcional na dislexia baseia-se em quatro modalidades diferentes que variam na forma de aquisição de dados e em sua resolução espacial e temporal (Papanicolaou, 1998): tomografia por emissão de pósitrons (PET, *positron emission tomography*), imagem por ressonância magnética funcional (IRMf), imagem de fonte magnética (MSI, *magnetic source imaging*) e espectroscopia por ressonância magnética (ERM). Também mencionamos medidas que envolvem métodos eletrofisiológicos em seu contexto, mas não descrevemos esses estudos em detalhes, pois seu potencial para o mapeamento cerebral está menos desenvolvido do que o desses outros métodos. Essas modalidades visam mensurar mudanças que ocorrem no cérebro durante o processamento cognitivo, e construir mapas que demonstrem em que parte do cérebro (e às vezes quando) essas mudanças ocorreram. Por exemplo, existem mudanças metabólicas refletidas pela utilização da glicose e mudanças no fluxo sanguíneo de uma parte do cérebro para outra, dependendo da operação mental e das partes do cérebro que são envolvidas na operação. Essas mudanças podem ser registradas por PET ou IRMf. De maneira semelhante, existem neurônios que fazem conexões para dar suporte a uma determinada atividade. Quando os neurônios fazem conexões, ocorrem mudanças nas propriedades dos neurônios que alteram a atividade elétrica do cérebro. Essa atividade pode ser registrada por um eletroencefalograma (EEG). Também existem mudanças que ocorrem nos campos magnéticos em torno dessas fontes elétricas quando uma pessoa realiza uma atividade. A MSI mensura essas mudanças, proporcionando informações sobre as áreas do cérebro que produzem sinais magnéticos. A ERM mensura alterações na química do cérebro, como lactato ou glutamina, em resposta a um tipo de choque (Hunter e Wang, 2001).

Independente da modalidade, os princípios da imagem funcional são relativamente claros (S. E. Shaywitz et al., 2000). Quando se realiza uma tarefa cognitiva ou motora, são registradas as mudanças no metabolismo da glicose (PET), fluxo sanguíneo (PET e IRMf), atividade elétrica (EEG), atividade magnética (MSI) ou química do cérebro (ERM). As mudanças na ativação cerebral são registradas e sobrepostas em uma IRM do cérebro, de modo que é possível identificar as áreas responsáveis pela atividade. Métodos como IRMf, MSI e ERM não envolvem radiação, não são invasivos, são seguros e podem ser usados repetidamente, mesmo em crianças. A imagem com PET exige a administração de um isótopo radioativo para mensurar as mudanças no fluxo sanguíneo e/ou utilização da glicose. Como a meia-vida desses isótopos é curta, a duração do experimento é limitada. Geralmente, as crianças não participam de estudos com PET, a menos que tenham um transtorno médico e possam obter benefícios diretos com a avaliação, pois envolve a exposição a isótopos radioativos. Essa exposição também limita o número de vezes que indivíduos mais velhos podem participar de estudos com PET (Papanicolaou, 1998).

Essas modalidades também variam em sua sensibilidade espacial e temporal. Técnicas metabólicas como a PET e a IRMf avaliam a atividade cerebral que ocorre após a atividade cognitiva. Elas não ocorrem em tempo real. Na IRMf, as imagens de ressonância magnética serial são adquiridas de forma tão rápida que podem ser usadas para captar as mudanças no fluxo sanguíneo associadas à atividade cognitiva (S. E. Shaywitz et al., 2000). Desse modo, a resolução espacial com IRMf é excelente.

Métodos como MSI (e EEG) ocorrem em tempo real e fornecem informações consideráveis sobre o curso temporal dos eventos neurais. A resolução espacial dos mapas cerebrais é fraca, mas esse problema é tratado pela combinação do mapa cerebral obtido com MSI e uma IRMa. Os paradigmas baseados em potenciais evocados e EEG têm excelente resolução temporal, mas a resolução espacial é muito baixa, mesmo com a combinação, e esses métodos não costumam ser usados para obter neuroimagens funcionais. A ERM é usada especificamente para avaliar mudanças químicas e também depende de combinação com uma IRMa para a resolução espacial. As mudanças químicas ocorrem em tempo real, mas exigem aquisições mais demoradas para ser mensuradas (Hunter e Wang, 2001).

Síntese dos correlatos neurais da dislexia

Outras pesquisas usaram todas as quatro modalidades de neuroimagem, e resultados convergentes sugerem que as tarefas que exigem leitura são associadas a uma ativação maior em uma variedade de áreas, incluindo a superfície basal do lobo temporal que se estende para a região occipital; a porção posterior dos giros temporais superior e médio, que se estende para as áreas temporoparietais (giros supramarginal e angular); e as áreas dos lobos frontais inferiores, principalmente no hemisfério esquerdo (Eden e Zeffiro, 1998; Rumsey et al., 1997; S. E. Shaywitz et al., 2000). Existem inconsistências entre estudos com relação ao envolvimento de uma determinada área (Price e McCrory, 2005; Poeppel, 1996). Todavia, fica claro que existe uma rede de áreas envolvida no reconhecimento de palavras, cada uma ativada em um grau diferente, dependendo das demandas de cada tarefa.

Uma versão simplificada dessa rede é apresentada na Figura 5.3, que mostra as quatro áreas principais envolvidas. Uma área que corresponde aproximadamente à área de Broca é responsável pelo processamento fonológico envolvendo o mapeamento articulatório, como na pronúncia de palavras. A área de Wernicke (que inclui partes dos giros temporal superior e supramarginal) é responsável pelo processamento fonológico envolvendo a correspondência entre letras e sons. O giro angular é uma estação intermediária, que relaciona informações entre as modalidades. O córtex de associação visual na região occipital é responsável pela análise de grafemas (Dehaene et al., 2005). A maior parte das evidências com base em pesquisa científica que sustentam esse modelo do circuito cerebral que mantém a leitura também condiz com estudos sobre transtornos da leitura adquiridos por lesões cerebrais (Dehaene et al., 2005) e com os efeitos de interferências temporárias no funcionamento normal em áreas específicas do cérebro decorrentes de operações neurocirúrgicas (Simos et al., 2000c). De maneira deliberada, não abordamos as muitas nuances e questões sobre o envolvimento de regiões cerebrais mais discretas, ou discrepâncias entre testes e amostras (ver Price e McCrory, 2005), para enfatizar a convergência entre diferentes modalidades e laboratórios.

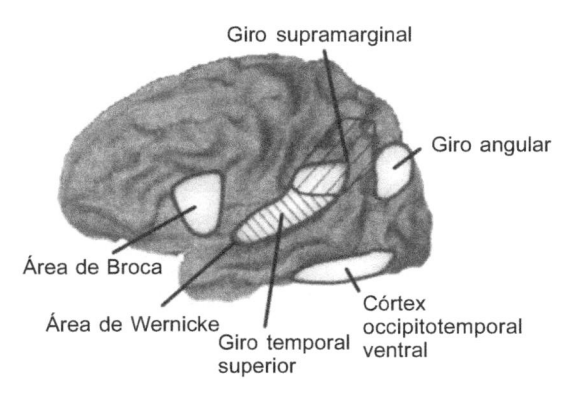

FIGURA 5.3 Modelo simples de uma rede neural para a leitura, mostrando quatro áreas principais envolvidas. Uma área dos lobos frontais que corresponde aproximadamente à área de Broca é responsável pelo mapeamento da articulação, como na pronúncia de palavras. A área de Wernicke (que inclui porções dos giros supramarginal, temporal médio e superior) é responsável pelo processamento fonológico que envolve a correspondência entre sons e letras. O giro angular é uma estação intermediária que relaciona informações entre as modalidades. A região occipitotemporal é responsável pela análise grafêmica. Cortesia de P. G. Simos. A partir de Fletcher, Simos, Papanicolaou e Denton (2004, p. 265).

ESTUDOS COM TOMOGRAFIA POR EMISSÃO DE PÓSITRONS (PET)

A PET é uma tecnologia mais antiga e, inicialmente, os estudos que comparavam adultos com boa capacidade de leitura e indivíduos com dislexia eram conduzidos com essa modalidade. Esses estudos encontraram reduções no fluxo sanguíneo na área temporoparietal durante a realização de testes de leitura e do processamento fonológico (Rumsey et al., 1992, 1997), mas ativação normal nas áreas frontais inferiores entre indivíduos com baixa capacidade de leitura (Rumsey et al., 1994). Horwitz, Rumsey e Donohue (1998) avaliaram a conectividade funcional do giro angular em adultos com diferentes níveis de proficiência em leitura e observaram que a atividade no giro angular esquerdo durante um teste fonológico estava significativamente correlacionada a outras áreas envolvidas na leitura em adultos proficientes, mas não em indivíduos com dislexia. Horowitz e colaboradores (1998) interpretaram esses dados como indícios de uma "desconexão funcional" entre essas áreas em pessoas com dislexia. Outros estudos também apresentam evidências de ativação no hemisfério direito, que pode estar relacionado com um processo compensatório ou com outros fatores não-linguísticos relacionados com a dificuldade em leitura (Grigorenko, 2001; Wood e Grigorenko, 2001). Por exemplo, McCrory, Frith, Brunswick e Price (2000) obtiveram neuroimagens de oito adultos disléxicos e seis controles, em testes que envolviam a repetição de palavras reais e de pseudopalavras. Os adultos com dislexia apresentaram menos ativação do que os controles em regiões do hemisfério direito envolvendo os giros temporal superior e pós-central e no cerebelo esquerdo. Os autores sugerem que esse padrão era compensatório, devido à necessidade de transferir mais recursos para o processamento dos componentes fonéticos das tarefas, refletindo menor processamento dos componentes da fala que não fossem fonológicos.

Um estudo mais recente com PET avaliou 8 indivíduos com dislexia e 10 controles em condições que envolviam ler palavras e nomear imagens (McCrory, Mechelli, Frith e Price, 2005). Os autores observaram uma redução na ativação de uma área occipitotempotal durante a tarefa, independente do grau de déficit comportamental na tarefa de ativação. McCrory e colaboradores concluíram que a ativação anormal dessa região não é específica da leitura ou da decodificação ortográfica, mas reflete um comprometimento mais geral da integração de informações fonológicas e visuais.

Em um estudo bastante divulgado, realizado por Paulesu e colaboradores (2001) com PET, adultos com dislexia recrutados no Reino Unido, na França e na Itália foram comparados com controles. Paulesu e colaboradores (2001) mostram que, em pessoas com dislexia de diferentes países, observou-se ativação reduzida durante a leitura nas regiões occipitotemporais esquerdas. Essa observação foi importante, pois as manifestações fenotípicas da dislexia variam e refletem diferenças nas línguas desses três países, levando Paulesu e colaboradores (2001) a sugerir que o processamento fonológico era comum, apesar das diferenças fenotípicas na precisão e na fluência das habilidades de leitura. Silani e colaboradores (2005) encontraram evidências de redução na densidade das substâncias cinzenta e branca envolvendo o giro temporal médio e o inferior, bem como o fascículo arqueado no hemisfério esquerdo. Esta última observação condiz com os estudos de imagem contensor de difusão (DTI) revisados, mas também sugere menor conectividade envolvendo as áreas fonológica e da leitura.

Estudos com Imagem por Ressonância Magnética Funcional (IRMf)

Estudos usando IRMf também mostram que se costuma observar falta de ativação do giro angular em adultos com dislexia, mas que faz parte de uma perturbação mais ampla das regiões occipitoparietal e occipitotemporal do cérebro. Em um dos primeiros estudos de IRMf com adultos, S. E. Shaywitz e colaboradores (1998) observaram que adultos que liam bem apresentavam maior ativação em áreas temporoparietais (giro angular, área de Wernicke) e em áreas occipitotemporais à medida que aumentavam as demandas pela análise fonológica. Adultos com dislexia não apresentaram esse padrão, mas apresentaram maior ativação em porções anteriores do cérebro (o giro frontal inferior – áreas 44, 45). Além disso, os leitores com dislexia apresentaram assimetrias hemisféricas inversas (direita maior que esquerda) na ativação em regiões temporais posteriores, em comparação com o grupo de leitores sem comprometimentos – uma observação que corresponde a relatos anteriores de padrões atípicos de assimetria hemisférica no metabolismo regional de pessoas com dislexia

(Rumsey et al., 1992). Pugh e colaboradores (2000) também encontraram evidências de que o giro angular era pouco conectado com outras áreas envolvendo a leitura em adultos com dislexia. Estudos de crianças realizando tarefas semelhantes apresentaram menos ativação da área frontal inferior em indivíduos com dislexia, mas um padrão semelhante em regiões mais posteriores do cérebro (B. A. Shaywitz et al., 2002). Existem muitos outros estudos sobre a dislexia (ver Price e McCrory, 2005; S. E. Shaywitz e B. A. Shaywitz, 2005).

Estudos com Imagem de Fonte Magnética (MSI)

Os estudos de MSI com crianças revelam diferenças fidedignas nos padrões de ativação entre crianças com dislexia e crianças com desempenho típico (Papanicolaou et al., 2003). Para esses estudos, os mapas da ativação foram obtidos enquanto as crianças faziam testes em que ouviam ou liam palavras reais ou liam pseudopalavras e tinham que decidir se as pseudopalavras rimavam (Simos, Breier, Fletcher, Bergman e Papanicolaou, 2000a; Simos et al., 2000b). Os dois grupos não diferiram em seus padrões de ativação no teste em que ouviam palavras, apresentando os padrões esperados, com ativação predominante no hemisfério esquerdo. Todavia, em ambos testes de reconhecimento de palavras, houve diferenças notáveis nos padrões de ativação no grupo com dislexia e no grupo com desempenho típico (ver Figura 5.4). Nas crianças com desempenho típico, houve um padrão característico, no qual as áreas occipitais do cérebro que sustentam o processamento visual primário eram ativadas inicialmente (isso não aparece nas Figuras 5.3 e 5.4). Depois disso, as regiões occipitotemporais de ambos hemisférios foram ativadas, seguido pela ativação simultânea de três áreas predominantemente na região temporoparietal *esquerda* (incluindo o giro angular, o giro temporal médio e o giro temporal superior). As regiões frontais seriam ativadas se fosse exigido pronunciar a palavra. Nas crianças com dislexia, observou-se o mesmo padrão e curso temporal, mas as áreas temporoparietais do hemisfério *direito* foram ativadas. Como um todo, os resultados são semelhantes aos de estudos com PET e IRMf, mas as diferenças entre os dois grupos são claramente mais lateralizadas.

Intervenção: estudos com neuroimagem

A relação entre alterações observadas com neuroimagem e a resposta a uma intervenção foi avaliada em nove estudos recentes (Aylward et al., 2003; Eden et al., 2004; Richards et al., 2000, 2002, 2005; Simos et al., 2002a, 2005, no prelo; Temple et al., 2003) envolvendo espectroscopia por ressonância magnética (ERM), imagem por ressonância magnética funcional (IRMf) e imagem de fonte magnética (MSI). No estudo de Richards e colaboradores (2000), a ERM foi usada para avaliar os processos metabólicos antes e depois de uma intervenção de 30 horas durante três semanas, concentrada no processamento fonológico, decodificação de palavras, compreensão leitora e compreensão auditiva. As crianças fizeram um exame com ERM do quadrante anterior esquerdo do cérebro – reconhecidamente relacionado com o processamento da linguagem – antes e depois da intervenção. Antes da intervenção, as imagens de ERM revelaram uma taxa metabólica maior para o lactato nesse quadrante enquanto as crianças disléxicas faziam uma tarefa em que decidiam se palavras e não-palavras rimavam. Após o programa de treinamento, o metabolismo do lactato não diferenciou as crianças com dislexia dos controles no teste de leitura. Embora os pesquisadores tenham argumentado que o programa de treinamento foi responsável pela mudança no metabolismo do lactato, outros revisores (Gayan e Olson, 2001) questionaram a validade desses resultados, enfocando principalmente a análise estatística.

Em um estudo subsequente, Richards e colaboradores (2002) recrutaram uma amostra adicional de 10 crianças com dislexia e controles de idade correspondente na faixa de 9 a 12 anos. As crianças receberam 28 horas de uma intervenção voltada para o princípio alfabético, além de um treinamento adicional em consciência morfológica (Berninger et al., 2003b). Esse estudo também encontrou alterações significativas na ativação do lactato antes e depois da intervenção, particularmente em relação à intervenção com o componente morfológico.

Em um terceiro estudo, Simos e colaboradores (2002a) empregaram MSI antes e depois de crianças com dislexia severa participarem de uma intervenção

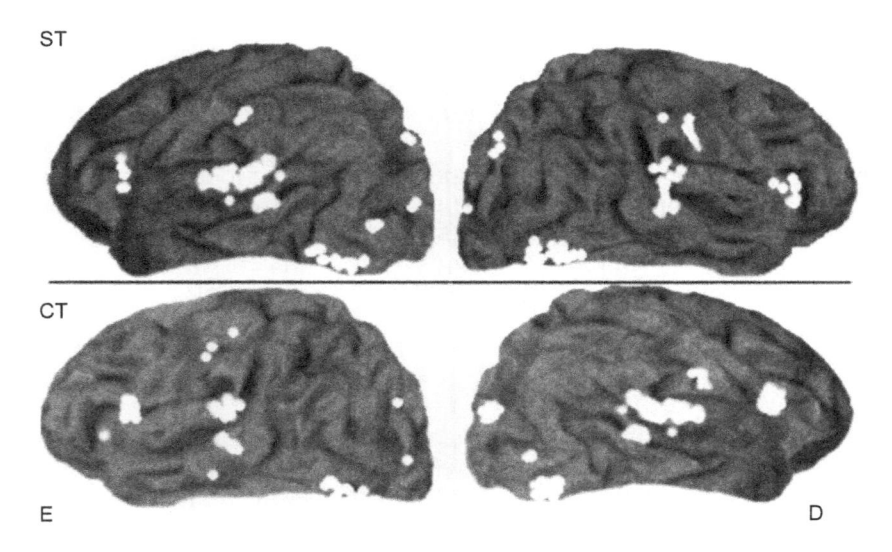

FIGURA 5.4 Imagens do cérebro de um leitor com transtornos (conjunto inferior de imagens) e de um leitor sem transtornos (conjunto superior de imagens) durante um teste de reconhecimento de palavras escritas em um estudo com imagens de fonte magnética (MSI). Observe a preponderância clara de fontes de atividade nos córtices temporoparietais esquerdos (E) na criança proficiente e nas áreas homotópicas do hemisfério direito (D) do leitor fraco. Dados de Simos e colaboradores (2000b). Cortesia de P. G. Simos. A partir de Fletcher, Simos, Papanicolaou e Denton (2004, p. 271).

fonológica intensa. As crianças variaram entre 7 e 17 anos e tinham transtornos graves com o reconhecimento de palavras: 6 de 8 crianças liam no 3º percentil ou abaixo, com as outras 2 crianças no 13º e 18º percentis. As crianças receberam intervenção por duas horas/dia, cinco dias por semana, durante um período de oito semanas, totalizando em torno de 80 horas de instrução fonológica intensiva por criança. Antes da intervenção, as 8 crianças disléxicas apresentaram de maneira uniforme o padrão aberrante de ativação no hemisfério direito que havia sido identificado com MSI. Após a intervenção, os escores para a precisão das crianças na leitura de palavras aumentaram até a faixa média. Além disso, em todos os casos, houve ativação significativa dos circuitos neurais do hemisfério esquerdo, associada normalmente à proficiência na leitura de palavras. Também houve uma tendência de redução na atividade no hemisfério esquerdo. A Figura 5.5 traz um exemplo representativo das mudanças antes e depois da intervenção. Esses estudos são intrigantes e indicam um papel muito maior para a instrução, isto é, em estabelecer as redes neurais que dão suporte ao desenvolvimento da leitura, observação esta que condiz com vários outros estudos.

Alyward e colaboradores (2003) avaliaram mudanças na resposta à instrução de leitura em 10 crianças com transtornos da leitura (média 11,5 anos) e 11 controles de idade correspondente. As crianças com transtornos da leitura tinham comprometimentos menos graves que as do estudo de Simos e colabora-

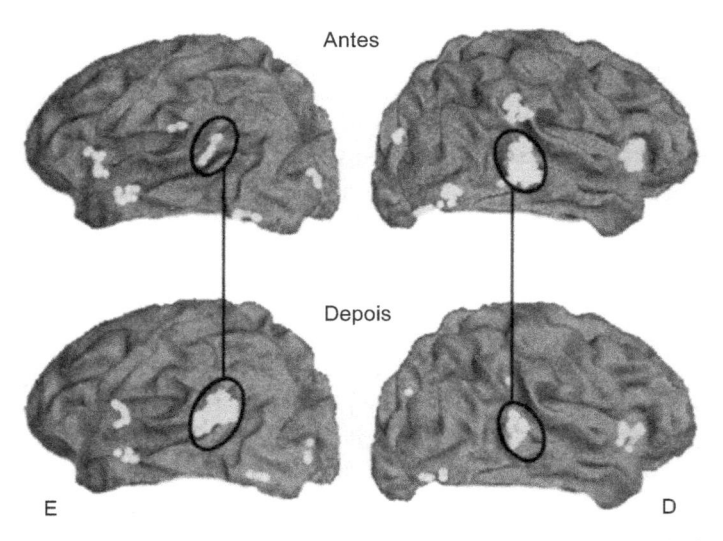

FIGURA 5.5 Mapas de ativação de um leitor fraco antes e depois da intervenção. Observe o aumento significativo na ativação temporoparietal esquerda associado à melhora significativa na decodificação fonológica e no reconhecimento de palavras. Dados de Simos e colaboradores (2002a). Cortesia de P. G. Simos. A partir de Fletcher, Simos, Papanicolaou e Denton (2004, p. 273).

dores (2002a), e a base para seleção foi uma discrepância na capacidade de ler em relação à capacidade verbal, avaliada por um teste de QI. Os participantes tiveram uma intervenção de três semanas enfocando a aplicação de estratégias fonológicas e morfológicas de reconhecimento de palavras. Em média, as crianças com transtornos da leitura apresentaram uma melhora de meio desvio padrão na capacidade de reconhecer palavras (de um quociente de leitura de palavras de 87 para 93). Foram coletadas imagens antes e depois do período de instrução com IRMf, usando tarefas de combinar fonemas e uma tarefa de ordenar morfemas. Inicialmente, e em comparação com os leitores sem comprometimentos, as crianças com transtornos da leitura apresentaram muito menos ativação de áreas no hemisfério esquerdo, que variou entre os testes. Após a intervenção, as comparações com os controles não foram estatisticamente significativas, e os autores concluíram que os padrões de ativação cerebral estavam normalizados, em vez de indicarem um padrão compensatório. As áreas do cérebro que sofreram mudança foram diferentes das citadas por Simos e colaboradores (2002a), mas os testes e as intervenções também eram diferentes, e os leitores fracos no teste de Aylward e colaboradores tinham menos comprometimento. Na pesquisa com neuroimagem, pequenas diferenças nas condições dos participantes e dos testes podem produzir variações significativas nos padrões de ativação. O que é semelhante nos estudos de Simos e colaboradores (2002a) e de Aylward e colaboradores (2003) é que as áreas cerebrais ativadas foram principalmente as áreas da linguagem do hemisfério esquerdo e foram associadas à rede neural que dá suporte a diferentes aspectos do reconhecimento de palavras. Além disso, nenhum estudo indicou que havia padrões compensatórios.

Estudos mais recentes apresentam alterações predominantemente normalizantes no funcionamento cerebral, mas também revelam mudanças compensatórias, principalmente em amostras diferentes das dos primeiros quatro estudos. Simos e colaboradores (2005) usaram imagem de fonte magnética (MSI) para avaliar mudanças no funcionamento cerebral em um subconjunto dos estudantes que receberam a intervenção em um estudo de Mathes e colaboradores (2005), que é descrito a seguir como um exemplo de intervenção com componentes múltiplos. Foram coletadas imagens de estudantes em situação de risco ou não para transtornos da leitura na educação infantil (Simos et al., 2002b) e novamente ao final da 1ª série do ensino fundamental. As comparações dos perfis espaçotemporais na ativação cerebral obtidos durante a realização dos testes de identificação de letras e de sons e de nomeação de pseudopalavras apresentaram diferenças claras ao final da educação infantil entre estudantes com risco baixo e elevado. De um modo geral, os estudantes em situação de risco apresentaram um desenvolvimento inicial de processos neurofisiológicos que refletia muito mais atividade nas áreas temporoparietais do hemisfério direito em relação aos controles, essencialmente um padrão bilateral de ativação nessas regiões. Ao final da 1ª série, o grupo em situação de risco foi dividido entre aqueles que responderam e os que não responderam adequadamente à instrução de leitura da 1ª série. Os estudantes em situação de risco que responderam bem à instrução apresentaram essencialmente o mesmo padrão que na avaliação basal no grau de ativação regional. Todavia, o tempo de ativação mudou para um padrão semelhante ao dos estudantes que não tinham risco. Os estudantes que não responderam adequadamente à intervenção apresentaram padrões como os descritos anteriormente, que costumam ser observados em estudantes maiores com transtornos graves em leitura, com ativação muito maior nas áreas temporoparietais no hemisfério direito. Esses padrões são representados na Figura 5.6 para os três grupos.

Em um terceiro estudo com MSI, Simos e colaboradores (no prelo) coletaram neuroimagens de um pequeno grupo de estudantes que não havia desenvolvido habilidades adequadas para o reconhecimento de palavras e fluência no estudo de Mathes e colaboradores (2005). Esses estudantes receberam uma

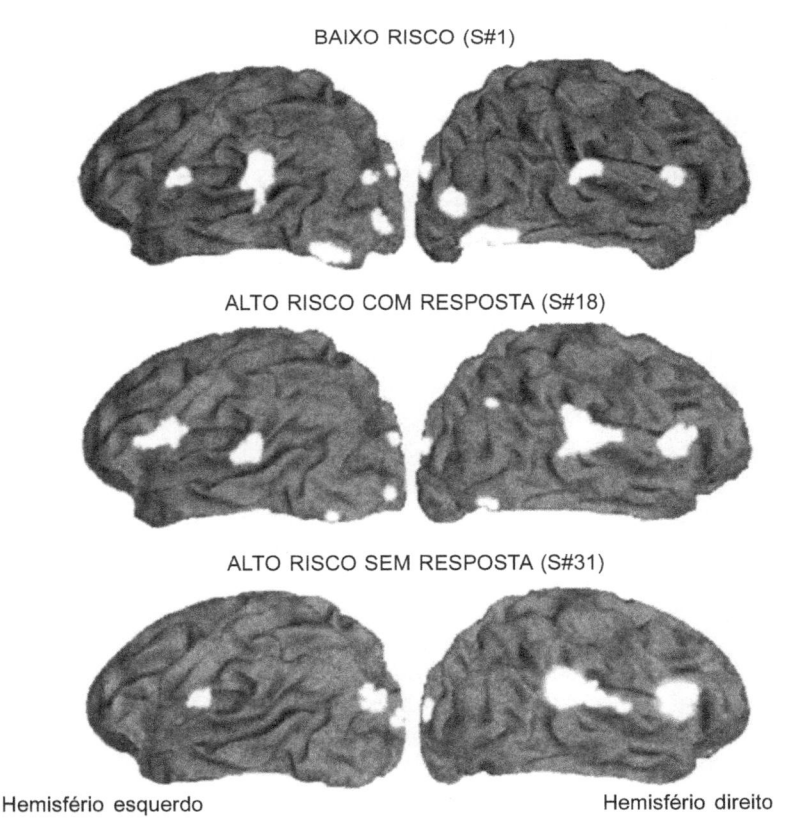

FIGURA 5.6 Mapas de ativação de estudantes que, ao final da 1ª série do ensino fundamental, apresentavam: baixo risco de problemas de leitura; risco elevado e responderam à intervenção; e risco elevado mas não responderam à intervenção. Observe a diferença na ativação envolvendo a área temporoparietal esquerda. A partir de Simos e colaboradores (2005).

intervenção de 16 semanas que envolveu treinamento intensivo em decodificação fonológica baseada no programa Phono-Graphix (McGuiness, McGuiness e McGuiness, 1996) pelas primeiras oito semanas (duas horas por dia), com uma hora por dia de intervenção envolvendo a fluência usando o programa Read Naturally (Ihnot, 2000) nas oito semanas subsequentes. Para o estudo com neuroimagem, 15 estudantes forneceram dados de neuroimagem antes da intervenção e em cada intervalo de oito semanas. A intervenção indicou melhoras significativas no reconhecimento de palavras, em fluência e em compreensão, embora as respostas individuais à intervenção tenham sido bastante variáveis (Denton, Fletcher, Anthony e Francis, no prelo). No componente da neuroimagem, as mudanças na atividade cerebral após a intervenção foram principalmente normalizantes e consistiram de maior duração (e grau) da atividade neural na região temporoparietal esquerda e uma mudança no momento relativo da atividade nas regiões temporoparietal e frontal. Em particular, o início da atividade nas regiões parietais temporais bilaterais antecede o início da atividade frontal. Essas mudanças foram observadas em varreduras individuais de 12 dos 15 participantes. Também houve evidências de ativação compensatória envolvendo as regiões temporoparietal e frontal em cerca da metade dos participantes. Quando os participantes leram palavras reais, foram observadas mudanças semelhantes, com as mais notáveis envolvendo a duração e o momento da atividade regional. Houve maior atividade neurofisiológica na porção posterior do giro temporal médio bilateralmente, e menor latência da atividade no giro temporal médio do hemisfério esquerdo e na região occipitotemporal do hemisfério direito. A análise correlacional sugere que as melhoras no desempenho em leitura foram previstas geralmente pelo início mais precoce da atividade nas regiões occipitais direitas, por uma duração maior no envolvimento do giro temporal médio esquerdo e por uma latência prolongada para o início da atividade na região pré-frontal.

Eden e colaboradores (2004) realizaram avaliações da atividade cerebral com IRMf durante tarefas que exigiam a manipulação de sons da linguagem antes e depois de uma intervenção fonológica envolvendo adultos com histórico de dislexia desenvolvimental. A metade dos adultos com dislexia tiveram uma intervenção por oito semanas, baseada no método de Lindamood-Bell. Além de melhoras significativas no processamento fonológico e na capacidade de ler, o estudo mostrou maior ativação da área parietal inferior do hemisfério esquerdo, sulco interparietal e giro fusiforme. Também houve mudanças no hemisfério direito. As principais mudanças representaram a normalização do processamento cerebral, mas também foram observados alguns padrões compensatórios.

Temple e colaboradores (2003) coletaram IRMf de 20 crianças submetidas a uma intervenção usando o método Fast ForWord, que não envolve grandes quantidades de leitura. Houve melhoras significativas nas habilidades de leitura e linguísticas das crianças (mas veja a seguir outros estudos que não observaram eficácia no uso desse método). Em uma tarefa com rimas, a IRMf mostrou maior ativação na região temporoparietal e frontal inferior do hemisfério esquerdo, representando processos de normalização. Também houve melhoras em outras áreas envolvidas no hemisfério direito do cérebro, que provavelmente representam processos compensatórios.

Shaywitz e colaboradores (2004) usaram IRMf com estudantes que fizeram a intervenção no estudo de Blachman e colaboradores (2004), com grupos de comparação de New Haven, Connecticut, que tinham desempenho típico ou com estudantes com problemas de leitura que tiveram as intervenções comuns na escola. Esse estudo exigiu que os estudantes tomassem um avião de Syracuse, no estado de Nova York, para New Haven, pois fatores logísticos impediram a coleta de neuroimagens dos controles de Syracuse. Os resultados mostram que, antes da intervenção, os estudantes com transtornos da leitura apresentaram muito menos ativação nas áreas no hemisfério esquerdo do cérebro que costumam estar associadas a transtornos da leitura. Após a intervenção, os estudantes que receberam a intervenção experimental apresentaram maior ativação nos giros frontais inferiores bilaterais, no sulco temporal superior esquerdo, na região occipitotemporal do cérebro que envolve os giros temporais médio e inferior e no aspecto interior do giro occipital médio, assim como em outras regiões. Shaywitz e colaboradores (2004) interpretaram esses resultados como a normalização de regiões occipitotemporais esquerdas associadas à eficiência em leitura, mas observaram mudanças compensatórias envolvendo a região frontal direita.

Fatores genéticos

Os problemas de leitura são hereditários e ocorrem em várias gerações da mesma família, fato que é a base para os estudos genéticos sobre o transtorno e a capacidade de ler. Essa observação advém dos primeiros estudos sobre a dislexia (p. ex., Hinshelwood, 1917). O risco nos filhos de pais com algum transtorno é oito vezes maior do que na população geral (Pennington e Olson, 2005). Estudos sobre a herdabilidade da dislexia e de outros transtornos da leitura mostram que o caráter familiar é quase totalmente genético após a adolescência, mas a variabilidade nos transtornos da leitura demonstra ter influências genéticas e ambientais não-compartilhadas (Petrill et al., 2006a). Esses estudos, revisados por Grigorenko (2001), Fisher e DeFries (2002), Pennington e Olson (2005) e Plomin e Kovas (2005), apresentam um longo histórico de pesquisas em diversos níveis. Conforme sintetizou Grigorenko (2001), três áreas de pesquisa convergem e demonstram que a dislexia tem um componente hereditário. Essas áreas envolvem estudos de gêmeos e familiares, juntamente com estudos de ligação que analisam o papel de genes específicos que se agregam em famílias que apresentam herdabilidade significativa.

Agregação familiar

Conforme revisado por Grigorenko (2001) e Olson, Forsberg, Gayan e DeFries (1999), 25 a 60% dos pais de crianças que apresentam problemas de leitura também têm essas transtornos. A taxa é maior para os pais (46%) do que para as mães (33%). Crianças com pais portadores de transtornos da leitura têm um risco muito maior, em relação à população geral. As taxas variam de aproximadamente 30 a 60%, dependendo do método de avaliação. Se a determinação depender de os pais ou a escola identificar que a criança tem dislexia, a taxa fica mais próxima de 30%, mas, se a criança e os pais forem avaliados por instrumentos de pesquisa, a proporção é significativamente maior.

Estudos com gêmeos

A limitação dos estudos familiares é que os ambientes também são herdados. Os estudos com familiares biológicos que residem juntos confundem as influências genéticas e ambientais. Os estudos com gêmeos também podem ser usados para lidar com essa questão, analisando a concordância da dislexia, bem como a covariância do desempenho em leitura. Como os gêmeos monozigóticos têm o mesmo genótipo, a presença de influências genéticas leva à expectativa de que as taxas de concordância seriam muito maiores em gêmeos monozigóticos do que em gêmeos dizigóticos, que compartilham apenas 50% do mesmo genótipo. Se houver influências ambientais familiares implicadas, a concordância deve ser igual para os gêmeos monozigóticos e dizigóticos. As influências ambientais compartilhadas explicam as diferenças entre as famílias, e podem envolver o nível socioeconômico, as práticas de leitura dos pais, e assim por diante. As influências ambientais também podem ser não-compartilhadas, representando fatores que não sejam genéticos e explicam diferenças dentro das famílias, como as diferenças nos professores e nas práticas de instrução. De um modo geral, as taxas de concordância são bastante elevadas para gêmeos monozigóticos (quase sempre acima de 80%) em relação aos dizigóticos (raramente acima de 50%). Portanto, presume-se que as diferenças em concordância estejam relacionadas a efeitos genéticos.

Além da concordância, outros estudos usam métodos estatísticos para ajudar a separar a variância em habilidades de leitura segundo influências genéticas e ambientais compartilhadas e não-compartilhadas (DeFries e Fulker, 1985), mostrando que 50 a 75% da variância no desempenho em leitura podem ser atribuídos a fatores genéticos. Estudos sobre processos relacionados com a leitura também mostram influências genéticas significativas e quantidades variadas de influências ambientais compartilhadas e não-compartilhadas. Além disso, todos esses estudos mostram que o ambiente exerce uma grande influência sobre as habilidades de leitura, embora a contribuição dos fatores genéticos seja maior. De um modo geral, as influências genéticas explicam a maior parte da familiaridade nos transtornos da leitura, e os fatores ambientais não-compartilhados influenciam a falta de familiaridade, dependendo da idade da criança.

Estudos de ligação

A última linha de pesquisas envolve os estudos de ligação, que buscam identificar genes específicos relacionados com a dislexia. Esses estudos tendem a se concentrar em famílias que têm um número inusitadamente elevado de membros com dislexia, mas variam no tamanho da amostra, nos métodos de análise e na definição do fenótipo. Em uma metanálise abrangente, Grigorenko (2005) identificou 26 artigos publicados que faziam estudos de ligações genéticas com a "dislexia". Esses artigos envolviam diversas amostras de famílias e pares de gêmeos em oito países ao redor do mundo. Com base na revisão, Grigorenko (2005) identificou oito supostos *loci* de suscetibilidade para a dislexia, incluindo os cromossomos 1, 2, 3, 6, 11, 15 e 18. O *locus* mais comum foi no cromossomo 6p, que foi analisado em 14 estudos. Grigorenko observou que, apesar de algumas não-confirmações, existem fortes evidências de que esse *locus* está envolvido na dislexia, especialmente para fenótipos identificados com avaliações da decodificação fonológica, da codificação ortográfica, da leitura de palavras individuais e da consciência fonêmica. Não houve evidências de que os fenótipos definidos pela nomeação rápida e pela ortografia estivessem relacionados com esse ponto. Grigorenko (2005) também observou fortes evidências para três *loci* que haviam sido menos estudados, envolvendo os cromossomos 1p, 2p e 3cen. Os resultados desses estudos foram expressivos, mas sempre é possível que não ocorram replicações no futuro, que venham a reduzir a significância dessas observações. Um *locus* bastante estudado no cromossomo 15q não apresentou expressividade, apesar de ser o segundo *locus* mais estudado. De maneira semelhante, um *locus* no cromossomo 6q não pareceu significativo segundo os estudos. As avaliações dos cromossomos 11p e 18p foram prejudicadas pela presença de apenas dois estudos para cada um, e nenhum apresentou evidências de uma ligação neste momento.

Grigorenko observou que a abordagem adotada para a metanálise era conservadora e que, para alguns *loci*, o número de estudos foi pequeno. Um problema da metanálise foi a tentativa de comparar diferentes métodos para definir o fenótipo, uma área controversa para os estudos genéticos das transtornos da leitura: será que a variância fenotípica reflete variância genética, e quanto dessa variância se deve ao fenótipo ou a erros de medição nos testes usados para avaliá-lo. A tendência de comparar o fenótipo em certos testes torna essa distinção especialmente difícil. Todavia, os resultados foram replicados entre os estudos para os cromossomos 1p, 2p, 3cen e 6p, apesar dessa variação nas amostras, nos métodos de análise, nos países de origem e nas definições do fenótipo. Também houve variações devido ao fato de a definição para dislexia tratar os sujeitos como um grupo (categoria) ou como um fenótipo dimensional.

Esses estudos em genética molecular também proporcionam fortes evidências para a herdabilidade das transtornos da leitura e ajudam a explicar por que os problemas de leitura são hereditários. Diversos genes parecem estar envolvidos, particularmente se a avaliação do fenótipo envolver decodificação ou processamento fonológico. Raskind e colaboradores (2005) sugeriram que a fluência da decodificação fonológica tinha um *locus* no cromossomo 2q, que representava um defeito genético importante, ao passo que a precisão da decodificação fonológica representava um déficit envolvendo diversos genes. São necessárias mais pesquisas sobre a influência da variabilidade fenotípica.

É importante reconhecer que os fatores genéticos não explicam toda a variabilidade nos resultados em leitura. Embora Byrne e colaboradores (2002) tenham encontrado contribuições relativamente pequenas ou nenhuma contribuição do ambiente em medidas da capacidade de ler palavras, da consciência fonológica e da nomeação rápida, a maioria dos estudos encontrou contribuições ambientais não-compartilhadas, e alguns mostram influências ambientais compartilhadas. Isso não significa que alguns problemas da leitura sejam herdados e que outros se devam a causas ambientais. Pelo contrário, o risco genético interage com o risco ambiental para produzir um transtorno da leitura, e as estimativas da herdabilidade são as médias entre grandes amostras. Os fatores ambientais compartilhados incluem o tipo de ambiente linguístico e literário em que a criança se desenvolve. A tendência dos pais disléxicos de ler menos para seus filhos e de ter menos livros em casa pode contribuir para a condição dos pais e de seus filhos (Wadsworth et al., 2000). Outro fator importante é a qualidade da instrução em leitura, que pode ser compartilhada ou não-compartilhada, dependendo de se os irmãos são ensinados pelo mesmo professor, recebem intervenções semelhantes, e assim por diante, fatores que podem variar em diferentes fases do desenvolvimento (Byrne et al., 2002).

O histórico familiar de pouca leitura pode levar a interações limitadas entre a escola (ambiente instrucional) e o lar (Olson et al. 1999; Pennington e Olson, 2005). Com o objetivo de destar especificamente essa hipótese, Petrill e colaboradores (2006a) analisaram as similaridades entre irmãos em estimativas do modelo genético quantitativo obtidas em diversas avaliações da leitura para 272 pares de irmãos em idade escolar. Os pares foram recrutados de famílias com gêmeos monozigóticos, gêmeos dizigóticos e irmãos adotados sem parentesco biológico. Entre as diferentes medidas de habilidades de leitura de palavras e habilidades cognitivas afins, Petrill e colaboradores (2006a) observaram que as influências ambientais compartilhadas eram significativas, explicando de um terço à metade da variância em reconhecimento de palavras e consciência fonológica. Outros testes, como o de nomeação rápida, foram bastante influenciados por fatores genéticos. Particularmente interessante foram as evidências de que as estimativas de contribuições ambientais eram semelhantes em modelos derivados apenas de gêmeos e dos que envolviam irmãos adotados.

Em uma revisão integradora de pesquisas genéticas sobre os TAs, Plomin e Kovas (2005) caracterizaram a pesquisa genética quantitativa sobre crianças com TAs como indicativa de que os efeitos dos genes relevantes são basicamente gerais e não são específicos de determinados tipos de TAs. Os autores mostram que os genes que foram associados a problemas com a linguagem, a leitura e a matemática envolvem essencialmente as mesmas constelações genéticas que explicam a variação normal nesses domínios. Além disso, as constelações genéticas que afetam um domínio linguístico ou acadêmico também parecem afetar outros componentes do transtorno. Finalmente, os impactos genéticos não são independentes, de modo que as organizações genéticas que são associadas a um transtorno específico de aprendizagem também afetam outros transtornos de aprendizagem. Plomin e Kovas (2005) enfatizaram grandes estudos como os do grupo do Colorado (Pennington e Olson, 2005) e o Twins Early Development Study (TEDS), um estudo com cerca de 7.500 pares de gêmeos do Reino Unido. Sintetizando os estudos, Plomin e Kovas observaram herdabilidade de 0,6 para o transtorno e a capacidade em leitura e encontraram resultados semelhantes para análises baseadas em grupos discretos (p. ex., disléxicos ou não-disléxicos), além de estudos que analisam a leitura como uma distribuição contínua. Os autores observaram que "quando se encontra um gene associado a um transtorno de aprendizagem, pode-se esperar que o mesmo gene esteja associado a uma variação na faixa normal de habilidade" (p. 600). Plomin e Kovas também observaram a ausência de evidências para defeitos em genes únicos, afirmando que, "de um modo geral, acredita-se que a influência genética em transtornos comuns seja causada por diversos genes de efeito pequeno, em vez de um gene com um grande efeito" (p. 600). Os pesquisadores observaram uma herdabilidade elevada em uma variedade de domínios diferentes de habilidades de leitura. Ao analisar correlações entre diferentes domínios da linguagem, da leitura e da matemática, Plomin e Kovas observaram que os domínios apresentavam bastante correlação, mas também que as correlações não eram perfeitas, o que indica que existem genes específicos, além de gerais, envolvidos na herdabilidade entre esses domínios. Desse modo, concluíram que "as provas definitivas da importância de genes gerais virão de pesquisas em genética molecular que identifiquem o DNA associado às habilidades e aos transtornos de aprendizagem" (p. 613), e também observaram especificamente a ausência de evidências para um componente ligado ao sexo na herdabilidade dos problemas de leitura.

RESUMO: DE DÉFICITS EM HABILIDADES ACADÊMICAS A FATORES NEUROBIOLÓGICOS

É possível definir a forma mais comum de TA, a dislexia, usando critérios de inclusão. Esses critérios concentram-se na relação entre o reconhecimento de palavras e a ortografia (déficits em habilidades acadêmicas) e o processamento fonológico (processos cognitivos básicos), com diferenciações relativas à deficiência mental e aos transtornos sensoriais. Outras exclusões não parecem essenciais, devido à ausência de evidências de que os problemas com o reconhecimento de palavras variem segundo as supostas causas. Embora os estudos neurobiológicos identifiquem fatores envolvendo o funcionamento cerebral e a herdabilidade, fica claro que os fatores neurobiológicos e ambientais interagem para produzir os fenótipos associados à dislexia. Isso é especialmente claro nos estudos de intervenções com neuroimagem, que implicam que os sistemas neurais que afetam o desenvolvimento de habilidades de leitura são maleáveis e dependem da experiência para se desenvolver. Fazemos apenas uma breve revisão dos muitos estudos com neuroimagem funcional sobre dislexia, enfatizando deliberadamente a convergência entre os estudos, mas restam muitas questões a ser respondidas. Em uma síntese conservadora, Price e McCrory (2005, p. 496) concluíram que

Os estudos com neuroimagem funcional realizados até hoje ainda não estabeleceram os componentes da leitura que indicam diferenças seguras em leitores disléxicos, ou determinaram quais dessas diferenças podem causar o comprometimento da leitura na dislexia. Todavia, um padrão começa a emergir, com maior ativação pré-frontal e menor ativação occipital em diversos estudos. Esse padrão sugere que os leitores disléxicos ativam basicamente o mesmo sistema neural que os leitores hábeis, mas que existem diferenças sutis na maneira como os componentes desse sistema estão envolvidos.

Entre as modalidades, esses resultados sugerem que, em crianças com dislexia, as conexões funcionais entre áreas cerebrais explicam as diferenças na ativação cerebral, ao contrário de uma disfunção específica ou geral em qualquer área única do cérebro. Os estudos genéticos mostram um elevado grau de herdabilidade nas habilidades de leitura das palavras. Pennington e Olson (2005) sintetizaram grandes estudos com gêmeos no Reino Unido e no Colorado, indicando que cerca de dois terços das diferenças individuais em leitura podem ser atribuídas a fatores genéticos, e por volta de um quinto, a fatores ambientais compartilhados. A influência de fatores ambientais compartilhados é maior em crianças pequenas (Petrill et al., 2006a, 2006b). Os genes que influenciam a leitura podem ter um impacto sobre as práticas de leitura e a instrução implementadas no início do desenvolvimento, refletindo interações de base genética com o ambiente, que aumentam as estimativas da herdabilidade. Além disso, muitos dos estudos de gêmeos e de irmãos são limitados em relação aos níveis educacional e socioeconômico dos participantes, o que limita a generalização a populações com dificuldades econômicas. Todavia, essas estimativas não significam que o desempenho em leitura na pobreza se deva a fatores genéticos ou que os fatores genéticos limitem os efeitos da intervenção, particularmente em crianças pequenas (Pennington e Olson, 2005).

A hipótese do processamento fonológico proporciona uma explicação significativa para as dificuldades na leitura de palavras que são características da dislexia, mas a dislexia é mais que um simples transtorno da leitura. Muitas crianças com dislexia têm problemas em outras áreas, como a matemática (ou TDAH). Os comprometimentos em outros componentes do processo de leitura, particularmente a fluência, são difíceis de explicar simplesmente com base no processamento fonológico, embora a falta de capacidade de reconhecer palavras seja a explicação mais parcimoniosa para os problemas de fluência e de compreensão. Existem hipóteses baseadas em outros fatores que diferenciam as crianças com transtornos da leitura (nem sempre definidas como disléxicas) de crianças com desempenho típico, mas essas hipóteses não proporcionam explicações fortes para o problema básico em leitura. O impacto dessas pesquisas e a explicação coerente que emergiu para a dislexia serão mais bem avaliados pelo impacto de pesquisas sobre o tratamento dos transtornos no reconhecimento de palavras, que discutiremos no restante deste capítulo.

INTERVENÇÕES DE RECONHECIMENTO DE PALAVRAS

Os transtornos da leitura têm um efeito nocivo sobre o bem-estar educacional, social e ocupacional. Desse modo, na última década, houve uma grande quantidade de pesquisas sobre o desenvolvimento de habilidades relacionadas com a leitura durante o período pré-escolar, a identificação e a prevenção precoces do fracasso em leitura na educação infantil e nas séries iniciais e a remediação dos problemas de leitura nas séries avançadas do ensino fundamental. Começamos nossa pesquisa com crianças que apresentam problemas devido a dificuldades no reconhecimento de palavras. Essa pesquisa, e os métodos e as abordagens de ensino que foram estudados, são descritos em relação a: (1) estudos sobre a identificação e a intervenção precoces para prevenir o fracasso em leitura nos níveis da sala de aula e da tutoria e (2) estudos sobre a remediação da leitura para alunos maiores. Sempre que possível, começamos com um programa comercial conhecido e depois discutimos métodos específicos derivados de pesquisas. Muitas revisões baseadas em evidências científicas podem ser encontradas no site do Florida Center for Reading Research (wwww.fcrr.org).

O principal foco desta revisão são os estudos que refletem terapias acadêmicas, que são os únicos métodos comprovados para ajudar estudantes com TAs. A história da intervenção é repleta de intervenções derivadas de teorias sobre o processamento auditivo e visual, teorias baseadas em supostos déficits cerebrais e mesmo em teorias mais inusitadas (dieta, exercício). Muitos desses programas podem ser descartados simplesmente porque não fazem os estudantes ler. Por exemplo, os programas Fast ForWord têm um conjunto de jogos de computador que desaceleram e amplificam as mudanças acústicas da fala normal, mas não têm sequer um componente de leitura (Scientific Learning Corporation, 1999). Um estudo randomizado recente sobre a efetividade desses programas indica que, embora alguns aspectos das habilidades de linguagem dos estudantes melhorem, as habilidades de leitura não melhoraram de maneira significativa (Rouse e Kreuger, 2004; ver também Pokorni, Worthington e Jamison, 2004). Conforme discutido na próxima seção, se existe um princípio fundamental para intervenções com estudantes portadores de TAs, é que o treinamento em processos visuais, neurais ou cognitivos sem conteúdo acadêmico não leva a melhores resultados acadêmicos.

Sínteses com base científica

Existem evidências consideráveis em favor do uso de procedimentos instrucionais específicos para lidar com transtornos no reconhecimento de palavras em leitores fracos. Essas pesquisas envolvem estudos que demonstram, no nível da sala de aula, a importância da instrução explícita no princípio alfabético como um componente de qualquer programa de leitura. O National Reading

Panel* (NRP, 2000) realizou uma metanálise de 96 estudos que visavam melhorar as habilidades de consciência fonêmica. Os tamanhos de efeito foram elevados, tanto nos testes realizados imediatamente após a intervenção (0,86) quanto nos realizados um tempo depois (0,73). Houve evidências de generalização na faixa moderada (0,53-0,59) para a leitura e a soletração. O NRP observou que a instrução em consciência fonêmica era mais efetiva quando havia o uso de letras, quando a instrução se concentrou em um ou dois tipos de manipulações fonêmicas, em vez de diversos tipos, e quando os estudantes aprenderam em grupos pequenos. Os programas com menos de 20 horas de duração geralmente foram mais efetivos do que programas mais longos, com cada sessão durando 25 minutos. Houve pouca diferença em efetividade entre os programas serem realizados por professores ou por computadores.

Resultados semelhantes são encontrados na metanálise do NRP de dados derivados de estudos sobre a efetividade da instrução fônica** em uma variedade de resultados envolvendo a leitura, principalmente o reconhecimento de palavras. Foram avaliados 75 estudos, sendo 38 mantidos na metanálise. O tamanho de efeito geral da instrução fônica ficou na faixa moderada (0,44). Os programas com instrução fônica foram mais efetivos do que comparações que proporcionaram instrução fônica implícita ou que não usaram instrução fônica. Os programas em que a instrução fônica foi ensinada "sistematicamente" foram menos efetivos do que os programas menos sistemáticos. A instrução fônica foi efetiva em programas individuais de tutoria (0,57), programas em grupos pequenos (0,42) e programas para toda a classe (0,39), e foi muito mais efetiva quando introduzida na educação infantil (0,56) ou na 1ª série (0,54), se comparada quando na 2ª à 6ª séries (0,27). A instrução fônica foi mais efetiva na educação infantil (0,58) e na 1ª série (0,74) para estudantes em situação de risco de problemas de leitura, com uma tendência de ser menos efetiva para estudantes com transtornos da leitura (0,32) e com um efeito desprezível para leitores com baixo desempenho em leitura da 2ª à 6ª séries. Conforme esperado, as habilidades de reconhecimento de palavras foram afetadas de forma mais significativa em estudantes mais jovens (tamanho de efeito 0,60-0,67), com efeitos sobre a ortografia (0,67) e sobre a compreensão leitora (0,51). Mais uma vez, os ganhos foram menores em todos os domínios após a 1ª série.

Neste ponto do desenvolvimento de intervenções de leitura, a questão não é se devemos proporcionar instrução fônica, mas como integrá-la à instrução em ou-

---

* N. de R.T. Painel Nacional sobre a leitura. Comitê reunido pelo Congresso Norte-Americano que envolveu parlamentares, cientistas e profissionais da área da saúde e educação com a finalidade de avaliar as evidências científicas sobre o ensino da leitura.

** N. de R. T No original *phonics*. De acordo com McGuinness (2006) o termo *phonics* "tem conotações distintas em países diferentes (p.66)". No Brasil, tem autores que optam pelo uso de fônica ou de relação letra-som. Entretanto, apesar de não haver um substantivo correspondente em língua portuguesa, a noção que está por trás do termo é a busca da reflexão sonora com relação com as letras. Optou-se por usar o termo fônica.

tros componentes também importantes no aprendizado da leitura. Aqueles que argumentam que a solução para os transtornos da leitura é simplesmente introduzir mais instrução fônica na sala de aula, sem incorporar instrução em outras habilidades críticas de leitura (p. ex., fluência, vocabulário, compreensão), não estão seguindo as diretrizes do NRP ou as evidências científicas convergentes.

Isso se aplica a programas que visam aumentar as habilidades de leitura para todos os alunos da sala de aula, bem como programas que visam promover a capacidade de ler de estudantes com TAs.

A prevenção dos transtornos da leitura

Os programas de prevenção geralmente envolvem avaliações para identificar estudantes com dificuldades para adquirir habilidades básicas em reconhecimento de palavras e em fluência e intervenções para tratar déficits específicos. Alguns desses programas também abordam necessidades acadêmicas na área do vocabulário e da compreensão. Os estudos desenvolvidos para avaliar a capacidade de determinadas abordagens para prevenir os transtornos da leitura aumentaram nos últimos anos, isso se deve principalmente à maior capacidade de prever quais alunos desenvolverão essas dificuldades quando entram na escola e durante o seu progresso escolar (Foorman et al., 2004). Desse modo, esses estudos são dirigidos principalmente para estudantes em risco de desenvolver dificuldades de leitura devido a transtornos precoces no processamento fonológico e/ou no reconhecimento de palavras. Nesta seção, distinguimos estudos que buscam intervir no nível da sala de aula daqueles que visam identificar estudantes em situação de risco e selecioná-los para uma intervenção. Revisamos apenas estudos que começam na educação infantil ou na 1ª série, mas gostaríamos de observar que as intervenções pré-escolares também são comprovadamente efetivas (Lonigan, 2003).

Estudos em sala de aula

Os estudos em sala de aula englobam a implementação tanto geral de novos programas, com ênfase no desenvolvimento profissional, quanto específica na sala de aula, dirigida pelo professor. Sabe-se que a introdução de atividades de leitura no currículo escolar, aliado ao desenvolvimento profissional, geralmente resulta em escores melhores em leitura para a turma de alunos como um todo, além de acelerar o desenvolvimento da capacidade de leitura para estudantes em situação de risco em desenvolver transtornos da leitura (Snow et al., 1998). Apresentamos três exemplos envolvendo (1) instrução direta, (2) o estudo das intervenções de sala de aula da Universidade do Texas-Houston e (3) estratégias de aprendizagem com auxílio dos colegas (PALS)*.

---

*N de R.T. *Peer-assisted Learning Strategies*, no original.

Instrução direta

Usamos o termo "instrução direta" em referência ao método de intervenção desenvolvido por Engelmann e colaboradores (p. ex., Engelmann, Becker, Hanner e Johnson, 1978). Os programas de instrução direta incluem um componente amplo de desenvolvimento profissional, que auxilia os professores a entender a fundamentação para essa abordagem de instrução em leitura, os planos de aula, os métodos para correção de erros e as estratégias de agrupamento. O currículo vai além da instrução fônica, abordando a fluência e a compreensão. As aulas de instrução direta geralmente têm um ritmo acelerado e seguem um plano de aula predeterminado. Via de regra, duram de 35 a 45 minutos e contêm de 12 a 20 tarefas. Esses métodos baseiam-se em sistemas de análise de tarefas e manejo comportamental, mas seguem a ênfase no processamento fonológico e no reconhecimento de palavras. Os programas proporcionam oportunidades de prática, como livros de exercícios individualizados que seguem o conteúdo da aula desenvolvida em grupo.

Adams e Engelmann (1996) fizeram uma revisão de pesquisas baseadas nessa metodologia particular de leitura. Os autores relatam que os estudos que compararam grupos de alunos que receberam programas de instrução direta com estudantes que tiveram a prática padrão produziram um grande tamanho de efeito, geralmente acima de 0,75. Adams e Carnine (2003) fizeram uma síntese extensa de aproximadamente 300 estudos envolvendo leitura com o uso de métodos de instrução direta. Dezessete deles foram pesquisas que satisfaziam critérios de inclusão e de exclusão bastante específicos, incluindo a presença de um grupo-controle, escores pré-teste e a capacidade de isolar a instrução direta como a principal metodologia de ensino da leitura. O tamanho de efeito médio para esses estudos que incluíram especificamente estudantes com TAs foi de 0,93, que fica na faixa alta. Esse número foi comparável com os tamanhos de efeito relatados por Adams e Engelmann (1996) para estudantes em salas de aula de educação geral (0,82) e em todas as categorias de educação especial (0,84). A desagregação dos resultados mostrou que os tamanhos de efeitos tendiam a ser maiores para os grupos de ensino médio/adultos (1,37) em relação aos grupos do ensino fundamental (0,73). Foram observados ganhos em medidas com critérios de referência* (1,14), bem como em testes normatizados (0,77). Estudos *quasi*-experimentais produziram um tamanho de efeito médio de 0,90, e estudos experimentais com um experimento controlado e randomizado tiveram tamanho de efeito de 0,95, corroborando os resultados publicados pelo NRP (2000). Para estudos que duraram até um ano, o tamanho de efeito médio foi de 1,08, em relação a estudos que duraram mais de um ano (0,77).

---

* N. de R. T. No original: *Criterion-referenced measured* (CRM). São instrumentos de avaliação que medem um critério ou um conjunto de critérios estabelecidos pelo pesquisador/educador com o objetivo de determinar se o aluno possui ou não determinada habilidade.

Uma limitação do estudo de Adams e Carnine (2003) é que ele não comparou os tamanhos de efeito dentro dos domínios da leitura. Muitas vezes, as medidas de resultados envolvem medidas compostas da leitura, e seria importante saber mais a respeito das diferenças no impacto de programas de instrução direta sobre o reconhecimento de palavras, sobre a fluência da leitura e sobre a compreensão. Em um estudo mais recente, Carlson e Francis (2002) fizeram um experimento controlado e randomizado de quatro anos com uma versão de um programa de instrução direta (Rodeo Institute for Teacher Excellence; RITE) que envolveu a implementação de um modelo de instrução direta no âmbito da escola. A avaliação envolveu 20 escolas que implementaram o Programa RITE e 20 escolas demograficamente comparáveis. O programa RITE incluía a implementação de um currículo de instrução direta e desenvolvimento profissional por meio de um instituto que proporcionava formação no modelo para os professores, além de manejo da sala de aula e de auxílio aos alunos. Os resultados revelaram que o programa como um todo conseguiu aumentar as habilidades de leitura dos estudantes nas escolas experimentais, em comparação às escolas controle. Os tamanhos de efeito para o reconhecimento de palavras e para a compreensão leitora ficaram na faixa alta. Os alunos que foram expostos ao programa no início de sua vida escolar e passaram mais anos no programa tiveram desempenho superior a todos os outros estudantes, incluindo aqueles nas escolas experimentais. Desse modo, os estudantes que começaram na educação infantil e foram avaliados pela última vez na 3ª série tiveram os melhores resultados. Foi observada uma relação direta entre o desenvolvimento profissional dos professores e melhoras nas habilidades de ensino, fidelidade à implementação e desempenho estudantil. O número de alunos que lia em níveis de reconhecimento de palavras e de compreensão leitora que satisfizeram os marcos consensuais considerados reduziu em ambos domínios com o passar do tempo.

Os programas de instrução direta são muito criticados, apesar da grande base de evidências indicando sua efetividade. As críticas dizem respeito à possibilidade de que os resultados desse tipo de programa não se estendam às habilidades necessárias para a compreensão e que comecem a desaparecer nas séries avançadas do ensino fundamental. Outras sugerem que a roteirização dos programas desprofissionalize os professores. Outra preocupação é o componente comportamental dos programas de instrução direta, que, segundo alguns autores, compromete o pensamento crítico. Embora existam evidências em alguns estudos de que os efeitos começam a desaparecer, essa é uma característica de muitos dos tipos de escolas em que são implementados programas como o de instrução direta, e também reflete o uso de testes de desempenho normatizados que representam comparações com amostras transversais de coortes baseadas na idade. Desse modo, a queda nos escores não indica um declínio real, mas uma redução na taxa de aceleração. As preocupações com a roteirização, a desprofissionalização dos professores e o impacto sobre o pensamento crítico não parecem ter base em evidências objetivas. O uso de um limite e uma sequência não elimina a necessidade de discernimento e de habilidade, de conhecimento sobre o conteúdo e de capacidade por parte dos professores para avaliar e para monitorar o progresso estudantil. São necessárias mais pesquisas para avaliar o aparente declínio no tamanho de efeito, um problema observado em estudos sobre intervenções.

FOORMAN E COLABORADORES

Foorman e colaboradores (1998) compararam os efeitos de currículos de leitura que variavam no grau de explicitação da instrução em reconhecimento de palavras para estudantes em situação de risco que recebiam serviços do Título I na 1ª e 2ª séries em oito escolas. Os estudantes foram ensinados segundo três abordagens: (1) código explícito direto – um currículo básico (Open Court Reading*, 1995), que proporcionava instrução explícita em reconhecimento de palavras, juntamente com instrução em estratégias de compreensão; (2) código todo-parte – um programa fônico (Hiebert, Colt, Catto e Gury, 1992), que enfatizava a aprendizagem de conceitos fônicos no contexto de palavras inteiras; e (3) código implícito – um currículo que enfatizava a leitura contextual; respostas à literatura; escrita, ortografia e fônica no contexto; e integração da leitura, escrita, escuta e fala, sem instrução descontextualizada em fônica. Todos os estudantes passaram a mesma quantidade de tempo nos respectivos programas, com razões comparáveis de estudantes por professor. Os professores receberam formação profissional e apoio para implementar cada uma das abordagens. Essas abordagens foram comparadas com a instrução padrão.

Foram feitas análises das curvas de crescimento para medidas da consciência fonológica, de leitura de palavras e de ortografia administradas em quatro pontos entre setembro e abril. A Figura 5.7 mostra um exemplo dos resultados usando um teste de leitura de palavras administrado quatro vezes durante o ano escolar. Entre uma variedade de resultados para a alfabetização, os estudantes no grupo do código explícito melhoraram em uma taxa mais rápida do que os estudantes que receberam instrução com código implícito, e tiveram escores significativamente maiores no último mês do ano escolar em leitura de palavras, em processamento fonológico e em ortografia. As médias para estudantes na condição fônica todo-parte ficaram entre as dos outros dois grupos. Uma porcentagem significativamente maior de estudantes nos grupos de código implícito e todo--parte apresentou pouca melhora na leitura de palavras ao longo do ano, em comparação com o grupo da instrução explícita. Foorman e colaboradores (1998) observaram que a relação entre a análise fonológica e a leitura de palavras era mais forte para estudantes da condição de código explícito do que para os do código implícito, sugerindo que os efeitos da instrução explícita em leitura de palavras provêm de seus efeitos sobre a consciência fonológica.

---

*N. de R.T. Programa de esnino de leitura que enfatiza a fônica, isto é, a correspondência letra-som.

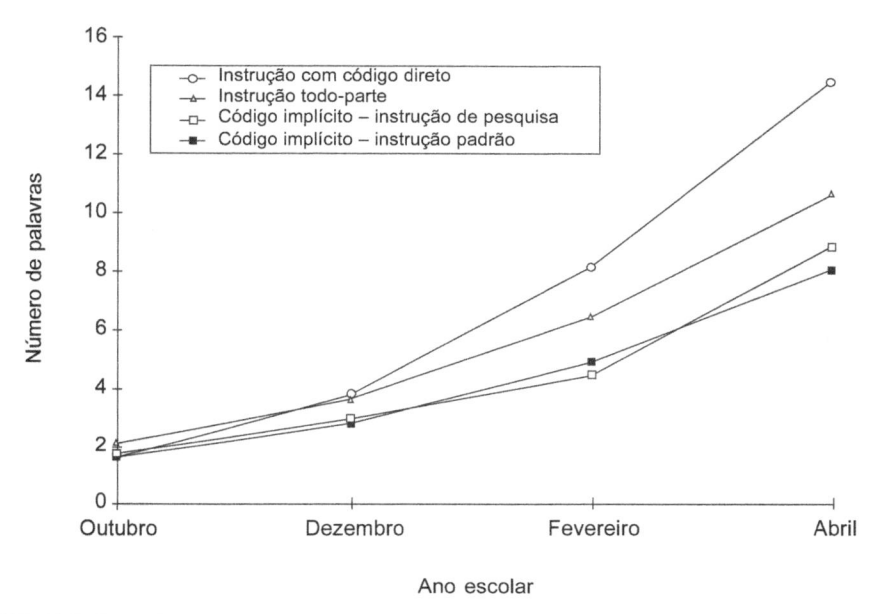

FIGURA 5.7 Crescimento nos escores brutos em leitura de palavras em quatro momentos durante o ano escolar, por currículo. Estudantes que participaram da condição de código direto (explícito) apresentaram crescimento mais rápido e melhor desempenho ao final do ano. A partir de Foorman, Francis, Fletcher, Schatschneider e Mehta (1998, p. 46). *Copyright* 1998 American Psychological Association. Reimpresso sob permissão.

ESTRATÉGIAS DE APRENDIZAGEM COM AUXÍLIO DOS COLEGAS (PALS)

Uma intervenção alternativa e de baixo custo no nível da sala de aula foi desenvolvida com base na aprendizagem cooperativa (Jenkins e O'Connor, 2003). A aprendizagem cooperativa refere-se a um conjunto de práticas envolvendo instrução em grupos pequenos e alunos trabalhando juntos em atividades de aprendizagem. Essas atividades emergem de vários dos modelos revisados, integrando princípios cognitivos, comportamentais e construtivistas. Como um conjunto de práticas, a aprendizagem cooperativa tem uma grande base científica, que proporciona um forte amparo para o seu uso no nível da sala de aula (Jenkins e O'Connor, 2003). Isso ocorre em parte porque essas práticas facilitam o manejo da sala de aula e diferenciam a instrução por seu foco em grupos menores na sala de aula.

Na área da leitura, a forma mais desenvolvida de intervenção de aprendizagem cooperativa é representada pela *Peer-assisted Learning Strategies* (PALS), elaboradas de forma mais plena em um programa de pesquisa sistemática que envolveu mais de 30 estudos realizados nos últimos 20 anos por um grupo de pesquisa da Universidade Vanderbilt, liderado por Doug e Lynn Fuchs (Fuchs e Fucks, 2000, 2005). A aprendizagem cooperativa com o auxílio dos colegas

(PALS) é uma intervenção no nível da sala de aula na qual os alunos que têm habilidades acadêmicas mais fortes formam pares com alunos com habilidades mais fracas por 30 minutos de instrução, de 3 a 5 vezes por semana. Às vezes, a atividade se divide em reconhecimento de palavras, em habilidades de decodificação e em estratégias envolvendo a compreensão. Existe uma ampla literatura sobre a eficácia dessas estratégias, que foi desenvolvida para a leitura e a matemática e usada em pesquisas da educação infantil até o ensino médio (Fuchs e Fuchs, 2000, 2005). Fornecemos exemplos de estudos em que a estratégia de aprendizagem cooperativa com o auxílio dos colegas foi implementada em diferentes formatos na educação infantil e na 1ª série, observando que a base de pesquisas se estende para além da 1ª série.

Em um estudo sobre a educação infantil, Fuchs e colaboradores (2001a) compararam três grupos de alunos. O primeiro grupo recebeu instrução em consciência fonêmica baseada no programa Ladders to Literacy (O'Connor, Norati-Syverson e Vadasy, 1998), e essa foi a única instrução que esse grupo recebeu. Um segundo grupo recebeu instrução em consciência fonêmica baseada no programa Ladders to Literacy e habilidades iniciais de reconhecimento de palavras, e o terceiro era um grupo-controle, que não recebeu nenhuma das intervenções. A instrução em decodificação era baseada na aprendizagem cooperativa com auxílio dos colegas (PALS). Os resultados indicam que os dois grupos de tratamento não apresentaram diferenças em consciência fonológica ao final da educação infantil, mas tiveram níveis maiores que o grupo-controle que recebeu a instrução normal. Nos testes de decodificação e de escrita os alunos que também receberam o componente de decodificação da aprendizagem cooperativa tiveram melhores resultados que o grupo que recebeu apenas instrução em consciência fonológica, cujo desempenho foi comparável ao do grupo-controle.

Um segundo estudo usou os mesmos grupos de comparação com diferentes estudantes, mas concentrou-se em escolas que não atendiam alunos do programa Título 1. Dessa forma, Fuchs e Fuchs (2005) compararam três grupos da educação infantil: (1) um grupo com a estratégia de aprendizagem cooperativa com o auxílio dos colegas com e sem treinamento em consciência fonológica, (2) um grupo que recebeu apenas treinamento em consciência fonológica e (3) um grupo que não recebeu nenhuma das intervenções. De um modo geral, os dois grupos de intervenção eram comparáveis em uma variedade de medidas da consciência fonológica, de leitura e de escrita, mas apresentaram melhor desempenho que o grupo-controle. Houve poucas evidências de que o treinamento em consciência fonológica tenha aumentado o valor da aprendizagem cooperativa com o auxílio dos colegas (PALS), que enfatizava as habilidades de decodificação. Esses estudos mostram que as intervenções no nível da sala de aula que envolvem o ensino de habilidades para o reconhecimento de palavras não se tornam mais produtivas quando se adiciona instrução em consciência fonológica. Além disso, eles confirmam o poder de intervenções que resultam em uma instrução mais diferenciada na sala de aula.

Em outros estudos de intervenções envolvendo aprendizagem cooperativa com o auxílio dos colegas (PALS) na 1ª série, Fuchs e Fuchs (2005) encontraram evidências de que a abordagem melhora não apenas as habilidades de reconhecimento de palavras, mas também a fluência e a compreensão leitora. Mathes, Howard, Allen e Fuchs (1998) observaram que essa estratégia na 1ª série melhorou as habilidades de leitura em alunos de desempenho baixo e médio, documentando que a aprendizagem cooperativa com o auxílio dos colegas (PALS) não é prejudicial para os alunos com desempenho elevado. Resumindo, os resultados de diversos estudos envolvendo essa estratégia na 1ª série, Denton e Mathes (2003) observaram que ela possibilitou que 69 a 82% dos piores leitores da sala avançassem para a faixa média até o final da intervenção, com base em um critério arbitrário reconhecido de leitura de palavras acima do 25º percentil. Todavia, a extrapolação dessa redução para a população total indica que a aprendizagem cooperativa com o auxílio dos colegas reduz a taxa basal de dificuldades de leitura na população de 25 para 5 a 6%, resultados estes que são semelhantes aos publicados por Foorman e colaboradores (1998).

Estudos sobre tutoria

Na próxima seção, revisamos estudos que basicamente não dependem de intervenções no nível da sala de aula. Esses estudos geralmente usam um modelo de tutoria em que estudantes em situação de risco são removidos da sala de aula para receberem instrução adicional. Embora os primeiros estudos tenham se concentrado na tutoria individualizada, modelos mais recentes usam pequenos grupos de três a cinco alunos. Começamos com um programa amplamente disponível e depois analisamos estudos específicos sobre a tutoria.

RECUPERAÇÃO DE LEITURA (*READING RECOVERY*)

Um programa popular de intervenção precoce para estudantes da 1ª série é o Reading Recovery (RR) (Clay, 1993). Essa intervenção proporciona aulas diárias e individuais de 30 minutos para alunos da 1ª série que sejam identificados como em situação de risco, com base em uma análise das habilidades de leitura, isto é entre os 20% inferiores de suas classes. O programa completo envolve 20 semanas de aula, embora a duração verdadeira do programa varie para cada estudante. O programa RR ressalta que as habilidades básicas de decodificação e fônica devem ser ensinadas no contexto de atividades autênticas de leitura e de escrita e enfatiza ensinar os estudantes a empregar diversas estratégias (uso de pistas contextuais, abordagem às palavras, etc.) para identificar palavras, em vez de concentrar em apenas uma estratégia, como pronunciar as palavras. O professor é responsável por selecionar textos para cada aluno, de modo que este se sinta desafiado, e não frustrado, e consiga ler com o apoio do professor. Uma ênfase importante é dada nas habilidades observacionais e no discernimento do professor.

Shanahan e Barr (1995) fizeram uma revisão extensa dos estudos realizados até hoje sobre a efetividade da recuperação de leitura, observando que o programa resulta em ganhos substanciais em leitura para aproximadamente 70% dos alunos participantes. Todavia, observaram que muitos dos estudos revisados tinham deficiências metodológicas. Uma metanálise recente também observou que a RR era efetiva para muitos estudantes da 1ª série (D'Agostino e Murphy, 2004). Esse estudo separou os resultados da RR entre aqueles que envolviam testes padronizados de desempenho ou aqueles que usavam a avaliação desenvolvida por Clay (2002), que é específica para o currículo de RR. Ele também separou os resultados para estudantes que concluíram a RR (isto é, que satisfizeram os critérios do programa e foram liberados) e daqueles que não concluíram ou abandonaram o programa antes de completarem 20 aulas (isto é, que não foram liberados) e conforme o rigor metodológico dos estudos. No momento da composição do grupo-controle, a média dos tamanhos de efeito do desempenho nos testes padronizados para todos os alunos com baixo desempenho ficaram na faixa pequena (0,32), independente de terem sido ou não liberados. Após a intervenção, o tamanhos de efeito foram mais altos para os alunos liberados (0,48) do que para os que não foram liberados (-0,34). Essa observação condiz com a de Elbaum, Vaughn, Hughes e Moody (2000), que mostram que a RR foi menos efetiva para estudantes com problemas de leitura mais graves. D'Agostino e Murphy (2004) observam que as análises baseadas apenas nos estudos mais rigorosos incluídos em sua metanálise, cujos grupos de avaliação eram mais comparáveis nos pré-testes, apresentaram efeitos menores mas significativos em medidas padronizadas. Não foi possível fazer a separação pelo aluno ter sido liberado ou não. Os efeitos foram muito maiores para as medidas da Observation Survey, mas essas avaliações são adaptadas ao currículo e também apresentam distribuições bastante inclinadas no começo e no final da 1ª série, sugerindo que a Observation Survey não deve ser analisada como uma variável contínua em estudos que avaliaram o programa (Denton, Ciancio e Fletcher, 2006).

As preocupações com a eficácia da RR giram em torno de duas questões: (1) se a RR funciona com estudantes de desempenho baixo e (2) se a RR tem uma boa relação custo-efetividade. Com relação à primeira, a RR geralmente atinge alunos com desempenho nos 20% inferiores da classe, mas o nível de desempenho absoluto dos participantes varia de escola para escola. Embora as pesquisas dos criadores da RR continuem a indicar 70% de eficácia para os alunos no programa, seus efeitos são muito mais fracos quando alunos que não satisfazem os critérios de saída do programa são incluídos nas análises dos resultados. Também é importante observar que grande parte das pesquisas publicadas pelos criadores da RR não foi escrutinada por uma revisão científica rigorosa antes da sua publicação.

Em uma revisão de Elbaum e colaboradores (2000), observou-se que os ganhos para os leitores mais fracos costumam ser mínimos, o que, segundo os autores, pode estar relacionado com a necessidade de instrução mais explícita em decodificação. Diversos estudos corroboram essa afirmação. Iversen e Tunmer (1993) compararam o crescimento em leitura dos estudantes matriculados no programa padronizado de recuperação da leitura (RR) com estudantes em um programa modificado, complementado com instrução explícita no princípio alfabético. Embora os grupos da RR tenham apresentado um desempenho significativamente melhor que os controles em uma variedade de medidas da leitura, os estudantes no programa modificado avançaram de forma significativamente mais rápida do que aqueles do programa padronizado. Tunmer, Chapman e Prochnow (2003) observaram que, na Nova Zelândia, onde, como em seu país de origem, a implementação da RR é comum, mantém-se uma grande lacuna nas habilidades de leitura entre estudantes com boas e más condições econômicas. Em um estudo, Chapman, Tunmer e Prochnow (2001) acompanharam estudantes que foram colocados em programas de RR, observando que muitos tinham graves dificuldades com a consciência fonológica e com habilidades de decodificação antes de entrarem para o programa. A participação na RR não reduziu essas dificuldades, o que atribuíram à ausência de atenção à instrução explícita no princípio alfabético. Mais recentemente, Tunmer e colaboradores (2003) modificaram um programa de RR na Nova Zelândia para incluir instrução explícita em fônica e em consciência fonológica, implementando-a em estudantes em desvantagem econômica. Uma comparação entre o programa modificado em sete escolas e um controle histórico das mesmas escolas revelou que os estudantes que fizeram o programa modificado apresentaram escores mais altos do que os controles em todas as medidas de consciência fonológica e de leitura, incluindo medidas padronizadas do desempenho em leitura e medidas como as empregadas na RR. Esses ganhos persistiram até a 2ª série. Houve evidências de que o programa modificado reduziu a lacuna em desempenho, que é característica de estudantes com problemas econômicos na Nova Zelândia.

A segunda questão com a RR envolve a relação custo-efetividade (Hiebert, 1994). O componente do desenvolvimento profissional custa caro e, como a RR exige tutoria individual, muitas escolas consideram difícil implementá-la a longo prazo. Porém, a questão é se todas as intervenções de leitura em escolas fundamentais precisam ter uma razão 1:1. Em sua metanálise, Elbaum e colaboradores (2000) observam que grupos com três alunos por professor eram tão efetivos quanto os individuais para diversas intervenções. Vaughn e colaboradores (2003b) manipularam o tamanho dos grupos sistematicamente para comparar as intervenções, com as taxas 1:1, 3:1 e 10:1. Em uma variedade de avaliações da leitura envolvendo o reconhecimento de palavras, a fluência e a compreensão, os resultados foram comparáveis para intervenções 1:3 e 1:1, e ambos foram melhores que intervenções com grupos de 10:1. Esses resultados corroboram as conclusões do NRP (2000). Mais recentemente, Iversen, Tunmer e Chapman (2005) desenvolveram uma versão de RR para grupos pequenos, e não observaram diferenças em resultados para estudantes ensinados nos formatos 1:1 e 1:2.

OUTROS ESTUDOS SOBRE TUTORIA

Torgesen e colaboradores Torgesen e colaboradores (1999b) avaliaram os efeitos a longo prazo de um estudo de prevenção que começou na educação infantil e acompanharam alunos até a 4ª série, com uma intervenção até a 2ª série. Os estudantes foram identificados para o estudo no primeiro semestre da educação infantil, com base em seus escores em testes do nome das letras e da consciência fonológica. Os 180 estudantes na amostra final foram divididos aleatoriamente em quatro condições de tratamento: (1) treinamento em consciência fonológica com instrução fônica sintática (PASP) incluído nas atividades normais de leitura e de ortografia (fônica todo-parte); (2) instrução fônica todo-parte em atividades normais de leitura e de ortografia; (3) um grupo de apoio na educação infantil/1ª série do ensino fundamental que receberam instrução individual para os objetivos do programa regular; e (4) um grupo-controle usando as melhores práticas. Os estudantes em cada condição de tratamento recebiam 80 minutos de instrução individual por semana durante a educação infantil e a 1ª série. Os resultados revelaram que o programa PASP* estava associado a ganhos significativamente maiores em habilidades alfabéticas de leitura (decodificação) e de soletração do que os tratamentos de fônica todo-parte e de apoio na sala de aula. Os estudantes nos grupos de intervenção com fônica todo-parte e apoio na sala de aula tiveram resultados melhores do que os do grupo-controle. Estudantes em todos os três grupos de tratamento tiveram desempenho equivalente em medidas da leitura de palavras individuais, indicando que é benéfico aumentar a instrução preventiva, independentemente do formato de treinamento. Ao final da 2ª série, os estudantes que receberam a instrução mais explícita no princípio alfabético tinham habilidades muito mais fortes de leitura de palavras do que os estudantes em todos os outros grupos. Além disso, os estudantes que receberam a instrução mais explícita apresentaram a taxa mais baixa de repetência (9%), com as taxas de repetência nas outras três condições variando de 25% (fônica implícita), 30% (condição de apoio na sala de aula) e 41% (grupo-controle sem tratamento). Como grupo, os estudantes na condição mais explícita apresentaram habilidades de leitura de palavras no meio da faixa média. Todavia, nesse mesmo grupo, 24% dos estudantes ainda estavam bastante abaixo dos níveis médios nessas habilidades, com base em um critério de leitura de palavras acima do 25º percentil. Extrapolando-se para toda a população, isso levaria a uma taxa geral de fracasso de 2,4% na população da qual esses estudantes foram selecionados. Essa cifra, é claro, está muito abaixo do número aproximado de 20% encontrado para estudantes considerados em risco de apresentarem transtornos da leitura e os 37% dos alunos da 4ª série que apresentam desempenho abaixo do nível básico na National Assessment of Educational Progress (NAEP; NCES, 2003).

---

*N. de R.T. No original: *phonological awarness training plus synthetic phonics*.

Torgesen (2004) apresentou dados preliminares de uma nova geração de estudos sobre a prevenção. Ao introduzir a instrução preventiva a alunos da 1ª série em risco de dificuldades de leitura, o uso do treinamento em consciência fonológica e de instrução fônica sintética em grupos de 3 a 5 estudantes por 45 minutos por dia (por volta de 30 semanas) levou a melhoras significativas, com apenas 8% dos indivíduos em situação de risco apresentando desempenho abaixo da faixa média, definida pelas habilidades de reconhecimento de palavras (abaixo do 26º percentil ao final da 1ª série). Isso sugere uma taxa populacional de fracasso de 1,6%. Esses resultados persistiram na 2ª série, embora os resultados tenham sido um pouco mais baixos para a compreensão do que para o reconhecimento de palavras, com um teste de compreensão sugerindo que 4,1% estavam lendo abaixo dos níveis médios.

Blachman e colaboradores. Em uma série de estudos, (Blachman 1997; Blachman, Ball, Black e Tangel, 1994) expuseram 84 alunos de baixa renda da educação infantil que moravam na periferia a 11 semanas de instrução. Um professor instruiu um pequeno grupo de 4 a 5 alunos em diversos aspectos da consciência fonológica e conhecimento do som das letras por 15 a 20 minutos/dia, quatro dias por semana. Os alunos fizeram 41 aulas, somando um total de 10 a 13 horas de instrução. Ao final das 11 semanas, os estudantes que fizeram o tratamento fonológico tiveram desempenho significativamente melhor que os controles em testes que avaliam a leitura de palavras foneticamente regulares e testes afins. O estudo de seguimento realizado em fevereiro e maio na 1ª série mostrou que esses ganhos se manteriam se o currículo contivesse a mesma ênfase no desenvolvimento de habilidades fonológicas e na relação dessas habilidades com a decodificação, com o reconhecimento de palavras e com a leitura de textos.

Vellutino e colaboradores. Vellutino e colaboradores (1996) identificaram estudantes que apresentaram escores abaixo do 15º percentil em habilidades de leitura de palavras reais e de pseudopalavras no início do segundo semestre da 1ª série. Esses alunos estudavam em escolas que foram selecionadas por causa da probabilidade elevada de seus alunos terem uma base forte de alfabetização. As escolas eram principalmente de classe média ou alta, e a amostra era composta principalmente por estudantes brancos. Os alunos receberam 30 minutos de tutoria individualizada por dia. Aproximadamente a metade dessa tutoria era dedicada a atividades explícitas de fônica, além de reconhecimento de palavras e de atividades de escrita, e a outra metade era dedicada a atividades envolvendo o uso de estratégias de decodificação e de outras estratégias para o reconhecimento de palavras e para a compreensão na leitura de textos. Ao final de apenas um semestre de intervenção, aproximadamente 70% dos alunos estavam lendo dentro ou acima da faixa média com base nas normas nacionais. Esses resultados se traduzem em uma taxa de fracasso na leitura, baseada nos indivíduos que leem abaixo do 26º percentil em habilidades de reconhecimento de palavras, de aproximadamente 1,5 a 3% da população geral, dependendo da inclusão de leitores com comprometimento grave ou moderado no registro 3% ou apenas de leitores com comprometimento grave (1,5%). Além disso, de um modo geral, os estudantes que responderam bem à intervenção e "alcançaram" seus colegas com capacidade de leitura em níveis normais mantiveram esses níveis de desempenho quando a intervenção terminou. Em uma avaliação de seguimento, Vellutino e colaboradores (2003) publicaram resultados até a 4ª série, analisando diferenças entre os alunos na quantidade de progresso feito na intervenção. Os leitores fracos que foram mais difíceis de remediar tiveram um desempenho bastante abaixo dos leitores normais, e abaixo dos leitores fracos que foram facilmente remediados, em testes de avaliação das habilidades fonológicas na educação infantil, na 1ª e na 3ª série do ensino fundamental. Esses indivíduos não diferiram em medidas semânticas, sintáticas e visuais, embora todos os grupos que receberam tutoria tendessem a ter um desempenho abaixo dos leitores normais nessas medidas e na maioria das medidas fonológicas.

Vellutino e colaboradores (2003) observaram que, embora a maioria dos estudantes tenha mantido seus ganhos, um número significativo não manteve o seu progresso, especialmente aqueles que eram mais difíceis de remediar. Os pesquisadores sugeriram que esses alunos talvez não tenham recebido o tipo de abordagem individualizada, abrangente e integrada de instrução em leitura de que precisavam para consolidar os seus ganhos iniciais e se tornarem leitores funcionalmente independentes após o término da tutoria.

Berninger e colaboradores. Em uma série de estudos, Berninger e colaboradores avaliaram uma variedade de intervenções e de métodos de treinamento para estudantes de 1ª e 2ª série com dificuldades de leitura. As intervenções envolviam a análise das relações entre palavras escritas e faladas (Berninger et al., 1999), diferentes componentes da leitura, como combinações de treinamento em reconhecimento de palavras e compreensão (Berninger et al., 2003b) ou combinações variadas de treinamento em consciência fonológica e ortográfica (Berninger et al., 1999). Muitas das intervenções foram realizadas em períodos muito curtos de tempo, mas sempre incluíram planos de aula bastante estruturados. De um modo geral, Berninger e colaboradores afirmam que as intervenções que expandiram a unidade de análise no nível sublexical para incluir relações ortográficas e morfológicas foram, de um modo geral, mais efetivas que as que envolveram apenas relações fonológicas. Além disso, as intervenções que eram mais integradoras e que envolviam um número maior de componentes de leitura, tais como treinamento em reconhecimento de palavras e compreensão, foram mais efetivas do que as que envolveram apenas um componente de leitura.

Em outros estudos, Berninger e colaboradores fizeram comparações da resposta à instrução com base em avaliações do crescimento, semelhantes às realizadas por Vellutino e colaboradores (2003). Berninger e colaboradores (2002a) compararam indivíduos com respostas mais rápidas e mais lentas com base em uma avaliação de curvas de crescimento em resposta à instrução, e observaram que os estudantes com resposta mais rápida na 1ª série mantinham seus ganhos na 2ª e tendiam a ter níveis maiores nas habilidades de leitura inicial e QI Verbal. Resultados semelhantes foram publicados por Stage e colaboradores (2003). Os indivíduos com resposta mais lenta tiveram mais dificuldades na área da linguagem – particularmente em medidas da consciência fonológica e ortográfica, da nomeação rápida e de habilidades de raciocínio verbal. Entre os grupos, houve subconjuntos de indivíduos com resposta rápida que apresentaram maior desenvolvimento da capacidade de reconhecer palavras do que da compreensão leitora. Os estudantes com resposta mais lenta tiveram ganhos confiáveis com a tutoria continuada, mas necessitaram de uma instrução mais prolongada.

Vistos em conjunto, esses estudos proporcionam uma rica base de pesquisas demonstrando a eficácia dos estudos de intervenção precoce. A próxima seção discute uma nova geração de estudos fundamentados nessa base de pesquisa que combinam intervenções de sala de aula e instrução em pequenos grupos.

Estudos de intervenções com componentes múltiplos

Os exemplos de pesquisas revisadas até o momento envolvem intervenções em sala de aula *ou* intervenções tutoriais. Como ambas abordagens apresentam eficácia, por que não avaliar os efeitos de intervenções combinadas em sala de aula e tutoriais (O'Connor, 2000; Vaughn, Linan-Thompson e Hickman, 2003b)? Essas implementações devem envolver a determinação de quem precisa de tutoria, ou seja, quais alunos não respondem a intervenções no nível da sala de aula. Nesta seção, revisamos nove estudos recentes envolvendo intervenções com componentes múltiplos para sala de aula (Componente I) e tutoriais (Componente II) (ver Vaughn, Wanzek, Woodruff e Linan-Thompson, no prelo, para outra revisão).

Três estudos envolveram aproximadamente um semestre de intervenção na educação infantil (Al Otaiba, 2000) ou 1ª série (Berninger et al., 2000; Vadasy, Sanders, Peyton e Jenkins, 2002). Em cada um desses estudos, a intervenção foi seguida por uma segunda intervenção, entretanto as pesquisas chegaram a resultados diferentes. Embora Vadasy e colaboradores (2002) não tenham encontrado evidências de benefícios adicionais da segunda intervenção, Berninger e colaboradores (2000) e Al Otaiba (2000) observaram que o segundo nível de intervenção levou a ganhos significativos.

Outros estudos usaram modelos de tempo mais longos na educação infantil e/ou 1ª série do ensino fundamental. O'Connor, Fulmer, Harty e Bell (2001) avaliaram um programa de intervenção de componentes múltiplos para estudantes da 1ª série que foram identificados como em situação de risco. No primeiro componente, os professores receberam capacitação para instrução diferenciada em leitura voltada para estudantes com baixo desempenho. No segundo, houve instrução complementar em leitura em pequenos grupos por 30 minutos por dia, três vezes por semana. O conteúdo variou entre o reconhecimento de palavras e a fluência, dependendo das necessidades. Ao final da 2ª série, as comparações com um grupo que não recebeu as intervenções compostas apresentaram níveis maiores de desempenho em reconhecimento de palavras, em fluência e em compreensão para os estudantes que receberam tutoria.

Em um estudo anterior, O'Connor (2000) avaliou os efeitos de intervenções com componentes múltiplos na educação infantil. Cinquenta e nove estudantes representando os 40% inferiores dos alunos da educação infantil foram identificados em situação de risco por uma bateria de testes que envolvia medidas do vocabulário, memória, identificação de letras, nomeação rápida e consciência fonológica. A intervenção concentrou-se no desenvolvimento profissional dos professores da educação infantil, com ênfase na instrução diferenciada na sala de aula. Além disso, os alunos que pareciam ter dificuldade receberam tutoria na razão de 1:1. O estudo mostrou que 28% dos estudantes que receberam os dois níveis de intervenção mantiveram suas dificuldades. A intervenção adicional com proporção 1:1 em grupos pequenos reduziu substancialmente o número de estudantes que continuavam a apresentar dificuldades ao final da 1ª série. Todavia, o acompanhamento desses alunos até a 2ª série revelou que os estudantes que receberam tutoria tendiam a ficar para trás, em relação aos que não estavam em situação de risco.

O'Connor, Fulmer, Harty e Bell (2005) publicaram um estudo de 103 alunos da educação infantil e 103 da 1ª série que haviam recebido três níveis de intervenção*. O primeiro nível consistia de desenvolvimento profissional em instrução para leitura para professores da educação infantil e da 1ª série. Posteriormente, os alunos da educação infantil participaram de uma intervenção extra, que proporcionava instrução em pequenos grupos para alunos com transtornos. Dependendo da taxa de progresso, os estudantes continuaram com o segundo nível de intervenção na 2ª e 3ª séries. O'Connor e colaboradores (2005) observaram uma redução significativa na taxa de transferência de estudantes para a educação especial, que era de 15% antes do estudo. Após quatro anos de investigação, a taxa havia caído para em torno de 12% com apenas um nível (desenvolvimento profissional) e para 8% com a participação no segundo nível.

Simmons, Kame'enui, Stoolmiller, Coyne e Harn (2003) sintetizaram um programa de intervenção para a educação infantil/1ª série do ensino fundamental que também envolvia intervenções em sala de aula e ajudas complementares. Esse estudo começou na educação infantil, identificando 113 alunos com desempenho inferior a 25% entre todos os alunos em sete escolas. A identificação foi por meio de uma avaliação baseada no currículo (CBM) para a nomeação de letras e para fluência de sons iniciais. Os alunos em situação de risco foram divididos em três intervenções. Todas as atividades eram extraídas de materiais didáticos típicos da educação infantil e as intervenções ocorriam em pequenos grupos por um período de 30 minutos. Uma intervenção (Código) proporcionava 30 minutos de instrução estratégica e sistemática no princí-

---

* N. de R.T Apesar de referir três níveis, no original os autores apresentam somente esses dois níveis.

pio alfabético, consciência fonológica e instrução em decodificação, bem como prática e aplicação por meio de tarefas de escrita, ortografia e outras. O segundo programa (ênfase em Código/Compreensão) tinha dois segmentos de 15 minutos envolvendo: (1) habilidades fonológicas e alfabéticas e (2) atividades de vocabulário e de compreensão. A terceira intervenção foi o grupo-controle, que recebeu 30 minutos de instrução enfatizando a consciência fonológica e habilidades de decodificação derivadas de um programa comercial. Os resultados revelaram que o grupo de ênfase em Código obteve escores mais elevados em reconhecimento de palavras do que os grupos de ênfase em Código/ Compreensão ou do programa comercial.

Na 1ª série, os estudantes que apresentaram escores iguais ou acima de um marco determinado de fluência na nomeação de 20 sons de letras por minuto ou em uma medida da fluência de palavras sem sentido receberam ou a condição de monitoramento ou a intervenção de manutenção. A intervenção de manutenção envolveu 30 minutos de instrução voltada para decodificação, para reconhecimento de palavras e para leitura de textos. Os resultados revelaram uma interação entre habilidades de nível inicial e o fato de se o estudante havia se beneficiado com o programa de manutenção. Os estudantes que iniciaram com escores maiores na fluência em palavras sem sentido tiveram desempenho comparável quando receberam as condições de manutenção ou de monitoramento. Os estudantes cujos escores satisfizeram o nível esperado para a época do ano (no caso, o outono) mas estavam no extremo inferior dos escores apresentaram taxas inferiores de crescimento em uma medida da fluência na leitura oral. Um terceiro grupo de estudantes, que receberam a intervenção na educação infantil mas não apresentaram uma resposta forte, continuou com a instrução em grupos pequenos na 1ª série. Três conclusões podem ser tiradas dessas observações: (1) os estudantes que apresentaram uma boa resposta à intervenção na educação infantil e tiveram escores bastante acima dos níveis esperados para a época do ano não necessitaram de outras intervenções para chegar aos níveis da 1ª série; (2) os estudantes que receberam intervenção na educação infantil e alcançaram minimamente os níveis do outono necessitaram de uma intervenção adicional para manter o nível adequado de crescimento e (3) os estudantes que não tiveram uma resposta forte na educação infantil e ficaram bem abaixo dos níveis do outono para a 1ª série necessitaram de uma intervenção ampla na 1ª série. Esses resultados sugerem a necessidade de adaptar a instrução conforme as necessidades do aluno e mostram que certas formas de instrução na educação infantil levam a melhoras na leitura para estudantes da 1ª série em situação de risco (Coyne, Kame'enui, Simmons e Harn, 2004).

Vaughn e colaboradores (2003a, 2003b) criaram uma intervenção com componentes múltiplos que começava com alunos da educação infantil em seis escolas. Nesse estudo, os professores da educação infantil recebiam capacitação profissional e apoio na sala de aula. Os alunos identificados em situação de risco eram divididos aleatoriamente para uma intervenção complementar (realizada em grupos pequenos, isto é, intervenção com componentes múltiplos) ou apenas para a intervenção normal da sala de aula, mas aperfeiçoada. De maneira interessante, além da capacitação profissional genérica, as implementações na sala de aula incluíam apoio por meio de estratégias de aprendizagem com o auxílio dos colegas (PALS) para a educação infantil. As intervenções tinham ênfase na consciência fonológica e na decodificação inicial, bem como em elementos do modelo de instrução direta, incluindo correção de erros, instrução explícita e exemplos propositais. O plano de aula era sequencial, e o progresso era monitorado para todos os estudantes em situação de risco. A intervenção envolveu aproximadamente 50 sessões diárias por 13 semanas e complementou a instrução da primeira etapa. Os resultados revelaram que os estudantes em situação de risco que receberam a intervenção múltipla apresentaram níveis significativamente maiores de desempenho do que os controles históricos em medidas envolvendo o reconhecimento de palavras, a fluência e a compreensão. Além disso, os estudantes que receberam intervenções múltiplas apresentaram desempenho melhor do que aqueles em situação de risco e que receberam instrução aperfeiçoada na sala de aula, embora o efeito tenha sido menor em relação aos controles históricos.

Mathes e colaboradores (2005) avaliaram a eficácia de duas intervenções adicionais em pequenos grupos para a 1ª série. A amostra total foi constituida de 292 estudantes identificados em situação de risco para transtornos da leitura (20% inferiores em termos do desenvolvimento inicial da leitura) em 30 salas de aula em seis escolas que não recebiam o Título I. Todos esses alunos receberam instrução aprimorada em leitura, representando o programa de capacitação profissional do distrito escolar, com materiais e com o uso de avaliações para orientar a instrução. Além da instrução aprimorada, os estudantes foram designados aleatóriamente para participar de duas abordagens construídas de modo a refletir diferentes filosofias de intervenção precoce em leitura. Uma abordagem (Proactive Reading) foi modelada com base nos princípios da instrução direta, e consistia de 120 lições articuladas em cinco linhas visando a consciência fonológica, a decodificação alfabética, o conhecimento ortográfico, o desenvolvimento da fluência em textos decodificáveis e estratégias de compreensão. A outra intervenção (Responsive Reading) também envolvia a instrução explícita do princípio alfabético, bem como a instrução em estratégias de fluência e de compreensão. Não havia um limite ou uma sequência predeterminados. Em vez disso, os professores receberam diretrizes que consistiam de uma sequência de elementos fônicos e uma lista de palavras frequentes e aulas designadas para responder às necessidades dos alunos, refletidas nas avaliações e nas observações diárias. Ao contrário dos alunos do grupo Proactive Reading, aqueles que participaram do Responsive Reading liam textos nivelados por dificuldade, mas que não eram explicitamente decodificáveis em relação à fonética. Uma aula típica envolvia trabalho de fluência (leitura repetida com modelagem) e avaliação do estudante, no grupo, pelos primeiros 8 a 10 minutos, seguidos por 10 a 12 minutos de instrução explícita em consciência fonêmica e fônica, bem como leitura e escrita com apoio nos 20 minutos restantes. Ambas intervenções ocorreram em grupos pequenos de três alunos por professor, por aproximadamente 40 minutos a cada dia durante oito meses.

Os resultados revelaram que todos os três grupos obtiveram escores na faixa média ao final do ano, em medidas do reconhecimento de palavras, de fluência, de compreensão e de ortografia. De um modo geral, os dois grupos que receberam a intervenção extra não diferiram entre si, mas apresentaram resultados superiores envolvendo a consciência fonológica, a leitura de palavras e a fluência da leitura oral do que o grupo que recebeu apenas instrução aperfeiçoada na sala de aula. A Figura 5.8 proporciona um exemplo do padrão geral de resultados, comparando o crescimento da fluência da leitura em um teste do tipo CBM administrado a cada três semanas para os três grupos em situação de risco e um grupo-controle sem risco. Ficou claro que os dois grupos que tiveram as intervenções adicionais apresentaram crescimento maior do que o grupo que teve apenas a instrução aperfeiçoada na sala de aula. Observe que os dois grupos tiveram taxas médias de fluência próximas ao marco do final da 1ª série de 60 palavras por minuto, e o grupo-controle sem

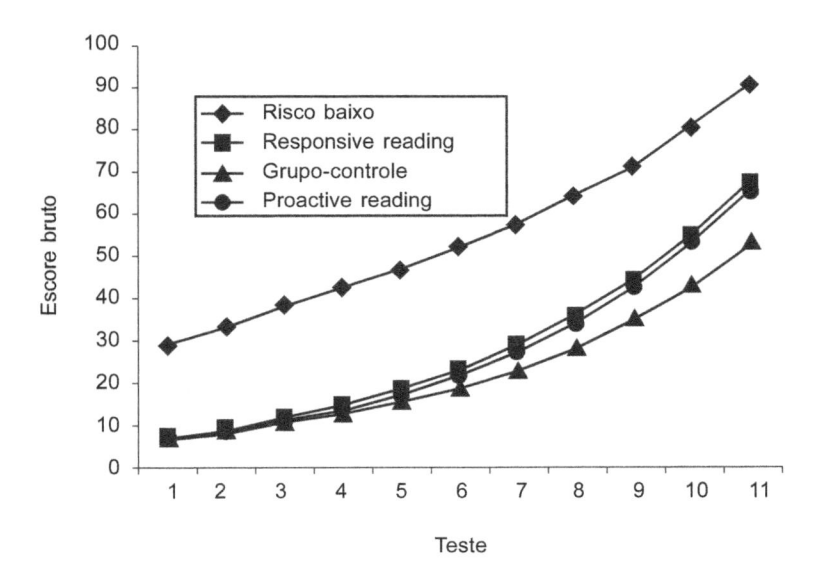

FIGURA 5.8 Crescimento na fluência da leitura com base em avaliações baseadas no currículo (CBM) a cada três semanas para estudantes da 1ª série que (1) foram identificados como em situação de risco para problemas de leitura, (2) participaram de duas intervenções em grupos pequenos (responsive, proactive) ou (3) receberam apenas intervenções na sala de aula de educação geral. Os grupos que receberam intervenções em grupos pequenos tiveram taxas maiores de crescimento e melhor desempenho ao final do ano em comparação com o grupo em situação de risco que recebeu apenas instrução aperfeiçoada na sala de aula. A partir de Mathes e colaboradores (2005, p. 169).

risco teve taxas próximas ao marco da 2ª série. Com base no critério do 30º percentil em habilidades para reconhecimento de palavras, por volta de 16% do grupo que ficou na sala de aula não apresentaram desempenho na faixa média ao final do ano, o que se traduz em 3% da população da 1ª série das escolas. Menos de 10% dos estudantes que receberam as duas intervenções adicionais não obtiveram desempenho na faixa média, representando taxas populacionais abaixo de 1,5%. Esses resultados demonstram que a intervenção adicional tem um impacto em relação à instrução de sala de aula pura, mesmo uma instrução de qualidade elevada. É importante reconhecer que os professores participantes haviam recebido do distrito escolar um programa forte de capacitação profissional voltado para instrução em leitura, e que esses estudantes receberam os efeitos benéficos da capacitação profissional, da triagem e do monitoramento do progresso que os pesquisadores fizeram.

McMaster, Fuchs, Fuchs e Compton (2005) avaliaram o tratamento em sala de aula com as estratégias de aprendizagem com o auxílio dos colegas (PALS) em classes de 1ª série. Participaram da pesquisa 33 professores provenientes de escolas de nível socioeconômico baixo e médio, que foram divididos aleatoriamente em duas situações. A primeira (22 professores) recebeu o tratamento em sala de aula com estratégias de aprendizagem com o auxílio dos colegas (PALS) e a segunda serviu de controle (11 salas de aula). Os pesquisadores monitoraram a resposta estudantil à instrução para toda a classe semanalmente, por sete semanas. Com base no nível de desempenho dos alunos, combinado com a quantidade de melhora que apresentaram ao longo do período de sete semanas, os resultados revelaram que o uso de estratégias de aprendizagem com o auxílio dos colegas (PALS) reduziu a proporção de respostas inadequadas de 28 para 15%. Os estudantes que não apresentaram resposta adequada às estratégias foram então divididos aleatoriamente em três condições secundárias: (1) nenhuma (isto é, continuaram na estratégia de auxílio dos colegas sem modificação), (2) adaptações da sala de aula para o auxílio dos colegas (isto é, receberam uma forma modificada de estratégia de aprendizagem com auxílio dos colegas) ou (3) tutoria individual com um adulto. A tutoria envolveu três sessões semanais que combinaram um forte foco na instrução no nível das palavras com prática em leitura de histórias e autorregulação. Os resultados mostram que a tutoria com um adulto foi mais efetiva do que as outras duas condições secundárias, reduzindo a falta de resposta para 2 a 5%, dependendo de como foi calculada (McMaster et al., 2005).

Vellutino e colaboradores (2006) aplicaram uma intervenção para crianças identificadas inicialmente em situação de risco de apresentarem problemas de leitura na entrada na educação infantil. A intervenção envolveu instrução em habilidades emergentes de alfabetização, incluindo conceitos de escrita, identificação de letras, correspondência entre letras e sons, consciência fonológica, leitura orientada e compreensão de histórias. A intervenção foi realizada em pequenos grupos de 2 a 3 crianças por professor, em torno de 30 minutos, duas vezes por semana. Foi incluído um grupo-controle que não recebeu intervenção. Ao final do ano na educação infantil, o grupo da intervenção teve escores significativamente mais altos em uma variedade de medidas da alfabetização. Na 1ª série, todas as crianças foram analisadas novamente para problemas de leitura. Aquelas que continuavam a ter dificuldades foram divididas aleatoriamente entre intervenções adicionais com ênfase em ensinar o princípio alfabético ou em uma intervenção de leitura orientada. Ambas intervenções envolveram uma variedade de atividades relacionadas com a alfabetização, mas diferiam em sua ênfase. Ao final da 1ª série, não havia diferenças entre os dois grupos que receberam a instrução. Em uma avaliação ao final da 3ª série, 84% dos estudantes que haviam recebido intervenção apenas na educação infantil ou na educação infantil e na 1ª série apresentavam desempenho na faixa média em uma variedade de medidas da alfabetização. Isso se traduz em uma taxa inadequada de resposta entre as escolas, de 3,2% (pressupondo-se uma designação de risco para os 20% inferiores da população).

Resumo: estudos sobre prevenção

Os estudos sobre a sala de aula e a tutoria revisados nesta seção mostram que a intervenção precoce pode reduzir o número de estudantes em situação de risco de desenvolverem dificuldades na leitura, incluindo aqueles que podem vir a ser caracterizados com TAs em leitura, bem como indivíduos com dificuldades econômicas que podem estar malpreparados para ler. Os estudos sobre intervenções que avaliam os 10 a 25% inferiores da população estudantil podem reduzir o número de estudantes em situação de risco a taxas de aproximadamente 2 a 6% (Denton e Mathes, 2003; Torgesen, 2000). Ao se analisarem esses programas, fica claro que os programas de sala de aula e programas tutoriais em pequenos grupos são efetivos (isto é, para que sejam efetivos, os programas de intervenção não exigem tutoria individual). Além disso, os programas mais efetivos eram programas integrados e abrangentes, que enfatizavam a instrução no princípio alfabético, ensino com significado e oportunidades de prática. Como esses componentes têm um impacto diferencial sobre o reconhecimento de palavras, sobre a compreensão e sobre a fluência, os resultados não surpreendem.

Particularmente interessantes foram os resultados de estudos que visam combinar níveis de intervenções de sala de aula e tutoriais. Com essa combinação, de instrução tutorial para estudantes em situação de risco em salas de aula com uma intervenção que enfatizava a aprendizagem com auxílio dos colegas, ou onde o programa básico de leitura parecia ser forte, o número de estudantes em situação de risco parece cair abaixo de 2% em alguns estudos. Além disso, os estudos de desfechos mostram que essas mudanças são efetivas até a 5ª série e que envolvem os domínios de reconhecimento de palavras, a fluência e a compreensão.

Estudos sobre remediação para a leitura

Sínteses com bases científicas

Quando a intervenção inicia após a 2ª série, torna-se mais difícil equiparar as habilidades de reconhecimento de palavras dos estudantes com dislexia às dos seus colegas. Apesar disso, os estudos sobre estratégias de remediação tendem a produzir tamanhos de efeito comparáveis com os das intervenções precoces. O problema é que o acesso do aluno ao material escrito atrasa em um ano as experiências em leitura – essencial para o desenvolvimento da fluência (Torgesen et al., 2001). Em uma metanálise abrangente de intervenções para estudantes identificados de forma ampla como portadores de transtornos de aprendizagem, Swanson (1999) agrupou estudos em quatro modelos de instrução: aqueles que proporcionam apenas instrução direta, aqueles que proporcionam apenas instrução em estratégias, aqueles que proporcionam instrução direta e instrução em estratégias e aqueles que proporcionam intervenções que não poderiam ser categorizadas como instrução direta ou instrução em estratégias. Uma variedade de intervenções foi colocada em cada um desses domínios. A instrução direta abarcou intervenções que envolviam decompor as tarefas em etapas menores, administrar testes, usar *feedback* e diagramas, modelar habilidades e comportamentos e intervenções afins. A instrução em estratégias incluiu tentativas de cooperação entre estudantes, modelagem pelo professor, lembretes para usar estratégias, instruções multiprocessuais, diálogo e outras intervenções relacionadas com a tentativa de ensinar estratégias aos alunos. De um modo geral, os resultados indicam que as intervenções que proporcionaram instrução direta e instrução em estratégias foram mais efetivas do que as que envolviam apenas a instrução direta ou a instrução em estratégias. Os estudos que incluíam instrução em estratégias produziram tamanhos de efeito maiores do que os que não incluíram essa forma de instrução (0,84 *versus* 0,67), e os métodos de instrução direta tiveram efeitos maiores (0,82 *versus* 0,66) do que os que não envolviam esse modelo. A combinação de instrução direta e instrução em estratégias produziu tamanhos de efeito maiores (0,84), em comparação com a instrução direta pura (0,68) ou com a instrução em estratégias pura (0,72). Observe que esses efeitos estão na faixa de moderado a alto, mostrando que as intervenções de remediação em leitura com uma variedade de métodos diferentes melhoram os resultados em leitura. Esses efeitos foram observados no reconhecimento de palavras, na compreensão e na fluência. Existem muitos exemplos de programas de remediação para a leitura. Na próxima seção, começamos analisando programas mais utilizados e a seguir examinamos alguns dos estudos mais recentes.

Métodos multissensoriais

As abordagens de remediação historicamente utilizadas em estudantes com transtornos da leitura se caracterizavam como multissensoriais. Essas abordagens eram administradas de forma individualizada e eram usadas para desenvolver habilidades de ortografia e de escrita, além de habilidades de leitura.

Um antigo exemplo desse tipo de método é a abordagem de Fernald (Fernald, 1943), que incorporava princípios da linguística e da instrução em palavras inteiras (e não linguagem total) no ensino. Em essência, o material de leitura a ser aprendido era fornecido aos estudantes por meio de ditados de suas próprias histórias. Fernald (1943) argumentava que esse tipo de abordagem poderia ajudar a superar os sentimentos negativos que muitos estudantes têm por causa de seus transtornos para aprender a ler. A partir das histórias, os estudantes selecionavam palavras que gostariam de aprender e trabalhavam diretamente com elas, pronunciando e desenhando as palavras repetidamente até que pudessem ser escritas automaticamente. As palavras aprendidas eram mantidas em um arquivo e eram usadas para gerar novos materiais de leitura. A abordagem de Fernald enfatizava a aprendizagem da palavras inteira e não ensinava os alunos a "pronunciar" novas palavras. Devido ao que se sabe atualmente sobre a importância das habilidades de decodificação no processo de aprender a ler, não é de surpreender que o método de Fernald não tenha sido validado por evidências científicas (Myers, 1978).

Outros programas considerados "multissensoriais" foram derivados do trabalho pioneiro de Samuel e June Orton, conhecido como modelo "Orton-Gillingham". As primeiras versões desses programas enfatizavam a necessidade de instrução para todas as modalidades sensoriais. Essas abordagens exigiam que o estudante aprendesse associações entre as letras e os sons. Os estudantes eram ensinados a enxergar uma letra (visual), ouvir o seu som (auditivo), pronunciar o seu som (auditivo), desenhar a letra (tátil) e escrever a letra (cinestésico). As palavras aprendidas eram inseridas em sentenças e em trechos para promover a leitura de textos e a compreensão leitora. A ênfase era em entender a estrutura da linguagem e em pronunciar palavras.

Essas primeiras iniciativas foram reformuladas por Anna Gillingham e Betsy Stillman na década de 1960 e continuam a evoluir. Muitas das abordagens de remediação revisadas neste capítulo, incluindo abordagens usadas em pesquisas por Blachman, Berninger, Wolf e outros que enfatizam a importância de ensinar aos alunos de forma explícita e sistemática sobre a estrutura da linguagem refletem a influência da abordagem Orton-Gillingham na remediação da leitura (Moats e Farrell, 1999). De maneira semelhante, programas comerciais como o Lindamood Sequencing Program for Reading, Spelling, and Speech (Lindamood e Lindamood, 1998) e o Phono-Graphix (McGuiness et al., 1996) refletem a influência da instrução de Orton-Gillingham. Em resposta aos estudantes em questão, esses programas se concentravam inicialmente no reconhecimento de palavras, mas se ampliaram para incorporar atividades relacionadas com a fluência e a compreensão leitora, e com a escrita e o desenvolvimento da linguagem oral, na categoria de educação linguística estruturada multissensorial.

Conforme mostrado em Birsh (1999), o conteúdo da instrução linguística estruturada multissensorial envolve seis componentes: (1) fonologia e consciência fonológica, (2) associação entre símbolos e sons, (3) instrução silábica, (4) morfologia, (5) sintaxe e (6) semântica. Esse conteúdo está inserido em cinco princípios de instrução: (1) ensino multissensorial simultâneo para todas as modalidades da aprendizagem (visual, auditiva, cinestésica) para aumentar a memória e a aprendizagem; (2) organização sistemática e cumulativa do material; (3) ensino direto por meio da interação continuada entre professor e aluno; (4) ensino diagnóstico envolvendo a avaliação continuada de necessidades individuais; e (5) instrução sintética (juntar as partes da linguagem para formar um todo) e analítica (apresentar o todo e decompô-lo em seus componentes). Com exceção do componente multissensorial, que permanece controverso, os princípios 2 a 5 caracterizam muitas abordagens efetivas de remediação da leitura para estudantes com dificuldades no reconhecimento de palavras e na fluência, juntamente com um foco no ensino explícito da estrutura da linguagem.

Versões mais antigas representadas como abordagens de Orton-Gilligham receberam pouco amparo da pesquisa (Hallahan, Kauffman e Lloyd, 1996), e as versões mais recentes estão apenas começando a ser avaliadas de forma rigorosa. O National Reading Panel encontrou apenas quatro estudos com qualidade metodológica adequada, envolvendo variações mais antigas de programas multissensoriais de Orton-Gillingham. Dois desses programas produziram tamanhos de efeito positivos, e dois não produziram. Por exemplo, Oakland, Black, Stanford, Nussbaum e Balise (1998) implementaram o Dyslexia Training Program, uma adaptação do programa Alphabetic Phonics, um programa amplamente empregado que é desenvolvido no Texas Scottish Rite Hospital, com dois anos de instrução diária em pequenos grupos. Em relação a um grupo--controle de estudantes que foram atendidos em salas de aula "regulares", os tamanhos de efeito associados ao Dyslexia Training Program não foram considerados significativos (NRP, 2000). Dois anos de instrução resultaram em mudanças do $3º$ percentil para o $10º$ percentil em habilidades de reconhecimento de palavras.

Em outro estudo, estudantes com transtornos da leitura identificados na 2^a e 3ª séries em serviços de educação especial nas salas de recursos de escolas públicas, receberam um entre dois programas que ensinavam fônica explicitamente, um era o programa de fônica alfabética (sintética) baseado em um modelo de Orton-Gillinghan e outro método fônicoanalítico (Recipe for Reading). Os estudantes dos dois grupos foram comparados com um grupo que participou de uma intervenção envolvendo o ensino de habilidades para reconhecer palavras visuais (Foorman et al., 1997). Embora houvesse uma clara tendência de os estudantes do programa de fônica alfabética apresentar ganhos maiores na análise fonológica e em habilidades para a leitura de palavras, ao final de um ano de intervenção, esses diferenças não foram observadas quando os escores de inteligência verbal – maiores nesse grupo – foram controlados na análise. Foorman e colaboradores (1997) também observaram que os grupos de instrução eram grandes demais para promover a implementação adequada de qualquer um dos programas.

Existem dados de eficácia de estudos menos rigorosos que corroboram esses tipos de programas, e começam a surgir estudos mais rigorosos. Estudos que comparam instrução com e sem os tradicionais componentes multissensoriais não indicam diferenças nos resultados (Clark e Uhry, 1995; Moats e Farrell, 1999). Wise, Ring e Olson (1999) também não verificaram que um componente articulatório multissensorial, como ocorre no programa Lindamood, seria um componente necessário em sua própria intervenção. A vantagem desses programas provavelmente envolve a abordagem intensa e sistemática de instrução, a ligação com tipos específicos de dificuldades dos leitores e possivelmente a atenção explícita à estrutura da linguagem. Embora existam evidências limitadas para a eficácia de programas na categoria multissensorial, outros programas semelhantes em conteúdo e em estrutura, que revisamos a seguir, apresentam efeitos positivos.

Lovett e colaboradores

O programa de pesquisa de maior duração sobre a remediação da leitura é dirigido por Maureen Lovett no The Hospital for Sick Children em Toronto. Na fase inicial dessa pesquisa, crianças com transtornos graves de leitura foram divididas aleatoriamente em uma intervenção que é uma modificação do Reading Mastery, um programa de Instrução Direta, chamado Phonological Analysis and Blending/Direct Instruction (PHAB/DI) ou um programa com um foco metacognitivo que ensina reconhecimento de palavras pela aplicação de diferentes estratégias, chamado Word Identification Strategy Training (WIST). Ambos programas reconhecem a importância da instrução em decodificação que ajuda as crianças a decompor as palavras e a importância da instrução que maximiza a transferência do aprendizado. O programa PHAB/DI enfatiza as unidades sonoras das letras, e o programa WIST concentra-se em unidades silábicas. Nas primeiras avaliações, ambos programas foram mais efetivos que o grupo-controle (trabalhavam habilidades de estudo) em medidas padronizadas e experimentais (Lovett, Warren-Chaplin, Ransby e Borden, 1990). Esses programas resultam em padrões diferentes de transferência da aprendizagem, apresentando assim efeitos específicos para cada tratamento. Por exemplo, o programa PHAB/DI foi associado a melhores resultados especificamente na decodificação fonológica, como nas pseudopalavras, e o programa WIST resultou na generalização para palavras regulares e irregulares em inglês. Conforme observaram Lovett, Barron e Benson (2003), esses programas não normalizaram as habilidades de leitura, e 35 horas de instrução não parecem ter sido adequadas. Todavia, os estudantes nessas intervenções eram principalmente da escola fundamental quando começaram a intervenção e já entraram com dificuldades em leitura muito graves, geralmente abaixo do 5° percentil.

Lovett e colaboradores (2000a) realizaram um estudo controlado e randomizado, que combinou os programas PHAB/DI e WIST e os comparou com uma intervenção de maior duração com PHAB/DI ou WIST puros e com uma condição ativa de controle. O estudo proporcionou 70 horas de instrução em diferentes sequências envolvendo passar do PHAB/DI para o WIST, do WIST para o PHAB/DI, ou as duas intervenções puras pela mesma quantidade total de tempo de instrução. Foram demonstrados efeitos generalizados do tratamento sobre as medidas padronizadas da identificação de palavras, da compreensão de trechos e da decodificação fonológica para todas as quatro sequências de instrução em leitura. Os resultados mostram que a combinação dos programas PHAB/DI e WIST, em qualquer ordem, foi mais efetiva que cada intervenção pura em medidas de leitura de não-palavras, conhecimento do som das letras e diferentes medidas da identificação de palavras. Desse modo, 35 horas de instrução em PHAB/DI combinadas com 35 horas de instrução em WIST ou RAVE-O (Recuperação, Automaticidade, elaboração de Vocabulário e Enriquecimento com Linguagem-Ortografia) foram mais efetivas que 70 horas de PHAB/DI ou WIST – sendo estas intervenções mais efetivas que o ensino de habilidades de estudo e de matemática.

Esses estudos ocorreram em salas de aula especiais para a pesquisa, aonde as crianças eram encaminhadas por apresentarem dificuldades em leitura. Outras pesquisas subsequentes empregaram esses programas em ambientes escolares. Um programa combinado (PHAB/DI e WIST) atualmente se chama "PHAST"* Track Reading Program. Em um estudo em andamento, que implementou o PHAST Track Reading Program em escolas comunitárias da cidade de Toronto, os dados iniciais mostram que os alunos que receberam essas intervenções tiveram ganhos substanciais em medidas padronizadas e experimentais, alcançando em média dois terços dos ganhos do programa obtidos nas intervenções de laboratório. Houve uma considerável variabilidade na resposta às intervenções comunitárias, que pode refletir diferenças na fidelidade e na vitalidade da implementação.

Morris, Lovett e Wolf

O PHAST Track Reading Program também foi empregado em recentes estudos multicêntricos envolvendo a cooperação entre o grupo de Lovett, o grupo de Wolf em Boston e de Morris na Georgia State University (Morris et al., 2006). Nos primeiros cinco anos, um grupo de estudantes recebeu diferentes combinações das intervenções em escolas de Toronto, de Atlanta e de Boston. As amostras foram constituídas cuidadosamente para controlar variações no nível socioeconômico, na etnia e em níveis intelectuais, todas envolvendo estudantes da 2ª e 3ª série. A metade das crianças em cada centro e em cada grupo vinha de níveis socioeconômicos inferiores e, dentro dos níveis socioeconômicos baixo e médio, a metade era branca ou afro-americana. Quatro grupos de tratamento foram comparados. Um grupo recebeu o PHAST Track Reading Program original (foco em decodificação e em identificação de palavras), e o segundo recebeu uma combinação de PHAB/DI e do programa RAVE-O de Wolf (Wolf, Miller e Donnelly, 2002), que é descrita no Capítulo 6 na seção sobre intervenções para

---

* N. de R.T. PHAST – *Phonological And Strategy Training*, ou seja, treinamento fonológico e de estratégias.

fluência. Esses dois programas, que combinaram métodos de instrução direta enfatizando o princípio alfabético com diferentes formas de foco na linguagem e na instrução em estratégias, foram comparados com dois grupos, um que aprendeu habilidades de matemática e de estudo por instrução direta e um que recebeu o PHAB/DI, juntamente com treinamento em habilidades de estudo. Os resultados mostram que os estudantes que receberam cada condição combinada alcançaram níveis maiores de reconhecimento de palavras e de habilidades de compreensão do que estudantes que receberam apenas PHAB/DI. Todos os três grupos apresentaram desempenho em níveis superiores que o grupo-controle de matemática. Essa intervenção, que envolveu aproximadamente 70 horas de instrução, resultou em mudanças de aproximadamente 0,5 desvio padrão. Por volta de 50% dos estudantes que receberam as duas intervenções combinadas apresentaram habilidades de reconhecimento de palavras que se aproximavam da faixa média. Esse estudo revelou que esses programas multidimensionais produziram um ganho para crianças com QI inferior equivalente ao de indivíduos com QI maior no início do estudo, e benefício igual para crianças de menor nível socioeconômico ao observado para crianças em circunstâncias mais vantajosas.

Olson e colaboradores

Olson e Wise (2006) resumiram uma série de estudos sobre remediação computadorizada para estudantes com problemas significativos em leitura definidos com base em dificuldades nas habilidades de decodificação. Esses estudantes foram identificados como tendo transtorno geralmente entre a 2ª e a 5ª série e apresentavam escores no reconhecimento de palavras situados nos 10% inferiores entre seus colegas. Em seus primeiros estudos, Olson e Wise (1992) tiraram alunos de classes regulares de leitura ou de língua para lerem histórias interessantes de acordo com a série no computador durante aproximadamente 28 sessões de meia hora ao longo de um semestre. Havia diversas formas de apoio para a decodificação das palavras-alvo nas histórias, pelo uso de fala sintética. O grupo que recebeu instrução computadorizada apresentou ganhos significativamente maiores em habilidades de decodificação fonológica e em reconhecimento de palavras do que um grupo-controle aleatório com leitores fracos que permaneceram em suas aulas regulares. Todavia, os ganhos no grupo treinado pelo computador foram muito menos significativos nos leitores fracos, com escores mais baixos em medidas de consciência fonêmica.

Em um estudo de 200 estudantes divididos aleatoriamente em duas condições, Wise e colaboradores (2000) desenvolveram uma intervenção fonológica computadorizada mais longa, chamada Phonological. Esse programa tinha o foco principal na consciência fonológica e na decodificação. Foram desenvolvidas de 50 a 60 sessões de meia hora em grupos pequenos (geralmente 3:1) ao longo de um semestre. Um terço do tempo de intervenção foi de instrução computadorizada e de instrução interativa em grupos pequenos em consciência fonológica e articulatória – baseada, em parte, em um programa desenvolvido por Lindamood e Lindamood (1998). Um outro terço do tempo de intervenção foi usado em prática na decodificação fonológica de não-palavras e na construção de não-palavras e de palavras faladas pelo computador. O terço final da intervenção incluiu leitura de histórias adequadas ao nível instrucional no computador, com apoio para decodificação nas palavras difíceis quando solicitado pelos estudantes. Incluía, ainda, responder ocasionalmente questões de múltipla escolha para avaliar a compreensão. Ao final da sessão, as palavras-alvo eram avaliadas.

A segunda condição chamava-se Accurate Reading in Context, uma intervenção que também passava um terço de seu tempo em interações em grupos pequenos e em discussões interativas relacionadas com o uso de estratégias de compreensão (Palinscar e Brown, 1985), para equilibrar com as atividades motivadoras de consciência fonológica em grupos pequenos na condição *Phonological*. Os dois terços restantes da intervenção Accurate Reading envolveram ler histórias de maneira independente no computador, conforme descrito para a condição fonológica. O principal propósito dessa segunda intervenção era comparar os benefícios da condição *Phonological* com os benefícios da prática Accurate Reading em histórias sem instrução fonológica explícita.

Quando comparado com o grupo da Accurate Reading in Context, no estudo de Wise e colaboradores (2000), o grupo da Phonological teve melhora em consciência fonológica três vezes maior e melhora na decodificação fonológica de não-palavras duas vezes maior. Todavia, os resultados para ganhos em escores padronizados em leitura de palavras dependeram das notas/níveis de leitura dos leitores fracos e da medida da leitura de palavras ser de tempo limitado ou ilimitado. Combinados entre a 2ª e a 5ª séries, os indivíduos na condição Phonological apresentaram ganhos significativamente maiores em duas medidas da leitura de palavras sem tempo medido, mas esse efeito foi qualificado por uma interação significativa com a sua nota/nível de leitura: os leitores com capacitação fonológica da 2ª à 3ª séries apresentaram ganhos substancialmente maiores na leitura de palavras sem tempo medido, mas não houve nenhuma vantagem significativa para os alunos com capacitação fonológica da 4ª à 5ª séries, apesar de suas habilidades fonológicas superiores. Um efeito *oposto* do tratamento foi observado para uma medida experimental da leitura de palavras com tempo limitado. O grupo da condição Phonological na verdade teve ganhos significativamente menores, e essa diferença tendia a ser maior para os leitores fracos da 4ª e 5ª séries, onde o crescimento na leitura rápida e precisa de palavras foi claramente melhor no grupo que passou a maior parte do tempo lendo histórias no computador. Esse resultado condiz com os de outros estudos, revisados mais adiante, no Capítulo 6, sobre a fluência, que apresentaram ganhos significativos em fluência com a prática de leitura de textos (p. ex., Stahl, 2004).

O estudo de Wise e colaboradores (2000) envolveu testes de seguimento um e dois anos após o término da intervenção. Embora as vantagens do grupo da condição Phonological em habilidades fonológicas não tenham permanecido significativas um e dois anos depois da intervenção, não houve efeitos diferenciais significativos para os grupos de treinamento ou interações para nenhuma das medidas da leitura ou da ortografia nos testes de seguimento. Wise e colaboradores (2000) postularam que é possível obter uma transferência maior das habilidades fonológicas para a capacidade de ler com intervenções mais longas e mais intensivas, de maneira a "automatizar" as habilidades fonológicas, bem como com um apoio continuado na aplicação desses habilidades na leitura.

Olson e Wise (2006) concluíram que existem poucas evidências de que os maus leitores mais velhos tiveram benefícios específicos de longo prazo além do que se pode atribuir especificamente à grande ênfase na intervenção fonológica sublexical, conforme usada em muitas intervenções (p. ex., Lindamood e Lindamood, 1998). Com essa conclusão controversa, os autores citam Torgesen e colaboradores (2001), observando que esse estudo resultou em ganhos semelhantes em leitura para duas condições que, como as usadas em Wise e colaboradores (2000), eram bastante diferentes em sua ênfase em intervenções fonológicas explícitas. Embora a intervenção Embedded Phonics de Torgesen e colaboradores (2001) não tivesse um componente sublexical, esses resultados assemelham-se aos da seção anterior, "Prevenção de transtornos da leitura", mostrando que o acréscimo de treinamento em consciência fonológica ao componente de decodificação da estratégia de aprendizagem com auxílio dos colegas (que tem um componente sublexical) não tem maior impacto sobre os resultados relacionados com a leitura. Mathes e colaboradores (2005) também encontraram ganhos comparáveis para duas intervenções de leitura que variaram a quantidade de intervenção de consciência fonológica e de fônica sublexical. Berninger e colaboradores (2003b) observaram que as intervenções que combinaram treinamento significativo em reconhecimento de palavras com um componente de compreensão reflexiva da leitura e sublexical melhoraram as habilidades de reconhecimento de palavras mais do que em um grupo que teve apenas prática em habilidades de leitura ou em um grupo que recebeu apenas uma intervenção em reconhecimento de palavras. Os resultados observados para o reconhecimento de palavras no grupo que simplesmente praticou habilidades de leitura não foram diferentes de um quarto grupo que teve apenas instrução em compreensão leitora. Todavia, todos os três grupos de intervenção apresentaram escores mais altos em compreensão leitora, em relação ao grupo-controle que simplesmente praticou a leitura. As intervenções do Colorado tiveram as distinções mais extremas, mas observe que a condição de leitura no computador apresentava as pronúncias à medida que as palavras-alvo eram ressaltadas, contribuindo para a aprendizagem implícita das relações entre a escrita e a fala (Foorman, 1994).

Blachman e colaboradores

A ênfase em intervenções que combinem diferentes componentes de instrução explícita no princípio alfabético e diferentes aspectos da instrução em estratégias pode ser encontrada em outras intervenções mais antigas e até mesmo em mais recentes. Blachman e colaboradores (2004) publicaram os resultados de uma intervenção de leitura, comparada com uma intervenção padrão com uma amostra de alunos de 2ª e 3ª série com fracas habilidades de reconhecimento de palavras. A intervenção envolveu oito meses de tutoria individualizada (média de 105 horas) em um programa que enfatizava a instrução explícita sobre as relações fonológicas e ortográficas em palavras, bem como a leitura de textos. Cada lição era construída em torno de um núcleo de cinco passos, incluindo: (1) revisão das associações entre sons e símbolos, (2) prática na construção de palavras para desenvolver novas habilidades de decodificação, (3) revisão de palavras regulares já aprendidas e palavras visuais frequentes, (4) leitura oral de histórias e (5) escrever palavras e sentenças a partir dos componentes anteriores da lição. Cada aula também tinha atividades que envolviam a leitura adicional de texto narrativo e expositivo para aumentar a fluência, a compreensão e o envolvimento, juntamente com outras atividades e jogos.

A Figura 5.9 mostra mudanças representativas em medidas da precisão na leitura de palavras, na compreensão e na fluência da leitura de textos. Em diversas condições, os estudantes que receberam a intervenção tiveram ganhos maiores em reconhecimento de palavras, em fluência, em compreensão e em ortografia do que estudantes que receberam suas intervenções nas escolas. Esses ganhos se mantiveram em uma avaliação um ano após. De um modo geral, os estudantes começaram a intervenção com habilidades de reconhecimento de palavras que se aproximaram do 10º ao 12º percentil. Ao final da intervenção, seus escores aproximavam-se do 23º percentil em reconhecimento de palavras, com escores mais altos em ortografia, escores levemente mais altos em medidas da fluência da leitura e escores comparáveis em compreensão. Os tamanhos de efeito geralmente eram de moderado a grande em diversos do-

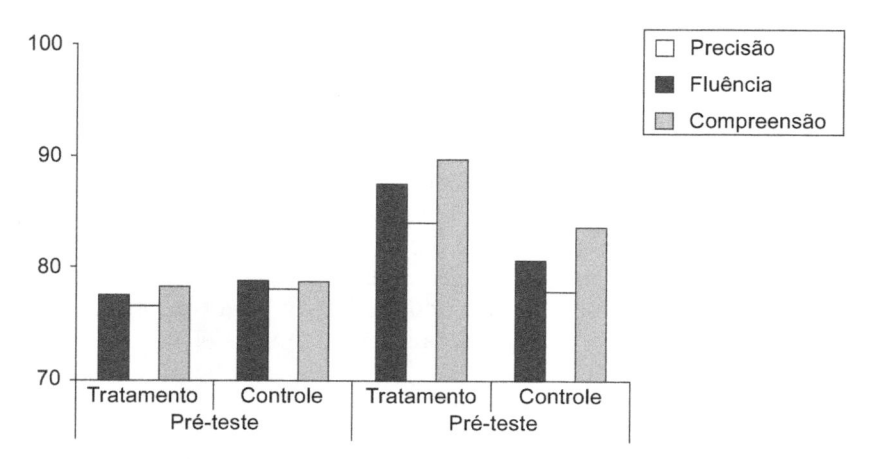

FIGURA 5.9 Resultados pré e pós-intervenção para sujeitos do grupo experimental e do controle, nas medidas de precisão, de velocidade e de compreensão do Gray Oral Reading Test (GORT). São observadas diferenças claras entre os grupos experimentais e os controles. Dados de Blachman e colaboradores (2004).

mínios da leitura, variando em testes padronizados de 0,55 para a compreensão leitora a 1,69 para o reconhecimento de palavras.

Torgesen e colaboradores

Outros estudos sobre intervenções apresentam resultados semelhantes, geralmente mostrando que a natureza do programa é menos importante que a sua abrangência e intensidade. Em um estudo bastante conhecido, Torgesen e colaboradores (2001) colocaram estudantes que liam abaixo do 3º percentil em habilidade de reconhecimento de palavras da 3ª à 5ª série em um programa intensivo de oito semanas, no qual recebiam duas horas de instrução por dia, cinco dias por semana (em torno de 67 horas ao longo do período de oito semanas). As intervenções envolveram o conhecido Lindamood-Bell Auditory Discrimination In-Depth Program ou um programa chamado Embedded Phonics, desenvolvido para esse estudo. Ambas intervenções incorporavam princípios de intervenção que se mostraram efetivos para alunos com dificuldades significativas em leitura, incluindo oportunidades amplas para a prática estruturada de novas habilidades, pistas para o uso de estratégias adequadas dentro do contexto e instrução explícita no princípio alfabético. Uma análise do tempo para cada atividade mostrou que o programa de Lindamood-Bell envolvia por volta de 85% do tempo em instrução em decodificação fonológica, por volta de 10% em instrução de palavras visuais e 5% do tempo em leitura e em escrita de textos. O programa Embedded Phonics, por outro lado, envolvia em torno de 20% do tempo de instrução em decodificação fonológica, 30% em instrução em palavras visuais e 50% em leitura ou em escrita de textos.

Houve poucas evidências da eficácia relativa das duas intervenções e, assim, a Figura 5.10 combina as duas intervenções. Conforme apresentado na mesma figura, os resultados mostram melhoras significativas de aproximadamente um desvio padrão em reconhecimento de palavras, um pouco menos de um desvio padrão em compreensão e pouca mudança em fluência. Os ganhos em reconhecimento de palavras e em compreensão persistiram por dois anos após a intervenção (Figura 5.10). Por volta de 70% dos alunos que receberam uma das intervenções passaram a ler na faixa média, definida com escores de reconhecimento de palavras acima do 25º percentil, após a intervenção e, de maneira notável, 40% dos estudantes saíram da educação especial. Todavia, uma decepção foi a ausência de melhoras na fluência. Na tentativa de explicar esse fato, Torgesen e colaboradores (2001) sugerem que a velocidade leitora foi limitada por causa do número de palavras que os estudantes conseguiam ler "à primeira vista"* era muito menor que o número lido pelos leitores médios. Assim, ao comparar as taxas de fluência leitora em textos adequados para o nível de escolaridade, não houve diferença. Contudo, esses textos reduziram as diferenças em fluência, pois continham muitas palavras que não faziam parte do vocabulário de palavras visuais dos alunos.

---

* N. de R. T. Palavras viuais. Leitura utilizando a via lexical (ou superficial).

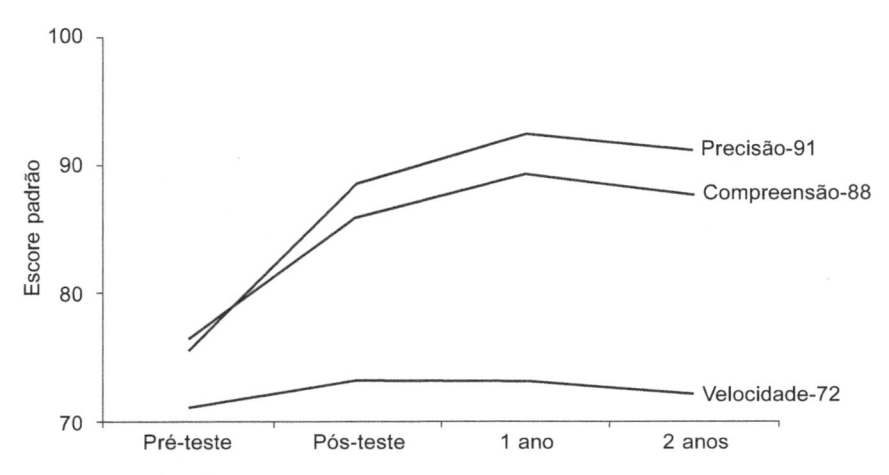

FIGURA 5.10 Crescimento nos escores de precisão, de velocidade e de compreensão com o programa GORT, combinado entre pré-teste, pós-teste e avaliações após um e dois anos. Observa-se mais crescimento na precisão da leitura de palavras e na compreensão do que na fluência da leitura. Dados de Torgesen e colaboradores (2001).

Existe uma grande relação entre a fluência e a prática, de modo que, se os alunos não tivessem acesso à linguagem escrita por 3 a 5 anos, seria muito difícil fechar essa lacuna. Torgesen (2002) estimaram que os estudantes nas intervenções teriam que ler oito horas por dia durante um ano para fechar essa lacuna criada pela demora no seu acesso a materiais escritos.

Torgesen (2004) publicou dados preliminares que representavam outra tentativa de avaliar uma coorte semelhante em idade e em comprometimento da decodificação. Nesse estudo, estudantes com dificuldades graves de leitura na 3ª e 5ª série receberam uma intervenção fonológica intensiva, ou uma intervenção com um componente voltado para a fluência que envolvia a leitura repetida de palavras e textos. Os resultados iniciais não mostram diferenças entre as duas intervenções. Embora ambas intervenções tenham levado a melhoras significativas na precisão da leitura de palavras e na compreensão, houve pouca mudança nos escores normatizados de fluência, repetindo as observações de Torgesen e colaboradores (2001).

Berninger e colaboradores

Berninger e colaboradores (2003a) identificaram 20 alunos da 4ª à 6ª série que participavam de um estudo sobre genética familiar. Esses estudantes liam a um desvio padrão abaixo de seus QIs verbais. Esse critério de seleção resultou em uma amostra que tendia a ter QI verbal muito mais alto do que outras amostras, e os alunos também tendiam a ter escores basais mais elevados em leitura. Os estudantes foram divididos aleatoriamente em intervenções envolvendo 28 horas de consciência fonológica ou de consciência morfológica. A intervenção fonológica enfatizava a construção de palavras por meio de análise e de síntese fonológica, ao passo que o tratamento morfológico enfatizava a construção de palavras e a geração de unidades maiores de palavras. Cada estudante recebeu intervenção por um período de três semanas em grupos de 10 componentes. Os resultados mostram ganhos de aproximadamente meio desvio padrão em reconhecimento de palavras para ambas condições, em comparação com os escores observados antes do tratamento. Deve-se observar que essa amostra tinha escores muito maiores em proficiência linguística e poucos alunos com problemas de atenção, em comparação com as de outros estudos de remediação revisados neste capítulo.

Resumo: estudos de remediação

Os estudos sobre intervenções de remediação mostram que é possível desenvolver as habilidades básicas em estudantes com TAs de leitura, geralmente caracterizados por dificuldades com o reconhecimento de palavras. Os efeitos são mais visíveis no reconhecimento de palavras, mas também ocorrem na compreensão. Os ganhos na fluência costumam ser menores, mas variam entre os estudos e podem refletir a idade e a gravidade das dificuldades de leitura dos estudantes analisados. Por exemplo, Blachman e colaboradores (2004) obtiveram ganhos mais fortes em fluência do que Torgesen e colaboradores (2001), mas a maioria dos estudantes era mais jovem, e seus transtornos eram menos graves que os citados em Torgesen e colaboradores (2001). Wise e colaboradores (2000) também encontraram mudanças relacionadas com a idade nos ganhos na fluência. Uma variedade de abordagens é associada à melhora, incluindo programas comerciais que foram incorporados em diferentes estudos (Lindamood-Bell, Phono-Graphix), abordagens baseadas em pesquisas (PHAB/DI, RAVE-O, PHAST, PASP) e programas que não foram revisados (Spell-Read; Rashotte, MacPhee e Torgesen, 2001; ver Florida Center for Reading Research, 2005, 2006). Fica claro que o programa é menos importante que o modo como é implementado, com os maiores ganhos associados a maior intensidade e maneiras explícitas e sistemáticas de administração (Torgesen et al., 2001). Também existem associações com a duração da instrução, exigindo-se muitas horas para acelerar o desenvolvimento da leitura em estudantes maiores (a partir da 2ª série). Para reiterar uma observação crítica, os programas particularmente efetivos são aqueles que são explícitos, voltados para o conteúdo acadêmico, que buscam o domínio do conteúdo, que proporcionam estrutura e apoio emocional e que monitoram o progresso. Os resultados são específicos do conteúdo da instrução, e têm surgido programas mais abrangentes. O desenvolvimento de programas de remediação deve dar mais atenção à fluência da leitura, que parece responder menos à intervenção (ver Capítulo 6).

CONCLUSÕES

Esta ampla revisão de pesquisas sobre a dislexia, ilustra os avanços que ocorreram na pesquisa ao redor do mundo nos últimos 30 anos. O que realmente impressiona em relação às pesquisas não é o crescimento nos domínios de investigação, como processamento cognitivo, funcionamento cerebral, genética e intervenção, mas também a integração entre os domínios. Está claro que a pesquisa em diferentes áreas envolvendo crianças e adultos com dislexia está conectada e começa a produzir uma visão integrada e coerente da dislexia. O ponto de partida para qualquer teoria coerente é uma classificação que seja confiável e válida e que produza critérios de identificação que indiquem a presença ou a ausência do déficit em questão. Nesse sentido, a dislexia é singular entre os TAs por gerar definições inclusivas e que especificam de forma clara que os principais déficits em habilidades acadêmicas que levam à identificação da dislexia envolvem problemas com a precisão e a fluência das habilidades de decodificação e com a ortografia. A pesquisa cognitiva identifica correlatos e indicadores fidedignos dessas variáveis, cujos mais robustos envolvem a consciência fonológica. Outros processos cognitivos envolvem a nomeação rápida de letras e de números, além da memória de trabalho para material fonológico. A dislexia tem correlatos neurobiológicos fidedignos, com uma base crescente de evidências científicas sobre os correlatos neurais do reconhecimento de palavras e da dislexia. Também existem pesquisas substanciais identificando certos marcadores genéticos da dislexia que envolvem vários genes diferentes. Os estudos sobre intervenções mostram que a dislexia pode ser remediada quando for identificada mais precocemente no desenvolvimento. Mais impressionantes são os resultados de estudos que buscam simplesmente prevenir todas as crianças contra a dislexia e impedir que ela se torne uma deficiência. Embora as estimativas de prevalência permaneçam elevadas, e sempre dependam dos critérios usados para designar o problema de leitura, existe razão para sermos otimistas em reduzir o número de estudantes com problemas de leitura intratáveis e que exigem remediação a longo prazo. A chave para qualquer iniciativa de pesquisa é concentrar-se em fenótipos claramente definidos, que, para a dislexia, sugerimos partir da avaliação de déficits em habilidades acadêmicas.

Para alcançar esses objetivos, é imperativo que o conceito de resposta à instrução seja incorporado nas definições da dislexia e de outros TAs. Na ausência de uma definição que inclua a resposta à instrução, será difícil avaliar a prevalência. É importante observar que outros transtornos médicos que são essencialmente dimensionais, como a obesidade e a hipertensão, são definidos em relação aos resultados de intervenções. Imagine como especificar critérios para a obesidade ou para a hipertensão na ausência de estudos que indiquem em que ponto o tratamento é indicado para reduzir os riscos de derrames, de ataques cardíacos e de diabete (Ellis, 1984; Shaywitz, 2004). Ao nos voltarmos para outros domínios de TAs, o leitor deve notar o contraste no grau de desenvolvimento da pesquisa e da prática para dislexia, em comparação com outros domínios de TAs.

6

Transtornos da leitura
Fluência

A questão de se é possível caracterizar um subgrupo de transtornos da leitura especificamente pelos transtornos na fluência da leitura não foi estudada de maneira adequada, mas parece provável que seja o caso. Wolf e Bowers (1999) e Lovett, Steinbach e Frijters (2000b) proporcionaram evidências de um grupo com "déficit em velocidade" que não tinha problemas no domínio fonológico, mas que costumava ter dificuldades com a compreensão por causa de transtornos na fluência. Morris e colaboradores (1998) observaram um subtipo de déficit na velocidade que, embora não apresentasse comprometimento fonológico, apresentou dificuldade em qualquer teste que exigisse rapidez de processamento. Conforme a hipótese de Wolf e Bowers, esse subtipo também tinha transtornos com a fluência e com a compreensão leitora, mas não com o reconhecimento de palavras. Wimmer e Mayringer (2002) também mostraram que falantes do alemão foram identificados com problemas com a fluência e sem dificuldades claras na decodificação ou na ortografia. A principal questão não é tanto se é possível identificar um determinado subgrupo de fluência, mas se o principal correlato é o processamento fonológico e se esses TAs realmente são independentes da dislexia. Neste capítulo, revisamos evidências principalmente sobre déficits em habilidades acadêmicas, em processos cognitivos básicos e intervenções voltadas para transtornos da fluência da leitura. Existem poucos dados sobre a epidemiologia, sobre o curso evolutivo ou sobre os correlatos neurobiológicos, que digam respeito especificamente a essa forma de TA.

DÉFICITS EM HABILIDADES ACADÊMICAS

Os principais déficits em habilidades acadêmicas básicas que caracterizam pessoas com certos problemas com a fluência na leitura envolvem a velocidade leitora, que representa a rapidez da leitura de palavras e de textos. As visões atuais da fluência a conceituam como mais do que um simples subproduto das habilidades de reconhecimento de palavras. Por exemplo, o NRP (2000, p. 3-5) definiu a fluência como "a capacidade de ler um texto de forma rápida, precisa e com a expressão adequada". Meyer (2000, p. 15) definiu a fluência como a "capacidade de ler textos de forma rápida, fácil, sem esforço e automática, com pouca atenção consciente à decodificação". Todavia, a importância da fluência vai além do desenvolvimento de habilidades de reconhecimento de palavras e envolve o conceito de automaticidade (Logan, 1997). Quando a decodificação é um processo automático, a leitura oral de textos ocorre sem esforço e exige pouca atenção consciente, permitindo, assim, que mais recursos sejam direcionados para o processamento superior do significado do texto (Wolf et al., 2003). Além disso, parece possível que uma pessoa desenvolva transtornos com a fluência apenas para reconhecer as palavras com precisão, devido a transtornos de atenção, das funções executivas e outras habilidades que influenciam a alocação eficiente de recursos (Denckla e Cutting, 1999). Os leitores fluentes podem realizar diversas tarefas simultaneamente, provavelmente por causa do uso eficiente dos recursos cognitivos que refletem a operação dessas habilidades. A maioria das definições da fluência também envolve uma ênfase na prosódia, ou na capacidade de ler com expressão, na entonação e no fraseado corretos. Não discutimos esse componente da fluência, pois, em leitores fracos, a sua falta não costuma ser considerada uma deficiência e seria secundária a problemas com a automaticidade.

Avaliar a fluência é menos difícil do que avaliar a compreensão leitora (ver Capítulo 7). Excluindo a prosódia, o construto latente é a automaticidade da leitura de palavras e de textos, de modo que a fluência envolve essencialmente a velocidade da leitura (ajustada para a precisão) e às vezes a prosódia. Conforme discutimos no Capítulo 4, a fluência pode ser avaliada pela quantidade de tempo necessária para ler corretamente palavras individuais, uma lista de palavras, trechos curtos ou textos mais longos. Essas medidas tendem a apresentar correlação elevada. Jenkins, Fuchs, van den Broek, Espin e Deno (2003) observaram que a fluência ao ler palavras em uma lista e em um trecho escrito é observado em comprometimentos da leitura causados pela dislexia. Além disso, identificar indivíduos com déficits na velocidade não é mais difícil que identificar pessoas com dificuldade para reconhecer palavras. Atualmente, isso envolve uma decisão sobre pontos de corte em uma dimensão. Conforme já discutimos, surgem problemas sempre que se tenta criar um subgrupo de indivíduos que leem as palavras incorretamente, os quais sempre têm problemas com a fluência, e compará-los com um subgrupo com comprometimento principalmente na fluência.

Hipóteses de subtipos

A questão crítica para o transtorno com a fluência assemelha-se à identificada para a compreensão leitora que será discutida no Capítulo 7: se as pessoas com dificuldades associadas à precisão do reconhecimento de palavras podem ser diferenciadas de pessoas com comprometimento principalmente na velocidade da decodificação de palavras ou da leitura de textos. No que tange à compreensão leitora, poucos questionariam que existem leitores fracos cuja principal falha ocorre ou no nível da compreensão ou da precisão e da fluência do reconhecimento de palavras e da leitura de textos. A fluência é um processo que pode ser dissociado do reconhecimento de palavras e da compreensão. Todavia, os três processos estão bastante correlacionados, especialmente em crianças pequenas ou naquelas que têm dificuldades de leitura. Uma parte do problema de definição é que as pessoas com dificuldades isoladas na fluência não foram tão estudadas quanto as pessoas com problemas com a decodificação ou com a compreensão. Contudo, existem estudos sobre subtipos que (1) separam os leitores fracos com pouca precisão daqueles cujo problema é com a automaticidade da leitura de palavras ou com a fluência na leitura de textos ou (2) separam os leitores fracos segundo padrões de prejuízos em avaliações da consciência fonológica e da nomeação rápida, que essencialmente representam a precisão na leitura de palavras e a fluência na leitura de textos. Revisaremos esses estudos na seção seguinte, pois ajudam a preparar o caminho para entender os correlatos cognitivos fundamentais da fluência na leitura.

Velocidade versus *precisão*

Lovett (1987; Lovett et al., 2000b) propôs dois subtipos de transtornos da leitura com base na hipótese de que a capacidade de reconhecer palavras se desenvolve em três fases sucessivas. As três fases estão relacionadas com a precisão da resposta na identificação de palavras escritas, com o reconhecimento automático sem a necessidade de "dizer" as palavras, seguido pela velocidade máxima adequada ao nível de desenvolvimento à medida que os componentes do processo de leitura são consolidados na memória. As crianças que fracassam na primeira fase têm "transtornos da precisão", enquanto aquelas que apresentam desempenho adequado para sua idade no reconhecimento de palavras, mas que têm deficiências notáveis na segunda ou na terceira fase têm "transtorno da velocidade".

O ponto forte do programa de pesquisa de Lovett é sua ampla validação externa. Em um estudo sobre esses dois subtipos (transtorno da velocidade *versus* transtorno da precisão) e uma amostra normal correspondente ao grupo com transtorno da velocidade no que diz respeito à capacidade de reconhecer palavras, as crianças do grupo com transtorno da precisão mostram-se deficientes em uma ampla variedade de áreas da linguagem oral e escrita alheias aos comportamentos específicos usados para identificar os membros do subtipo. As deficiências do grupo com transtorno da velocidade se limitaram mais a deficiências na leitura e na ortografia (Lovett, 1987). A compreensão leitora mostrou-se comprometida em todas as medidas para o grupo com transtorno da precisão e apresentou correlação elevada com a capacidade de reconhecer palavras, mas o grupo com transtorno da velocidade apresentou comprometimento em apenas algumas medidas da compreensão. Outros estudos sobre a interação entre o subtipo e o tratamento (Lovett, Ransby, Hardwick e Johns, 1989; Lovett et al., 2000b) mostram diferenças entre os grupos com comprometimento da precisão e da velocidade na leitura contextual, ao passo que o reconhecimento de palavras melhorou para ambos os grupos.

O modelo do déficit duplo

Pesquisas recentes continuam a enfatizar a importância da distinção básica entre a precisão e a velocidade, mas usam substitutos cognitivos para essa relação. No modelo desenvolvido por Wolf e colaboradores (Wolf e Bowers, 1999; Wolf et al., 2003), os autores propõem que, embora o processamento fonológico contribua consideravelmente para os déficits no reconhecimento de palavras, a leitura precisa e fluente de textos também é uma habilidade acadêmica fundamental. As crianças podem apresentar déficits na fluência que sejam independentes de problemas com o processamento fonológico. Quando existem déficits isolados na fluência, o correlato mais fidedigno ocorre em testes que exigem a nomeação rápida de letras e de números. Desse modo, Wolf e colaboradores postularam um "modelo de déficit duplo".

Esse modelo especifica essencialmente três subtipos: um caracterizado por déficits no processamento fonológico e na nomeação rápida, outro com comprometimentos apenas no processamento fonológico e um terceiro com comprometimentos apenas na nomeação rápida. Wolf e colaboradores (Wolf e Bowers, 1999; Wolf et al., 2003) resumiram evidências que corroboram a validade externa desse esquema de subtipagem, que é revisado na próxima seção.

Como hipótese de subtipagem, o modelo do déficit duplo levanta diversas questões (Vellutino et al., 2004). A mais importante é se os déficits em consciência fonológica e em nomeação rápida realmente são independentes dentro do grupo de déficit duplo. Talvez, dentro desse grupo, ambos déficits sejam causados pelos graves problemas com o processamento fonológico que caracterizam o grupo (Compton, DeFries e Olson, 2001; Schatschneider, Carlson, Francis, Foorman e Fletcher, 2002). Sabe-se bem que não é viável explicar o reconhecimento de palavras por meio do processamento serial de letras (Gough, 1984). Além disso, alguns estudos mostram que controlar as experiências anteriores elimina a contribuição singular da nomeação rápida para a leitura de palavras, mas não a do processamento fonológico (Wagner et al., 1997). Isso contraria os estudos da herdabilidade, que mostram poucas evidências de influências ambientais sobre a nomeação rápida (Petrill et al., 2006a, 2006b). Finalmente, existem problemas metodológicos inerentes identificados por Schatschneider e colaboradores (2002) e Compton colaboradores (2001), que envolvem dificuldades de definir tipologias de déficit único ou de déficit duplo. Quando o processamento fonológico e a nomeação rápida estão comprometidos, a criança tem comprometimento mais grave em ambas dimensões, o que torna difícil combinar crianças com déficit único e duplo. As crianças com déficits duplos tendem a ter problemas mais graves em fonologia ou em nomeação rápida, bem como em leitura, se comparadas com crianças com um único déficit. Como não é de surpreender, devido a problemas relacionados com a avaliação, Spector (2005) mostra que esses subtipos foram instáveis ao longo de um ano. Somente a metade de uma amostra de crianças identificadas no começo da 1ª série como pertencentes a classificações baseadas em déficits únicos e duplos em consciência fonológica e em nomeação rápida permaneciam no mesmo grupo ao final do ano.

PROCESSOS COGNITIVOS BÁSICOS

Os processos cognitivos básicos correlacionados à fluência na leitura são o reconhecimento de palavras, a nomeação rápida, a rapidez de processamento, as funções executivas e o processamento ortográfico. É óbvio que pessoas com problemas com o reconhecimento de palavras terão problemas com a fluência e a compreensão. Como essas habilidades na verdade são indicadores de uma dislexia, não as discutiremos aqui (ver Capítulo 5). A importância da relação entre a precisão e a fluência na leitura de palavras é que, na definição de transtornos específicos da fluência, deve-se garantir a precisão da leitura de palavras.

O processo básico envolvido com o déficit de velocidade que tem recebido mais atenção é a nomeação rápida e automatizada, que é onde o envolvimento da rapidez de processamento e de outras habilidades cognitivas tende a emergir. A fluência também provavelmente esteja relacionada com a capacidade de processar unidades sublexicais de palavras cada vez maiores, o que alguns consideram um processo ortográfico. Uma questão importante é a relação entre testes que simulam o processo de leitura, como a nomeação rápida de letras apresentadas da esquerda para a direita como um texto, e capacidades linguísticas que sustentam o processo ortográfico, e se a nomeação rápida substitui qualquer forma de rapidez de processamento.

Nomeação rápida e automatizada

Três linhas de evidências corroboram a identificação da nomeação rápida como uma contribuição separada para as dificuldades de leitura. Primeiramente, os testes da velocidade da nomeação, especialmente a capacidade de nomear letras rapidamente, contribuem de forma independente para a variância no desempenho em leitura, além do que se pode atribuir à consciência fonológica. Isso é observado não apenas em estudos que visam prever os resultados longitudinais (Schatschneider et al., 2002; Wolf e Bowers, 1999), mas também em estudos que analisam a relação entre diferentes variáveis latentes por meio de uma análise fatorial confirmatória (McBride-Chang e Manis, 1996; Wagner et al., 1994).

Em segundo lugar, estudos sobre subtipos compararam crianças com déficits em consciência fonológica e em nomeação rápida com crianças que apresentam apenas um único déficit (Lovett et al., 2000b; Wolf e Bowers, 1999). Esses estudos mostram que crianças com déficits duplos têm transtornos mais graves em leitura do que crianças com apenas um déficit. Além disso, o grupo da velocidade da nomeação, ao contrário do grupo do déficit duplo ou do déficit fonológico, não parece ter um comprometimento significativo no processamento fonológico ou na capacidade de decodificação (Wimmer e Mayringer, 2002). Todavia, esses estudos estão sujeitos aos mesmos problemas metodológicos identificados antes. Além disso, alguns pesquisadores não identificam todos os subtipos previstos pela classificação (Waber, Forbes, Wolff e Weiler, 2004).

Finalmente, o estudo de Morris e colaboradores (1998) com análise de *cluster* encontrou evidências de um subtipo com comprometimento na consciência fonológica e na velocidade de nomeação, bem como subtipos com comprometimento apenas na consciência fonológica ou na velocidade de processamento. O subtipo com déficits duplos mostrou-se mais comprometido em leitura do que subtipos comprometidos em apenas um domínio. Além disso, o subtipo com comprometimento da velocidade não apresentou comprometimento na consciência fonológica ou na precisão do reconhecimento de palavras – apenas na fluência e na compreensão. Ao mesmo tempo, o subtipo com déficit na velocidade ocorreu com pouca frequência, representando menos de 10% de um grande grupo de crianças com transtornos da leitura.

A nomeação rápida é apenas uma habilidade fonológica?

Apesar das evidências citadas, os pesquisadores questionam se a nomeação rápida contribui para o desempenho em leitura independentemente de seu componente fonológico (Vellutino et al., 2004; Vukovic e Siegel, 2006). Qualquer tarefa que exija a recuperação de informações com um componente articulatório deve envolver o processamento fonológico. Como os testes de nomeação rápida apresentam correlação moderada com as medidas da consciência fonológica, essa conclusão parece ser razoável. Segundo essa interpretação, a velocidade da nomeação é essencialmente uma medida da rapidez com que um indivíduo consegue acessar códigos de base fonológica. Entretanto, a velocidade da nomeação e o processamento fonológico são dissociáveis, assim como o reconhecimento de palavras e a fluência (ver Capítulo 5).

Nomeação rápida e outros processos cognitivos

A visão alternativa é que as medidas da velocidade de nomeação envolvem processos não-fonológicos que também estão relacionados com a leitura (Wolf e Bowers, 1999). Para realizar tarefas de nomeação rápida, pode haver uma variedade de processos cognitivos implicados, incluindo funções executivas que envolvem inibição de respostas inadequadas e mudanças de conjuntos e de processos cognitivos que possibilitam a recuperação e a nomeação (Denckla e Cutting, 1999; Wolf et al., 2003). Esses processos também estão envolvidos na leitura fluente de textos, levando à questão do quê os testes da nomeação rápida realmente avaliam. Wolf e colaboradores (2003, p. 361) observaram que "os componentes da velocidade de nomeação representam uma miniversão ou um subconjunto dos componentes da leitura".

É significativo o fato de que a velocidade de nomeação não seja o componente mais preditivo da nomeação rápida de letras. Em uma análise de componentes de testes da nomeação rápida, Neuhaus, Foorman, Francis e Carlson (2001) e Wolf e Obregon (1992) observaram que o tempo de pausa entre estímulos, que é quando esses outros processos cognitivos deveriam estar atuando, estava mais associado a transtornos da leitura. Claro que o intervalo entre dois estímulos é quando outros processos cognitivos, envolvendo a atenção e as funções executivas e a recuperação lexical estariam atuando se a pessoa estivesse lendo um texto em voz alta. Clark, Hulme e Snowling (2005) observaram que a nomeação rápida de letras e de números explicava a variância singular na leitura de palavras irregulares quando as habilidades fonológicas eram controladas. Todavia, ao avaliar os diferentes componentes da nomeação, nem a duração média dos estímulos e nem a duração média das pausas previram a capacidade de ler. Pelo contrário, o número de pausas na nomeação foi o único indicador. Desse modo, os déficits na nomeação rápida foram interpretados como fatores estratégicos ou *top-down* (de cima para baixo) que refletem diferenças na prática e na experiência da leitura. Isso condiz com estudos de Schatschneider e colaboradores (2004) que sugeriram que a nomeação rápida de letras previa a capacidade de leitura porque era uma simples avaliação da capacidade de ler, observando que apenas a nomeação de letras e de números – e não a nomeação de cores e de objetos – já parecia prever a capacidade de ler.

Nomeação rápida e rapidez de processamento

A última questão envolve a especificidade dos déficits em nomeação rápida para as transtornos da leitura. Ao revisar pesquisas sobre a automatização da nomeação rápida, alguns pesquisadores encontraram evidências de deficiências em qualquer tarefa envolvendo a rapidez de processamento e/ou seriação (p. ex., Waber et al., 2001; Wolff, 1993). Catts, Gillespie, Leonard, Kail e Miller (2002b) observaram que alguns leitores fracos têm um déficit geral na rapidez de processamento, que explica seus déficits em nomeação rápida. A rapidez do processamento também previu individualmente os resultados em leitura, levando Catts e colaboradores a sugerir que essas medidas representavam uma influência "extrafonológica" nas dificuldades de leitura de algumas crianças. Waber, Wolff, Forbes e Weiler (2000) demonstraram que, ao contrário dos testes da consciência fonológica, as medidas da nomeação rápida não diferenciam crianças que apresentam dificuldades de aprendizagem em outras áreas. As crianças portadoras de TDAH muitas vezes apresentam transtornos de medidas da nomeação rápida (Tannock, Martinussen e Frijters, 2000). Todavia, Semrud-Clikeman, Guy, Griffin e Hynd (2000) observaram que crianças com problemas de leitura tinham menor velocidade de nomeação do que crianças com TDAH e sem problemas de leitura. Com base nesses tipos de dados, Waber e colaboradores (2001) argumentam que essas transtornos refletem problemas cerebrais comuns com o rapidez de processamento ou do tempo, que ocorrem em muitos comprometimentos da aprendizagem.

Estudos de crianças com lesões cerebrais proporcionam evidências de que a precisão e a velocidade do reconhecimento de palavras podem e devem ser diferenciadas, mas também contribuem para preocupações com a especificidade dessa dificuldade de leitura. Barnes, Dennis e Wilkinson (1999) combinaram crianças com lesões cerebrais causadas por traumas segundo sua precisão na decodificação de palavras. As comparações da velocidade de nomeação e da velocidade de leitura mostram que a fluência era pior em crianças com lesões cerebrais traumáticas, corroborando as observações de crianças sem lesão cerebral com déficits na velocidade (Waber et al., 2001; Wolf e Bowers, 1999). Além disso, a fluência está relacionada com os escores em compreensão leitora em ambas populações (Barnes et al., 1999; Morris et al., 1998).

Muitas das questões envolvidas em determinar a relação entre a nomeação rápida e a leitura refletem diferenças no uso da nomenclatura. Tivemos o cuidado de diferenciar os componentes da leitura que envolvem a precisão, a fluência e a compreensão, reservando o termo *dislexia* para transtornos que envolvam especificamente a precisão das habilidades de reconhecimento de palavras. Outros pesquisadores (p. ex., Wolf e Bowers, 1999) tendem a usar o termo *dislexia* em referência a qualquer forma de dificuldade de leitura, descrevendo "uma variedade de dislexias". Desse modo, em sua minuciosa revisão da relação entre a dislexia e a nomeação rápida, Vukovic e Siegel (2006) não encontraram evidências de que a nomeação rápida constituísse um processo cognitivo específico na dislexia. Entretanto, a dislexia foi definida como um transtorno no reconhecimento de palavras com um déficit fonológico básico. A relação entre a nomeação rápida e o reconhecimento de palavras é relativamente fraca e difícil de diferenciar do processamento fonológico. Se o componente de leitura for uma avaliação da fluência, a nomeação rápida de letras explica claramente a variância singular na proficiência, mesmo que a avaliação seja baseada na leitura o mais rápido possível de listas de palavras e de pseudopalavras. Se, por outro lado, o resultado fosse a fluência do reconhecimento de palavras, a nomeação rápida explicaria a maior parte da variabilidade singular nos resultados (Petrill et al., 2006b; Schatschneider et al., 2004). O subtipo identificado por Morris e colaboradores (1998) que tinha dificuldades com a rapidez de processamento não tinha comprometimento no reconhecimento de palavras ou no processamento fonológico, e não deve ser rotulado como portador de *dislexia*.

Embora seja possível diferenciar os componentes da precisão e da velocidade conforme medidas da consciência fonológica e da nomeação rápida, são necessárias mais pesquisas para estabelecer a significância de um subgrupo específico de fluência na leitura. Entretanto, fica claro que a fluência deve ser considerada independentemente da precisão ao se avaliarem os resultados de estudos sobre intervenções para a leitura. Os estudos com crianças maiores mostram que a precisão pode melhorar em crianças com transtornos graves da leitura sem melhoras correspondentes na fluência (Torgesen et al., 2001).

O processamento ortográfico e estudos translinguísticos

Mapeamento ortográfico

Outro correlato importante do desenvolvimento da leitura fluente e automática de palavras e de textos provavelmente seja a capacidade de processar unidades de palavras cada vez maiores (Foorman, 1994). Conforme discutimos no Capítulo 5, as áreas de associação visual nas regiões occipitotemporais do cérebro podem se tornar bastante especializadas para o mapeamento rápido de relações ortográficas. À medida que a criança se torna capaz de reconhecer instantaneamente unidades de palavras cada vez maiores, o reconhecimento de palavras se torna automatizado, o que permite uma alocação mais eficiente de recursos para processos de compreensão.

A leitura pode ser compreendida como a combinação de unidades ortográficas que estão presentes no texto com suas representações fonológicas na fala. Com a recodificação fonológica, as crianças podem entender muitas relações entre as unidades ortográficas que enxergam e os sons de palavras que existem na linguagem falada (Foorman, 1994; Ziegler e Goswami, 2005). À medida que a linguagem se desenvolve, as crianças aprendem mais sobre os padrões ortográficos e se tornam capazes de processar unidades cada vez maiores de palavras, reconhecendo muitas palavras automaticamente. Todavia, a origem desse desenvolvimento está no código fonológico que indica a relação entre o som e a escrita (Lukatela e Turvey, 1998).

Estudos translinguísticos

A questão do mapeamento fonológico-ortográfico é especialmente importante para se entender como a leitura se desenvolve em diferentes línguas. O inglês é uma língua caracterizada por relações arbitrárias entre o som e a escrita, particularmente porque muitas unidades ortográficas têm diversas pronúncias diferentes. Outras línguas possuem relações muito mais transparentes entre a fonologia e a ortografia. Por exemplo, o alemão, o italiano e o espanhol são línguas em que a pronúncia das palavras é confiavelmente indicada pela maneira como a palavra aparece na escrita*. A questão é se essas diferenças na relação entre a fonologia e a ortografia estão relacionadas com o desenvolvimento da leitura e se os problemas com a leitura são diferentes em virtude dessa variação.

Uma revisão da pesquisa translinguística iria além dos limites deste livro (ver Caravolas, 2005; Seymour, 2005; Ziegler e Goswami, 2005). Seymour (2005) resumiu uma série de estudos comparando o desenvolvimento inicial da leitura entre diferentes línguas europeias. O autor mostra que a complexidade das sílabas e da ortografia influenciaram a rapidez com a qual as crianças aprenderam

---

* N. de R. T. No sistema de escrita do português há algumas palavras em que a relação entre a pronúncia e a forma escrita são totalmente transparentes, como o caso da palavra bala, em que há uma relação biunívoca entre os fonemas e os grafemas. Já na palavra casa (pronúncia [kaza]), esta relação não é tão clara e na palavra táxi (pronúncia [takisi]) a relação é mais distante ainda.

a ler. Nas línguas que tinham estruturas ortográficas profundas e inconsistentes e cuja estrutura silábica também era complicada, como o inglês e o dinamarquês, a leitura se desenvolve de forma mais lenta. Em comparação, a leitura se desenvolve muito mais rapidamente em uma língua como o italiano ou o espanhol, que tem uma ortografia relativamente transparente e estruturas silábicas simples. Desse modo, quando as crianças começam a ler, a aprendizagem da leitura é afetada pela complexidade das relações ortográficas da escrita. Ziegler e Goswami (2005) identificaram três fatores que influenciam o desenvolvimento da leitura em diferentes línguas: (1) a disponibilidade de unidades fonológicas que possam ser acessadas explicitamente antes de ler; (2) a correspondência entre as unidades ortográficas, que podem ter pronúncias variadas, e as unidades fonológicas, que podem ter formas variadas de escrever e (3) o tamanho da unidade ortográfica disponível no sistema da linguagem escrita, que chamaram de "problema de granulosidade (*granularity problem*)". Os autores desenvolveram a teoria da "granulometria psicolinguística" para ajudar a explicar diferenças em estratégias de processamento e de organização lexical que caracterizariam a leitura hábil em diferentes línguas.

Mesmo em línguas como o chinês, as crianças são sensíveis aos componentes fonológicos que são expressados em logogramas chineses e percebem a regularidade com a qual o componente fonológico dos logogramas chineses afeta a pronúncia (Hanley, 2005). Embora os leitores do inglês tenham fortes habilidades relacionadas com a consciência fonológica, os leitores do chinês tendem a ter maior percepção de sílabas e de morfemas (Tan, Spinks, Eden, Perfetti e Siok, 2005). Todavia, todas essas habilidades linguísticas atuam em uma unidade sublexical com variações que refletem, em parte, a relação entre as unidades fonológicas e ortográficas.

Problemas de leitura em outros países

Ao serem analisadas as diferenças nas manifestações de problemas com a leitura em diferentes línguas, ainda parece que são as habilidades fonológicas que levam à aquisição da capacidade de reconhecer palavras e da fluência (Caravolas, 2005; Wimmer e Mayringer, 2002). Todavia, em ortografias cuja relação entre unidades fonológicas e ortográficas é mais inconsistente, como no inglês, haverá muito mais leitores com pouca precisão. A leitura de pseudopalavras é especialmente difícil. Aro e Wimmer (2003) compararam a leitura de pseudopalavras controladas para padrões de letras, de ataques (*onsets*) e de rimas* com falantes de alemão, de dinamarquês, de inglês, de sueco, de francês, de espanhol e de finlandês da 1ª à 4ª séries. Somente o inglês foi associado a uma taxa menor de precisão (por volta de 90%) ao final da 1ª série. Em leitores fracos do alemão, as dificuldades com a leitura de pseudopalavras foram menos

---

* N. de R.T. Ataque (ou *onset*) e rima fazem parte da estrutura interna da sílaba. Por exemplo, na palavra "lar" a letra "l" é denominada ataque e as letras "ar" são a rima.

comuns. Quando o principal correlato era o processamento fonológico, a leitura fraca geralmente se caracterizava por problemas com a fluência e a ortografia. Contudo, alguns leitores fracos do alemão apresentavam pouca fluência mas ortografia adequada e tinham mais dificuldades com a nomeação rápida (Wimmer e Mayringer, 2002). Em um estudo longitudinal, Wimmer, Mayringer e Landerl (2000) formaram grupos de falantes do alemão com base no modelo do déficit duplo e compararam o seu desenvolvimento em leitura e em ortografia três anos depois. Os autores observaram que os déficits em consciência fonológica no início do desenvolvimento tinham uma relação fraca com a decodificação fonológica, mas uma relação mais forte com a ortografia e com a leitura de palavras estrangeiras. Em comparação, a velocidade da nomeação estava relacionada com a fluência da leitura, com a ortografia e com a leitura de palavras estrangeiras. Os autores sugerem que, quando se ensina a ler com métodos fônicos sintéticos em uma língua com uma relação mais regular entre a fonologia e a ortografia, a aquisição da leitura é menos afetada pelo processamento fonológico nas fases iniciais do que nas fases posteriores que compõem as relações ortográficas das palavras.

Por outro lado, Ziegler, Perry, Ma-Wyatt, Ladner e Schulte-Karne (2003) observaram que os padrões de potencialidades e de fraquezas eram semelhantes em falantes de alemão e de inglês: ambos grupos de crianças tinham mais dificuldades para ler pseudopalavras do que palavras reais e tinham menos velocidade de leitura. Em um estudo de crianças dinamarquesas (de Jong e van der Leij, 2003), foram administrados testes da consciência fonológica e da nomeação rápida para a educação infantil, 1ª e 6ª séries. A nomeação rápida discriminou bons e maus leitores até a 6ª série, e os déficits em consciência fonológica diminuíram na 6ª série. Essa observação pode ter refletido um efeito de teto pois, em um segundo estudo, os leitores dinamarqueses fracos apresentaram transtornos com o processamento fonológico quando aumentavam as demandas do teste. Caravolas, Volin e Hulme (2005) observaram que a consciência fonológica era um indicador da leitura em crianças falantes de tcheco e de inglês, e que os bons e maus leitores em ambas línguas tinham transtornos semelhantes com a consciência fonêmica. Em outra revisão, Goswami (2002) observou que o principal déficit na dislexia em estudos em vários países e línguas envolve a fonologia e que a manifestação dessa dificuldade varia, dependendo da ortografia da língua.

Grande parte das pesquisas sobre o processamento fonológico continua a se concentrar na dislexia e menos em crianças que manifestam problemas principalmente com a fluência. Seria interessante acompanhar Wimmer e Mayringer (2002) e procurar leitores fracos em ortografias regulares e irregulares, que variem em sua capacidade de soletrar, e analisar os correlatos da baixa fluência na leitura. Outra questão interessante é se o desempenho em um teste de nomeação rápida está mais associado à capacidade de processamento ortográfico do que fonológico, conforme sugerido por Wimmer e colaboradores (2000) e outros autores (ver Wolf et al., 2003). Manis, Doi e Bhader

(2000) observaram que a nomeação rápida explicava uma proporção significativa da variabilidade na leitura, mesmo quando a consciência fonológica e o vocabulário foram controlados. A contribuição singular da nomeação rápida foi mais forte para o processamento ortográfico, e a consciência fonológica estava mais relacionada com a leitura de pseudopalavras. Outros estudos que abordam a relação entre a nomeação rápida e o processamento ortográfico mostram que o processamento fonológico e ortográfico estão relacionados com o desempenho na nomeação rápida, questionando se o componente da nomeação rápida está ligado especificamente ao processamento ortográfico (p. ex., Bear e Barone, 1991; Holland, McIntosh e Huffman, 2004). Embora tenha sido sugerido que esses resultados refletem uma relação entre testes da nomeação rápida e da fluência com algum tipo de mecanismo de tempo independente do processamento fonológico (Bowers e Wolf, 1993), as evidências para essa hipótese são fracas, pois os testes da nomeação rápida essencialmente representam substitutos para as avaliações da fluência da leitura.

FATORES NEUROBIOLÓGICOS

Estrutura e funcionamento do cérebro

Os estudos sobre lesões cerebrais em adultos não isolaram os déficits em fluência como um tipo específico de alexia. Também não existem estudos com neuroimagem estrutural ou funcional de um subgrupo de TAs com dificuldades isoladas com a fluência. Um estudo que usou avaliações do fluxo sanguíneo cerebral regional para alterações hemodinâmicas na ativação cerebral mostra que testes da nomeação rápida envolvendo objetos e objetos misturados com cores ativam os lobos parietais. A nomeação de cores não produziu mudanças fidedignas na ativação cerebral (Wiig et al., 2002). Misra, Katzir, Wolf e Poldrack (2004) usaram imagens de ressonância magnética funcional (IRMf) para avaliar a ativação cerebral em resposta a testes de nomeação para objetos e para letras. Os autores observam que foi ativada a rede que costuma estar implicada na leitura de palavras (ver Figura 5.3), com algumas diferenças com o uso de testes com letras e cores. Além disso, houve ativação adicional de áreas envolvendo os movimentos dos olhos e a atenção, que seria de esperar em um teste que exigisse o processamento serial de estímulos.

Em seu estudo de neuroimagem sobre a resposta a uma intervenção fonológica com crianças identificadas com problemas de decodificação (Blachman et al., 2004), B. A. Shaywitz e colaboradores (2004) observaram mudanças significativas nas regiões occipitotemporais do cérebro, que relacionaram com melhoras na fluência baseadas na ideia de que essa região visual ventral é importante para a rapidez de processamento de padrões de letras. De maneira semelhante, quando indivíduos com dificuldades na decodificação receberam uma intervenção enfatizando a decodificação e a fluência (Denton et al., no prelo), Simos e colaboradores (no prelo) observaram a normalização de respostas nessa região especificamente em um teste criado para avaliar a fluência da leitura de palavras. Essas mudanças foram menos observadas em um teste da decodificação de pseudopalavras que resultou em mais mudanças nas regiões temporoparetais.

Vistos em conjunto, existem estudos emergentes sobre a nomeação rápida e a fluência da leitura que envolvem adultos hábeis e crianças com dislexia. Não conseguimos identificar estudos de neuroimagem que abordassem especificamente crianças com comprometimento na fluência. Esses estudos tendem a sustentar a visão de que os testes da nomeação rápida são substitutos para a leitura de textos, devido às semelhanças nas áreas do cérebro que são ativadas durante a leitura.

Fatores genéticos

Embora não existam estudos genéticos sobre um subgrupo com problemas com a fluência, existem evidências de herdabilidade comum e separada para a precisão e para a fluência de habilidades de leitura de palavras quando tratadas como dimensões. Davis e colaboradores (2001) observaram que as medidas da nomeação rápida tinham herdabilidade significativa, mesmo quando eram incluídas medidas da leitura no modelo. Em um estudo com 800 pares de gêmeos, Compton e colaboradores (2001) encontraram evidências de um conjunto comum de genes para o processamento fonológico, para a nomeação rápida e para a leitura em gêmeos afetados. Esse grupo também apresentou evidências de influências genéticas que estavam especificamente envolvidas na relação entre a nomeação rápida e a leitura. Em contrapartida, um grupo-controle de gêmeos não-afetados também apresentou influências genéticas comuns para a fonologia, a nomeação rápida e a leitura, mas não demonstrou evidências de uma relação independente entre a nomeação rápida e a leitura. Existem poucas evidências de influências ambientais compartilhadas no grupo afetado, que incluía crianças de 8 a 18 anos. Em uma amostra semelhante, composta principalmente por crianças maiores, Tiu, Wadsworth, Olson e DeFries (2004) observaram que medidas do processamento fonológico e nomeação rápida faziam contribuições genéticas significativas para a leitura. Em um estudo com pares de gêmeos menores, Petrill e colaboradores (2006a) encontraram uma herdabilidade significativa na nomeação rápida de letras, que não era explicada por medidas fonológicas e que apresentava uma relação menor com o ambiente do que com medidas fonológicas. Essas observações corroboram a hipótese de que a velocidade de nomeação é etiologicamente distinta da consciência fonológica. Nesse sentido, Raskind e colaboradores (2005) compararam a herdabilidade de cada habilidade envolvendo a precisão e a fluência da leitura de pseudopalavras. Usando uma variedade de métodos de associação genética e uma varredura do genoma, os pesquisadores encontraram evidências de envolvimento do cromossomo 2 para a fluência, mas não para a precisão, durante tarefas de decodificação de pseudopalavras.

RESUMO: DE DÉFICITS EM HABILIDADES ACADÊMICAS A FATORES NEUROBIOLÓGICOS

A fluência é uma habilidade importante para a leitura, que está correlacionada mas também é independente do reconhecimento das palavras. Os principais correlatos cognitivos envolvem a nomeação rápida, o processamento ortográfico e outras habilidades cognitivas que regulam a atenção, o processamento inibitório e a recuperação lexical. Uma questão importante diz respeito àquilo que é realmente medido nos testes da nomeação rápida e se eles servem como substitutos para a fluência da leitura de textos. Embora existam dúvidas em relação a se a nomeação rápida se restringe estritamente ao domínio do processamento fonológico, a maioria das evidências sugere a independência, particularmente se o critério for uma medida da fluência. Os estudos de neuroimagem e de genética apresentam evidências claras de independência para o processamento fonológico e a nomeação rápida. Uma limitação das pesquisas em países de língua inglesa é a confiança em apenas uma língua, com pesquisas em outras línguas sugerindo que as crianças podem ter transtornos específicos envolvendo a fluência. A base de pesquisas que tratam de crianças com transtornos específicos na fluência é esparsa, conforme mostrará a próxima seção, sobre o tratamento. Existem novos estudos neurobiológicos, que são interessantes por sugerirem a possibilidade de diferentes mecanismos genéticos para a consciência fonológica/decodificação e a velocidade/fluência da nomeação.

INTERVENÇÕES VOLTADAS PARA A FLUÊNCIA DA LEITURA

Ao contrário dos estudos que abordam a prevenção ou a remediação para alunos identificados com transtornos no reconhecimento de palavras, existem poucos exemplos de intervenções que sejam específicas para estudantes com problemas principalmente na fluência da leitura. É provável que as intervenções que abordam os déficits na fluência possam ser aplicadas a esses alunos se eles forem identificados como um subgrupo separado. Porém, a maioria das tentativas de intervir na área da fluência geralmente envolve estudantes que começaram com problemas com o reconhecimento de palavras e geralmente tenta incluir componentes de reconhecimento de palavras e de fluência na intervenção. As intervenções mais estudadas envolvem diferentes modos de estimular os estudantes a praticar a leitura, como a leitura repetida ou a leitura oral orientada, e simplesmente tentando aumentar a quantidade de tempo que o aluno passa em leitura independente.

Síntese com base científica

O NRP (2000) revisou estudos da sala de aula e tutoriais que abordam intervenções para a fluência. O painel identificou 16 estudos envolvendo 398 alunos que eram maus leitores e 281 que eram bons leitores. O NRP encontrou efeitos comparáveis de tamanho moderado (por volta de 0,50) para os leitores fracos e os leitores médios. Embora tenha sido analisada uma variedade de programas de intervenção, os únicos domínios em que puderam ser caracterizados como efetivos envolveram a leitura repetida e outras intervenções orais de leitura orientada. De um modo geral, esses tipos de intervenção envolviam leituras orais repetidas com um modelo (ou com um colega ou os pais), e não se concentravam necessariamente em alunos que fossem maus leitores.

Kuhn e Stahl (2003) deram seguimento ao estudo do NRP sobre a fluência com uma revisão mais ampla de estudos. Os autores ampliaram a pesquisa do NRP, incluindo estudos envolvendo a leitura repetida, a leitura assistida em ambientes clínicos e abordagens para o desenvolvimento da fluência para toda a sala de aula. Essa síntese não calculou os tamanhos de efeito, mas nós a incluímos porque é uma continuação do estudo do NRP.

Kuhn e Stahl confirmaram os resultados do NRP de que as intervenções para a fluência baseadas na prática eram eficazes. Contudo, os ganhos geralmente eram mais baixos para estudantes com transtornos da leitura. As abordagens que envolveram alguma forma de assistência, como a leitura com um modelo ou escutar durante a leitura, parecem ter sido mais efetivas que as abordagens que não envolveram assistência, como a leitura silenciosa prolongada. Essas observações sugerem que a orientação e o monitoramento do professor são componentes críticos na instrução para a fluência. Kuhn e Stahl observaram que poucas pesquisas sustentam a leitura repetida simples de trechos e de histórias. Talvez o tempo gasto na leitura oral de textos, ao contrário da repetição, seja responsável pelo efeito da leitura repetida sobre a fluência e a compreensão.

Em uma síntese com base científica de intervenções que tratam de estudantes com TAs, Chard, Vaughn e Tyler (2002) encontraram 24 estudos publicados ou não-publicados que discutem resultados específicos em relação à fluência. Esses estudos incluem a leitura repetida, com e sem um modelo, e a leitura silenciosa prolongada, e avaliam questões relacionadas com o número de repetições, a dificuldade do texto e o grau de melhora. Chard e colaboradores (2002) encontraram 21 estudos que discutiam especificamente se a leitura repetida de textos resultava em mais fluência para estudantes definidos como portadores de TAs. Esses estudos produziram um tamanho de efeito médio na faixa moderada (0,68). Em 14 estudos, na maioria casos individuais envolvendo o uso de um adulto como modelo, todos apresentaram tamanhos de efeito positivos na faixa de pequeno a grande. A modelagem pelos colegas também foi associada a efeitos pequenos a moderados. A modelagem com uma gravação de áudio ou um computador em quatro estudos pequenos apresentou efeitos pequenos a moderados. Uma variedade de fatores influenciou as estimativas do tamanho de efeito, incluindo a quantidade de texto, a dificuldade do texto, o número de repetições, os tipos de *feedback* e os critérios para a leitura repetida. Como o NRP, Chard e colaboradores concluíram que são necessárias mais pesquisas, refletindo a falta de atenção ao desenvolvimento da fluência. Ao mesmo tempo, fica claro que a ênfase na construção de fluência como parte de intervenções de sala de aula ou tutoriais é essencial para melhorar o desempenho nesse domínio.

Intervenções para leitores com transtornos

Conforme Torgesen e colaboradores (2001) demonstraram graficamente, um resultado comum em abordagens de remediação para a leitura em estudantes com deficiências no reconhecimento de palavras é a melhora na leitura e na compreensão de palavras, mas pouca mudança na fluência. Embora a intervenção precoce ajude a lidar com algumas dessas dificuldades, para muitos alunos, a baixa eficácia de muitas abordagens de remediação pode se dever a certas dificuldades persistentes no reconhecimento de palavras, que podem ter sido reduzidas pela intervenção anterior. Por exemplo, os programas de intervenção precoce parecem afetar a fluência, além do reconhecimento de palavras (Torgesen, 2002). Esse resultado pode refletir o acesso mais precoce à linguagem escrita e o desenvolvimento mais rápido de habilidades de decodificação, que promove a oportunidade de ler e proporciona uma exposição repetida a palavras, facilitando o rapidez de processamento em um nível ortográfico mais amplo. Todavia, talvez os estudos da remediação continuem a produzir estudantes que respondem à instrução no princípio alfabético, mas que continuam a ter transtornos com a fluência. Por sua vez, muitos desses estudantes talvez não consigam compreender principalmente por que a sua leitura lenta impõe demandas excessivas para a capacidade de processar o que leram. Além disso, os estudantes que não são fluentes não gostam de ler, o que contribui para a incapacidade de construir seu vocabulário de palavras visuais, um componente fundamental para o desenvolvimento de habilidades de leitura precisa e fluente.

Read Naturally

Um programa comercial voltado especificamente para a fluência é o Read Naturally (Ihnot, 2000). Nesse programa, os estudantes leem trechos de não-ficção escritos para estudantes da 1ª à 8ª séries. Os estudantes praticam leitura oral de trechos curtos e interessantes (isto é, leitura repetida), leem acompanhando uma gravação em um ritmo desafiante e cronometram a sua velocidade, representando-a em um gráfico (p. ex., número de palavras corretas por minuto), de modo que estão sempre cientes de seu progresso. As tarefas de compreensão envolvem discutir trechos com o professor e responder perguntas sobre o que leram. Existem poucas pesquisas sobre o programa Read Naturally. Hasbrouck, Ihnot e Rogers (1999) publicaram casos que haviam se beneficiado com o programa, mas essas avaliações não foram controladas. Em seu estudo sobre indivíduos com resposta inadequada, Denton e colaboradores (no prelo) observaram que oito semanas de instrução (uma hora por dia) baseada no programa Read Naturally havia levado a uma melhora significativa na fluência da leitura, mas pouca melhora em habilidades de decodificação e de compreensão. Novas pesquisas sobre a efetividade dessa abordagem para a fluência da leitura seriam proveitosas.

Instrução em leitura orientada para a fluência

Stahl, Huebach e Cramond (1997) desenvolveram um modo de instrução orientado para a fluência, uma abordagem de sala de aula para facilitar o reconhecimento automático de palavras e a fluência com três componentes: (1) uma remodelação da aula de leitura básica para incluir componentes específicos envolvendo a fluência; (2) um período envolvendo a leitura livre na escola e (3) um componente envolvendo leitura em casa. A remodelação basicamente envolvia uma tentativa de introduzir instrução diferenciada, dividindo os alunos em dois grupos com base em seus níveis de leitura, com modificações da instrução em fluência baseadas na quantidade de apoio necessário. Os componentes da escola e do lar foram projetados para aumentar a quantidade de tempo que os estudantes ficam lendo.

Uma avaliação inicial do programa (quatro professores, duas escolas, depois ampliada para dez professores e três escolas) apresentou resultados positivos. Em média, os estudantes ganharam em torno de dois anos em crescimento geral da leitura em um inventário informal. Particularmente importante foi a observação de que, durante o período de dois anos, mesmo os leitores com transtornos tiveram melhoras na fluência, com apenas 2 de 105 alunos lendo abaixo do nível da 2ª série ao final do ano. A prática em leitura claramente melhorou a fluência nesse estudo.

Stahl (2004) resumiu os resultados iniciais de um estudo em larga escala que avaliou um modelo de instrução em leitura voltada para a fluência que usou grupos-controle. O primeiro ano do estudo envolveu nove escolas e 28 salas de aula em três locais e comparou a instrução de leitura voltada para a fluência com um programa que enfatizava a leitura repetida de uma ampla variedade de materiais. Um terceiro grupo serviu como controle, com o currículo da sala de aula, e foi apenas acompanhado. Alguns controles históricos também foram usados e avaliados. Stahl (2004) observou que ambas intervenções que envolveram instrução em fluência obtiveram resultados melhores do que os controles históricos e curriculares, e não houve diferenças sistemáticas entre os dois tratamentos. Os resultados foram especialmente significativos para os alunos que tinham transtornos da leitura, que também receberam complementação do programa de leitura por meio dos princípios da instrução direta direcionados às falhas na decodificação (com base em Lovett et al., 1990). Ao avaliar o desempenho relativo a estudantes que haviam estado nos mesmos programas escolares no passado (controles históricos), foram observadas melhoras no reconhecimento de palavras, na velocidade e na precisão da leitura oral e na compreensão. Os efeitos sobre os alunos com dificuldades, muitos dos quais provavelmente tinham TAs, foram especialmente interessantes.

Uma segunda aplicação do estudo inicial está em andamento para replicar e para ampliar esses resultados iniciais. A chave para ambas abordagens pode envolver a estruturação dos textos para o nível instrucional dos leitores. Stahl (2004) sugere que a estruturação pode explicar por que abordagens como as duas intervenções melhoram a fluência e a compreensão, mas abordagens baseadas na leitura silenciosa prolongada (p. ex., parar tudo e ler) não parecem ter grandes efeitos sobre a leitura.

RAVE-O

Como não é de surpreender, a fluência está emergindo como uma importante ênfase na área da remediação, e as novas iniciativas talvez sejam melhor caracterizadas pelo programa RAVE-O, desenvolvido por Wolf e colaboradores (2002). O nome RAVE-O significa Recuperação, Automaticidade, elaboração do Vocabulário e Enriquecimento com a Ortografia da língua. O programa visa facilitar o desenvolvimento da automaticidade em sub-habilidades da leitura, facilitar a fluência nos processos de decodificação e de compreensão e aumentar o interesse e o envolvimento na leitura e no uso da língua para estudantes com TAs na fluência.

O programa RAVE-O baseia-se em um modelo evolutivo da fluência (Wolf et al., 2003), que enfatiza as diversas contribuições da familiaridade do estudante com padrões ortográficos comuns para a compreensão proficiente, bem como o conhecimento do estudante sobre o significado da(s) palavra(s), partes de morfemas e usos da gramática. Uma premissa importante é que quanto mais o aluno conhece uma palavra, mais rápido ele poderá recuperá-la e lê-la. O formato de jogo inclui um trabalho intensivo com o reconhecimento rápido de padrões ortográficos; a construção de redes de palavras; estratégias de recuperação de palavras e de compreensão; jogos com a língua por meio de jogos de computador animados; e a leitura repetida e rápida de histórias curtas (de um minuto) que incorporam os diversos significados e usos sintáticos de palavras básicas.

Esse programa costuma ser usado em conjunto com um programa de reconhecimento de palavras e está sendo avaliado juntamente com o PHAST Track Reading Program do grupo de pesquisa de Morris, Wolf e Lovett, descrito no Capítulo 5. Morris e colaboradores (2006) observaram que o programa RAVE-O aumenta o reconhecimento de palavras, a fluência e a compreensão mais do que a instrução baseada apenas nos programas de habilidades de decodificação. Por enquanto, não existem evidências fortes desses estudos de que o programa RAVE-O produza ganhos maiores em fluência no nível das palavras do que um programa como o PHAST, que ensina estratégias para generalizar o princípio alfabético para unidades sublexicais maiores no nível morfossintático. Essas observações enfatizam a importância de incluir instrução voltada para unidades sublexicais cada vez maiores para estudantes com dificuldades de decodificação e em fluência.

Uma questão é se um programa como o RAVE-O leva a uma melhora maior na leitura de textos, bem como na compreensão, em comparação com um programa que enfatiza a generalização de estratégias de reconhecimento de palavras. Essa possibilidade refletiria o foco de programas como o RAVE-O na fluência nos níveis sublexical, das palavras e de textos. As teorias anteriores sobre como a fluência emerge concentravam-se no reconhecimento preciso e fluente das palavras, corroborado pelos resultados comparáveis para a fluência no nível das palavras em programas como o Word Identification Strategy Training (WIST). Se o programa RAVE-O leva a ganhos mais fortes em fluência no nível dos textos e da compreensão, esses resultados sustentariam uma abordagem de intervenção mais abrangente no nível textual de proficiência e de compreensão. Além disso, seria interessante comparar os efeitos de programas como o RAVE-O e o WIST em crianças identificadas com transtornos da fluência, mas não em precisão.

Embora programas como o RAVE-O concentrem-se de forma mais ampla na fluência no nível textual, a maioria das teorias sobre como a fluência emerge também se concentram no reconhecimento preciso e fluente de palavras, corroborado por programas como o WIST. Para ilustrar, em uma série de estudos sobre a remediação, que abordava especificamente déficits em fluência (Levy, 2001), estudantes identificados com transtornos da fluência receberam uma variedade de intervenções. A maioria deles também apresentava problemas com o reconhecimento de palavras. Esses estudos foram projetados especificamente para avaliar se a transferência da fluência é influenciada no nível do reconhecimento de palavras ou no nível da leitura textual. De um modo geral, os estudos resumidos por Levy (2001) mostram que a fluência da leitura em leitores fracos é limitada por sua velocidade lenta de processamento no nível das palavras individuais. A autora observou que a simples prática em um jogo de "repetição de nomes" levou a ganhos significativos em habilidades de reconhecimento de palavras, particularmente para leitores fracos. As palavras foram melhor aprendidas por meio de um estudo com treinamento de palavras, no qual o aluno aprendia a ler uma lista de palavras o mais rápido possível. A alternativa envolvia os alunos lerem quatro vezes sucessivas uma história que contivesse a mesma palavra. Para os leitores fracos, a transferência para uma velocidade maior de leitura ocorreu independentemente do uso de um contexto semelhante ou diferente na história. Porém, Levy (2001) observou que o contexto não era um componente essencial da experiência, e que foi possível ensinar fluidez na leitura de palavras para leitores fracos, tornando-os mais capazes. Houve evidências claras de transferência entre os níveis linguísticos no contexto. Em outros estudos, parece haver pouco benefício adicional em se enfatizarem unidades ortográficas. Contudo, a estruturação da unidade ortográfica, que tem o efeito de tornar a relação ortográfica mais explícita, resultou em mais automaticidade. Esses resultados condizem com as premissas do programa RAVE-O, mostrando que agrupar palavras em padrões ortográficos semelhantes acelera a fluência.

Levy (2001) observou que muitos leitores fracos eram bastante lentos para realizarem generalizações entre as palavras. Em uma das poucas pesquisas com estudantes com dificuldades específicas na fluência, Thaler, Ebner, Wimmer e Landerl (2004) proporcionaram treinamento computadorizado em leitura repetida de 32 palavras ao longo de 25 dias para uma amostra de 20 crianças que falavam alemão. Cada palavra foi escolhida para enfatizar o segmento inicial e foi apresentada até seis vezes por dia. Embora a fluência na leitura de palavras treinadas tenha melhorado ao longo do período de cinco semanas, houve apenas uma leve melhora na leitura de palavras não-treinadas. Em um estudo diferente com leitores fracos que falavam dinamarquês, de Jong e Vrielink (2004) treinaram alunos da 1ª série para nomear rapidamente uma série de letras. Houve poucas evidências de melhora quando a nomeação rápida de letras seriais foi treinada diretamente. Desse modo, o treinamento de estudantes em processamento ortográfico não generaliza para novas palavras, além de ser difícil de realizar.

CONCLUSÕES

Existem evidências claras de uma dissociação entre os déficits na fluência da leitura e aqueles que envolvem o reconhecimento de palavras e a compreensão. Além disso, os processos cognitivos que se concentram na nomeação rápida e no processamento ortográfico parecem estar relacionados com déficits na fluência. Permanecem os problemas ligados à questão de como são definidos os déficits na fluência da leitura. Outro problema diz respeito à especificidade das deficiências na nomeação rápida em crianças com transtornos da leitura. Existem poucos trabalhos especificamente sobre pessoas com dificuldades na fluência da leitura na América do Norte.

As intervenções voltadas para a fluência concentram-se principalmente em procedimentos que levam à exposição repetida a palavras. Essa abordagem provavelmente será mais efetiva se o material de leitura for estruturado para o nível da instrução em leitura da criança. Para desenvolver a fluência, as crianças devem se envolver com material escrito assim que começam a ler. Uma razão pela qual as crianças que aprendem a decodificar mais tarde no desenvolvimento se tornam leitores lentos pode envolver os efeitos cumulativos da falta de experiência, que impedem o desenvolvimento do vocabulário de palavras visuais (Torgesen et al., 2001). Atualmente, começam a surgir intervenções baseadas em visões mais amplas da fluência, estendendo-se além da leitura repetida, como o programa RAVE-O. À medida que a importância de aprender a processar unidades ortográficas maiores for mais compreendida, é provável que novas abordagens de instrução em leitura e em ortografia enfocando explicitamente essas oportunidades sejam ligadas à fluência.

7

Transtornos da leitura
Compreensão

A pesquisa sobre crianças com transtornos no reconhecimento de palavras tende a compará-las com crianças de desempenho típico e não considerar comprometimentos em outras áreas, como a fluência, a compreensão ou mesmo a matemática e a expressão escrita. Essa abordagem é usada porque os resultados de estudos que envolvem o reconhecimento de palavras não parecem variar por causa de outras co-morbidades, pelo menos quando o problema de leitura e seus correlatos são analisados. Porém, esse não é o caso em pesquisas sobre outras formas de TAs, cujos resultados podem ser obscurecidos pela inclusão de crianças com problemas com o reconhecimento de palavras. Desse modo, os estudos de crianças com problemas específicos com a compreensão leitora concentram-se em comparações entre crianças com pouca capacidade de reconhecer as palavras e com pouca capacidade de compreensão leitora e crianças com um bom desenvolvimento de habilidades de reconhecimento de palavras, mas pouco desenvolvimento da compreensão leitora (Nation e Snowling, 1998; Oakhill, Yuill e Parkin, 1996; Stothard e Hulme, 1996). Quando um estudo da compreensão leitora contém um grande número de crianças com dificuldades para decodificar palavras (p. ex., Perfetti, 1985; Shankweiler et al., 1999), a causa mais provável dos problemas com a compreensão leitora será a incapacidade de decodificar. A compreensão proficiente da leitura pressupõe decodificação precisa e fluente.

Existem boas evidências de que possa haver dificuldades na compreensão leitora na ausência de problemas com o reconhecimento de palavras e de que os transtornos da linguagem oral não sejam sinônimos de dislexiaa (Bishop e Snowling, 2004). Catts, Adlof, Hogan e Weisner (2005) encontraram evidências claras de que crianças com comprometimentos específicos de linguagem apresentam um transtorno distinto, embora a co-morbidade fosse clara quando a criança com comprometimento de linguagem tinha dificuldades com o processamento fonológico. Mais pertinentes são os estudos que identificaram crianças com comprometimento especificamente na compreensão leitora, mas não na decodificação. Todavia, a base de pesquisa é muito menos desenvolvida para essas dificuldades do que para TAs que envolvem o reconhecimento das palavras. Existem poucos trabalhos sobre os correlatos neurobiológicos ou o curso evolutivo, ainda que existam alguns estudos investigando a evolução. Também existem poucas pesquisas neurobiológicas específicas para crianças com TAs envolvendo a compreensão leitora, mas existe um corpo razoável de pesquisas sobre estratégias para remediar os problemas de compreensão em crianças com TAs.

DÉFICITS EM HABILIDADES ACADÊMICAS

Os principais déficits em habilidades acadêmicas usados para definir os TAs no domínio da compreensão leitora são, dito de forma simples, déficits em uma variedade de habilidades que permitem que o leitor extraia o significado do texto. Isso envolve um conjunto complexo de processos que, em muitos sentidos, correspondem à capacidade de compreender a linguagem, e muitos modelos da compreensão leitora e de seu desenvolvimento enfatizam a relação íntima entre os processos de compreensão leitora e oral/auditiva, observando também as diferenças nos sistemas da linguagem através do olho e do ouvido (Gough e Tunmer, 1986). Por exemplo, o ato de fazer inferências provavelmente se baseia em processos semelhantes de compreensão leitora e da audição, mas a compreensão de textos também exige processos que são mais específicos, como a sensibilidade à estrutura da história (Perfetti, Landi e Oakhill, 2005). Retornaremos a essa questão a seguir.

A compreensão leitora pressupõe a capacidade adequada de decodificação e se aproxima dos níveis de compreensão auditiva à medida que as habilidades de decodificação se tornam precisas e fluentes. Todavia, conforme discutimos no Capítulo 4, a avaliação da compreensão leitora não é direta. Sempre existem preocupações com o quanto os testes de compreensão leitora mensuram processos específicos da compreensão da linguagem escrita, em vez de outros processos linguísticos que devem estar colocados para que a compreensão leitora possa ocorrer. As medidas de precisão do reconhecimento de palavras têm uma relação relativamente transparente entre o conteúdo dos testes e os requisitos para o desempenho na leitura de palavras. Todavia, os testes padronizados de compreensão leitora diferem do contexto da leitura cotidiana em várias dimensões potencialmente importantes, incluindo o comprimento dos textos, a recordação imediata ou retardada e os requisitos de aprendizagem e de desempenho (Pearson, 1998; Sternberg, 1991). Neste momento, uma avaliação única talvez não seja adequada, pois é difícil determinar a fonte das dificuldades de compreensão de uma criança com base em uma única medida. Exatamente como mensurar e como definir os componentes das habilidades acadêmicas é uma área importante e pouco estudada (Francis et al., 2005b).

Subtipos de indivíduos com dificuldades de compreensão

A avaliação dos componentes das habilidades de leitura mostra evidências claras de subgrupos baseados em variações na precisão, na fluência e na compreensão oral/auditiva. Com base no modelo simples de leitura (Gough e Tunmer, 1986), Aaron, Joshi e Williams (1999) encontraram quatro subgrupos de leitores fracos cujas dificuldades eram nas seguintes áreas: apenas na decodificação, apenas na compreensão oral/auditiva, na decodificação e na compreensão oral/auditiva e no processamento/velocidade ortográfica. Catts, Hogan e Fey (2003) avaliaram a capacidade de decodificação e de compreensão leitora em uma coorte muito maior que amostrou excessivamente crianças com comprometimento da linguagem oral, identificando subtipos que eram estáveis ao longo do tempo no que diz respeito apenas à decodificação, apenas à compreensão oral/auditiva, a ambas, e também um grupo não-específico. Como Leach e colaboradores (2003), Catts e colaboradores (2003) observam que mesmo em estudantes maiores (4ª série), por volta de 70% dos maus leitores em sua amostra, deliberadamente identificada com alunos com pouca habilidade de linguagem oral, tinham problemas envolvendo a decodificação. Esses resultados estão em desacordo com um estudo recente sobre o nível de alfabetização de adolescentes, que sugere que bem mais da metade dos leitores fracos nas séries avançadas do ensino fundamental e do médio têm problemas específicos com a compreensão leitora (Biancarosa e Snow, 2004), mas condizem mais com a estimativa de Nation (1999) de que os problemas de compreensão envolvem 15% dos maus leitores.

O Reading Components Model é uma ótima abordagem de subtipagem, mas não está claro se ela deve ser ampliada para incluir a fluência (Capítulo 6). Joshi e Aaron (2000) observaram que 48% da variância na compreensão leitora podiam ser explicados pela decodificação e pela compreensão oral/auditiva, mas outros 10% podiam ser explicados com a adição de um teste da nomeação rápida de letras. Conforme discutido no Capítulo 6, essas medidas são essencialmente substitutos para a fluência (Schatschneider et al., 2004). As crianças que fazem parte do subtipo não-especificado em Catts e colaboradores (2003) não se caracterizavam por apresentarem transtornos com a fluência, e esse grupo de pesquisadores não encontrou muitas evidências sugerindo a necessidade de expandir o Reading Components Model para incluir a fluência. Entretanto, conforme sugere Joshi (2003), o Reading Components Model concentra-se nas principais manifestações do problema de leitura e leva imediatamente à remediação. Ele representa uma importante estratégia de pesquisa para estudar indivíduos com fracas habilidades de compreensão.

A questão das discrepâncias entre a compreensão leitora e a compreensão oral/auditiva é mais complicada. No Capítulo 3, mostramos que essa versão de um modelo de discrepância entre a aptidão e o desempenho tinha os mesmos problemas psicométricos que qualquer modelo de discrepância bivariada. Desse forma, Badian (1999) observou os mesmos padrões de instabilidade ao longo do tempo para esse tipo de definição que foram descritos para definições de dislexia baseadas no QI e no desempenho (ver Capítulo 3). Contudo, além desse problema, uma definição baseada apenas nas discrepâncias entre a compreensão oral/auditiva e a leitora não isolará um subgrupo específico de indivíduos com problemas de compreensão, pois não faz uma avaliação das habilidades de reconhecimento de palavras. Não é possível definir um grupo com TAs específicos em compreensão leitora sem avaliar formalmente as habilidades de reconhecimento de palavras e garantir que essas habilidades estejam na faixa média.

PROCESSOS COGNITIVOS BÁSICOS

Os modelos cognitivos da compreensão (Perfetti et al., 2005) envolvem processos relacionados com o código superficial (a decodificação, o acesso ao significado da palavra e a sintaxe) para construir representações baseadas no texto (referência pronominal, derivar significados de palavras a partir do contexto, fazer inferências de conexão dentro do texto) e construir um modelo mental para a situação descrita pelo texto (usar o conhecimento geral para fazer inferências, integrar os objetivos do leitor). As diferenças individuais na compreensão podem surgir a partir de falhas em qualquer um desses processos ou em processos cognitivos mais gerais, como nas operações com a memória de trabalho e a recuperação da memória de longo prazo, envolvidos na construção de representações do texto e do modelo de situação (van den Broek, Rapp e Kendeou, 2005). A presença de um TA específico envolvendo a compreensão leitora pressupõe que a decodificação esteja intacta. A pesquisa geralmente mostra que as crianças que são boas em decodificação, mas fracas em compreensão, podem decodificar e entender significados que são estipulados ou fornecidos pelo código superficial do texto (Barnes, Johnston e Dennis, no prelo), de modo que a pesquisa tem se concentrado nas últimas duas classes de processos.

Para identificar os processos cognitivos relevantes, a pesquisa que estuda crianças com transtornos na compreensão leitora usa três modelos experimentais principais na tentativa de identificar os déficits básicos por trás dos transtornos da compreensão. Um modelo compara crianças de mesma idade que são boas em decodificação mas fracas em compreensão com crianças que são boas em ambas (modelo da idade cronológica). Um segundo modelo compara crianças que são boas em decodificação/fracas em compreensão e crianças correspondentes para o nível de compreensão leitora com as crianças mais velhas com comprometimento (modelo de combinação do nível de leitura). O terceiro modelo visa treinar crianças em habilidades cuja falta supostamente contribui para os déficits na compreensão leitora, para determinar se o treinamento melhora sua compreensão. Os resultados dos três métodos são congruentes em identificar os correlatos cognitivos básicos envolvendo a linguagem, a compreensão oral/auditiva, a memória de trabalho e uma variedade de processos que dão suporte à construção de significados, como a inferência.

Linguagem

As crianças que têm boa capacidade de decodificação e pouca de compreensão geralmente apresentam déficits mais básicos em vocabulário, em morfologia e em entendimento da sintaxe que comprometem a compreensão leitora (Nation, Clarke, Marshall e Durand, 2004; Stothard e Hulme, 1992, 1996). Os déficits linguísticos dessas crianças geralmente não são suficientemente graves para classificá-las como portadoras de comprometimentos da fala e da linguagem (Nation et al., 2004). Além disso, suas habilidades fonológicas geralmente não são deficientes (Cain e Oakhill, 1999; Nation, Adams, Bowyer-Crane e Snowling, 1999; Oakhill, 1993). A compreensão leitora não pode ser mais forte que a compreensão da linguagem, e um exemplo claro disso é o vocabulário: uma criança pode saber decodificar uma palavra, mas, se não souber o significado, a compreensão do texto será prejudicada.

Essencialmente, o desenvolvimento da linguagem está no centro da compreensão leitora. Em estudos de Catts e colaboradores, que pesquisaram especificamente as habilidades de leitura de indivíduos com fraca capacidade de compreensão, a sobreposição é grande e os problemas com o vocabulário e com a sintaxe têm pontos em comum (Catts e Hogan, 2003). Alguns estudos do processamento lexical em indivíduos com poucas habilidades de compreensão, com controle para os níveis de decodificação e de habilidades linguísticas básicas como o vocabulário, mostram que esses indivíduos têm problemas em uma variedade de medidas envolvendo o discernimento semântico e a fluência (Nation e Snowling, 1998; Nation et al., 1999).

Compreensão oral/auditiva

As expressões compreensão da linguagem oral e compreensão auditiva são usadas às vezes para se referir às habilidades da linguagem receptiva. Todavia, na área da compreensão leitora, a compreensão auditiva significa mais que apenas habilidades da linguagem receptiva. Ela envolve processos no nível do discurso que servem como um controle superior que influencia a compreensão leitora e oral/auditiva. Desse modo, a *compreensão oral/auditiva* é uma expressão que deve ser esclarecida e se refere a um processo tão difícil de avaliar quanto a compreensão leitora. Discutiremos alguns dos processos por trás da compreensão oral/auditiva e da leitura a seguir. Apenas enfocando-se a expressão como é usada na área da compreensão, já fica estabelecido que as dificuldades na compreensão oral/auditiva assemelham-se aos problemas com a compreensão leitora (Shankweiler et al., 1999; Stothard e Hulme, 1996). A maioria dos estudos que comparam a compreensão leitora e a oral/auditiva em amostras normativas apresentam níveis elevados de sobreposição. As crianças não conseguem entender melhor a linguagem escrita do que podem entender a linguagem oral. É possível que haja dissociações entre a compreensão leitora e a compreensão oral/auditiva em alguns casos, fazendo com que a compreensão leitora seja melhor que a compreensão auditiva. Isso parece mais provável em crianças maiores e adultos, mas existem poucas pesquisas que demonstram essas dissociações. De qualquer maneira, qualquer dificuldade linguística ou cognitiva que atrapalhe a compreensão da linguagem oral também afetará a capacidade dos indivíduos de ler textos ou mesmo de compreender textos lidos para eles.

Memória de trabalho

Uma habilidade cognitiva específica que costuma ser identificada como fonte de dificuldade em estudos de indivíduos com poucas habilidades de compreensão é a memória de trabalho. A compreensão auditiva e da leitura impõe demandas sobre a memória de trabalho como um recurso de armazenamento, no qual palavras e frases são mantidas para processamento mais prolongado e para integração com conhecimento prévio e como um espaço de trabalho mental, no qual é possível revisar interpretações de textos anteriores em relação a novas informações (Barnes et al., no prelo). Diversos estudos documentam as relações entre a memória de trabalho verbal e a compreensão e mostram que a memória de trabalho está comprometida em indivíduos com fracas habilidades de compreensão (Stothard e Hulme, 1992; Nation et al., 1999). Cain, Oakhill e Lemmon (2004b) observaram que a aprendizagem de um vocabulário novo a partir do contexto (isto é, aprendizagem incidental de palavras) era prejudicada em indivíduos com pouca compreensão quando o contexto não era adjacente à palavra nova. A capacidade da memória de trabalho, mas não a duração da memória de curto prazo, estava relacionada com a inferência de significados de palavras novas a partir do contexto. De maneira interessante, os indivíduos com baixa compreensão e com vocabulário médio não apresentaram comprometimento da aprendizagem de novo vocabulário, quando ensinado de forma direta (isto é, que não era inferido a partir do contexto), mas, quando tinham pouco conhecimento de vocabulário, esses indivíduos tinham dificuldade para aprender vocabulário novo, mesmo com instrução explícita. Cain, Oakhill e Bryant (2004a) observaram que a memória de trabalho, conforme avaliado em um teste de sentenças, contribuiu para a variância nas inferências, no monitoramento da compreensão e no conhecimento da estrutura da história, mesmo controlando-se a capacidade de decodificação, o QI verbal e o vocabulário. Padrões semelhantes são observados em populações de crianças com lesões cerebrais, que muitas vezes apresentam pouca compreensão e pouca capacidade adequada de decodificação (Barnes et al., no prelo). A semelhança nos resultados em crianças com problemas de compreensão corrobora um papel central da memória de trabalho como mediadora dos problemas de leitura (e compreensão da escrita). A relação entre os processos de armazenamento/integração e processos inibitórios da memória de trabalho com as diferenças individuais em diversos processos de compreensão ainda deve ser estudada. Todavia, mesmo em estudos que envolvem a memória de trabalho, as avaliações de processos superiores contribuem para a variância nos resultados relacionados com a compreensão, conforme discutido na seção seguinte.

Processos superiores

A compreensão leitora não pode ser explicada unicamente com base no reconhecimento de palavras, na linguagem oral e na memória de trabalho. Mesmo quando a decodificação, as habilidades linguísticas básicas e a memória de trabalho são controladas, ainda ocorrem déficits na compreensão leitora (Cain, Oakhill e Bryant, 2000; Cain et al., 2004a; Nation e Snowling, 1998) por causa de dificuldades com habilidades no nível do discurso envolvendo as inferências, o monitoramento da compreensão, a integração textual e outras habilidades metacognitivas relacionadas com a compreensão, que são, em parte, mas não completamente, explicadas pela variabilidade na memória de trabalho (Cornoldi, De Beni e Pazzaglia, 1996; Cain et al., 2004a, 2004b).

Inferências

Um corpo substancial de pesquisas mostra que indivíduos com poucas habilidades de compreensão entendem significados literais, proporcionados pelo código superficial do texto, mas têm dificuldade para fazer inferências que exijam a interpretação ou a integração do texto (ver Oakhill, 1993). Os transtornos são visíveis mesmo quando se controlam as demandas da memória de trabalho (Oakhill, 1993), em crianças com habilidades linguísticas orais e vocabulário intactos (Barnes e Dennis, 1996), e mesmo quando as diferenças no conhecimento básico são controladas (Barnes et al., no prelo). Talvez os problemas com as inferências não reflitam uma incapacidade fundamental de fazer uma inferência, mas uma incapacidade de fazê-lo no contexto da compreensão textual, representando um déficit estratégico. Cain e Oakhill (1999) observam que ensinar estratégias para fazer inferências a indivíduos com problemas de compreensão leva a melhoras na capacidade de fazer inferências. Reduzir as demandas metacognitivas e as demandas sobre a memória de trabalho também ajuda o indivíduo a fazer inferências (Cain, Oakhill, Barnes e Bryant, 2001; Barnes e Dennis, 2001). Conforme revisamos a seguir, o uso de pistas explícitas e de outras estratégias para ajudar as inferências em estudos sobre intervenções também corrobora a natureza estratégica do problema para fazer inferências (Vaughn e Klingner, 2004). Todavia, deve-se observar que, embora as intervenções metacognitivas e estratégicas ajudem o indivíduo a fazer inferências e melhorem a compreensão leitora, isso não é o mesmo que dizer que as estratégias de compreensão e as habilidades metacognitivas tenham uma relação causal com a compreensão hábil ou menos hábil.

Conhecimento prévio e inferências

Diversos estudos analisaram o papel do conhecimento prévio na compreensão. Obviamente, crianças e adultos com maior conhecimento de vocabulário e maior profundidade e amplitude em conhecimento geral e que leem mais terão mais habilidades de compreensão que enfatizem a integração de novas informações ao conhecimento prévio. A questão é controlar o conhecimento prévio, especialmente para avaliar os processos de inferência e processos afins. Para investigar a construção de um modelo situacional que controle o conhecimento prévio na compreensão textual, estudou-se uma variedade de indivíduos com poucas habilidades de compreensão, incluindo crianças com desenvolvimento típico (Barnes, Dennis e Haefele-Kalvaitis, 1996), crianças neurologicamente normais com poucas habilidades de decodificação e de compreensão (Barnes e Dennis, 1996), crianças neurologicamente normais que eram boas em decodificação, mas tinham pouca compreensão (Cain et al., 2001), crianças com espinha bífida e hidrocefalia que eram boas em decodificação e fracas em compreensão (Barnes et al., no prelo) e crianças com pouca compreensão como resultado de lesões cerebrais adquiridas (Barnes e Dennis, 2001). O paradigma usado nesses estudos controla o conhecimento prévio, ensinando uma palavra falsa. Então, os sujeitos escutam ou leem uma história que exige que integrem conhecimento da palavra falsa com eventos representados na história. São avaliadas inferências envolvendo: (1) *coerência* (isto é, necessárias para manter a coerência da história) e (2) *desenvolvimento* (isto é, desenvolver o tema em relação a objetos e a pessoas da história).

Analisando-se apenas as inferências para as quais as crianças tinham conhecimento adequado, demonstrado pela capacidade de lembrar o conteúdo necessário ao final da tarefa, os resultados dos estudos foram semelhantes. Em primeiro lugar, os indivíduos com poucas habilidades de compreensão levaram mais tempo para dominar o conhecimento básico, de modo que as dificuldades na aquisição de conhecimento não foram uma simples questão de experiência e de exposição (Barnes e Dennis, 2001). Em segundo lugar, os indivíduos mais velhos com poucas habilidades de compreensão tiveram desempenho semelhante ao de indivíduos mais jovens com boa capacidade de compreensão. Em terceiro, as fontes de suas dificuldades com as inferências eram semelhantes (Barnes et al., no prelo; Cain et al., 2001). Quando as inferências exigiram recuperar conhecimento da memória ao longo do tempo, as diferenças foram maiores, refletindo uma carga maior de processamento. Por outro lado, quando foram usadas pistas para fazer inferências, as diferenças foram menores, pois a carga de processamento era reduzida. Em quarto lugar, foi mais fácil fazer inferências para desenvolver o texto do que inferências em busca de coerência (Barnes et al., 1996), segundo avaliação feita quando a carga de processamento estava reduzida, mas houve mais inferências de coerência do que de desenvolvimento no contexto da compreensão da história em todos os níveis de capacidade de compreensão. Desse modo, a tentativa de manter a coerência semântica caracteriza até mesmo os indivíduos com poucas habilidades de compreensão.

Particularmente interessantes são os estudos que mostram que os sujeitos demoraram mais para dominar o conhecimento-base. Na mesma linha, Cain e colaboradores (2001) afirmam que, embora indivíduos com boa ou com fraca capacidade de compreensão e com habilidades adequadas de decodificação tenham tido um grau comparável de recordação do conhecimento-base ao final do experimento, uma semana depois, os indivíduos com pouca compreensão lembravam menos do conhecimento-base do que os indivíduos com boa capacidade de compreensão. Um rumo importante a tomar seria tentar entender as origens dessa dificuldade para adquirir e para reter o conhecimento. Isso está relacionado com dificuldades linguísticas ou de aprendizagem mais gerais, com problemas com a memória de trabalho e com a alocação de recursos ou com outros fatores, como a exposição e a experiência.

Monitoramento da compreensão

Existem diversos processos metacognitivos que são usados para controlar e para avaliar a compreensão leitora (e da audição). O monitoramento da compreensão exige que o leitor identifique incoerências no texto, lacunas no entendimento ou que busque informações em outras partes do texto (Cataldo e Cornoldi, 1998). Nation (2005) sintetizou uma variedade de estudos que indicam que as crianças com poucas habilidades de compreensão têm dificuldades com o monitoramento da compreensão. Desse modo, não é de surpreender que o foco no monitoramento da compreensão seja uma parte usual da estratégia de instrução em intervenções voltadas para a compreensão leitora.

Sensibilidade à estrutura da história

Como um último exemplo de um processo superior que é específico da compreensão leitora, considere a sensibilidade de uma criança à natureza do texto que está lendo. Os textos têm diferentes gêneros e podem representar histórias narrativas, texto expositivo, poemas, instruções, hipertexto e outros gêneros. Cada um contém um estilo linguístico distinto e geralmente é apresentado de maneiras variadas. Entender essa variação facilita a compreensão.

Além dos efeitos do gênero, outros aspectos da estrutura e do texto fornecem informações importantes que facilitam a compreensão, incluindo o título da história, a primeira sentença do parágrafo, os parágrafos iniciais e finais e outros aspectos da estrutura da história. As crianças que têm dificuldade para compreender o texto são menos cientes do gênero e da variação na estrutura da história. Elas não prestam atenção a esse tipo de informação, mas respondem a tentativas de ensiná-las sobre as características do texto e sobre como a atenção a essas características facilita a compreensão (Perfetti et al., 2005).

EPIDEMIOLOGIA

Prevalência

Não existem estimativas de dificuldades *específicas* na compreensão leitora a partir de estudos epidemiológicos. Badian (1999) analisou dois critérios de definição. O primeiro definiu as dificuldades na compreensão leitora usando uma definição de desempenho baixo no 25º percentil. O segundo usou uma discrepância de 1,5 erro padrão entre a compreensão oral/auditiva (como a medida de aptidão) e o desempenho em testes de compreensão leitora (como medidas de desempenho). Em uma população de mais de mil crianças da 1ª à 8ª série, a autora observou uma prevalência geral de 2,7% para a definição pela discrepância e de 9,1% para a definição por desempenho baixo – ambas baixas, dados os pontos de corte. Todavia, o nível da capacidade de reconhecer palavras não foi controlado, de modo que não foi possível determinar a prevalência de transtornos *específicos* de compreensão leitora. Estudos com amostras específicas envolvendo crianças que tinham capacidade de reconhecimento de palavras adequada para a idade mas pouca compreensão leitora produziram estimativas de 5 a 10%, dependendo dos critérios de exclusão usados para definir os grupos (p. ex., Cornoldi et al., 1996; Stothard e Hulme, 1996). Nation (1999) estimou que 15% dos leitores fracos tinham problemas específicos de compreensão.

A relação entre as dificuldades na compreensão leitora e a idade não é clara, embora determinados problemas de compreensão leitora pareçam mais prováveis em crianças maiores e surjam após o estágio inicial da alfabetização. Shankweiler e colaboradores (1999) conseguiram identificar apenas alguns alunos da 2ª e 3ª séries, amostrados para diferentes tipos de TAs, com boas habilidades de reconhecimento de palavras e fracas de compreensão. Leach e colaboradores (2003) mostram que apenas 20% de uma amostra de crianças com problemas de leitura tinham transtornos específicos de compreensão e que a maioria dessas crianças foi identificada após a 2ª série. Em contrapartida, Badian (1999) observou que as taxas de prevalência para a definição baseada na discrepância haviam diminuído um pouco na 8ª série, mas aumentaram para a definição segundo o desempenho baixo. A amostra de crianças com comprometimentos era menor para cada série, e as crianças não foram identificadas com transtornos *específicos* de compreensão leitora. Se uma criança tem um transtorno significativo da linguagem oral, é provável que os problemas com a compreensão leitora venham a ser identificados mais cedo no seu desenvolvimento, mas muitas dessas crianças também têm poucas habilidades de reconhecimento de palavras (Catts, Fey, Tomblin e Zhang, 2002a). As crianças que apresentam transtornos mais sutis na compreensão da linguagem talvez sejam exatamente aquelas identificadas mais adiante no desenvolvimento, isso quando o são (Nation, Clarke e Snowling, 2002). Como com qualquer definição de TA, a incidência varia dependendo das decisões sobre os pontos de corte em testes normatizados.

Razão de gênero

Badian (1999) encontrou razões de gênero masculino:feminino de aproximadamente 2,4:1 para a definição de transtornos na compreensão leitora baseada na discrepância e de 1,6:1 para a definição por baixo desempenho. Esses números são um pouco mais altos que os resultados gerais apresentados no Capítulo 5, mas esse é o único estudo que analisa as razões de gênero para a compreensão.

CURSO EVOLUTIVO

O curso evolutivo do transtorno específico na compreensão leitora não foi estudado. Estudos recentes nessa área abordaram o modo como a compreensão fraca no início do histórico escolar de uma criança pode influenciar não apenas a compreensão posterior da leitura, mas também o desenvolvimento contínuo de habilidades de decodificação de palavras. Embora as dificuldades de decodificação e de compreensão sejam dissociáveis, as crianças que são boas em decodificação mas fracas em compreensão talvez comecem a ficar para trás em suas habilidades de decodificação nas séries escolares mais avançadas (Oakhill et al., 2003) por causa da sua menor experiência com textos. Como leem menos e desistem quando se deparam com palavras menos comuns (Cunningham e Stanovich, 1999), seu vocabulário de palavras visuais não acompanha o dos colegas que têm mais habilidades de compreensão e leem com mais frequência. Além disso, sua baixa capacidade de usar pistas semânticas para decodificar palavras menos frequentes pode limitar os níveis de desenvolvimento lexical (Nation e Snowling, 1998). Esse padrão se chama efeito Mateus* (Stanovich, 1986) e foi observado claramente nos sujeitos não--discrepantes com baixa compreensão no estudo de Badian (1999), onde a prevalência aumentou com a idade.

FATORES NEUROBIOLÓGICOS

Apresentamos apenas uma breve discussão específica sobre os fatores neurobiológicos relacionados com a compreensão leitora, principalmente porque os indivíduos com pouca capacidade de compreensão não foram estudados enquanto um grupo separado pela perspectiva da neuroimagem ou da genética. Além disso, a pesquisa com neuroimagem funcional sobre a compreensão leitora tende a se concentrar em sub-habilidades específicas, como o reconhecimento de palavras, a memória de trabalho ou o processamento semântico.

Estrutura e funcionamento do cérebro

As áreas do cérebro que proporcionam acesso ao significado e à compreensão da linguagem estão razoavelmente bem-compreendidas. Não existem estudos com imagens de ressonância magnética anatômica (IRMa) de indivíduos com poucas habilidades de compreensão. Os indivíduos podem ter uma lesão no cérebro que resulte em determinados transtornos na compreensão da linguagem (e da leitura). As áreas do cérebro que estão envolvidas correspondem basicamente às áreas identificadas na Figura 5.3 como responsáveis pelo processamento fonológico e por processos transmodais de reconhecimento de

---

* N. de R. T. Alusão ao texto bíblico "Ao que tem, se lhe dará e terá em abundância, mas ao que não tem será tirado até mesmo o que tem" Mateus (13:12).

palavras. De maneira interessante, os pacientes que sofrem afasias que afetam a compreensão da linguagem variam no grau em que a compreensão leitora é afetada, mas ambos domínios costumam estar comprometidos.

Em uma revisão de estudos de neuroimagem envolvendo o processamento de sentenças e do discurso, Gernsbacher e Kaschak (2003) identificaram diversos estudos que analisam o processamento de sentenças e o processamento no nível do discurso. Para essas duas classes gerais de testes, os paradigmas geralmente não correspondem à leitura de textos autênticos.* Pelo contrário, os leitores (ou ouvintes) devem identificar anomalias ou processar certos componentes específicos do discurso, como a prosódia ou a emoção. Ao sintetizarem os resultados de estudos sobre a compreensão de sentenças, Gernsbacher e Kaschak (2003, p. 102) indicaram que "o processamento de sentenças envolve a área de Wernicke (processamento fonológico/palavras), as regiões temporais superior e média (processamento fonológico/lexical/semântico), a área de Broca (produção/análise sintática), o giro frontal inferior (processos fonológicos/sintáticos/semânticos), as regiões frontais média e superior (semântica) e os homólogos dessas regiões no hemisfério direito". Ao sintetizarem os estudos sobre o discurso, Gernsbacher e Kaschak (2003, p.105) observaram que "o processamento do discurso parece ser uma rede distribuída por regiões cerebrais, incluindo as áreas envolvidas em níveis inferiores do processamento da linguagem (palavras, sentenças, etc.), bem como áreas específicas do discurso: as regiões temporais e frontais direitas (importantes para os aspectos integradores do processamento do discurso, assim como ambos lobos temporais). A função exata dessas regiões ainda é desconhecida" (p. 105).

Em outra revisão concentrada em estudos de imagem funcional envolvendo a compreensão de sentenças escritas, Caplan (2004) observou que certas operações de processamento no nível das sentenças envolvem áreas cerebrais semelhantes, independente da linguagem ser escrita ou falada. Diferentes regiões do cérebro sustentam diferentes aspectos do processamento de sentenças, mas houve variabilidade em relação às regiões observadas. Desse modo, os estudos de características específicas das sentenças e do discurso tendem a enfocar os processos que sustentam a compreensão, refletindo o fato de que a leitura (e a escuta) são processos essencialmente não-observáveis, que exigem a operação conjunta de diversos domínios para tirar significado do texto (ou de palavras).

Fatores genéticos

Não conseguimos encontrar estudos que abordem especificamente a herdabilidade da compreensão fraca da leitura em indivíduos identificados como portadores desses transtornos. Como dimensão, Petrill, Deater-Deckard, Thompson, Schatschneider e De Thorne (no prelo) encontraram uma forte

---

* N. de R.T. Textos autênticos são os textos reais, naturais, aos quais os estudantes comumente são expostos.

herdabilidade para a compreensão leitora em uma amostra jovem de gêmeos, conforme avaliada pela técnica *close* usada em diferentes testes de Woodcock (p. ex., Woodcock et al., 2001; ver Capítulo 4). A magnitude foi semelhante à observada para o reconhecimento de palavras. Nesse estudo, o reconhecimento de letras e de palavras, a consciência fonológica e o vocabulário da linguagem oral apresentaram significativas evidências ambientais compartilhadas (e não-compartilhadas), mas a compreensão leitora apresentou apenas influências ambientais não-compartilhadas que fossem significativas. Todavia, um estudo de gêmeos adultos criados separadamente mostrou herdabilidade semelhante para a leitura de palavras, mas uma estimativa mais baixa para a compreensão leitora (Johnson, Bouchard, Segal e Samuels, 2005).

Em uma amostra da 1ª série, Byrne e colaboradores (no prelo) obtiveram uma estimativa de herdabilidade de 0,76 para o Woodcock Passage Comprehension, bastante semelhante às estimativas de Petrill e colaboradores (no prelo). Uma avaliação da fluência baseada no TOWRE (Torgesen et al., 1999; ver Capítulo 4) produziu uma estimativa de herdabilidade de 0,82. A correlação entre as estimativas da herdabilidade foi de 0,97, indicando a ausência de influências genéticas independentes e significativas para a decodificação e a compreensão para crianças pequenas com base nesse procedimento de preencher lacunas. Em uma amostra de crianças com mais idade do estudo do Colorado, Keenan, Betjemann, Wadsworth, DeFries e Olson (2006) criaram medidas compostas da compreensão da leitura e da compreensão oral/auditiva entre vários testes diferentes, envolvendo parágrafos de duração variada e formatos de resposta diferentes, incluindo o teste de inferência baseado no conhecimento descrito na página 204. Essas medidas produziram estimativas de herdabilidade de 0,51 para a compreensão leitora e de 0,52 para a compreensão oral/auditiva. Uma medida composta para a decodificação produziu uma estimativa de herdabilidade de 0,65. A correlação entre as estimativas da herdabilidade para a decodificação e para a compreensão leitora foi de 0,85 para a compreensão auditiva e de 0,80 para a compreensão leitora. Embora essas estimativas apresentem fortes influências genéticas comuns, elas são significativamente abaixo de 1, indicando influências genéticas independentes significativas. Esses estudos, juntamente com Petrill e colaboradores (no prelo), sugerem maior independência para o reconhecimento de palavras e para a compreensão leitora entre os gêmeos mais velhos, em comparação com os mais novos. Esses resultados, como os de diferentes mecanismos cognitivos, também favorecem o modelo dos componentes da leitura.

Muitos estudos mostram que diferentes habilidades linguísticas relacionadas com a compreensão leitora apresentam graus variados de herdabilidade (Plomin e Kovas), e os transtornos da linguagem oral certamente possuem um componente significativo de herdabilidade (Bishop e Snowling, 2004). Existe uma sobreposição na herdabilidade dos problemas com a leitura e a linguagem, mas esses também são transtornos independentes. Em particular, os componentes semânticos e sintáticos do desenvolvimento da linguagem são herdados, geralmente característicos de crianças com transtornos da linguagem oral, e certamente afetam a compreensão leitora. Muitos desses indivíduos têm déficits na compreensão leitora, mas é a herdabilidade do problema de linguagem que contribui para as transtornos com a linguagem oral e com a compreensão da leitura. Em comparação, crianças cujo principal problema é uma dislexia têm transtornos linguísticos mais específicos do processamento fonológico e que levam a comprometimentos na capacidade de reconhecer as palavras. Não se pode dizer que os TAs que envolvem especificamente problemas habilidades de compreensão da leitura sejam herdadas, mas é possível afirmar que os componentes linguísticos desses transtornos compartilham diferentes aspectos herdados. São necessárias mais pesquisas sobre a dimensão da compreensão leitora, que estendam a avaliação para além dos procedimentos de completar lacunas (p. ex., Kennan et al., 2006).

RESUMO: DE DÉFICITS EM HABILIDADES ACADÊMICAS A FATORES NEUROBIOLÓGICOS

Embora os déficits relacionados com a compreensão discutidos anteriormente estejam bem-documentados e sejam replicados em estudos que empregam diferentes procedimentos e critérios de identificação, restam questões relacionadas com a avaliação dos déficits em habilidades acadêmicas na compreensão leitora, e promover o debate sobre os processos cognitivos básicos por trás dos transtornos nessa habilidade específica (Snow, 2002; Stanovich, 1988). Entretanto, os estudos de crianças com dislexia, transtornos de compreensão ou ambos, crianças com transtornos neuroevolutivos e crianças de desempenho típico sustentam uma dissociação entre esses dois componentes da leitura. Esses trabalhos também mostram que esses dois aspectos da leitura são associados a diferentes déficits cognitivos, sugerindo que são necessárias diferentes formas de intervenção para remediar essas duas formas distintas de TAs. É necessário que os estudos neurobiológicos enfoquem a compreensão como uma dimensão ou, especialmente, como uma categoria diferente da dislexia.

INTERVENÇÕES NA COMPREENSÃO LEITORA
Abordagens gerais de instrução

As abordagens gerais costumam ser classificadas em dois tipos diferentes de instrução: instrução em habilidades específicas e instrução em estratégias (Clark e Uhry, 1995; Swanson, 1999). Conforme sugere o nome, a instrução em habilidades específicas concentra-se em ensinar habilidades que possam ser aplicadas a textos, como o vocabulário, encontrar a ideia principal, fazer inferências e encontrar fatos. O vocabulário pode ser ensinado por meio de abordagens de instrução explícita ou de abordagens contextuais (NRP, 2000). Habilidades como encontrar a ideia principal e fazer inferências podem ser ensinadas por meio de leitura de trechos curtos e de resposta a questões. Todavia, para que essas abordagens sejam efetivas, o professor deve proporcionar a instrução de maneira explícita e sistemática.

Ao contrário da instrução em habilidades específicas, a instrução em estratégias é "considerada como [instrução em] processos cognitivos que exigem tomar decisões e pensar de forma crítica" (Clark e Uhry, 1995, p. 107). A instrução em estratégias de compreensão leitora é um subproduto de diversas teorias e conceitos da psicologia cognitiva, notavelmente os esquemas, a metacognição e a aprendizagem mediada. Por exemplo, os esquemas envolvem a ideia de que o leitor traz certos modelos psicológicos, ou "esquemas mentais", para o texto. Durante a leitura, para que o leitor compreenda, os fatos devem ser adicionados ou adaptados ao seu esquema mental. O estudo da metacognição também teve uma influência considerável sobre a pesquisa em compreensão leitora. Observou-se que os "bons leitores que possuem habilidades metacognitivas em leitura estão cientes do propósito de ler e diferenciam as demandas da tarefa. Eles tentam esclarecer os propósitos ou as demandas da tarefa por meio de autoquestionamento antes de ler os materiais distribuídos... [e] avaliam a sua própria compreensão dos materiais lidos" (Wong, 1991, p. 239-240). Como ocorre com outros domínios de habilidades (p. ex., a memória), o ensino de estratégias metacognitivas é benéfico para indivíduos com poucas habilidades de compreensão, embora a metacognição não tenha uma relação causal com as habilidades de compreensão, mas possa ser considerada uma parte essencial dessa habilidade (Perfetti et al., 2005).

Finalmente, o conceito de aprendizagem cooperativa, que envolve os efeitos das interações entre o aluno e o professor sobre a capacidade do aluno de resolver problemas de forma independente no futuro, também influencia a teoria e a instrução em compreensão leitora. Por exemplo, Maria (1990) conceituou a instrução em leitura como uma interação entre leitor, texto e professor. O leitor traz consigo a capacidade de decodificação, o vocabulário oral e o conhecimento básico sobre o texto. O texto não é mais percebido como algo que tem um único significado para todos os alunos. Pelo contrário, o significado é construído por meio dessa interação. O professor é visto como um gestor e um facilitador, que proporciona instrução direta em estratégias, mas que também estimula a independência (Clark e Uhry, 1995).

Outros métodos de intervenção baseados nesses tipos de estratégias cognitivas foram desenvolvidos para ensinar compreensão leitora. Por exemplo, Palinscar e Brown (1985) desenvolveram um método de ensino chamado "ensino recíproco" *(reciprocal teaching)*, que demonstrou aumentar as habilidades de compreensão leitora. Além disso, Pressley e colaboradores desenvolveram intervenções baseadas em "estratégias transacionais" *(transactional strategies)* para promover habilidades de compreensão leitora que se baseiam, em parte, nos conceitos de Vygotsky (Pressley, 2006). Nesse método de instrução, os estudantes "recebem instrução direta em diversas estratégias de compreensão e são incentivados a discutir e a escolher uma estratégia para entender o que leem... os estudantes recebem reforço positivo quando a estratégia é bem-sucedida" (Clark e Uhry, 1995, p. 111). A instrução também envolve o professor atuar como um modelo que demonstra diferentes estratégias de compreensão.

Bos e Anders (1990) desenvolveram um modelo interativo de ensino, semelhante ao método de ensino transacional de Pressley (2006), que também se baseia nos princípios de Vygotsky. Esse modelo incorpora seis características do ensino-aprendizagem: (1) ativar o conhecimento prévio; (2) integrar o novo conhecimento ao velho; (3) compartilhar e aprender o conhecimento cooperativo; (4) prever, justificar e confirmar conceitos e significados do texto; (5) prever, justificar e confirmar relações entre conceitos e (6) aprendizagem propositada. Inicialmente, um professor demonstra a estratégia para os alunos, mas se afasta gradualmente do papel de instrutor, passando a adotar um papel de facilitador.

Embora o treinamento em habilidades específicas e em métodos de instrução em estratégias tenham algumas similaridades, a instrução mais efetiva para estudantes com transtornos na compreensão leitora envolve a instrução explícita, oportunidades diversas para instrução e aulas cuidadosamente sequenciadas (Clark e Uhry, 1995). As estratégias baseadas em conceitos cognitivos (isto é, instrução em estratégias) parecem ser os métodos mais efetivos de intervenção para a compreensão leitora e por enquanto tiveram os melhores resultados para melhorar a compreensão de leitores com transtornos.

Essa observação geral parece verdadeira mesmo para leitores fracos mais velhos. Em um artigo recente da Carnegie Foundation sobre o letramento (Biancarosa e Snow, 2004), observou-se que 70% dos adolescentes precisam de instrução diferenciada em letramento. Não se sabe quantos desses alunos têm problemas especificamente no nível da compreensão leitora, e o artigo provavelmente esteja incorreto ao sugerir que os problemas com a decodificação explicam uma proporção pequena desses leitores fracos. De fato, Catts, Taylor e Zhang (2006) observaram que três vezes mais adolescentes na 8ª série do ensino fundamental e no 1º ano do ensino médio tinham problemas com a decodificação, em comparação com problemas específicos de compreensão, sendo 6,5% com problemas específicos de compreensão, 3,7% com problemas específicos de decodificação e em torno de 19% com ambos tipos de problemas. Não se deve minimizar os problemas nem com a compreensão nem com a decodificação. Entre os leitores fracos da 8ª série, Cattas, Hogan e Adlof (2005) observaram que cerca de 30% tinham um problema específico com a compreensão auditiva, 13% tinham problemas específicos com a decodificação e 33% tinham ambos tipos. No 1º ano do ensino médio, apenas 3% tinham problemas específicos de decodificação, mas as dificuldades de ambos permaneciam comuns. Não se deve minimizar os problemas de decodificação em estudantes maiores e em adultos. As causas das dificuldades de leitura são várias, e é necessário enfocar a compreensão, especialmente por causa das evidências que indicam que a instrução explícita melhora a compreensão leitora mesmo para estudantes com problemas com a decodificação e a fluência.

O artigo da Carnegie Foundation faz 15 recomendações para o ensino da compreensão leitora para adolescentes (ver Quadro 7.1), a começar pela neces-

QUADRO 7.1 Recomendações da Carnegie Foundation para melhorar a compreensão leitora

1.	Fornecer instrução explícita nas estratégias e nos processos que sustentam a compreensão.
2.	Ensinar compreensão nas áreas disciplinares.
3.	Motivar a aprendizagem autodirigida dos estudantes para ler e para escrever.
4.	Usar aprendizagem cooperativa com textos variados.
5.	Aplicar intervenção em grupos pequenos para alunos que apresentem dificuldades com a compreensão da leitura, com a escrita e com áreas disciplinares.
6.	Usar textos diversos com níveis de dificuldade e temas variados.
7.	Usar bastante escrita em todas as áreas temáticas.
8.	Desenvolver tecnologias como ferramentas de instrução.
9.	Apresentar avaliações do progresso dos alunos e da eficácia do programa.
10.	Propiciar tempo extra para o letramento. No ensino médio, são necessárias 2 a 4 horas de instrução em letramento e em prática de língua e em outras disciplinas por dia.
11.	Proporcionar capacitação profissional contínua em letramento.
12.	Avaliar os resultados dos alunos e do programa.
13.	Formar equipes de professores entre áreas disciplinares que se reúnam regularmente.
14.	Proporcionar liderança de professores e de diretores que entendam a instrução em leitura.
15.	Os distritos escolares devem ter um plano amplo e coordenado de letramento da pré-escola ao ensino médio, que seja interdisciplinar, interdepartamental, intersérie e coordenado com recursos externos e a comunidade.

sidade de "instrução direta e explícita em compreensão, que é a instrução nas estratégias e nos processos que os leitores proficientes usam para entender o que leem, incluindo sintetizar, registrar o próprio entendimento e uma variedade de outras práticas" (p. 4). Descrevemos algumas dessas práticas a seguir, mas a ideia de que a instrução seja explícita é fundamental, pois muitos pressupõem que simplesmente ler muito e seguidamente já melhorará a compreensão. Contudo, conforme mostra um estudo de professores cujos alunos tinham escores de desempenho altos e baixos em leitura, as crianças desenvolvem melhores habilidades de compreensão quando a instrução é explícita (Knapp, 1995, p. 8): "os estudantes não adquirem a capacidade de buscar um significado mais profundo por osmose. Os professores devem estruturar oportunidades para que as crianças aprendam a analisar e a pensar sobre o que leram".

Outras recomendações são voltadas para as áreas da instrução e da infraestrutura. A necessidade de envolver os professores das disciplinas (p. ex., aqueles que lecionam história, ciências, línguas, etc.) na instrução explícita em compreensão leitora é fundamental, pois será necessário um tempo considerável para desenvolver as habilidades de compreensão em todos os alunos. Também é muito importante envolver os alunos maiores, cujo interesse na escola em geral costuma diminuir frente a outros interesses. As recomendações envolvendo aprendizagem cooperativa de textos, de textos diversos, de escrita intensiva, mais tempo dedicado para atividades relacionadas com o letramento e o monitoramento contínuo do desempenho estudantil representam temas que costumam ser observados nos exemplos de intervenções específicas descritos a seguir e no Capítulo 4. Para realizar essas tarefas, serão necessárias mudanças na infraestrutura, particularmente planos de letramento abrangentes no âmbito do distrito escolar que relacionem a instrução em leitura entre os domínios e as séries da educação infantil ao ensino médio.

A eficácia da instrução em compreensão leitora

Síntese com base científica

Felizmente, existem intervenções que são efetivas especificamente na área da compreensão leitora para estudantes com níveis variados de comprometimento da capacidade de reconhecer palavras, da fluência e da própria compreensão leitora. A maioria das intervenções que abordam especificamente a compreensão leitora ocorre no nível da sala de aula e geralmente visa os alunos identificados genericamente como "portadores de transtornos de aprendizagem". Os TAs específicos em compreensão leitora raramente são abordados por estudos sobre intervenções.

Existem fortes evidências de que a instrução voltada especificamente para a compreensão leitora esteja associada a resultados positivos, independente da fonte da dificuldade, mesmo em crianças com problemas de decodificação. Na metanálise de Swanson (1999), a instrução em estratégias foi especificamente efetiva para alunos com TAs que tinham transtornos da compreensão. Um artigo do NRP (NRP, 2000) identificou 47 estudos envolvendo instrução em vocabulário e 203 estudos que envolviam compreensão de texto. Todavia, como muitos dos estudos tinham limitações em seus formatos de pesquisa, o banco de dados final não foi adequado para uma síntese com base científica. Foi difícil separar e classificar as muitas variáveis e metodologias diferentes incluídas na pesquisa experimental envolvendo a instrução em vocabulário. Os 203 estudos sobre instrução em compreensão de texto identificaram 16 tipos diferentes de instrução, com 8 proporcionando uma base científica sólida de que aumentaram a compreensão. Entre esses tipos, estão o monitoramento da compreensão, a aprendizagem cooperativa, organizadores gráficos e semânticos, instrução na estrutura da história, responder questões, criar questões, resumir e ensino de estratégias múltiplas.

Para estudantes com TAs, metanálises recentes sobre aprendizagem cooperativa (Jenkins e O'Connor, 2003) e o papel dos organizadores gráficos (Kim, Vaughn, Wanzek e Wei, 2004) sugerem efeitos agregados de moderados a grandes para esses tipos de intervenções. Em outra revisão, Vaughn e Klingner (2004) encontraram uma variedade de práticas que apresentam evidências de facilitarem a compreensão leitora em estudantes com TAs, incluindo: (1) assistência para ativar o conhecimento prévio; (2) aspectos variados do monitoramento da compreensão durante e após a leitura; (3) procedimentos com questionamento; (4) métodos variados que enfocam a ideia principal no resumo do texto; (5) ensino explícito para desenvolvimento do vocabulário, que facilite o entendimento de conceitos pelo estudante, ao contrário da memorização em nível superficial e (6) organizadores gráficos, incluindo mapas semânticos, de palavras e análise de características semânticas. Além disso, estratégias que facilitem o entendimento de palavras desconhecidas, incluindo o uso de pistas contextuais, análise morfofonêmica e referências externas, podem ser úteis. A instrução explícita no entendimento da organização da estrutura textual, particularmente de textos expositivos, tem sido efetiva. Finalmente, corroborando os resultados do NRP, o ensino de estratégias múltiplas parece ser efetivo.

Os métodos usados para estudantes com TAs em leitura, incluindo o ensino recíproco, instrução em estratégias transacionais, leitura estratégica cooperativa e estratégias de aprendizagem com auxílio dos colegas (PALS), se mostraram efetivos. Condizente com uma revisão mais antiga de Mastropieri e Scruggs (1997), Vaughn e Klingner (2004) concluíram que os estudantes com TAs melhoram na compreensão leitora quando os professores (1) proporcionam instrução em estratégias documentadas como efetivas para a compreensão leitora; (2) projetam modos de instrução explícita que não dependem da aprendizagem contextual ou incidental; (3) modelam, amparam e orientam a instrução; (4) propiciam oportunidades para promover a generalização entre tipos diferentes de textos e (5) monitoram sistematicamente o progresso estudantil e fazem as adaptações indicadas no plano instrucional.

Leitura estratégica cooperativa

Uma revisão da leitura estratégica cooperativa é um exemplo interessante de abordagens que são usadas no nível da sala de aula (Vaughn, Klingner e Bryant, 2001). Na leitura estratégica cooperativa, o professor apresenta estratégias para a classe como um todo, usando modelagem, dramatização e pensamento em voz alta. Os estudantes aprendem explicitamente a aplicar estratégias envolvendo por quê, quando e como os eventos ocorrem no texto que estão lendo. Após desenvolverem um certo grau de proficiência com as estratégias, são divididos em grupos com base em sua proficiência na aplicação das estratégias. Nos grupos, os estudantes cumpriram papéis definidos à medida que implementavam as estratégias de modo cooperativo no texto expositivo. Na leitura estratégica cooperativa, são ensinadas quatro estratégias aos estudantes: (1) um componente de *previsão*, em que os alunos essencialmente tentam ativar o conhecimento prévio; (2) *monitoramento da compreensão* durante a leitura, identificando palavras e conceitos difíceis no texto e usando estratégias que abordam o que fazer quando o texto não fizer sentido; (3) reestudar a *ideia mais importante* do parágrafo; e (4) *resumir/fazer perguntas*.

Os resultados de diversos estudos mostram que muitos estudantes tiveram ganhos significativos na compreensão leitora e no conteúdo acadêmico. Todavia, alguns estudantes apresentaram pouca resposta, enfatizando a importância de monitorar cuidadosamente o progresso dos estudantes que recebem uma intervenção na sala de aula.

Estratégias de aprendizagem com o auxílio dos colegas (PALS)

De maneira semelhante, a linha de trabalho em estratégias de aprendizagem com o auxílio dos colegas para a leitura entre a 2ª e a 6ª séries, cujo foco é em estratégias de compreensão, apresenta grandes efeitos para alguns estudantes com TAs, assim como para seus colegas de desempenho baixo, médio e elevado, em ambientes em que o inglês é a língua dominante (Fuchs, Fuchs, Mathes e Simmons, 1997; Saenz, Fuchs e Fuchs, 2005). É claro que, como em Vaughn e colaboradores (2001), uma proporção inaceitável de estudantes portadores de TAs apresenta resposta insuficiente a essas estratégias.

Programa de identificação de temas

Para ilustrar a pesquisa sobre a remediação de transtornos da compreensão em estudantes da 1ª série com TAs, Williams e colaboradores (ver Williams, 2003) realizaram estudos sobre alunos com TAs das séries avançadas do ensino fundamental (p. ex., Wilder e Williams, 2001) e com alunos da 2ª e 3ª séries (Williams et al., 2005). Esse programa usou a estrutura textual para ensinar as estratégias e processos que sustentam a compreensão proficiente da leitura. Essas pesquisas baseiam-se no Programa de Identificação de Temas *(Theme-Identification Program)*, que consiste de 14 lições (Williams, 2002, 2003). O objetivo do programa é ajudar os alunos a identificar o tema e o significado geral das histórias, abstraindo dos componentes específicos do enredo. Nesse programa, duas sessões introdutórias concentram-se nos componentes do enredo, e as doze sessões restantes tratam da identificação do tema da história. Cada sessão é organizada em torno de uma única história e tem uma discussão antes da leitura sobre o conceito de tema; a leitura da história em voz alta; uma discussão sobre as informações importantes da história, usando questões como guia (isto é, o "esquema temático"); transferência e aplicação do tema para outros exemplos de histórias e situações da vida real; revisão; e atividades. O coração do programa é o esquema temático, que proporciona um conjunto de questões que organizam os componentes importantes da história para ajudar os estudantes a seguir o enredo e a identificar o tema. O professor dramatiza como responder às oito questões que levam ao tema, e os estudantes gradualmente assumem maior responsabilidade por fazer as perguntas e por identificar o tema. Além disso, os estudantes ensaiam e memorizam essas questões, para que possam aplicar o esquema temático para orientá-los em novas histórias. Mais perto do fim da instrução, proporciona-se instrução para transferência de um modo explícito, com o uso de duas questões extras para ajudar os estudantes a generalizar o tema para outras situações relevantes.

Williams e colaboradores (2002) aplicaram esse programa em cinco classes de inclusão da 2ª série e cinco da 3ª no Harlem, em Nova York, representando estudantes de desempenho alto, médio e baixo em relação a seus colegas. Doze desses 120 estudantes haviam sido identificados com TAs. As 10 salas de aula foram divididas aleatoriamente para o programa de identificação de temas ou um programa mais tradicional de compreensão textual, que enfatizava o vocabulário e o enredo. Os resultados mostram que, em função do programa de identificação de temas, os estudantes adquiriam o conceito de tema (tamanho de efeito = 2,17) e aprenderam as questões do esquema temático (tamanho de efeito = 2,11). Mais importante, em textos novos, os estudantes da condição experimental apresentaram mais capacidade de identificar os temas (tamanho de efeito = 0,68). Foram observados efeitos significativos em colegas de desempenho alto, médio e baixo, assim como em estudantes com TAs da 2ª e 3ª séries.

Williams e colaboradores (2005) testaram a efetividade desse programa, comparando as identificações de temas, como um modo de aprender sobre classificações de animais, com um programa disciplinar mais tradicional sobre classificações de animais e com um grupo-controle sem tratamento. Os professores de 10 classes da 2ª série de três escolas públicas de Nova York se ofereceram como voluntários para participar e foram divididos aleatoriamente entre os tratamentos (estrutura do texto $n = 4$; conteúdo $n = 4$; sem instrução $n = 2$). A Figura 7.1 faz uma comparação entre os dois programas, mostrando a sobreposição no nível do conteúdo. Todavia, a instrução na condição experimental representou os diferentes aspectos da estrutura do texto e foi ensinada explicitamente usando princípios da instrução direta e da instrução em estratégias. O programa disciplinar usou muitos dos mesmos materiais, mas concentrou-se em fatos e em informações mais gerais sobre os animais. Os participantes eram 128 alunos, entre os quais aproximadamente 6% haviam sido identificados com TAs.

Os pesquisadores analisaram inicialmente a capacidade dos alunos de sintetizar um parágrafo de comparação/contraste que havia sido ensinado explicitamente no programa. O grupo da estrutura do texto apresentou melhor desempenho que os outros dois grupos em relação ao número de afirmações-resumo que estavam corretas e que incluíam uma palavra-chave adequada. Os pesquisadores também analisaram a capacidade dos estudantes de transferir, com três textos novos de comparação/contraste que eram estruturados de forma análoga aos usados para a instrução, mas que incorporavam conteúdo novo (o conteúdo dos três textos apresentava cada vez mais novidades a partir dos materiais introduzidos na classe). Entre as medidas de transferência, os estudantes no grupo da estrutura textual apresentaram escores significativamente maiores que os grupos de comparação. Ao mesmo tempo, os pesquisadores também observaram que a instrução em comparação/contraste não foi transferida para uma estrutura textual nova, sugerindo a necessidade de instrução explícita em uma variedade de estruturas textuais.

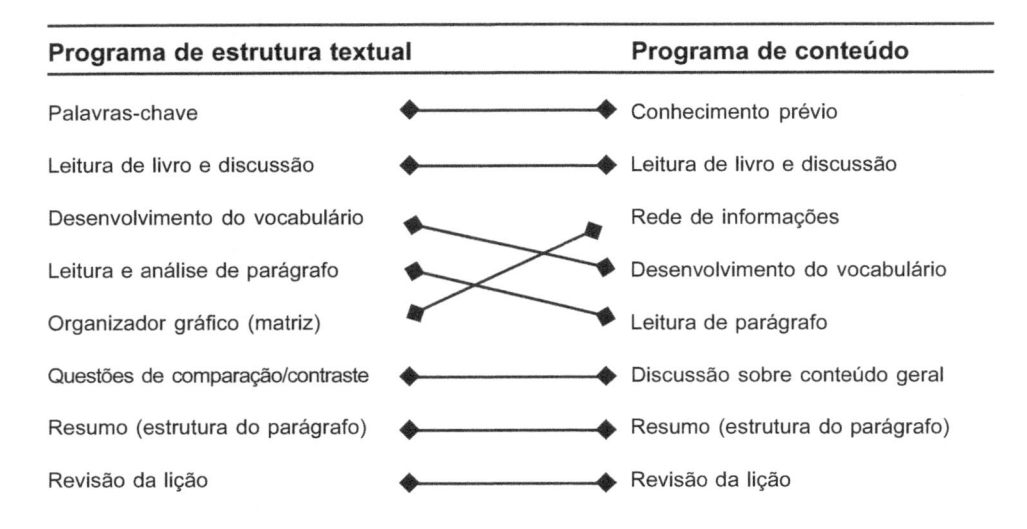

Programa de estrutura textual	Programa de conteúdo
Palavras-chave	Conhecimento prévio
Leitura de livro e discussão	Leitura de livro e discussão
Desenvolvimento do vocabulário	Rede de informações
Leitura e análise de parágrafo	Desenvolvimento do vocabulário
Organizador gráfico (matriz)	Leitura de parágrafo
Questões de comparação/contraste	Discussão sobre conteúdo geral
Resumo (estrutura do parágrafo)	Resumo (estrutura do parágrafo)
Revisão da lição	Revisão da lição

FIGURA 7.1 Síntese dos programas de identificação de temas e de conteúdo. As linhas sólidas com losangos nas pontas indicam seções comparáveis em cada um dos dois programas de instrução. A partir de Williams e colaboradores (2005, p. 541).

Currículo de estratégias de aprendizagem

Um programa de pesquisas de longa duração do Center for Research on Learning da Universidade do Kansas (Schumaker Deshler e Mcknight, 2002) identificou uma série de estratégias, ou rotinas de ensino, que influenciam não apenas a aprendizagem de alunos com TAs, mas todos os estudantes da sala de aula. Essas rotinas de ensino envolvem uma variedade de domínios, incluindo compreensão leitora e da escrita, bem como uma variedade de habilidades organizacionais dentro e fora da escola (p. ex., tarefas de casa). Amplamente implementadas em ambientes do ensino médio e no nível da sala de aula, essas rotinas foram organizadas no Currículo de Estratégias de Aprendizagem, que se concentra em três demandas principais apresentadas pelo currículo padrão: aquisição, armazenamento e expressão de informações. Para a aquisição, as rotinas de ensino envolvem estratégias que facilitam o reconhecimento de palavras e a compreensão leitora (paráfrase, imaginação visual, recordação de textos narrativos, autoquestionamento e atividades estratégicas afins). Uma série de estudos, muitos dos quais envolvem avaliações com estudos de caso, mostram que adolescentes com TAs podem aprender estratégias de aprendizagem complexas e que a implementação dessas estratégias resulta em melhoras no desempenho acadêmico (Shumaker et al., 2002). Os tamanhos do efeito ficam na faixa grande para diversas estratégias. Estudos que envolvem a instrução de habilidades organizacionais na sala de aula não apenas mostram que essa instrução melhora as habilidades organizacionais e o desempenho geral de estudantes com TAs, como também revelam que estudantes sem TAs que aprendem essas estratégias também melhoram com a instrução explícita nesse domínio (Hughes et al., 2002).

CONCLUSÕES

Existe uma forte base de evidências que identifica como a compreensão leitora se desenvolve, bem como as diferentes fontes de dificuldade nessa compreensão. Embora muitas pesquisas ainda devam ser concluídas, a base já foi estabelecida (Snow, 2002). Está claro que existem crianças cujos principais problemas em leitura refletem dificuldades de compreensão, em vez de decodificação e de fluência, e que os transtornos da linguagem oral não explicam todas as dificuldades com a compreensão. Restam muitas questões com relação à avaliação da compreensão leitora e dos correlatos cognitivos básicos de déficits em habilidades acadêmicas associadas a diferentes abordagens de avaliação. Existem poucos estudos neurobiológicos, e grande parte do entendimento desse aspecto da compreensão fraca da leitura baseia-se em estudos de crianças com dificuldades nos níveis básicos. Poucos estudos sobre intervenções identificam os indivíduos com poucas habilidades de compreensão como um subgrupo específico. Contudo, estudos envolvendo intervenções com instrução em compreensão leitora mostram que a compreensão pode ser melhorada, mesmo em estudantes com dislexia. Nesses estudos, grande parte do impacto sobre os ganhos na compreensão de leitura advém da instrução em estratégias, geralmente incluída como parte de um enfoque abrangente de instrução em leitura para crianças com dificuldades no reconhecimento de palavras e na fluência.

No Capítulo 9, a importância da instrução em estratégias para alunos com TAs é estendida ao domínio da linguagem escrita. Embora haja um papel para a "instrução em habilidades", particularmente de escrita cursiva e de ortografia, fica claro que o impacto geral da instrução envolvendo a linguagem escrita para estudantes com TAs concentra-se principalmente no desenvolvimento de estratégias. Sabe-se bem que os estudantes com TAs em uma variedade de domínios não identificam as estratégias de forma espontânea. Se aprenderem estratégias, eles não as implementam na ausência de modos específicos de instrução que promovam a generalização. A instrução estratégica promove a autorregulação e aumenta o nível de independência do estudante. Essa instrução aborda as deficiências nas "funções executivas" que costumam ser observadas em estudantes com TAs em uma variedade de domínios acadêmicos.

8

Transtornos da matemática

Ao contrário dos transtornos de aprendizagem em fluência e em compreensão leitora, as definições para os TAs em matemática se desenvolveram mais baseadas na exclusão, fato que historicamente caracterizaram as dislexias. Conforme discutido no Capítulo 2, a definição estatutária federal dos transtornos da matemática refere-se a transtornos de cálculos e conceitos matemáticos, ao passo que a definição do National Joint Committee on Learning Disabilities (NJCLD, 1988) refere-se a transtornos significativos em "habilidades matemáticas". O DSM-IV (American Psychiatric Association, 1994 – publicado pela Artmed Editora) usa a expressão "transtorno da matemática", e a Classificação Internacional de Doenças (CID-10; World Health Organization, 1992 – publicado pela Artmed Editora) propõe critérios de pesquisa para a identificação de um "transtorno específico da habilidade em aritmética". Todas essas definições de um TA em matemática baseiam-se em pressupostos de um QI médio ou acima da média, funcionamento sensorial normal, oportunidades educacionais adequadas e ausência de outros transtornos do desenvolvimento e de distúrbios emocionais. Essas definições levantam a questão dos déficits em habilidades acadêmicas específicas que identificariam uma pessoa com um TA em matemática.

Por causa do caráter vago e da natureza limitada das definições existentes, não foram estabelecidos padrões consistentes para avaliar a presença ou a ausência de TAs em matemática. Para complicar esse dilema, há o fato de que os "transtornos de aprendizagem em matemática", o "transtorno do desenvolvimento da aritmética", os "transtornos matemáticos" e os "transtornos específicos em matemática" são termos amplos usados para uma variedade de comprometimentos em habilidades matemáticas que variam de cálculos à resolução de problemas. Conforme sugeriu Fleishner (1994), em alguns casos, o termo "transtorno de aprendizagem em matemática" foi usado como sinônimo para o termo "discalculia", referindo-se a déficits *específicos* (em vez de generalizados) em cálculos ou no pensamento matemático. A palavra "específicos" geralmente implica que a linguagem oral, a leitura e a escrita estão intactas (p. ex., ver Strang e Rourke, 1985; World Health Organization, 1992). Todavia, os déficits em matemática costumam ser associados a outros TAs (Fleishner, 1994; Fuchs, Fuchs e Prentice, 2004; Rourke e Finlayson, 1978). Um problema importante na definição dos TAs em matemática é a necessidade de se concentrar na identificação de um conjunto de déficits em habilidades acadêmicas básicas que representam indicadores para um ou mais TAs em matemática. Essa identificação partiria essencialmente de um modelo para identificar os componentes críticos da proficiência em matemática, da mesma forma que se pode decompor a leitura em seus componentes envolvendo o reconhecimento de palavras, a fluência e a compreensão.

DÉFICITS EM HABILIDADES ACADÊMICAS

Os déficits de matemática ocorrem de forma isolada e, por definição, envolvem transtornos com cálculos e, muitas vezes, com a resolução de problemas. A importância de se concentrar na resolução de problemas é clara, devido ao êxito alcançado pelas intervenções que visam essa habilidade específica (Fuchs et al., 2004). Entretanto, ainda não está claro se existe um déficit específico em habilidades acadêmicas envolvendo o raciocínio matemático ou conceitos, que não podem ser explicados por transtornos da leitura e da linguagem (ver Capítulo 3). Em modelos do desenvolvimento da matemática, pressupõe-se que os aspectos conceituais e procedimentais do conhecimento matemático (p. ex., entender o conceito de cardinalidade e o procedimento de contar até 10) são necessários para a realização de muitas tarefas matemáticas, e o desenvolvimento das habilidades matemáticas emerge a partir da natureza recíproca da relação entre o conhecimento conceitual e procedimental (Rittle-Johnson, Siegler e Alibali, 2001). Isso levanta questões fundamentais sobre as tentativas de separar o conhecimento conceitual dos cálculos matemáticos em definições de transtornos da matemática.

No Capítulo 5, fizemos uma distinção entre os déficits em habilidades acadêmicas em leitura, em que o reconhecimento de palavras é um indicador específico da dislexia, e o processo cognitivo básico é o processamento fonológico. Na área da leitura, foi importante fazer essa distinção e mostrar que diferentes processos cognitivos preveem as diferentes habilidades que compõem a leitura: o reconhecimento de palavras, a fluência e a compreensão.

Na área da matemática, essa distinção também é importante (Geary, 2005), mas o entendimento dos diferentes componentes que compõem a matemática e que podem estar ou não comprometidos nos transtornos da matemática não estão tão desenvolvidos quanto na leitura ou na escrita (Capítulo 9). Esses componentes podem ser representados como sistemas separados de processamento numérico e de cálculos (McCloskey e Caramazza, 1985), um modelo que surgiu a partir de estudos da acalculia adquirida. Esse tipo de modelo tende a enxergar a competência numérica em si como uma habilidade essencialmente modular com correlatos neurais específicos. Outra perspectiva, que provém de estudos de crianças que estão desenvolvendo suas habilidades matemáticas, analisa diferentes competências em matemática e busca mecanismos cognitivos que expliquem por que essas competências se desenvolvem em graus diferentes em cada criança. Desse modo, Geary (2004) diferenciou competências que envolvem o conhecimento conceitual, como a aritmética de base 10, do conhecimento procedimental, como regras e estratégias para tomar emprestado e transportar. O autor afirma que essas formas de conhecimento matemático baseiam-se em diferentes sistemas cognitivos.

Essas ideias sobre a competência matemática refletem duas posições teóricas diferentes que têm implicações diretas para a maneira como a pesquisa em TAs em matemática avançará no futuro. A visão de que as competências matemáticas são atributos modulares básicos foi expressada na literatura do desenvolvimento por Butterworth (2005). O argumento é que a matemática deriva da antiga necessidade ontogênica de entender magnitudes e quantidades e de comparar contagens e números. Essas habilidades são capacidades interespecíficas que podem ser observadas em humanos e em não-humanos, representando aquilo que Dehaene e Cohen (1997) caracterizaram como o "senso numérico". Em estudos com seres humanos, bebês em estágios muito precoces* conseguem discernir as diferenças na numerosidade de conjuntos pequenos (Starley, Spelke e Gelman, 1991), e os bebês um pouco maiores parecem perceber a mudança de um conjunto numérico pequeno quando um objeto é adicionado ou retirado (Wynn, 1992). Os pré-escolares conseguem discriminar corretamente as diferenças de magnitude em conjuntos pequenos e números, e sabem alterar os números, como adicionar ou subtrair de conjuntos pequenos em situações de resolução de problemas não-verbais (revisado em Ginsburg, Klein e Starkey, 1998). Butterworth (2005) interpretou essas evidências como indicativos de que essas habilidades numéricas precoces não são influenciadas pela linguagem (mas veja Hodent, Bryant e Houde, 2005), nem por outros aspectos do ambiente, e que transtornos nessas habilidades matemáticas precoces se transformam em TAs envolvendo a matemática.

A partir dessa visão, a questão básica na definição e no entendimento dos TAs em matemática é identificar as competências que formam essa capacidade básica do cérebro humano e não-humano, que são produtos da evolução, e relacioná-las com circuitos cerebrais específicos (Dehaene, Molko, Cohen e Wilson, 2004). Uma explicação adequada para todas as competências matemáticas, especialmente para aquelas que envolvem a resolução de problemas, exigiria uma expansão para o sistema da linguagem, independente de se considerar que a linguagem simplesmente *facilita* o desenvolvimento de habilidades matemáticas (Gelman e Butterworth, 2005) ou se ela tem uma implicação *causal* no desenvolvimento de habilidades e conceitos matemáticos básicos

---

* N. de R. T. Esse experimento foi realizado com bebês de 4 a 6 meses.

(Carey, 2004). Independente de se o desempenho de bebês e de pré-escolares nesses testes quantitativos for baseado em representações numéricas inatas ou precoces, ou se o desempenho for o produto de pistas perceptivas não--numéricas, a linguagem e os mecanismos da atenção geral continuam a ser vigorosamente debatidos (p. ex., Cohen e Marks, 2002, vs. Wynn, 2002; Hodent et al., 2005; Mix, Huttenclocher e Levine, 2002). De qualquer forma, ainda não se sabe em que grau essas capacidades precoces indicam as diferenças individuais em habilidade matemática nos anos escolares posteriores.

Geary (2004) apresenta uma visão mais tradicional, juntamente com um trabalho pioneiro sobre TAs em matemática (Rourke, 1993). Segundo essa visão, as habilidades matemáticas representam diferentes domínios do conhecimento que estão incluídos em outros sistemas cognitivos ou neuropsicológicos gerais, como o sistema da linguagem, o sistema visuoespacial e o sistema executivo central que sustenta a atenção e inibe as informações irrelevantes (Geary, 2004). Os transtornos da matemática podem surgir de qualquer um desses sistemas cognitivos ou em suas interações, e podem levar a padrões distintos de déficits em diferentes competências matemáticas ou no desempenho em testes matemáticos.

Existem evidências em favor desse modelo (Geary, 2004, 2005), mas a base de pesquisas não é adequada para determinar o valor dessa abordagem ou o da abordagem mais modular discutida antes. Está claro que as crianças com TAs em matemática variam nos componentes das habilidades matemáticas e nos processos cognitivos relacionados com essas habilidades (Fuchs et al., 2005, 2006b; Hanich, Jordan, Kaplan e Dick, 2001). Todavia, independente do modelo de transtorno da matemática usado, o entendimento dos processos básicos subjacentes aos TAs em matemática leva à questão sobre quais são os déficits em habilidades acadêmicas matemáticas que identificam os TAs. Grande parte das pesquisas concentram-se em crianças identificadas com transtornos em cálculos matemáticos. Esse foco não surpreende, pois a literatura neurológica inicial geralmente descreve adultos e crianças com "discalculia", com base em sua incapacidade de realizar cálculos aritméticos simples, seja de forma oral ou em testes escritos. Ainda assim, a matemática é um domínio amplo que abrange mais do que apenas cálculos aritméticos.

Um problema com o foco na discalculia ou em cálculos é que a capacidade de realizar cálculos matemáticos exige diversas competências numéricas, assim como a leitura proficiente envolve o reconhecimento de palavras, a leitura fluente de palavras e de textos e a compreensão – com cada um desses componentes possivelmente determinado por diversos processos cognitivos básicos (Fuchs et al., 2006b). A matemática envolve os cálculos, que são o produto do conhecimento e da recuperação de fatos, e a aplicação do conhecimento procedimental. A resolução de problemas, particularmente de problemas com um enunciado, envolve cálculos, linguagem, raciocínio e habilidades de leitura, e talvez também habilidades visuoespaciais (Geary, 1993). A execução bem--sucedida das competências matemáticas exige que a pessoa seja atenta, organizada, capaz de alterar conjuntos, e que trabalhe com rapidez suficiente para não sobrecarregar a memória de trabalho que retém as informações necessárias para o acesso imediato a diferentes tipos de informações. Ao contrário dos testes de desempenho em leitura, nos quais as distinções entre diferentes componentes das habilidades de leitura são claras e não se confundem necessariamente, os testes usados para avaliar o desempenho em matemática tendem a confundir os componentes da matemática e a se concentrar principalmente em cálculos e na resolução de problemas. O valor do foco em competências numéricas básicas é que se torna possível decompor os componentes das habilidades matemáticas em partes mais discretas. Se o pesquisador especifica cuidadosamente o componente da matemática a ser avaliado e testa os correlatos cognitivos desse componente em estudantes com níveis variados dessas competências, as relações entre as partes das competências matemáticas e a cognição podem se tornar mais claras. Desse modo, as duas perspectivas devem ser mantidas bastante conectadas (Geary, 2005). Os pesquisadores devem especificar cuidadosamente o componente da habilidade numérica que está sendo avaliado, pois os correlatos cognitivos provavelmente variam.

PROCESSOS COGNITIVOS BÁSICOS

Devido à dificuldade para definir um conjunto de déficits em habilidades acadêmicas que identificam indivíduos com TAs em matemática, não é de se surpreender que a pesquisa não tenha avançado a um nível que permita a identificação dos processos cognitivos básicos subjacentes aos TAs em matemática. No mínimo, muita coisa depende dos tipos de orientação teórica e das competências matemáticas que são usadas para identificar o TA em matemática. Uma distinção estabelecida é a importância de se determinar se o estudante também tem uma dislexia. Embora seja menos claro que as competências numéricas variem entre os grupos com transtornos puros de matemática (TM) e aqueles com TM e dislexia, fica claro que os correlatos cognitivos variam, no mínimo porque a criança com TAs em matemática e em leitura tem comprometimentos na linguagem que estão relacionados com o problema com a leitura. Além disso, a relação entre a leitura de palavras e o processamento fonológico é clara, independente de haver um comprometimento da capacidade matemática ou não. A pessoa com problemas com a leitura de palavras e a matemática tende a ter dificuldades mais graves com a linguagem (e com a leitura). A Figura 8.1 faz uma comparação entre grupos sem TA, com TA apenas em leitura, com TA apenas em matemática e com TAs em leitura e em matemática. O comprometimento mais grave e global do grupo com transtornos da leitura e da matemática é facilmente visível, assim como a similaridade notável dos perfis para esse grupo e o grupo apenas com problemas de leitura em medidas de consciência fonológica e de nomeação rápida. De maneira semelhante, a co-ocorrência de TAs em leitura e em matemática está associada a dificuldades mais graves nessas habilidades.

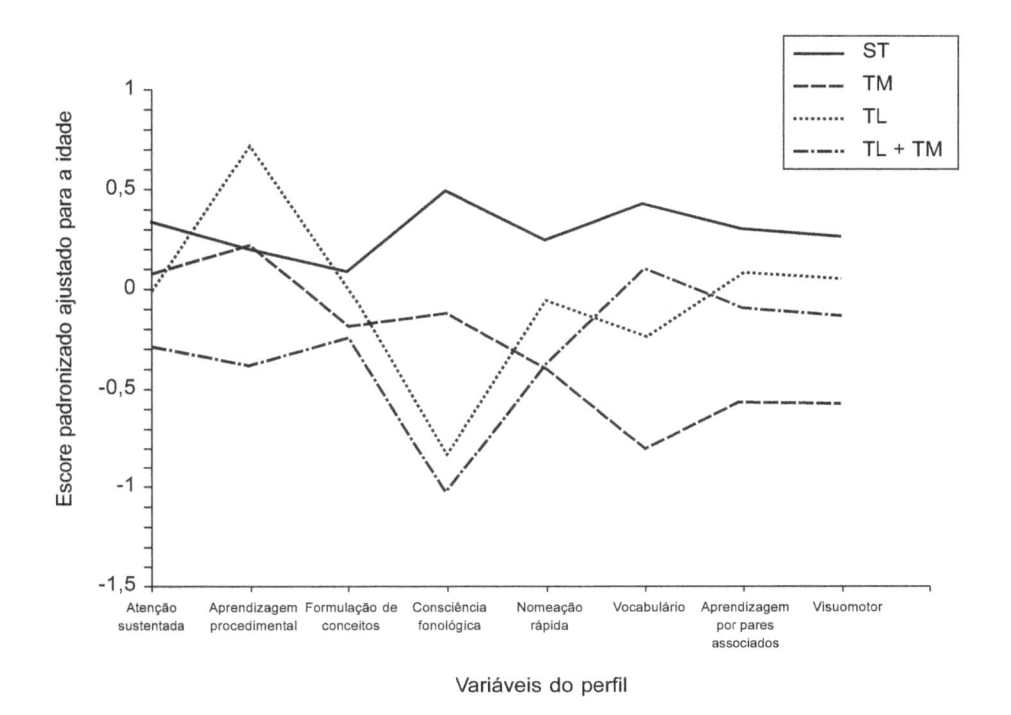

FIGURA 8.1 Perfis cognitivos de indivíduos com desempenho típico (ST), TA apenas em leitura (TL), TA apenas em matemática (TM) e TA em leitura e matemática (TL + TM). As crianças com TL + TM apresentam dificuldades co-mórbidas que são mais graves que as TLs ou TMs puras. A partir de Fletcher (2005, p. 310).

Apesar dessas dificuldades com a definição e com as diferenças em orientação teórica, existem pesquisas sobre os processos cognitivos que envolvem a memória de trabalho/processos executivos e a linguagem, que serão revisadas nesta seção, juntamente com um breve resumo de outros correlatos cognitivos.

Memória de trabalho/processos executivos

Independentemente da competência numérica, é comum observarem-se déficits em tarefas de memória de trabalho (Bull e Johnson, 1997; Geary, Hoard, Byrd-Craven e DeSoto, 2004) e de funções executivas (Sikora, Haley, Edwards e Butler, 2002) em crianças com TAs em matemática. Em uma série de estudos de Swanson e colaboradores (Keeler e Swanson, 2001; Swanson e Sachse-Lee, 2001; Swanson e Siegel, 2001), as contribuições da memória de trabalho verbal, visuoespacial e dos processos executivos que envolvem o conhecimento estratégico e a capacidade de usar a memória de trabalho de maneira eficiente, foram estudados em crianças com transtornos específicos de matemática e com transtornos da leitura e da matemática.

Alguns estudos sugerem que os problemas com a memória de trabalho visuoespacial são mais prováveis de caracterizar crianças com um transtorno específico da matemática (Siegel e Ryan, 1989), ao passo que crianças com transtorno da leitura e da matemática têm dificuldades mais globais envolvendo a linguagem e a memória de trabalho. Todavia, Keeler e Swanson (2001) observaram que as habilidades em cálculos matemáticos em indivíduos com um transtorno específico de matemática eram previstas mais pela memória de trabalho verbal do que pela memória visuoespacial. Existem evidências de transtornos de domínios específicos envolvendo a memória de trabalho, bem como de problemas com o controle executivo, que levariam a problemas mais globais em matemática. Em comparação, Swanson e Sachse-Lee (2001) observaram que o sistema de domínios gerais contribuía para os problemas da memória de trabalho em crianças com transtornos da leitura, sem relação direta com seus problemas de leitura. Wilson e Swanson (2001) observaram que diversas medidas da memória de trabalho envolvendo domínios gerais e específicos contribuíam para a capacidade de aprender estratégias para fazer cálculos matemáticos. Conforme mostraram Geary e colaboradores (Geary, Hamson e Hoard, 2000; Geary et al., 2004), a relação entre a memória de trabalho e os transtornos da matemática é complicada, sendo necessárias mais pesquisas para determinar como essa relação se aplica aos transtornos da matemática de crianças com e sem transtornos da leitura. Certamente, as crianças que apresentam transtorno da leitura e da matemática tendem a ter problemas mais graves com a memória de trabalho do que as que têm problemas apenas com a leitura ou com a matemática (Fletcher et al., 2003). De maneira semelhante, é provável que as relações entre a memória de trabalho e as transtornos da matemática sejam complexas, pois diferentes aspectos da memória de trabalho podem estar relacionados com diferentes habilidades matemáticas. Em crianças com desenvolvimento típico, por exemplo, a capacidade de executar cálculos numéricos está relacionada com a memória verbal de curto prazo ou com a memória de trabalho verbal, dependendo da necessidade de reagrupamento, mas a memória de trabalho visuoespacial está relacionada com a estimativa numérica (Khemani e Barnes, 2005).

A linguagem

Carey (2004) propôs que a linguagem é importante para a aprendizagem formal da matemática, bem como para o desenvolvimento em áreas da matemática que são consideradas menos verbais, como a geometria (Spelke e Tsivkin, 2001). A linguagem proporciona um conjunto de símbolos, como a contagem, que são palavras que não têm um significado inerente mas que preparam o caminho para os mapeamentos entre sistemas representativos distintos, como os sistemas quantitativo e da linguagem. As representações integradas resultantes são mais poderosas e resultam em novas estruturas mentais.

Algumas evidências da importância da linguagem para o desenvolvimento das habilidades iniciais em matemática provêm de estudos de crianças pequenas e pré-escolares, em que mesmo o desenvolvimento da capacidade de fazer cálculos usando números pequenos varia conforme os quantificadores linguísticos que diferem entre cada língua (Hodent et al., 2005). Embora o papel da linguagem na competência matemática tenha sido explicado para o desenvolvimento típico, pode-se esperar que o desenvolvimento atípico do sistema linguístico resulte em déficits em certos aspectos do funcionamento matemático mesmo em uma idade precoce.

Em uma perspectiva diferente, outros estudos sugerem que as crianças com comprometimento tanto de leitura quanto de cálculos matemáticos geralmente apresentam perturbações mais graves e globais da linguagem oral do que crianças com comprometimento apenas no reconhecimento de palavras. Suas dificuldades refletem problemas de aprendizagem, de retenção e de recuperação de fatos matemáticos, que são essenciais para a execução precisa de cálculos, e esses problemas levam a dificuldades globais com a matemática. Dessa forma, Jordan e Hanich (2000) observam que crianças com transtornos da leitura e da matemática apresentam problemas em diversos domínios do pensamento matemático. Os comprometimentos da linguagem claramente levam a dificuldades na aquisição de habilidades matemáticas.

Outros correlatos cognitivos

Como não é de surpreender, uma variedade de outras habilidades cognitivas foi implicada em estudos de TAs envolvendo a matemática. Fuchs e colaboradores (2006b) determinaram como diferentes características da criança estão relacionados com diferentes competências matemáticas. Com relação às habilidades aritméticas básicas, os autores encontraram evidências de que a velocidade do processamento, o processamento fonológico e a atenção estavam relacionados com a capacidade aritmética. A memória de trabalho também emergiu como um indicador importante, mas apenas quando a leitura e as habilidades de leitura foram excluídas do modelo. Uma parte das evidências relacionadas com a memória de trabalho foi revisada acima.

A velocidade do processamento está relacionada com a velocidade em que o estudante resolve um cálculo. Um processamento mais rápido libera recursos cognitivos e torna mais eficiente o uso da memória de trabalho. Bull e Johnson (1997) observaram que a velocidade de processamento era um forte indicador de habilidades aritméticas em crianças de 7 anos, e Hecht, Torgesen, Wagner e Rashotte (2001) observaram que a velocidade do processamento estava correlacionada às habilidades aritméticas, mesmo quando a capacidade linguística foi controlada.

Geary (1993) argumenta que o processamento fonológico é importante para a aritmética, pois a realização de cálculos exige a capacidade de criar e de manter representações fonológicas. As evidências aqui são ambíguas, com Fuchs e colaboradores (2005) afirmando que o processamento fonológico era um indicador singular de habilidades aritméticas em um estudo de alunos da 1ª série, ao passo que Swanson e Beebe-Frankenberger (2004) observaram que o processamento fonológico não determinava a capacidade aritmética.

Estudos recentes enfatizam o papel da atenção como um forte indicador de habilidades matemáticas. Por exemplo, Fuchs e colaboradores (2005) observaram que as avaliações da atenção realizadas pelos professores previam as habilidades aritméticas, mesmo quando várias outras habilidades cognitivas eram controladas. Ora, a questão é exatamente o que os professores avaliam quando preenchem essas escalas. Talvez os professores estejam simplesmente avaliando as crianças segundo suas competências acadêmicas.

Fuchs e colaboradores (2006b) também analisaram quatro características em crianças que podem prever a capacidade de calcular, a qual chamaram de "cálculos algorítmicos" para representar o uso do conhecimento procedimental na execução de cálculos que exigem uma série de passos. Fuchs e colaboradores (2005) observaram que as avaliações dos professores sobre a atenção (isto é, distratibilidade) eram um indicador singular da capacidade de calcular. Resultados semelhantes foram publicados em outros estudos de crianças com TDAH (Ackerman, Anhalt e Dykman, 1986; Lindsay, Tomazic, Levine e Accardo, 1999). Outras pesquisas também implicam a memória de trabalho e o processamento fonológico para a resolução de problemas algorítmicos (p. ex., Hecht et al., 2001).

Finalmente, os problemas com enunciado que requerem o uso da aritmética para se chegar à solução exigem habilidades aritméticas, bem como capacidades cognitivas conectadas com a estratégia de compreender o problema. A principal distinção entre problemas com cálculos e com palavras é o acréscimo de informações linguísticas, que exige que as crianças construam um modelo do problema. Desse modo, um problema de cálculo já está preparado para a solução, enquanto um problema com enunciado exige que os estudantes usem o texto para discernir a informação que falta, construir uma sentença numérica e derivar o cálculo para encontrar a informação exigida. Estudos que abordam a resolução de problemas com enunciado também se concentram na memória de trabalho, na linguagem e na capacidade de leitura e em diferentes funções executivas envolvendo a resolução de problemas e a formação de conceitos. Assim, Desoete e Roeyers (2005) encontraram evidências de que um fator linguístico envolvendo o processamento semântico e um fator não-linguístico envolvendo funções executivas diferenciou estudantes com habilidades boas e fracas em problemas matemáticos.

Na tentativa de estabelecer de um modo mais formal a relação entre as competências numéricas envolvendo a aritmética, os cálculos algorítmicos e os problemas aritméticos com enunciado, Fuchs e colaboradores (2006b) avaliaram essas três competências matemáticas juntamente com medidas da lin-

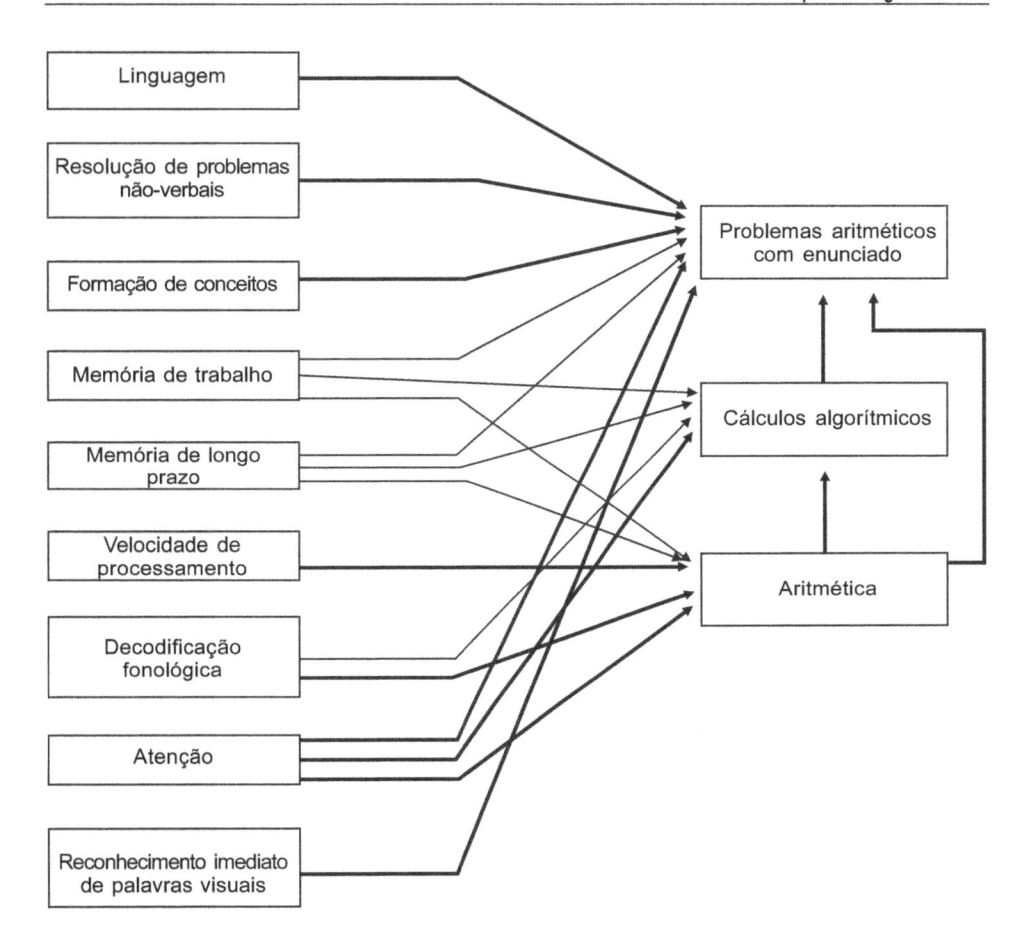

FIGURA 8.2 Análise da relação entre competências matemáticas e correlatos cognitivos. Linhas simples indicam relação não-significativas. Indicadores significativos aparecem em negrito – para aritmética: atenção, decodificação fonológica e velocidade do processamento; para cálculos algorítmicos: competência aritmética e atenção; e para problemas aritméticos com enunciado: competência aritmética e atenção, resolução de problemas não-verbais, formação de conceitos, reconhecimento imediato de palavras visuais e linguagem. Ainda que a memória de trabalho não tivesse uma relação significativa no modelo geral, ela foi um indicador significativo para a aritmética e para problemas aritméticos com enunciados quando as relações para a leitura e para o processamento fonológico foram mantidos em zero, sugerindo que a leitura ou processos relacionados com a leitura podem influenciar as relações entre a memória de trabalho e pelo menos dois aspectos da capacidade matemática. A partir de Fuchs e colaboradores (2006b, p. 37).

guagem, da resolução de problemas não-verbais, da formação de conceitos, da velocidade de processamento, da memória de longo prazo, da memória de trabalho, da decodificação fonológica e da eficiência no reconhecimento imediato de palavras visuais em uma grande amostra de crianças cursando 3ª série. Os autores também coletaram escalas para a desatenção preenchidas pelos professores. Foi usada uma série de análises de trilha para testar um modelo que relacionava as três competências matemáticas com diferentes processos cognitivos. A Figura 8.2 representa um modelo final, com linhas normais indicando relações não-significativas e as linhas em negrito representando as relações significativas. A única característica que previu independentemente todos os três aspectos do desempenho em matemática foi a avaliação da desatenção pelos professores. Além da desatenção, a decodificação fonológica e a velocidade de processamento previram a competência aritmética. A resolução de problemas não-verbais, a formação de conceitos, a eficiência na leitura de palavras visuais e as habilidades linguísticas previram a competência em problemas aritméticos com enunciado.

Subtipos de transtornos da matemática

Uma última questão diz respeito à existência subtipos de TAs em matemática. Para reiterar, existem evidências claras de um subconjunto de crianças que têm capacidade média de reconhecimento de palavras e ausência geral de dificuldades no processamento fonológico, mas que possuem comprometimentos acentuados em cálculos matemáticos. Esses subgrupos foram documentados cientificamente em uma série de estudos de Rourke e colaboradores (Rourke e Finlayson, 1978; Rourke, 1993) e levaram ao atual conceito de TAs não--verbais (Rourke, 1989). O conceito de TAs não-verbais é importante porque sugere que algumas crianças com TAs têm comprometimento em habilidades acadêmicas (isto é, cálculos matemáticos) causados por comprometimentos em processos básicos que não estão estritamente ligados ao sistema linguístico e que causam uma variedade de dificuldades com a matemática, com habilidades sociais e com a compreensão leitora – um padrão bastante diferente da dislexia. Isso não significa dizer que a linguagem não esteja envolvida em certas de capacidades matemáticas ou que as crianças que leem mal invariavelmente se saiam bem em matemática – nenhuma dessas visões estaria correta – mas enfatiza a observação de que algumas formas de TAs têm pouco a ver com o sistema linguístico (Johnson e Myklebust, 1967).
Estudos de Rourke (1993) e outros comparam grupos levando em conta seus padrões de leitura de palavras, de ortografia e de habilidades matemáticas, representando TAs dos seguintes tipos: (1) apenas em matemática mas não em leitura; (2) em matemática e em leitura; e (3) em leitura mas não em matemática (ver Figura 8.1). Nos estudos de Rourke, as crianças com desempenho fraco apenas em matemática apresentaram escores elevados em medidas auditivas/verbais, aquelas com desempenho fraco em leitura e em mate-

mática tiveram problemas em ambos domínios, e aquelas com comprometimento apenas na leitura tiveram problemas apenas no domínio verbal. Estudos subsequentes corroboram as distinções entre TAs em matemática e em leitura baseadas nesses padrões (p. ex., Ackerman e Dykman, 1995; Keller e Sutton, 1991; Morrison e Siegel, 1991).

Embora esses estudos revelem a importância de se considerar a especificidade e a co-morbidade dos TAs, eles não permitem uma análise dos mecanismos pelos quais as habilidades cognitivas influenciam a aprendizagem matemática. Também existem subtipos identificados com base nas relações entre competências matemáticas e processos cognitivos. Geary (1993, 2004, 2005) identificou três classes de problemas baseados em diferentes processos cognitivos. A primeira, um subtipo com prejuízo na memória semântica, envolve dificuldades de aprender, em representar e em recuperar fatos matemáticos. Essas dificuldades geralmente se manifestam em lentidão, imprecisão ou inconstância na resolução de cálculos. Em alguns casos, essas crianças tendem a usar estratégias de contagem porque parecem não conseguir recuperar um fato matemático. O segundo, um subtipo procedimental, envolve dificuldades com conceitos subjacentes a diferentes procedimentos matemáticos (como entender o sistema de base 10), e essas crianças muitas vezes usam procedimentos característicos de crianças menores. Como essas crianças usam estratégias e procedimentos imaturos, que são aplicados incorretamente para resolver cálculos, Geary (2004) sugeriu que esse grupo tinha um retardo evolutivo na capacidade matemática. Em contrapartida, acredita-se que o subgrupo da memória semântica possua dificuldades por ter um déficit persistente em competências matemáticas. Um terceiro subtipo possível envolve a representação espacial e a manipulação de informações numéricas, representando um subtipo visuoespacial. Como a relação entre habilidades visuoespaciais e a matemática não se sustenta na pesquisa (Barnes et al., 2006; Cirino, Morris e Morris, 2006; Geary et al., 2000; Rovet, Szekely e Hockenberry, 1994), ela não será discutida aqui. Muitas crianças com transtornos da matemática específicos parecem ter dificuldades com o processamento visuoespacial, mas as tentativas de relacionar essas dificuldades especificamente com competências matemáticas não têm produzido resultados.

Geary (1993) propôs que as dificuldades com a representação e a recuperação de fatos eram muito mais características de indivíduos que têm dificuldades em matemática e no reconhecimento de palavras, o que foi corroborado por Robinson, Menchetti e Torgesen (2002). Geary e colaboradores (2000, 2004) observaram que, na 1ª série, as crianças com transtornos da matemática e da leitura tinham problemas em tarefas de contagem e de compreensão de números. Os problemas com a compreensão de números não caracterizavam crianças com um transtorno específico da matemática, mas essas crianças tinham dificuldades para contar na 1ª e na 2ª série. Além disso, ambos tipos de crianças apresentavam mais problemas com procedimentos de contagem e de recuperação de fatos aritméticos na 1ª série. Em tarefas projetadas especificamente para evocar erros de recuperação, as crianças com transtornos co-mórbidos de leitura e de matemática tiveram uma tendência clara a apresentar mais dificuldades do que crianças com apenas transtorno da matemática. Ambos grupos mostraram desempenho abaixo dos níveis de crianças que tinham apenas um transtorno da leitura ou que não tinham transtornos. O que parece ter melhorado na recuperação de fatos matemáticos para as crianças com déficits procedimentais foi o tipo de estratégias que elas usaram, levando Geary a propor que os problemas procedimentais são atrasos, e não déficits.

A ideia de que os dois tipos de transtornos da matemática representam TAs distintos com diferentes tipos de problemas matemáticos não foi corroborada por pesquisas recentes em crianças neurologicamente normais ou com lesões cerebrais (Barnes et al., 2006; Jordan, Hanich e Kaplan, 2003b). As dificuldades para representar e para recuperar fatos matemáticos rapidamente e problemas para aprender e para implementar procedimentos matemáticos não parecem ser processos ortogonais. Ao longo do seu desenvolvimento, as crianças pequenas que apresentam dificuldades matemáticas geralmente têm problemas tanto com fatos matemáticos quanto com conhecimento procedimental que já se manifestam no início de seu processo de escolarização (Geary, Hoard e Hamson, 1999; Geary et al., 2004). Todavia, essas dificuldades parecem ser mais questão de gravidade e de persistência do que transtornos da matemática distintos. Embora os problemas matemáticos em TAs em matemática com e sem problemas com o reconhecimento de palavras possam ser diferentes, uma possibilidade mais provável é que os TAs que envolvem a leitura e a matemática sejam co-mórbidos – os correlatos cognitivos incluem aqueles relacionados com um transtorno da matemática e aqueles relacionados com um transtorno da leitura. Além disso, embora as habilidades básicas de leitura prevejam o desempenho em matemática, elas não contribuem para a previsão dos resultados em matemática ao final da 1ª série além das medidas da percepção numérica no começo da educação infantil (Jordan, Kaplan, Olah e Locuniak, 2006). Como nos outros transtornos co-mórbidos, os problemas de leitura e de matemática são mais graves quando os transtornos são co-mórbidos. Os déficits no domínio de fatos matemáticos em indivíduos com problemas de leitura e de matemática não são qualitativamente diferentes dos observados quando o problema é apenas com a matemática. Ou seja, os déficits fonológicos *não* explicam os problemas com fatos matemáticos no grupo co-mórbido, e algumas outras variáveis cognitivas explicam esses problemas em indivíduos com dificuldades apenas em matemática. Embora as crianças com transtornos da leitura e da matemática possam ter problemas específicos com a resolução de problemas com enunciados por causa de suas habilidades fracas em leitura e em linguagem, os transtornos da matemática co-mórbidos e isolados em diferentes competências matemáticas são mais semelhantes do que diferentes e representam um *continuum* de gravidade, em vez de serem transtornos de aprendizagem em matemática qualitativamente diferentes.

EPIDEMIOLOGIA

Prevalência

Observou-se que os transtornos da matemática são tão prevalentes quanto os transtornos que envolvem a leitura. Em uma revisão, Fleishner (1994) mostrou que os estudos da prevalência de TAs em matemática produziram estimativas semelhantes. Estudos anteriores, como os de Badian e Ghublikian (1983) e Norman e Zigmon (1980), haviam mostrado que aproximadamente 6% das crianças em idade escolar tinham alguma forma de TA em matemática. Estudos mais recentes apresentam estimativas de 5 a 6% (Shalev et al., 2000) e de 3,6% (Lewis et al., 1994). Este último estudo decompôs a prevalência entre sujeitos que tinham apenas transtornos aritméticos (1,3%) e os que tinham transtornos aritméticos e da leitura (2,3%). Essas estimativas diferem dos 3,9% para transtornos específicos de leitura.

A maioria dos estudos mais recentes é de origem europeia, e seus pontos de corte tendem a ser mais rigorosos (<5º percentil) do que nos estudos norte-americanos. Um estudo norte-americano recente (Barbaresi, Katusic, Colligan, Weaver e Jacobsen, 2005) utilizou três definições de TAs em matemática (discrepância entre QI e medidas de desempenho, discrepância não-ajustada entre QI e desempenho em matemática e baixo desempenho em matemática). A prevalência dos transtornos da matemática nessa coorte natal não-selecionada variou de 5,9 a 13,8%, dependendo da definição. Os TAs específicos de matemática que não envolviam a leitura ocorreram em cerca de um terço à metade da amostra, dependendo da definição. Fuchs e colaboradores (2005), em um estudo com 564 alunos da 1ª série, compararam estimativas de prevalência baseadas em 17 métodos de identificação agrupados em quatro categorias: discrepância entre QI e desempenho, desempenho baixo com QI médio e duas categorias ligadas à resposta à instrução e ao crescimento ao longo do tempo, que usavam marcos baseados em pouco desempenho ou mudança ao longo do tempo. Como não é de surpreender, as estimativas de prevalência variaram consideravelmente dentro e entre as categorias. Desse modo, as definições baseadas na discrepância entre o QI e o desempenho produziram uma taxa de prevalência de 1,77%. Uma definição segundo o desempenho baixo com um ponto de corte no 10º percentil produziu uma taxa de prevalência de 9,75%. A resposta ao método de instrução apresentou prevalência de menos de 1% quando o marco usado foi o desempenho final baixo e com o uso de um teste padronizado, e 6 a 9% quando o marco de desempenho foi derivado de uma avaliação baseada no currículo (CBM). As estimativas baseadas na inclinação da curva e no desempenho baixo produziram uma taxa de prevalência de aproximadamente 4%. Os pesquisadores enfatizaram as fontes de variação, que refletiram decisões sobre pontos de corte, o papel da intervenção e o tipo de habilidade matemática que foi avaliada, como fatores que explicam a variabilidade nas estimativas de prevalência.

Razão de gênero

A maioria dos estudos não encontrou diferenças de gênero na prevalência de TAs em matemática (Shalev et al., 2000), embora Barbaresi e colaboradores (2005) tenham encontrado razões de preponderância para sujeitos do sexo masculino de 1,6 a 2,2:1, dependendo da definição. Como esse estudo dependia do acesso a registros que documentassem um transtorno, sempre existe a possibilidade de um viés em termos de quem foi encaminhado para avaliação. Spelke (2005) revisou a literatura sobre as diferenças de gênero em habilidades matemáticas, mas não encontrou diferenças nos mecanismos cognitivos e neurobiológicos entre indivíduos do sexo masculino e do feminino em faixas etárias variadas.

CURSO EVOLUTIVO

Um estudo longitudinal da 4ª à 8ª série de Shalev, Manor, Auerbach e Gross-Tsur (1998) mostra que 47% dos estudantes que preenchiam os critérios de transtorno da matemática na 5ª série satisfaziam esses mesmos critérios (escores aritméticos no 5º percentil) na 8ª série. Em um estudo de seguimento de seis anos com essa mesma amostra, Shalev, Manor e Gross-Tsur (2005) mostram que 95% dos indivíduos identificados com problemas em matemática na 5ª série continuavam nos 25% inferiores dos estudantes do 2º ano do ensino médio, e 40% continuavam a satisfazer a definição original de transtorno da matemática (<6º percentil). Dessa forma, assim como na leitura (S. E. Shaywitz et al., 1999), os transtornos da matemática são persistentes. Observe que apenas 47% dos estudantes da 8ª série e 40% dos do 2º ano do ensino médio satisfaziam a definição original, implicando que os estudantes entram e saem das categorias de transtornos. Esse fenômeno também foi observado em estudos longitudinais de crianças do ensino fundamental (Gersten, Jordan e Flojo, 2005; Mazzocco e Myers, 2003). O fenômeno é semelhante ao observado em estudos com alunos com transtorno da leitura (Francis et al., 2005a; S. E. Shaywitz et al., 1992, 1999) e pode simplesmente representar os problemas com o erro de mensuração e o estabelecimento de um ponto de corte em uma distribuição normal, citados no Capítulo 3. Como com a leitura, as estimativas de prevalência de transtorno da matemática dependem da definição e do nível de desempenho baixo incorporado na definição.

FATORES NEUROBIOLÓGICOS

Estudos de adultos com lesões cerebrais mostram que habilidades razoavelmente específicas em matemática podem ser perdidas ou preservadas, dependendo do padrão de lesão cerebral (Dehaene e Cohen, 1997). Todavia, pelo que sabemos, não foram realizados estudos da estrutura do cérebro ou do funcionamento cerebral com crianças com TAs em matemática. Não está claro se o desenvolvimento de habilidades matemáticas entre as diferentes competências pode ser fracionado de maneiras semelhantes às usadas em estudos de adultos com traumatismo craniano. Também existem novos estudos sobre a agregação familiar e a herdabilidade do transtorno da matemática, que serão revisados nesta seção.

Estrutura e funcionamento do cérebro

Acalculia

A pesquisa sobre o cérebro, a matemática e os transtornos da matemática tem sido motivada por um modelo que se concentra no desenvolvimento interespecífico do senso numérico que caracteriza um dos modelos teóricos revisados anteriormente. Desenvolvido inicialmente por Dehaene, Spelke, Pinel, Staneseu e Tsiukin (1999), ele continuou a evoluir (Dehaene et al., 2004). Feigenson, Dehaene e Spelke (2004) caracterizaram dois sistemas básicos para representar os números. Um desses sistemas envolve a capacidade de fazer aproximações da magnitude numérica, que é observada no início do desenvolvimento e entre as espécies (Dehaene et al., 2004). Esse sistema é integrado a sistemas numéricos simbólicos que dão suporte à capacidade de calcular. O segundo sistema envolve a capacidade de representar entidades distintas com precisão. Esse sistema envolve quantidades pequenas, mas também é observado no início do desenvolvimento e em diversas espécies. No nível neural, Dehaene e colaboradores (2004) resumiram evidências que sugerem que o sulco intraparietal em ambos hemisférios é fundamental para representações aproximadas do senso numérico. Embora Dehane e colaboradores (1999) tenham postulado que as representações exatas teriam um envolvimento maior com a região frontal inferior esquerda e o giro angular, não foi possível identificar os sistemas neurais específicos que dão suporte à capacidade de calcular (Dehaene et al., 2004).

Estudos com adultos portadores de acalculia parecem corroborar essa distinção. Para ilustrar, Dehaene e Cohen (1997) descreveram dois pacientes com acalculia que tinham dificuldades com cálculos, mas que conseguiam ler e escrever números. O primeiro paciente, que tinha uma lesão subcortical esquerda, apresentou um problema seletivo na recuperação do conhecimento verbal, que se estendia para as tabelas aritméticas. Em comparação, o segundo paciente, que tinha uma lesão parietal, apresentava transtornos com diversas tarefas envolvendo o conhecimento numérico. Embora o conhecimento de fatos aritméticos memorizados estivesse preservado, o paciente tinha dificuldade para subtrair e para realizar testes de bissecção numérica. Os autores concluíram que determinadas redes neurais dissociáveis estão envolvidas no conhecimento numérico. Uma rede envolve o hemisfério esquerdo, que contribui para o armazenamento e a recuperação de fatos aritméticos, e a segunda é uma rede parietal dedicada à capacidade de manipular quantidades numéricas. Esses resultados foram replicados em outros estudos (p. ex., Lemer, Dehaene, Spelke e Cohen, 2003).

Neuroimagem funcional

Os estudos de neuroimagem funcional usando PET e IRMf também mostram que os correlatos neurais da capacidade de fazer cálculos e estimativas/aproximações podem ser diferentes. Dehaene e colaboradores (1999) encontraram correlatos diferentes em neuroimagem para testes que exigem respostas exatas e estimativas, com os primeiros envolvendo o córtex pré-frontal inferior no hemisfério esquerdo, bem como o giro angular esquerdo. Essas áreas se sobrepõem substancialmente àquelas que afetam as funções linguísticas. Em comparação, os testes com estimativas apresentam ativação bilateral nos lobos parietais inferiores que representam áreas que se sobrepõem à cognição espacial e à atenção visual. Muitas crianças com TAs envolvendo a matemática apresentam dificuldades com a cognição espacial. Essa sobreposição na representação neural de estimativas e da cognição espacial podem ajudar a explicar por que as dificuldades com o processamento espacial não parecem ter uma relação forte com as capacidades matemáticas dessas crianças, mas geralmente são tão profundas quanto os próprios transtornos da matemática. Qualquer tarefa cognitiva que seja sensível à maneira como essas áreas do cérebro funcionam apresentará deficiências em crianças com transtornos específicos de matemática, mas isso não significa que os déficits cognitivos em si estejam intimamente relacionados. O que não fica claro é se os correlatos em neuroimagem de crianças com transtornos da matemática e da leitura diferem com o uso de tarefas variadas de matemática. Essas teorias proporcionam uma forte base para a pesquisa, demonstrando a necessidade de trabalhos com neuroimagem semelhantes aos realizados para a dislexia.

Lesões cerebrais pediátricas

Os estudos sobre populações com lesões cerebrais pediátricas têm sido particularmente proveitosos para o entendimento dos TAs em matemática, pois muitos transtornos cerebrais adquiridos que afetam as crianças parecem produzir subgrupos em que a capacidade de ler não é afetada, mas a matemática é gravemente comprometida. Por exemplo, a síndrome de Turner caracteriza-se por uma leitura de palavras intacta e por deficiências nas habilidades matemáticas (Mazzocco, 2001). Em um estudo sobre diferentes competências aritméticas, Bruandet, Molko, Cohen e Dehaene (2004) mostram que as diferenças mais significativas entre mulheres com a síndrome de Turner e controles envolviam comprometimentos na capacidade de estimar, de reconhecer quantidades sem contar (*subitizing*) e de fazer cálculos. Não foram observadas dificuldades em testes envolvendo a compreensão e a produção de números, a contagem oral, a leitura e a escrita. Mazzocco (2001) também observou a ocorrência de processamento numérico intacto e comprometimento da capacidade aritmética, e alguns estudos mostram que as estratégias em cálculos multidígitos eram prejudicadas em mulheres com a síndrome de Turner (p. ex., Rovet et al., 1994). Bruandet e colaboradores (2004) interpretaram isso como um problema que afetava regiões do cérebro nas áreas parietais (isto é, no sulco intraparietal) associadas ao processamento numérico. Em um estudo subsequente, Molko e colaboradores (2004) fizeram IRMs estruturais de 14 pacientes com a síndrome de Turner e 14 controles. Os autores encontaram anomalias em uma variedade de áreas do cérebro, particularmente no sulco intraparietal.

Em estudos sobre a síndrome do X frágil, os garotos geralmente tendem a apresentar deficiências em habilidades acadêmicas (Roberts et al., 2005), o que condiz com a taxa maior de retardo mental em garotos, comparado a garotas com essa síndrome. Todavia, as garotas têm maior probabilidade de apresentar transtornos específicos em matemática na presença de habilidades de leitura de palavras e intelectuais intactas (Keysor e Mazzocco, 2002). Um estudo com imagem funcional de operações aritméticas simples e complexas em sujeitos do sexo feminino com X frágil mostrou ativação reduzida nas regiões cerebrais pré-frontais e parietais, que, ao contrário dos controles, não diferiram nos dois testes (Rivera, Menon, White, Glaser e Riess, 2002).

Simon, Bearden, Mc-Ginn e Zackai (2005a) estudaram o processamento matemático em crianças com síndrome velocardiofacial. Os autores encontraram dificuldades na avaliação da magnitude numérica, bem como em testes envolvendo a orientação da atenção visual e da numeração, que não poderiam ser explicadas por déficits globais na velocidade psicomotora. Esse padrão estava relacionado com deficiências envolvendo o lobo parietal posterior. Estudos desse transtorno com neuroimagem estrutural mostram volumes reduzidos da substância cinzenta nas regiões parietais e temporais, juntamente com outras anomalias da substância branca no cérebro (Zinkstok e van Amelsvoort, 2005). Simon e colaboradores (2005b) usaram morfometria baseada em voxel para comparar os volumes cerebrais em crianças com síndrome velocardiofacial e controles, encontrando reduções especialmente acentuadas nos volumes da substância cinzenta entre um grande segmento das regiões cerebrais posteriores, com aumento na substância cinzenta em regiões distintas dos lobos frontais. Imagens com difusor de tensão demonstraram falta de conectividade entre o aspecto posterior do corpo caloso e as regiões parietais posteriores.

Em estudos com crianças com espinha bífida ou hidrocefalia que tinham boa capacidade de reconhecer palavras e pouca habilidade em matemática, Barnes e colaboradores (2002) observaram que os sujeitos com espinha bífida cometiam mais erros procedimentais do que os controles de mesma idade, mas tinham taxas semelhantes de erros na recuperação de fatos matemáticos e erros visuoespaciais. Além disso, seus erros procedimentais não diferiram quando comparados a estudantes menores mas com o mesmo nível de conhecimento matemático. Desse modo, as crianças com hidrocefalia cometiam erros em cálculos escritos que eram imaturos para a sua idade, mas não eram qualitativamente diferentes dos cometidos por crianças menores sem transtorno de matemática. Esses dados condizem com a hipótese de que as crianças que são boas em leitura mas fracas em matemática podem ter um déficit procedimental que envolve a aplicação de algoritmos evolutivamente imaturos para resolver cálculos escritos. Em um estudo mais recente com uma grande coorte de crianças com espinha bífida mielomeningocélica e com hidrocefalia, as crianças foram classificadas em grupos com transtorno de decodificação da leitura e da matemática, apenas da matemática e sem transtornos da leitura ou da matemática, e foram comparadas com controles de desenvolvimento típico (Barnes et al., 2006). Os pesquisadores observaram que os erros visuoespaciais em cálculos multidígitos não eram comuns em crianças com espinha bífida; que os déficits na precisão, velocidade e no uso de estratégias em adições com um algarismo caracterizavam ambos os grupos com transtorno da matemática, independentemente da capacidade de leitura; que as habilidades fonológicas e visuoespaciais explicavam apenas uma pequena quantidade da variância na recuperação de fatos matemáticos; e que a precisão e a velocidade na adição de dígitos simples eram fortes indicadores do desempenho em testes envolvendo a subtração de algarismos múltiplos.

Diversos estudos de populações adultas e pediátricas convergem na identificação do sulco parietal como uma região crítica para o desenvolvimento do senso numérico (ver Figura 8.3). Em crianças, Issacs, Edmonds, Lucas e Gadian (2001) mostram que as dificuldades em cálculos aritméticos que caracterizam muitos bebês que nasceram com baixo peso estavam relacionadas com o desenvolvimento menor da substância cinzenta na região parietal. Os estudos de crianças com síndrome velocardiofacial e síndrome de Turner, e de garotas com síndrome do X frágil, também implicaram essa região do cérebro, embora os comprometimentos não se restrinjam a essa região. Vistos em conjunto, esses estudos de crianças com lesões cerebrais precoces corroboram os estudos de crianças com TAs em matemática, apresentando diferenças em subgrupos que variam em habilidades de leitura. Embora pareça não haver nenhum estudo de neuroimagem que aborde especificamente crianças sem lesões cerebrais e com TAs em matemática, os estudos de lesões cerebrais proporcionam uma base para o desenvolvimento de novas pesquisas.

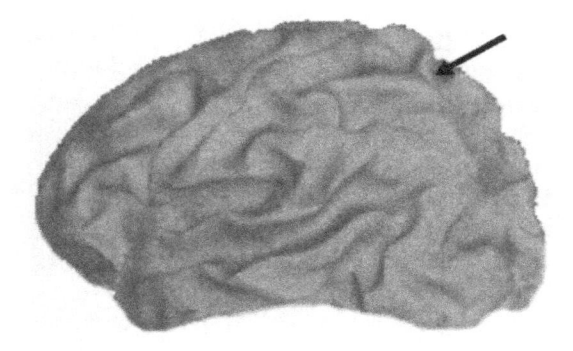

FIGURA 8.3 O hemisfério esquerdo do cérebro humano. A seta representa a região ao redor do sulco intraparietal, uma região implicada bilateralmente em uma variedade de testes envolvendo números (Dehaene et al., 2004).

Fatores genéticos

Como nas transtornos da leitura, uma base emergente de pesquisas demonstra fatores hereditários nos transtornos da matemática. Todavia, ao contrário das observações para a dislexia, ainda não foram implicados genes específicos. Os transtornos da matemática são mais comuns em certas famílias. Gross-Tsur, Manor e Shalev (1996) observam que 10% das crianças com um transtorno específico de matemática tinham pelo menos um outro familiar que reclamava de dificuldades com a matemática. Outros 45% tinham outro tipo de TA. Aqueles com um histórico familiar de transtorno da matemática tinham maior probabilidade de ter transtornos persistentes em matemática. Shalev e colaboradores (2001) mostram que a prevalência de transtorno da matemática era bastante elevada em mães (66%), pais (40%) e irmãos (53%) de sujeitos com esse transtorno. Shalev e colaboradores concluíram que a prevalência de transtorno da matemática era por volta de 10 vezes maior em indivíduos que tinham familiares com transtornos da matemática do que na população geral.

Existem poucos estudos genéticos sobre a matemática, que se concentram na co-morbidade entre transtorno da leitura e da matemática, bem como transtornos específicos de matemática. Em um estudo de gêmeos, Alarcon, DeFries, Light e Pennington (1997) relataram que 58% dos gêmeos monozigóticos (MZ) compartilhavam um transtorno da matemática, em comparação com 39% dos gêmeos dizigóticos. Knopik e DeFries (1999) observaram que os fatores genéticos explicavam 83% da variância compartilhada entre o transtorno da leitura e da matemática em um grupo de gêmeos, em comparação com 58% da variância compartilhada em um grupo-controle. A contribuição das influências ambientais foi bastante pequena. Um estudo recente de gêmeos de 7 anos no estudo TEDS* (Kovas, Harlaar, Petrill e Plomin, 2005) mostra que as correlações entre gêmeos MZ para a matemática sugerem uma influência genética substancial e uma influência ambiental moderada. As correlações genéticas entre a matemática e a leitura foram altas, de modo que os genes que preveem as diferenças individuais em leitura também podem prever as diferenças individuais em matemática. Essa observação remonta à discussão sobre genes gerais para a dislexia no Capítulo 5 (Plomin e Kovas, 2005). Esses resultados sugerem que os fatores genéticos influenciam os transtornos da leitura e da matemática. Não é de surpreender que haja uma variância compartilhada substancial na herdabilidade de transtornos da leitura e da matemática, pois muitos indivíduos tendem a ter problemas em ambas áreas. Plomin e Kovacs também citam evidências de que a matemática tem efeitos genéticos independentes.

---

* N. do R. T.: "Twins Early Development Study": um estudo longitudinal em larga escala desenvolvido na Inglaterra.

A co-morbidade entre o TDAH e os transtornos específicos de matemática também foi estudada sob a perspectiva genética. Monuteaux, Faraone, Herzig, Navsaria e Biederman (2005) observam que as taxas de TDAH eram elevadas nos parentes de crianças com TDAH, independente da presença de TAs em matemática. De maneira semelhante, as taxas de TAs específicos em matemática foram elevadas nos parentes, independente da presença de TDAH. Os pesquisadores concluíram que as TAs em matemática e o TDAH são transtornos transmitidos de forma independente e distantes. Esses resultados condizem com estudos sobre a herdabilidade dos TAs envolvendo a leitura e o TDAH (ver Capítulo 5).

RESUMO: DOS DÉFICITS EM HABILIDADES ACADÊMICAS AOS FATORES NEUROBIOLÓGICOS

Conforme demonstra o estudo de Fuchs e colaboradores (2006b), para relacionar os processos cognitivos com TAs em matemática, é necessário usar uma abordagem multivariada, com a especificação cuidadosa das competências matemáticas e dos déficits em habilidades acadêmicas que estão envolvidos em relação a diversas medidas cognitivas. Na área da leitura, esses estudos enfatizam a relação singular entre o processamento fonológico e os transtornos no reconhecimento das palavras (Wagner et al., 1994). A distinção de transtornos da matemática com e sem problemas de leitura deve ser mantida, pelo menos porque os problemas matemáticos podem ser qualitativa ou quantitativamente diferentes nos dois subgrupos de TAs em matemática. Certamente, as intervenções seriam diferentes, pois um grupo necessita de instrução em leitura e o outro, não. Além disso, os indicadores precoces de problemas futuros com a leitura e a matemática também parecem diferir (Jordan et al., 2006). Desse modo, uma importante ênfase na pesquisa sobre os TAs em matemática é a natureza dos déficits em habilidades acadêmicas, pois os correlatos cognitivos variam com as diferentes competências matemáticas (Fuchs et al., 2006b). Deve-se colocar particular ênfase no papel da desatenção, e essa observação não é intuitiva. Os estudos que demonstram fortes relações com a atenção baseiam-se em avaliações dos professores, mas não foram complementados com um forte modelo cognitivo da atenção. A aplicação desses modelos pode ser esclarecedora, particularmente porque a base neural para esse tipo de desatenção pode representar um sistema nas regiões posteriores do cérebro que se sobrepõe ao processamento espacial, assim como em áreas do cérebro associadas a competências numéricas (Dehaene et al., 2004; Simon et al., 2005a).

Os correlatos neurobiológicos dos TAs em matemática ainda não foram estudados adequadamente, mas existe um corpo teórico que sustenta esses estudos. Diferentes partes do cérebro parecem influenciar as habilidades matemáticas, com o sulco intraparietal sendo geralmente implicado como uma região de interesse em estudos envolvendo o senso numérico e a estimativa. Os transtornos da matemática têm um componente hereditário significativo, mas não foram estudados genes específicos. Os correlatos neurais e genéticos são diferentes dos que foram identificados para a leitura, mas existe sobreposição.

INTERVENÇÕES PARA TRANSTORNOS DA MATEMÁTICA

Sínteses com base científica

Baker, Gersten e Lee (2002) fizeram uma síntese com base científica dos efeitos de intervenções para melhorar o desempenho em matemática de crianças com transtorno da matemática, com baixo desempenho em matemática ou em risco de apresentar dificuldades matemáticas. Os autores encontraram apenas 15 estudos que satisfizessem os critérios metodológicos, incluindo a especificação clara do baixo desempenho em matemática. Os resultados indicam que diferentes intervenções foram associadas a melhoras nos níveis de desempenho em matemática, especialmente (1) fornecer dados sobre o desempenho estudantil para os professores e os estudantes (tamanho de efeito agregado; TE = 0,57); (2) tutoria pelos colegas (TE agregado = 0,66); (3) fornecer *feedback* para os pais em relação ao desempenho estudantil (TE agregado = 0,42); e (4) ensino explícito de conceitos e procedimentos matemáticos (TE agregado = 0,58). Baker e colaboradores observaram que esse número de estudos era pequeno e que poucos incluíam explicitamente crianças com TAs, e citam a necessidade de mais pesquisas sobre estratégias de intervenção em matemática, que parecem estar emergindo.

Instrução em sala de aula

Como com a instrução em outras áreas temáticas, o ensino diferenciado de habilidades em matemática deve ter as seguintes características: (1) a instrução ocorre em grupos; (2) é dirigida pelo professor, (3) tem um foco acadêmico e (4) leva em conta especificamente as necessidades de cada estudante (Stevens e Rosenshine, 1981). Alguns programas básicos ou de desenvolvimento usados para estudantes com TAs têm muitas dessas características. Por exemplo, o programa Connecting Mathematics Concepts (Engelmann, Carnine, Engelmann e Kelly, 1991) é um programa baseado em um modelo comportamental/analítico que costuma ser usado com estudantes em idade típica das séries iniciais do ensino fundamental com TAs. Contém aulas bastante estruturadas envolvendo perguntas frequentes do professor e respostas dos estudantes. Diversos estudos demonstraram a eficácia das abordagens de instrução direta para matemática com alunos identificados com TAs (Carnine, 1991). De maneira semelhante, os estudos controlados em estratégias de aprendizagem com o auxílio dos colegas (PALS) para a matemática documentam a importância de a instrução explícita abordar habilidades procedimentais além do conhecimento conceitual, com uma prática mediada pelos colegas e cuidadosamente orientada. Essa abordagem pode ser usada em salas de aula gerais para melhorar os resultados dos estudantes com TAs, assim como seus colegas de desempenho baixo, médio e elevado da educação infantil à 6ª série (p. ex., Fuchs et al., 1997; Fuchs, Fuchs e Karns, 2001b; Fuchs, Fuchs, Yazdian e Powell, 2002b).

Além de programas básicos e de programas instrucionais especializados, diversas técnicas de ensino na sala de aula ajudam os estudantes com TAs a desenvolver conceitos aritméticos e matemáticos. Por exemplo, Rivera e Smith (1987), sintetizando pesquisas sobre o valor da modelagem no ensino de habilidades de cálculo, mostram que as demonstrações pelos professores do algoritmo no cálculo e dos passos procedimentais é efetivo na promoção tanto de comportamentos voltados para a resolução de problemas quanto de cálculos nos estudantes. Lloyd (1980) testou o valor do treinamento em estratégias com alunos com déficit em habilidades matemáticas. Nesse tipo de intervenção, uma análise da operação cognitiva relevante é demonstrada e explicada para os alunos. Quando dominaram as habilidades componentes, apresentam-se estratégias para ajudá-los a integrar as etapas e a aplicá-las em diferentes contextos de resolução de problemas.

Finalmente, os modelos cognitivo-comportamentais de intervenção levaram ao desenvolvimento de técnicas de autoinstrução para orientar os estudantes com TAs em uma variedade de contextos de resolução de problemas (Hallahan et al., 1996). Um componente fundamental desse tipo de técnica é ensinar o estudante primeiramente a verbalizar as etapas que devem ser usadas para resolver um determinado problema de matemática. Quando o estudante tiver dominado a aplicação do algoritmo para a resolução do problema, ele aprende a se autoinstruir, mas usando instruções subvocais. Esse tipo de técnica se mostrou proveitosa para estudantes em idade para o ensino fundamental (Lovitt e Curtiss, 1968) e adolescentes (Seabaugh e Schumaker, 1993).

Intervenções tutoriais

Recuperação de fatos e procedimentos matemáticos

A maioria das intervenções para estudantes com TAs em matemática concentra-se em habilidades de ordem inferior, incluindo a recuperação de fatos e os procedimentos matemáticos (isto é, cálculos multidígitos). Essas pesquisas proporcionam orientação sobre como estruturar práticas efetivas de remediação, incluindo explicações explícitas, representações pictóricas ou concretas, ensaio verbal decrescente, prática cronometrada em conjuntos de problemas mistos, revisão cumulativa de habilidades já aprendidas e estratégias de autorregulação.

Com relação às explicações explícitas, às representações pictóricas, ao ensaio verbal, à prática cronometrada e à revisão cumulativa, a pesquisa substancia os benefícios para os estudantes. Por exemplo, Fuchs e colaboradores criaram e testaram um conjunto de componentes instrucionais para aumentar a competência matemática dos estudantes em relação à recuperação de fatos (Fuchs et al., 1997; Fuchs, Fuchs, Phillips, Hamlett e Karns, 1995) e aos procedimentos matemáticos (isto é, cálculos com algarismos multidígitos e estimativa)

(Fuchs et al., 2001b; Fuchs, Fuchs, Yazdian e Powell, 2002b). Os estudantes formavam quatro grupos: aqueles identificados com TAs; aqueles não identificados com TAs, mas com desempenho inicial superior; aqueles sem TAs com desempenho inicial médio e, por fim, aqueles sem TAs com desempenho inicial inferior. Para os estudantes do ensino fundamental, uma combinação de (1) explicações de base conceitual, explícitas e procedimentalmente claras, (2) representações pictóricas da matemática, (3) ensaio verbal gradual decrescente e (4) prática cronometrada com conjuntos de problemas mistos, que sistematicamente proporcionavam uma revisão cumulativa dos problemas já aprendidos, resultou em efeitos estatisticamente significativos para todos os quatro tipos de aprendizes (com transtorno de aprendizagem, com desempenho baixo, com desempenho médio e com desempenho alto). Os tamanhos de efeito variaram de 0,35 a 1,27.

Esse mesmo conjunto de princípios instrucionais foi incorporado em um sistema especializado, que foi testado de forma experimental com 33 professores que proporcionavam instrução em matemática para estudantes com TAs da 2ª à 8ª série (Fuchs et al., 1991b). O foco do estudo eram os procedimentos matemáticos, que representavam uma área deficiente para todos os estudantes com TAs que participaram do estudo. Os professores foram divididos em três condições de 20 semanas: (1) avaliação sistemática e contínua do crescimento estudantil com perfis descritivos dos pontos fortes/fracos dos estudantes; (2) avaliação sistemática e contínua do crescimento estudantil com perfis descritivos dos pontos fortes/fracos dos estudantes e o uso de um sistema especializado incorporando análises de tarefas para fornecer explicações claras, representações pictóricas, ensaio verbal gradual decrescente, recomendações para a instrução e a prática cronometrada com a revisão cumulativa com conjuntos de problemas mistos; e (3) controles tratados com as melhores práticas. Os resultados indicam que apenas a condição do sistema especializado levou a um nível superior de aprendizagem, proporcionando evidências adicionais para a efetividade dessa combinação de princípios instrucionais.

Com relação às estratégias de autorregulação, estudos demonstram a contribuição do monitoramento contínuo do desempenho com o estabelecimento de objetivos e *feedback* sobre a recuperação de fatos e os procedimentos matemáticos. Por exemplo, Fuchs, Bahr e Rieth (1989a) dividiram aleatoriamente 20 estudantes com TAs que tinham um déficit na recuperação de fatos matemáticos, entre objetivos autosselecionados ou objetivos designados e jogos condicionais ou não-condicionais – todos no contexto da prática e da repetição em recuperação de fatos no computador. O desempenho foi avaliado antes e depois de um tratamento de 3 semanas. Os resultados indicaram maior aprendizagem para os estudantes que selecionaram seus próprios objetivos do que para aqueles cujos objetivos foram designados, com um tamanho de efeito de 0,68. Não foram encontradas diferenças entre as condições envolvendo contingências.

Usando métodos semelhantes, Fuchs, Fuchs, Hamlett e Whinnery (1991c) analisaram os efeitos do *feedback* estudantil. Duas vezes por semana, durante 20 semanas, os estudantes fizeram testes de procedimentos matemáticos no computador e receberam *feedback* imediato. Cada educador especial ($n = 20$) identificou dois alunos com TAs que tinham dificuldades crônicas em procedimentos matemáticos: um foi indicado para observar um gráfico de seu desempenho ao longo do tempo, com uma linha do objetivo sobreposta sobre o gráfico, e o outro enxergava o gráfico sem a linha do objetivo. O *feedback* com a linha do objetivo foi associado a um desempenho mais estável, com um tamanho de efeito de 0,70. Conforme esses estudos ilustram, envolver os estudantes no monitoramento do seu próprio desempenho enquanto trabalham no computador com a recuperação de fatos matemáticos e com procedimentos matemáticos traz benefícios substanciais.

Resolução de problemas

A maior parte da pesquisa sobre tratamentos para estudantes com TAs concentra-se na recuperação de fatos matemáticos e em cálculos algorítmicos (p. ex., Cawley, Parmar, Yan e Miller, 1998; Harris, Miller e Mercer, 1995). Ao mesmo tempo que os estudantes adquirem competência com habilidades matemáticas básicas, um desafio adicional será melhorar a sua capacidade de aplicar essas habilidades a situações em que devem resolver problemas (Catrambone e Holyoak, 1989). Com essa finalidade, dedicou-se um pouco de atenção a problemas aritméticos com enunciados, que excluem informações irrelevantes, mantêm a estrutura sintática direta e exigem soluções com apenas uma etapa.

Para promover a competência em problemas aritméticos com enunciado, Case, Harris e Graham (1992) avaliaram os efeitos do desenvolvimento de estratégias autorreguladas entre quatro alunos com TAs. Os autores observaram que o desempenho geral melhorou, mas que apenas 2 dos 4 estudantes mantiveram os efeitos. Hutchinson (1993) corroborou os efeitos de curto prazo desse tipo de instrução em estratégia cognitiva (ver também Montague, Applegate e Marquard, 1993).

Outra linha de trabalho substancia o valor de usar materiais concretos e diagramas para ajudar estudantes que cursam as séries iniciais do ensino fundamental com TAs a aprender problemas aritméticos com enunciado (p. ex., Jitendra e Hoff, 1996; Mercer e Miller, 1992). Jitendra e colaboradores (1998) também testaram e mostraram o valor de combinar diagramas com métodos para induzir esquemas.

Contudo, pouca atenção foi dedicada à resolução de problemas matemáticos conforme os currículos escolares, onde os problemas são mais variados e complexos do que os problemas aritméticos com enunciado. Essa forma mais complexa de resolução de problemas matemáticos incorpora informações irrelevantes e estruturas sintáticas mais variadas, com muitos problemas exigindo duas ou mais etapas de cálculos e outras habilidades matemáticas afins para a sua solução, como calcular metades ou ler gráficos. Essa falta de atenção à resolução de problemas matemáticos, que é especialmente o caso nas séries iniciais do ensino fundamental, é prejudicial, por três razões. Primeiramente, para alunos portadores de TAs, o objetivo fundamental da escolarização em matemática é aprender a resolver problemas como ocorrem no mundo real. Em segundo lugar, pesquisas com estudantes típicos revelam os desafios associados à resolução de problemas matemáticos. Os pesquisadores não podem pressupor que intervenções criadas para promover o sucesso com problemas aritméticos com enunciado se traduzirão em melhoras na resolução de problemas matemáticos (Catrambone e Holyoak, 1989). Finalmente, apesar dos graves desafios com as habilidades matemáticas básicas (Jordan e Hanich, 2000), esperar para aprender essas habilidades básicas antes de começar a desenvolver competência na resolução de problemas matemáticos pode criar déficits nessa habilidade, que serão impossíveis de tratar mais adiante na escola.

Para abordar essa lacuna na literatura, Fuchs e colaboradores concentraram-se na resolução de problemas matemáticos em estudante de 3ª série. Esse trabalho se divide em duas categorias. Uma linha de pesquisas foi realizada no âmbito da classe, em ambientes de educação geral, explorando os efeitos de tratamentos inovadores de resolução de problemas matemáticos com estudantes que chegam na 3ª série com históricos variados em relação ao seu desempenho: TAs e desempenho inicial baixo, médio e alto em matemática. A segunda categoria de pesquisa analisa os efeitos de tratamentos com tutoria para melhorar a capacidade de resolução de problemas matemáticos entre estudantes com TAs. Em ambas linhas de trabalho, a instrução foi explícita e sistemática. Ou seja, o professor começa com exemplos prontos, ilustrando as regras de resolução de problemas indicadas para um tipo específico de problema. O professor explica as soluções nos exemplos prontos e apresenta um pôster listando as etapas da estratégia de solução. Avançando para exemplos parcialmente resolvidos, com uma etapa faltando para a solução, ele pede que os estudantes concluam a solução e depois discute a atividade, enquanto os estudantes explicam o seu trabalho e o professor proporciona *feedback* corretivo. Gradualmente, o professor propicia mais oportunidades para os estudantes contribuírem cada vez mais para as soluções dos problemas apresentados. Depois disso, formam-se pares com alunos de desempenho maior e menor para que possam se ajudar a responder problemas inteiros e, quando os problemas são concluídos, o professor revisa as soluções com *feedback* correto. Antes da conclusão de cada lição, os alunos respondem os problemas sozinhos, com uma discussão liderada pelo professor, e recebem tarefas para casa. A instrução é clara e concisa, com muitas oportunidades para os estudantes participarem por meio de respostas coletivas e individuais nas partes da aula voltadas para a turma como um todo e por meio de intervenções com os colegas. Além disso, sempre que os estudantes dominam os tipos de problemas, faz-se uma revisão cumulativa.

Essa forma de instrução estruturada e sistemática é aplicada não apenas à instrução em regras para a resolução de problemas, mas também quando a instrução visa aumentar a transferência da aprendizagem. Teoricamente, a abordagem de instrução baseia-se na teoria do esquema. Com a teoria do esquema, a resolução de problemas matemáticos é considerada uma forma de transferência, pois os estudantes resolvem problemas que nunca viram antes. Para alcançar essa transferência, são necessários três tipos de desenvolvimento (Cooper e Sweller, 1987). Em primeiro lugar, para qualquer tipo de problema, os estudantes devem dominar as regras de resolução. Em segundo, os estudantes devem desenvolver esquemas – ou descrições generalizadas de dois ou mais problemas – que são usados para separar os problemas em grupos que exigem soluções semelhantes (Gick e Holyoak, 1980). Quanto mais amplo o esquema, maior a probabilidade de que os indivíduos reconheçam as conexões entre problemas familiares e problemas novos (Cooper e Sweller, 1987). Em terceiro lugar, os estudantes devem se manter atentos às conexões entre o ensino e a transferência (Gick e Holyoak, 1980).

Salomon e Perkins (1989) apresentaram um modelo para ampliar esquemas e para evocar a busca independente de conexões entre tarefas novas e tarefas familiares. Com esse modelo, os esquemas proporcionam a ponte que une um contexto ao outro, e a metacognição envolve o reconhecimento consciente e a aplicação proposital do esquema. Salomon e Perkins (1989) afirmam que esse modelo representa uma oportunidade instrucional única para ensinar explicitamente os estudantes a transferir a sua aprendizagem.

ESTUDOS DA SALA DE AULA

Em um estudo sobre a resolução de problemas matemáticos dirigidos à 3ª série, Fuchs e colaboradores (2003a, 2003b) operacionalizaram os modelos de Cooper e Sweller (1987) e de Salomon e Perkins (1989): ensinar regras de resolução de problemas, familiarizar os estudantes com a noção de transferência, ensiná-los a construir esquemas mostrando como as características superficiais dos problemas mudam sem alterar as regras de resolução e ensiná-los a procurar problemas que pareçam novos para reconhecer as características superficiais e, assim, identificar tipos familiares de problemas cujas soluções sejam conhecidas. Em uma série de estudos no âmbito da classe, Fuchs e colaboradores (2003a) usaram esse modelo para ensinar os estudantes explicitamente a transferir a aprendizagem para a resolução de problemas matemáticos. As salas de aula foram divididas aleatoriamente em quatro condições: (1) instrução projetada pelo professor; (2) instrução para resolução de problemas com enunciado (20 sessões); (3) instrução em resolução de problemas com enunciado + instrução explícita em transferência (20 sessões: 50% a mais de instrução em regras de resolução para controlar o tempo); e (4) instrução em resolução de problemas com enunciado + instrução explícita em transferência (30 sessões com doses totais de ambos componentes). A instrução foi administrada para toda a classe ao longo de 16 semanas, com forte fidelidade. Foram avaliados os efeitos sobre a transferência imediata, próxima e distante em medidas de resolução de problemas matemáticos, com a condição como variável interclasse e o tipo de estudante (desempenho alto, médio, baixo) como variável intraclasse. Os efeitos também foram analisados para estudantes com TAs ($n = 30$). Os resultados mostram que: a instrução em regras para a resolução de problemas foi suficiente para melhorar o desempenho em problemas bastante semelhantes aos usados na intervenção; a instrução em transferência foi necessária para melhorar o desempenho em problemas com menos semelhanças; e, para estudantes com TAs e outros estudantes de desempenho baixo, a dose completa de ambos componentes foi mais efetiva. Para estudantes sem transtornos, os tamanhos de efeito para a melhor condição (4) foram de 1,82 para a transferência imediata, 2,25 para a transferência próxima e 1,16 para a transferência distante. Para estudantes com TAs, os tamanhos de efeito para a melhor condição (também a 4) foram de 1,78 para a transferência imediata, 1,18 para a transferência próxima e 0,45 para a transferência distante.

Para aperfeiçoar esse tratamento preventivo, a contribuição das estratégias de autorregulação foi avaliada em um estudo subsequente (Fuchs et al., 2003b). As salas de aula foram divididas aleatoriamente em três condições de 16 semanas: (1) instrução projetada pelo professor; (2) instrução explícita em transferência (que incluía ensinar regras para as soluções dos problemas); e (3) instrução explícita em transferência (incluindo ensinar regras para as soluções dos problemas) + estratégias de aprendizagem autorreguladas (graficar e monitorar o desempenho e estabelecer objetivos). A fidelidade do tratamento era forte, e os efeitos foram avaliados para a transferência imediata, próxima e distante em medidas de problemas complexos com enunciado, com a condição como variável interclasse e o tipo de estudante (desempenho alto, médio, baixo) como variável intraclasse. Os efeitos também foram analisados para estudantes com TAs ($n = 40$). Os resultados corroboram a efetividade do tratamento combinado (3). Entre todos os tipos de estudantes, os tamanhos de efeito para o tratamento combinado foram de 2,81 para a transferência imediata, 2,43 para a transferência próxima e 1,81 para a transferência distante. Para estudantes com TAs, os efeitos sobre as três medidas foram 1,43, 0,95 e 0,58, respectivamente.

TUTORIA

Uma segunda linha de pesquisas sobre intervenções para a resolução de problemas matemáticos envolvendo problemas complexos envolve o uso de tutoria. Fuchs e colaboradores analisaram os efeitos da abordagem de transferência explícita baseada no esquema para intervenções de resolução de problemas matemáticos no nível da sala de aula quando o tratamento ocorre por meio de tutoria em grupos pequenos. O objetivo é remediar os déficits existentes entre alunos da 4ª série com TAs em matemática, enquanto se explora o potencial da instrução assistida por computador para aumentar os efeitos (Fuchs, Fuchs, Hamlett e Appleton, 2002a).

Estratificando por professor/classe, os estudantes foram divididos aleatoriamente em (1) trabalho de verificação/rotulação (controle); (2) trabalho de verificação/rotulação + prática assistida por computador sobre "tarefas de transferência distante"; (3) trabalho de verificação/rotulação + tutoria explícita em grupos pequenos sobre regras e transferência da resolução de problemas; (4) trabalho de verificação/rotulação + prática assistida por computador sobre "tarefas de transferência distante" + tutoria explícita em grupos pequenos sobre regras e transferência da resolução de problemas. A instrução ocorreu durante 16 semanas, com fidelidade forte. Os efeitos foram avaliados em medidas da transferência imediata, próxima e distante de problemas com enunciado. Os resultados documentaram a efetividade da tutoria em grupos pequenos sobre a transferência imediata e próxima. Na transferência distante, foram observados efeitos moderados, mas sem significância estatística. De maneira interessante, os resultados revelaram que o trabalho no computador ajudou pouco quando havia tutoria. Os tamanhos de efeito para a tutoria em relação ao controle variaram de 0,64 a 2,10; para o computador em relação ao controle, 0,51 a 0,64; para tutoria em relação ao computador, de -1,60 a 0,05 na transferência distante; e para tutoria em relação a tutoria + computador, de -0,03 a 0,14.

Para ampliar esse trabalho, Fuchs e colaboradores (2004) descreveram a resposta ao tratamento baseado no esquema no nível da sala de aula como função do subgrupo de TA: transtorno da matemática, da leitura ou com ambos os transtornos. As salas de aula foram divididas aleatoriamente para validar as condições de prevenção ou de controle (isto é, instrução projetada pelo professor). A instrução foi voltada para a classe como um todo, ao longo de 16 semanas e com fidelidade forte. Os efeitos foram avaliados em medidas da transferência imediata e próxima da resolução de problemas, usando a dimensão do desempenho (resolução de problemas, cálculos, comunicação) como variável intrassujeito e a condição de tratamento como variável intersujeito. Todos os subgrupos de TAs melhoraram menos em cálculos e em comunicação do que os estudantes que não tinham transtorno. Todavia, apenas os estudantes com ambos os transtornos (leitura e matemática) melhoraram menos na precisão da resolução de problemas do que os estudantes sem transtornos.

Para compreender o papel que os déficits de leitura desempenham em relação aos de matemática na baixa capacidade de resolução de problemas dos estudantes com transtorno da leitura e da matemática, Fuchs e colaboradores (2004) também realizaram análises de regressão exploratória. Os resultados sugerem que os déficits em cálculos multidígitos apresentados por esses estudantes contribuem mais para a variância na resposta ao tratamento de resolução de problemas do que os déficits na compreensão leitora.

CONCLUSÕES

As crianças com TAs envolvendo a matemática costumam ser representadas em dois grupos distintos, dependendo da presença da dislexia. Todavia, a dificuldade em matemática – assim como a dificuldade em leitura quando ambas estão envolvidas – pode ser co-mórbida. As diferenças podem ser uma questão de grau, pois as dificuldades de crianças com problemas em leitura e em matemática tendem a ser mais graves em todas as áreas acadêmicas (Jordan, Hanich e Kaplan, 2003a; Rourke e Finlayson, 1978). É crítico estudar diferentes competências matemáticas em crianças com ambos tipos de transtornos. Embora os cálculos matemáticos possam representar o principal déficit em habilidades acadêmicas para a identificação de TAs em matemática, isso não representa um *continuum* uniforme de proficiência. A resolução de questões relacionadas com a definição depende de avaliações mais sistemáticas de competências matemáticas entre subgrupos de crianças com transtorno da matemática, especialmente em relação a diferentes correlatos cognitivos e neurobiológicos.

Uma variedade de processos cognitivos se mostra comprometida em crianças com TAs em matemática, incluindo a memória de trabalho, a linguagem, a desatenção e outros. A maneira como esses processos cognitivos estão relacionados com diferentes competências matemáticas deve ser foco de futuras pesquisas. Os estudos neurobiológicos implicam diferentes sistemas neurais em associação com diferentes competências matemáticas, especialmente em crianças e em adultos que apresentam alguma forma de lesão cerebral. Esses estudos representam fontes férteis de hipóteses para estudos de TAs em matemática em crianças sem lesões cerebrais, mas estão apenas emergindo. Todavia, nessas populações, existem fortes evidências da herdabilidade de transtornos da matemática e de similaridades e de dissociações nos *loci* genéticos dos transtornos da leitura e da matemática.

Nossa revisão de intervenções para estudantes com TAs em matemática mostra que começam a surgir intervenções efetivas para déficits em habilidades básicas e em habilidades de níveis superiores relacionadas com a resolução de problemas. Como em intervenções para déficits em leitura e em escrita, as intervenções para TAs muitas vezes incluem não apenas a instrução em "habilidades", mas a instrução explícita em estratégias com um foco na autorregulação. Além disso, muitos dos estudos abordam especificamente a importância da transferência da aprendizagem para o ambiente da sala de aula, bem como para ambientes mais amplos que envolvam a aplicação das habilidades acadêmicas. Com as evidências revisadas neste capítulo em favor da eficácia de intervenções baseadas na pesquisa, o próximo conjunto de questões diz respeito à tradução desses modos de intervenção para a prática.

9

Transtorno da expressão escrita

Os transtornos que envolvem o processo da escrita têm sido discutidos desde que Ogle (1867) usou o termo "agrafia" para diferenciar um transtorno adquirido da escrita e a afasia, um transtorno adquirido da linguagem, indicando que os dois eram dissociáveis. Na primeira metade do século XX, Goldstein (1948), Head (1926) e outros autores aplicaram a metodologia de observação clínica e o estudo de caso para analisar a associação e a dissociação entre a expressão escrita e a oral, mas concluíram, de um modo geral, que a escrita dependia da fala e, portanto, deveria ter correlatos neurais semelhantes. Conforme discutimos a seguir, essa hipótese não se sustentou com o passar do tempo.

Na afasiologia, a leitura e a escrita são distinguidas pela alexia, um transtorno adquirido da leitura, e a agrafia, que pode ocorrer com ou sem alexia, dependendo do padrão lesional (Roeltgen, 2003). As alexias e as agrafias têm diversas subdivisões que refletem o comprometimento em componentes sobrepostos ou separados da linguagem escrita e nem sempre ocorrem juntamente com a afasia (Ralph e Patterson, 2005). Todavia, a variedade de comprometimentos costuma ser muito maior nos transtornos adquiridos do que nos transtornos do desenvolvimento, pois a sobreposição entre transtornos adquiridos e transtornos do desenvolvimento não é tão forte (Romani, Olson e Betta, 2005). Os padrões de comprometimento não são tão distintos nos transtornos do desenvolvimento quanto nos transtornos adquiridos, com os primeiros refletindo perturbações do desenvolvimento que afetam o desenvolvimento posterior de outras habilidades. Por outro lado, geralmente, são identificados transtornos adquiridos em adultos que contraem lesões relativamente discretas. Mesmo as crianças com transtornos adquiridos apresentam dissociações muito menos distintas, novamente, porque a lesão afeta um processo em desenvolvimento (Dennis, 1988).

Nos transtornos do desenvolvimento da leitura e da escrita que não são causados por lesões, certos problemas com a ortografia costumam acompanhar a dislexia, mas também pode haver problemas com a grafia e com a produção textual na ausência de uma dislexia. A ortografia e a leitura de palavras são ligadas por problemas envolvendo o processamento fonológico (Berninger, 2004). Na mesma linha, Wong (1991) argumentou que os déficits da expressão escrita seguidamente estão associados a transtornos da leitura por causa de comprometimentos compartilhados que vão além do processamento fonológico. A compreensão leitora e a produção textual, em particular, podem ser influenciadas por processos metacognitivos semelhantes, incluindo o planejamento, o automonitoramento, a autoavaliação e a automodificação. Todavia, existe uma variedade de transtornos da infância associados a transtornos da expressão escrita na ausência de dislexias, incluindo dificuldades de aprendizagem não-verbais (Rourke, 1989), transtornos da linguagem oral (Bishop e Clarkson, 2003) e o TDAH (Barkley, 1997).

Berninger (2004) argumenta que os estudos sobre transtornos adquiridos e do desenvolvimento envolvendo a expressão escrita corroboram a dissociação entre os dois processos. De maneira semelhante, Abbott e Berninger (1993) observaram que a expressão escrita não poderia ser explicada apenas pela expressão oral e que a linguagem escrita receptiva sempre contribui de maneira singular para a capacidade de produção textual. Berninger e colaboradores, (2006) compararam as inter-relações entre a compreensão oral/auditiva, a expressão oral, a compreensão leitora e a expressão escrita em uma grande amostra de crianças da 1ª, 3ª e 5ª séries. Os autores encontraram correlações moderadas entre os quatro domínios, observando que diferentes testes neuropsicológicos previam cada domínio de maneira diferencial, novamente sugerindo que são dissociáveis.

Todavia, os estudos da expressão escrita não seguiram o caminho dos estudos sobre dificuldades matemáticas, e muitas vezes não separam as crianças segundo dificuldades específicas em escrita ou co-morbidades com outros TAs. Essa questão tem prejudicado as iniciativas de definição, de modo que a classificação dos transtornos da expressão escrita ficou atrás da classificação das dificuldades da leitura e da matemática. Não existem definições operacionais claras que englobem todos os componentes do domínio da linguagem escrita (ver Berninger, 2004). Ainda que a visão de que os déficits na expressão escrita invariavelmente co-ocorram com a dislexia não se sustente, as novas pesquisas sobre a linguagem escrita indicam que a maioria das crianças com TAs tem problemas com pelo menos uma habilidade acadêmica em escrita, seja na grafia, na escrita correta das palavras ou no discurso escrito (Hooper et al., 1994). Devido à complexidade do processo de escrita e ao fato de ele ser o último domínio da linguagem a se desenvolver em crianças (Johnson e Myklebust, 1967; Hooper et al., 1994), não é de surpreender que os déficits na expressão escrita ocorram juntamente com déficits na linguagem oral, na leitura e na matemática. Porém, não está claro se os transtornos da linguagem escrita são simples expressões de processos subjacentes comuns, como na relação entre a leitura de palavras e a ortografia em crianças com dislexia, ou representam outros transtornos independentes.

Uma questão crítica relacionada com a definição diz respeito àquilo que é específico em relação aos transtornos da expressão escrita. Em particular, existe um protótipo para um transtorno isolado da expressão escrita, ou para déficits em habilidades acadêmicas que envolvem a grafia (prováveis), a ortografia (infrequentes) e a produção textual (desconhecidos)? Em adultos, as dificuldades com a escrita geralmente refletem uma incapacidade de escrever corretamente que, mesmo quando remediada, está intimamente associada a dificuldades no reconhecimento de palavras (Rourke, 1993). Algumas crianças com TAs específicas têm dificuldades com a grafia, pois apresentam comprometimentos em seu desenvolvimento motor. De maneira interessante, os erros ortográficos costumam envolver restrições fonéticas, ao contrário de crianças que têm dificuldades no reconhecimento das palavras (Rourke, 1993). Considerando essas duas dificuldades (ortografia e habilidades motoras), será que existe um subgrupo de crianças cujas dificuldades se limitem à produção textual? Ainda não foram realizadas pesquisas sobre a classificação que seriam necessárias para avaliar essa hipótese, mas existem evidências dessa possibilidade. Em particular, algumas crianças têm problemas específicos com a grafia e respondem a intervenções preventivas (Graham, Harris e Fink, 2000). As pesquisas futuras devem avaliar esse possível subgrupo, na tentativa de identificar um protótipo.

DÉFICITS EM HABILIDADES ACADÊMICAS

Apesar das dificuldades com a definição e da questão de protótipos com dificuldades isoladas, tem havido progresso na compreensão dos déficits em habilidades acadêmicas associadas à expressão escrita. As dificuldades de escrita podem envolver problemas com a grafia, com a ortografia e/ou com a produção textual – a expressão de ideias no nível do texto. Berninger (2004) diferenciou o componente da "transcrição" da escrita do componente da "geração". O componente da transcrição envolve a produção de letras e a ortografia, que são necessárias para traduzir as ideias em um produto escrito. O componente da geração traduz as ideias em representações linguísticas que devem ser organizadas, armazenadas e depois recuperadas da memória.

No decorrer da última década, houve progressos na pesquisa em ambas as áreas, embora haja um foco maior na transcrição do que no componente da geração. Esse progresso reflete, em parte, o fato de que a transcrição é específica do processo de escrita, ao passo que o componente da geração se aplica a muitos aspectos da linguagem e do pensamento. Todavia, os componentes da transcrição e da geração estão intimamente relacionados. Assim como os problemas com o reconhecimento de palavras limitam a compreensão leitora, os problemas com a grafia e a ortografia limitam a produção textual. Graham, Berninger,

Abbott, Abbott e Whitaker (1997) realizaram um estudo com modelagem estrutural com diferentes medidas da fluência da grafia, da ortografia e da produção textual em uma amostra de 600 crianças da 1ª à 6ª série. A fluência da grafia previu a fluência e a qualidade da produção textual nas séries iniciais e intermediárias, e a fluência da grafia e a ortografia previram a fluência da produção textual nas séries iniciais. Em diversas idades, essas variáveis latentes explicaram 41 a 66% da variância na fluência e 25 a 42% na qualidade da produção textual. Os pesquisadores concluíram que o componente da transcrição limita a quantidade e a qualidade do componente da geração.

Existem métodos para avaliar a grafia, a ortografia e a produção textual, embora os testes específicos não estejam tão desenvolvidos quanto muitos especialistas gostariam. Para a grafia, usam-se avaliações qualitativas da legibilidade da amostra escrita. Os testes da ortografia que envolvem o ditado de palavras individuais são comuns, mas seus pontos fracos estão na maneira como os itens são organizados, em termos de diferentes convenções ortográficas e do número de itens em diferentes níveis de habilidade. Também é possível avaliar os erros ortográficos no contexto. A produção textual geralmente é avaliada por meio de sistemas de codificação que requerem avaliações sobre determinados componentes da narrativa escrita. O Test of Written Language (Hammil e Larsen, 2003), que usa uma amostra da escrita espontânea em resposta a imagens complexas, representa um teste formal que foi publicado. Muitas abordagens que envolvem a avaliação de narrativas são usadas na pesquisa. De maneira interessante, a fluência da grafia é um indicador efetivo da produção textual, da capacidade de fazer anotações e de outras tarefas da linguagem escrita em adultos (Peverly, 2006). Em uma série de estudos com crianças das séries iniciais e intermediárias do ensino fundamental, Berninger e colaboradores (Berninger, 2004; Graham et al., 1997) observaram que um teste envolvendo escrever as letras minúsculas do alfabeto o mais rápido possível durante 15 segundos prevê uma variedade de resultados para a expressão escrita. Desse modo, a transcrição e a geração estão intimamente relacionadas. Todavia, os correlatos cognitivos básicos das TAs em expressão escrita variam, dependendo dos déficits em habilidades acadêmicas usados para definir o problema com a escrita.

PROCESSOS COGNITIVOS BÁSICOS
Grafia

Berninger e colaboradores (Berninger, 1994, 2004; Berninger e Hart, 1993) e Graham e colaboradores (Graham et al., 2000; Graham, Weintraub e Berninger, 2001) relataram que a automaticidade na recuperação e na produção das letras do alfabeto, a codificação rápida de informações ortográficas e a velocidade dos movimentos sequenciais dos dedos eram os melhores indicadores de habilidades gráficas. A automaticidade da grafia previu a fluência e a qualidade da produção textual. Um déficit em habilidades motoras finas também limitou a grafia, especialmente nos primeiros estágios da escrita, que pode ser a razão por que o movimento motor sequencial está relacionado com a produção e a legibilidade das letras (Berninger, 2004). A grafia é mais que um ato motor, de modo que o conhecimento da ortografia e a capacidade de planejamento também contribuem para a sua proficiência.

Ortografia

As habilidades ortográficas são previstas por habilidades linguísticas envolvendo mapeamentos fonológicos e ortográficos e habilidades motoras, especialmente a integração visuomotora (Berninger, 2004). Como a escrita envolve um ato mecânico, não é de surpreender que as avaliações do sistema motor prevejam as habilidades ortográficas. Existe controvérsia em torno de se o processamento fonológico e o ortográfico podem ser mensurados de forma segura como um processo separado (Vellutino, Scanlon e Tanzman, 1994). Romani e colaboradores (2005) argumentam que o desenvolvimento da ortografia reflete dois processos, um envolvendo o processamento fonológico no nível sublexical, e outro representando um problema com o armazenamento adequado de relações ortográficas como um padrão lexical que leva a dificuldades significativas na escrita precisa de palavras irregulares. Romani e colaboradores (2005) questionaram se o problema lexical se devia a problemas com (1) o processamento visual ou (2) dificuldades de criar representações lexicais que refletem problemas que partem do sistema linguístico, no nível fonológico e/ou ortográfico.

A necessidade de representações fonológicas de palavras para a ortografia é óbvia. Mesmo em inglês, o sistema fonológico é um indicativo maior da ortografia das palavras do que se costuma pensar, principalmente se for considerada a origem histórica das palavras (Moats, 2005). Além das línguas alfabéticas, a escrita em línguas logográficas, como o chinês, ressalta a importância de processos ortográficos e sintáticos para a ortografia. Tan e colaboradores (2005) mostram uma grande relação entre aprender a ler em chinês e a capacidade de escrever em chinês. A relação da consciência fonológica com a leitura e a escrita era mais fraca em chinês do que em uma língua alfabética. Tan e colaboradores (2005) mostram que a escrita de caracteres chineses depende da interação entre dois mecanismos: um envolvendo a consciência ortográfica, que relaciona os sistemas visual, fonológico e semântico, e outro que envolve programas motores que permitem o armazenamento e a retenção dos caracteres. Entre as línguas, aquelas com relações mais transparentes entre a fonologia e a ortografia – como a língua portuguesa – parecem produzir transtornos menos graves para a precisão na leitura de palavras, mas os problemas com a ortografia e a fluência são mais acentuados, o que sugere que os componentes fonológicos e ortográficos da escrita (e da leitura de palavras) são dissociáveis (Caravolas, 2005).

As habilidades linguísticas envolvendo processos fonológicos e ortográficos parecem importantes, mesmo no início do desenvolvimento da capacidade de escrever. Apel, Wolter e Masterson (2006) analisaram o impacto de processos fonológicos e ortográficos sobre a aprendizagem ortográfica. Os autores observaram que crianças pequenas relacionavam rapidamente as informações ortográficas em padrões de letras com a mínima exposição a palavras novas. Os padrões de letras nas palavras novas que ocorriam com mais frequência eram aprendidos com mais facilidade, assim como as informações fonológicas que ocorriam com mais frequência eram relacionadas mais rapidamente. Concluindo que tanto os processos fonológicos quanto os ortográficos eram importantes para a escrita, Apel e colaboradores (2006) refutaram outras explicações para a relação desses processos na escrita, o que sugere que as representações ortográficas simplesmente eram mapeadas nas representações fonológicas (Treiman e Kessler, 2005).

Produção textual

Johnson e Myklebust (1967) apresentaram um modelo evolutivo para a aprendizagem linguística que postula que a capacidade de escrever depende do desenvolvimento adequado da audição, da fala e da escrita, enfatizando, assim, a relação entre as diferentes habilidades linguísticas e a produção textual. Outro domínio que parece crítico envolve as funções executivas. Hooper, Swartz, Wakely, de Kruif e Montgomery (2002) documentaram o papel das funções executivas em transtornos da expressão escrita. Controlando o nível de decodificação, as comparações entre bons e maus escritores (identificados com base em avaliações de textos narrativos) mostram que os maus escritores tinham diferenças específicas em medidas envolvendo a habilidade de iniciar a tarefa e de alterar um conjunto de respostas. De La Paz, Swanson e Graham (1998) observaram que as dificuldades em revisar o texto escrito apresentadas por alunos maiores (8ª série) com problemas com a escrita se deviam em parte a questões ligadas às funções executivas. Todavia, as dificuldades mecânicas também contribuíram para esses problemas com a revisão. Em um estudo com crianças de 3ª e 4ª séries sobre a capacidade de fazer anotações e escrever relatórios, Altmeier, Jones, Abbot e Berninger (2006) observaram que a capacidade de resposta inibitória era um forte indicador da habilidade de tomar notas, juntamente com outras medidas da leitura e da escrita. Para a escrita de relatórios, as medidas do planejamento e da fluência estavam entre os melhores indicadores. Berninger e colaboradores (2006) observaram que a capacidade de resposta inibitória e a de alterar um conjunto de respostas eram indicadores efetivos de grafia em crianças da 3ª e 5ª série. Obviamente, os componentes da transcrição e da geração devem interagir para que um indivíduo produza textos de qualidade. Contudo, o papel das funções executivas em termos de planejar e de organizar a expressão escrita no nível da grafia e da produção textual é claro e tem tido grande influência sobre o desenvolvimento de intervenções na área da expressão escrita (ver a seguir).

Na tentativa de relacionar os domínios da linguagem e das funções executivas, Hooper e colaboradores (1994) conceituaram a escrita como um processo complexo de resolução de problemas, que reflete o conhecimento declarativo, o conhecimento procedimental e o conhecimento condicional do escritor, baseados em uma rede de fatores neuropsicológicos, fatores ligados à personalidade e outras condições (incluindo relacionamentos entre professores e estudantes, a quantidade de instrução em escrita e o conhecimento do professor sobre o processo de escrever). Nesse contexto, o "conhecimento declarativo" refere-se às sub-habilidades específicas de escrita e da ortografia que o aprendiz adquiriu, ao passo que o "conhecimento procedimental" refere-se à competência do aprendiz no uso desse conhecimento, enquanto escrevem em busca de significado. De maneira semelhante, Berninger (2004) sugeriu que as limitações neuropsicológicas, linguísticas e cognitivas superiores podem ser recorrentes ao longo do desenvolvimento do processo de escrita, mas que cada uma dessas limitações pode exercer relativamente mais influência em diferentes pontos do processo de desenvolvimento (Hooper et al., 1994).

Subtipos de TAs em expressão escrita

A natureza multivariada do processo de desenvolvimento da escrita sugere que os transtornos da linguagem escrita podem se referir a diversas etiologias, que envolvem causas biológicas, genéticas, psicossociais e ambientais. De fato, considere que, para expressar os pensamentos de modo escrito, deve-se formular a ideia; sequenciar pontos relevantes na ordem correta; garantir que o produto escrito esteja sintática e gramaticalmente correto; escrever as palavras corretamente; e expressar as palavras, as sentenças e os parágrafos de maneira legível por meio do sistema grafomotor. Devido a essa natureza multidimensional do processo de escrita, os modelos de causas múltiplas para déficits na escrita são a regra. Por exemplo, Gregg (1991) observa que uma variedade de déficits linguísticos em fonologia e em recuperação das palavras pode comprometer diversos aspectos da escrita, assim como déficits em habilidades visuoespaciais e problemas com as funções executivas (incluindo organização, planejamento e avaliação). De maneira semelhante, Roeltgen (2003) propôs que os déficits em sistemas linguísticos, visuoespaciais e motores podem interferir nos processos evolutivos da escrita de diferentes maneiras. A ideia é que haverá subtipos baseados no estágio ou no componente do processo de escrita em que ocorre o déficit.

Estudos mais recentes analisam especificamente os subtipos de expressão escrita usando abordagens com base científica de classificação (ver Capítulo 5). Sandler e colaboradores (1992) usaram análise de *cluster* para identificar os subtipos baseados em respostas de professores a um questionário que avaliava crianças em diferentes habilidades cognitivas. Além disso, os professores avaliaram o desempenho dos estudantes em uma variedade de dimensões envolvendo a escrita, incluindo a legibilidade, a mecânica, a velocidade e a ortografia. A amostra incluía principalmente estudantes com transtornos da escrita ($n = 105$), mas também controles sem transtornos da escrita ($n = 56$). A análise de *cluster* produziu quatro subtipos de transtornos da escrita: (1) transtornos da escrita com déficits motores finos e linguísticos; (2) transtornos da escrita com déficits predominantemente visuoespaciais; (3) transtornos da escrita com transtornos de atenção e de memória; e (4) transtornos da escrita caracterizadas por problemas de sequenciamento. A maioria das crianças foi caracterizada pelos dois primeiros subtipos.

Wakely, Hooper, de Kruif e Schwartz (2006) avaliaram 262 estudantes de 4ª e 5ª séries. A maior parte desses estudantes apresentava desempenho típico, com 15% identificados com um transtorno de aprendizagem não-especificado. As medidas usadas com a análise de *cluster* incluíam avaliações da escrita narrativa, classificadas segundo a qualidade da expressão escrita. Embora não tenham sido incluídas avaliações do componente da transcrição da escrita, as narrativas foram avaliadas para gramática, para semântica e para ortografia. Uma medida da compreensão leitora foi incluída como atributo de classificação. Para a validação externa, foram usados três instrumentos de autoavaliação, incluindo medidas da consciência metacognitiva em relação à escrita, autoeficácia para escrita e escrita autorregulada. Usando uma variedade de procedimentos para garantir a fidedignidade e a validade dos subtipos, seis subtipos emergiram, quais sejam: (1) escritores médios; (2) escritores fracos com pouca capacidade semântica; (3) escritores fracos com pouca gramática; (4) escritores especialistas; (5) escritores fracos com pouca capacidade de ortografia e de leitura; e (6) escritores com texto de baixa qualidade. Os estudos da validação externa baseados nos três índices discriminaram os quatro subtipos, mas a amostra foi pequena demais para incluir na análise os subtipos com pouca capacidade em gramática e em ortografia. Essencialmente, houve dois subtipos que apresentaram variação normal no processo de escrita. O maior subtipo de dificuldade em escrita, que compreendia um quarto da amostra, foi caracterizado por dificuldades na qualidade de suas narrativas, mas esse subtipo apresentou um número relativamente baixo de erros envolvendo sintaxe, semântica e ortografia. Desse modo, esse subtipo parece ser relativamente específico da produção textual, com os outros subtipos apresentando problemas que ocorrem em um nível mais mecânico. A vantagem dessa abordagem é o foco em produções narrativas e a atenção a questões envolvendo a validade interna/externa. As pesquisas futuras devem continuar a analisar a variação dos subtipos, mas seriam beneficiadas com avaliações específicas do componente da transcrição.

EPIDEMIOLOGIA

Prevalência

Por enquanto, foram realizados poucos estudos epidemiológicos sobre os transtornos da expressão escrita (Hooper et al., 1994), pois os déficits em habilidades acadêmicas para esse tipo de TA não foram estabelecidos adequadamente. Desse modo, o DSM-IV (American Psychiatric Association, 1994) explica que as taxas de prevalência para esses transtornos são difíceis de estabelecer, pois "muitos estudos concentram-se na prevalência de transtornos da aprendizagem em geral, sem uma separação cuidadosa entre transtornos específicos da leitura, da matemática ou da expressão escrita. O transtorno da expressão escrita é raro quando não está associado a outros transtornos de aprendizagem" (p. 52).

Basso, Taborelli e Vignolo (1978) afirmam que os transtornos adquiridos da expressão escrita ocorreram de maneira infrequente, em uma proporção de aproximadamente 1 em cada 250 pessoas. Para os transtornos do desenvolvimento, Berninger e Hart (1992) encontraram taxas de incidência de 1,3 a 2,7% para a grafia, por volta de 4% para a ortografia e 1 a 3% para a expressão escrita em uma amostra de 300 crianças do ensino fundamental. Hooper e colaboradores (1993) avaliaram a prevalência de problemas de produção textual em uma amostra epidemiológica de 1.274 alunos do ensino fundamental, encontrando taxas de 6 a 22% com escores um desvio padrão abaixo da média (por volta do 25º percentil) no subteste de narrativa do Test of Written Language. A variabilidade refletiu diferentes fatores sociodemográficos, com taxas mais altas em garotos e em minorias. Devido à elevada taxa de transtornos do desenvolvimento da linguagem na população geral (8 a 15%) e à taxa significativamente elevada de transtornos em habilidades básicas de leitura (10 a 15% da população geral), pode-se prever que os transtornos da linguagem escrita afetem pelo menos 10% da população em idade escolar, dependendo, como sempre, dos critérios usados para definir os TAs.

Razão de gênero

Berninger e Fuller (1992) e Hooper e colaboradores (1993) observaram que mais garotos do que garotas (por volta de 1,5:1) apresentaram déficits da linguagem escrita quando o nível de desempenho foi usado como variável de comparação. Em contrapartida, Berninger e Hart (1992) não encontraram diferenças na razão de gênero quando foram usados critérios baseados na discrepância entre o QI e o desempenho. De forma clara, existem poucos dados epidemiológicos precisos, particularmente em comparação com estudos da linguagem oral e da leitura.

CURSO EVOLUTIVO

Existem poucos estudos sobre os resultados a longo prazo em crianças identificadas especificamente com transtornos da expressão escrita. Não conseguimos identificar estudos sistemáticos de longo prazo sobre a expressão escrita em um grupo identificado especificamente com TAs envolvendo a expressão escrita. A maioria dos estudos concentra-se em crianças identificadas com problemas com a linguagem e a leitura, geralmente relatando que os problemas com a escrita são persistentes (Bruck, 1987). Em um estudo recente, Connelly, Campbell, Maclean e Barnes (2006) observaram que estudantes universitários identificados com dislexia tinham dificuldades com a escrita por causa de problemas com a velocidade da grafia e com a ortografia contextualizada. Analisando a expressão escrita em uma amostra não-selecionada, Berninger e colaboradores (2006) observaram que as diferenças individuais na capacidade de escrever mantiveram-se estáveis da 1ª à 5ª série em um estudo transequencial que acompanhou crianças na 1ª e 3ª séries. Há muito se sabe que os transtornos da linguagem oral são associados a problemas de longo prazo com a expressão escrita, mesmo quando os problemas com a linguagem oral parecem ter resolvido ou melhorado significativamente, provavelmente refletindo a aquisição posterior de habilidades para a linguagem escrita (Bishop e Snowling, 2004). Bishop e Clarkson (2003) acompanharam uma grande amostra de gêmeos, dos quais um ou ambos tinham um transtorno da linguagem oral. A maioria dos gêmeos não conseguia soletrar o suficiente para produzir uma narrativa. Mesmo os irmãos gêmeos de sujeitos afetados que não tinham evidências de comprometimento da linguagem oral em testes padronizados apresentaram mais dificuldades em narrativas na linguagem escrita do que controles de idade correspondente. É provável que os problemas com a linguagem escrita persistam em diferentes populações e certamente em crianças definidas como portadoras de TAs em leitura e na linguagem oral.

FATORES NEUROBIOLÓGICOS
Estrutura cerebral
Agrafia

Como ocorre com os TAs em matemática, poucos estudos de neuroimagem concentram-se especificamente em crianças com TAs relacionados com a expressão escrita. Estudos de transtornos adquiridos (isto é, agrafia) identificam diversos transtornos da escrita, que variam em seus padrões de lesões e podem representar fontes de hipóteses para estudos com IRMa. Em uma revisão, Roeltgen (2003) observou que os estudos neurológicos clássicos identificaram cinco formas de agrafia (ver Quadro 9.1). Todavia, o autor observou que os padrões de lesões eram variáveis, e a cobertura dos estudos era insuficiente. Usando um modelo neurolinguístico, Roeltgen (2003) propôs uma classificação alternativa baseada em perturbações em diferentes aspectos do processo de escrita que diferencia os componentes linguísticos e motores (ver Quadro 9.2 para uma lista parcial e para descrição). Entre as agrafias de base linguística, as agrafias lexicais e fonológicas apresentam perturbações diferenciais dos componentes fonológicos e ortográficos da escrita. A agrafia lexical costuma estar associada a lesões envolvendo a parte posterior do giro angular e a região occipitotemporal, juntamente com outras regiões do hemisfério esquerdo, excluindo a região perisylviana. Em comparação, a agrafia fonológica envolve

QUADRO 9.1 Classificação tradicional da agrafia

1. Agrafia pura: problemas com a escrita na ausência de qualquer outro problema de linguagem.
2. Agrafia afásica: problemas com a escrita em associação com problemas de linguagem.
3. Agrafia com alexia: problemas com a escrita e a leitura na ausência de afasia.
4. Agrafia apráxica: problemas com a escrita geralmente em associação com a negligência visual.

Obs.: Dados de Roeltgen (2003).

QUADRO 9.2 Classificação neurolinguística da agrafia

A. Componentes linguísticos
1. Agrafia lexical – prejuízo na capacidade de soletrar palavras irregulares, mas não pseudopalavras.
2. Agrafia fonológica – incapacidade de soletrar pseudopalavras, mas não palavras familiares (regulares e irregulares).
3. Agrafia profunda – incapacidade de soletrar pseudopalavras e mais dificuldade para soletrar palavras funcionais do que substantivos.
4. Agrafia semântica – incapacidade de soletrar e de escrever com significado.

B. Componentes motores
1. Agrafia apráxica – incapacidade de escrever, mas preservação da soletração oral.
2. Agrafia espacial – incapacidade de copiar texto escrito legivelmente, mas preservação da soletração oral.

Obs.: Dados de Roeltgen (2003).

lesões na região perisylviana posterior, incluindo o giro supramarginal e a ínsula. Essas diferenças em padrões de lesões parecem estar relacionadas com as distinções dos papéis dessas regiões para o processamento fonológico e ortográfico na leitura de palavras (ver Capítulo 5). Todavia, como na maioria dos estudos de pessoas com transtornos adquiridos, o padrão de lesões é variável.

Para os componentes motores, as dissociações baseiam-se na preservação da soletração oral e em perturbações da escrita. A agrafia apráxica está relacionada com lesões envolvendo o lobo parietal, seja ipsilateral ou contralateral à mão usada para escrever. A agrafia espacial costuma estar associada a uma lesão nos lobos parietais não-dominantes, que geralmente produz negligência hemiespacial, na qual o paciente ignora informações visuais contralaterais à lesão (com uma lesão no hemisfério direito, seriam as informações visuais do lado esquerdo do paciente). O componente motor dos transtornos adquiridos não tem relevância imediata para os transtornos do desenvolvimento, e grande parte do foco é no papel dos lobos frontais na programação motora (Barkley, 1997).

O funcionamento cerebral

Berninger (2004) sintetizou os resultados de estudos com neuroimagem realizados pelo grupo da Universidade de Washington que analisavam os componentes do processo de escrita. A autora observou que os componentes envolvidos no controle motor fino e na geração da linguagem podem estar relacionados com áreas dos lobos frontais e do cerebelo. Essas áreas estão envolvidas nos processos básicos que dão suporte à escrita, incluindo o controle motor e o planejamento, as funções executivas e a linguagem. Barkley (1997) usou essas observações para ajudar a explicar por que muitas crianças diagnosticadas com TDAH têm problemas com a escrita.

Em um estudo mais recente, Richards e colaboradores (2005, 2006) avaliaram a ativação cerebral em resposta a duas intervenções ortográficas diferentes em crianças da 4ª à 6ª série identificadas com dislexia. Os tratamentos envolveram uma intervenção ortográfica que ensinava estratégias específicas para os padrões das letras. A segunda intervenção concentrava-se em componentes morfológicos da ortografia, ensinando as crianças a sintetizar as partes das palavras para formar palavras e a decompor palavras nos elementos que conferiam significado a elas. Essas intervenções foram realizadas em 14 sessões de uma hora ao longo de três semanas, com a obtenção de IRMf antes e depois da intervenção, com base em quatro testes de leitura de palavras que manipulavam os aspectos fonológicos, ortográficos e morfológicos com e sem alterações fonológicas. Os pesquisadores encontraram padrões singulares de ativação basal para cada um dos quatro testes nos controles, com a ativação comum de estruturas associadas à leitura entre os testes: o giro frontal inferior esquerdo, o giro lingual bilateral, o giro fusiforme bilateral e o giro temporal inferior esquerdo. Uma variedade de estruturas corticais e cerebelares apresentaram ativação singular. Os padrões foram diferentes nas crianças com dislexia, sempre envolvendo subativação, e eram mais claros em testes que envolviam aspectos fonológicos. Após a intervenção envolvendo os aspectos ortográficos, o giro frontal inferior direito e o giro parietal inferior direito apresentavam ativação significativamente maior no grupo com dislexia, e pouca mudança nos controles. O tratamento morfológico não levou a mudanças significativas na ativação. Essas mudanças foram consideradas normalizantes.

Com exceção desses estudos, não parece haver estudos de neuroimagem estrutural ou funcional sobre crianças identificadas especificamente com TAs envolvendo a linguagem escrita. Desse modo, ainda resta muito trabalho nessa área.

Fatores genéticos

Existem poucos estudos sobre a herdabilidade dos transtornos na grafia. A maioria envolve a ortografia. Raskind, Hsu, Berninger, Thomson e Wijsman (2000) observaram que os transtornos da ortografia, mas não os transtornos da grafia, são herdados. Outros estudos também mostram que as dificuldades ortográficas se agregam em famílias (Schulte-Korne, Deimel, Muller, Gutenbrunner e Remschmidt, 1996). Essas observações condizem com estudos de gêmeos, que encontraram uma forte herdabilidade em habilidades ortográficas em gêmeos, que excederam as habilidades em leitura (Stevenson, Graham, Fredman e McLoughlin, 1987).

Mais recentemente, Bates e colaboradores (2004) avaliaram as influências genéticas e ambientais sobre a leitura e a ortografia de palavras reais, de pseudopalavras e de palavras irregulares. Os autores observaram taxas de herdabilidade de 0,61 para palavras reais, 0,71 para pseudopalavras e 0,73 para palavras irregulares. A ortografia produziu estimativas de 0,76 para palavras reais e irregulares e de 0,52 para pseudopalavras. As avaliações das contribuições ambientais foram significativas, representando a variância devida a influências ambientais singulares, e não a diferenças em famílias. Em seu estudo de jovens adultos que cresceram separados, Johnson, Bouchard, Segal e Samuels (2005) encontraram taxas de herdabilidade de 0,75 para diferentes medidas da leitura de palavras, 0,51 para a compreensão leitora e de 0,76 para a ortografia.

Em estudos de ligação, Schulte-Korne (2001) encontraram evidências que relacionam a ortografia com uma região do cromossomo 15. De maneira semelhante, Nothen e colaboradores (1999) observaram um *locus* para a ortografia (e para a leitura) no cromossomo 15, que também foi relatado para a dislexia (Grigorenko, 2005). Como as habilidades de leitura e de ortografia apresentam correlação elevada e representam um fator comum de herdabilidade (Marlow et al., 2001), ainda se deve determinar de que maneira esses resultados realmente diferem dos citados antes para a leitura de palavras. Grigorenko (2005) observou especificamente que a questão de se a variabilidade fenotípica refletia variabilidade genotípica não foi estabelecida nem para a área da leitura.

RESUMO: DE DÉFICITS EM HABILIDADES ACADÊMICAS A FATORES NEUROBIOLÓGICOS

Os déficits em diferentes habilidades acadêmicas ligadas à expressão escrita apresentam diferentes correlatos cognitivos: a grafia está correlacionada às habilidades motoras finas, às habilidades de planejamento motor e às habilidades da memória de trabalho; a ortografia está correlacionada à análise fonológica, ao conhecimento de convenções ortográficas específicas para a língua de instrução da criança e às habilidades visuomotoras; e a produção textual está correlacionada às funções executivas e a uma variedade de habilidades ligadas à linguagem oral (Berninger, 2004; Hooper, Wakely e de Kruif, 2006). As dificuldades motoras e fonológicas/ortográficas correlacionadas à grafia e à ortografia comprometem especialmente o componente da transcrição, ao passo que dificuldades com as funções executivas e a linguagem comprometem o componente da geração. Os problemas motores e com funções executivas ajudam a explicar por que tantas crianças com TDAH têm transtornos da expressão escrita (Barkley, 1997). Pode haver subtipos, mas a chave para a classificação é se as dificuldades com a linguagem escrita ocorrem na ausência de outros TAs, de problemas com a linguagem oral ou de TDAH. Os correlatos neurobiológicos além da ortografia raramente são estudados. A ortografia compartilha um nível considerável de herdabilidade com a decodificação fonológica.

INTERVENÇÕES PARA A LINGUAGEM ESCRITA

Lyon e Cutting (1998) observaram que foram desenvolvidas intervenções para TAs que afetam a grafia, a ortografia e a produção textual, mas que foram menos estudadas em comparação com aquelas para as transtornos da leitura. Na época, a relativa carência de pesquisas sobre intervenções na área da linguagem escrita se devia em parte à complexidade dos diversos testes linguísticos que devem ser tratados no processo de escrita. Na expressão escrita, é preciso formular as ideias, organizá-las e sequenciá-las de forma coerente, e produzir o conteúdo legivelmente, por meio de uma resposta motora. Além disso, após se estabelecer a competência nessas habilidades básicas, as habilidades devem ser integradas dentro de um sistema cognitivo mais amplo que sobreponha as estratégias organizacionais sobre questões ligadas à estrutura do gênero, à coerência e coesão do texto e ao sentido de audiência. Devido ao número de variáveis que podem ser estudadas em uma intervenção para linguagem escrita, não é de surpreender que muitos pesquisadores tenham se concentrado apenas em certas partes do processo. Nos últimos 10 anos, formou-se uma base substancial de pesquisas sobre intervenções que abordam diferentes componentes da linguagem escrita.

Grafia

A grafia é composta por um conjunto complexo de comportamentos que são desenvolvidos ao longo do tempo. As dificuldades com a escrita cursiva ou com a maiúscula de imprensa advêm de diversos fatores que incluem déficits motores, problemas com a coordenação visuomotora, déficits com a memória visual e o processamento ortográfico. O termo "disgrafia" tem sido usado historicamente em referência a uma dificuldade evolutiva na transdução de informações visuais para o sistema motor (Johnson e Myklebust, 1967), que se manifesta como incapacidade de copiar.

Johnson e Myklebust (1967) realizaram uma quantidade substancial de pesquisas clínicas envolvendo os transtornos da linguagem escrita, incluindo déficits gráficos. A partir de suas pesquisas, os autores desenvolveram um modelo abrangente de análise de tarefas para o tratamento de transtornos com a grafia. Um método antigo para a remediação de déficits na linguagem escrita é a abordagem de Gillingham e Stillman (1965). Esse método é usado por muitos professores que trabalham com estudantes com TAs e se caracteriza pelo seguinte: (1) o professor demonstra uma letra grande no quadro, escrevendo e dizendo o nome; (2) o estudante faz o traçado da letra e diz o nome (esse estágio continua até que o estudante esteja seguro com a formação e o nome da letra); (3) o estudante copia a letra enquanto diz o nome; e (4) o estudante escreve a letra a partir da memória enquanto diz o nome. Além desses tipos de métodos de intervenção multissensorial, alguns estudos avaliaram a utilidade de melhorar a grafia, ensinando os alunos a se orientarem verbalmente pelo processo (Hayes e Flower, 1980).

Do ponto de vista mecânico, a formação das letras e das palavras são necessárias para expressar os pensamentos na forma escrita. Graham, Struck, Santoro e Berninger (2006) administraram testes em crianças da 1ª e 2ª série com bom desempenho e com fraco desempenho na grafia. Os testes envolviam escrever as letras do alfabeto de memória, copiar letras de um parágrafo e escrever sobre temas específicos. Uma avaliação da legibilidade revelou que os escritores fracos geravam mais letras com traçados extras, tendiam a produzir letras menores e variavam mais no espaçamento e no alinhamento das letras. Os resultados foram interpretados como indicativos de problemas com a execução de programas motores, com o arranjo visuoespacial e com a formação de letras, que limitavam a qualidade da produção textual. Desse modo, as dificuldades com a grafia e a com ortografia podem ter sérias consequências para a expressão escrita, podendo: (1) resultar em interpretações incorretas do significado pretendido pelo autor (Graham, Harris e Chorzempa, 2002; Graham et al., 2000), (2) criar percepções negativas sobre o autor, que prejudicam a impressão geral sobre a qualidade de uma produção textual (Hughes, Keeling e Tuck, 1983), (3) interferir na execução de processos de composição porque os recursos cognitivos são direcionados indevidamente para os aspectos mecânicos do processo (Berninger, 2004) ou (4) fazer os estudantes evitarem escrever, o que prejudica o desenvolvimento da escrita (Graham e Harris, 2003). Por essas razões, é importante manter um foco explícito no desenvolvimento de habilidades para a grafia e a ortografia, especialmente para estudantes com TAs que são mais prováveis de apresentar esses déficits. Descrevemos uma série de estudos que ilustram aspectos críticos da instrução para melhorar a grafia e a ortografia em estudantes com transtornos de aprendizagem.

Berninger e Amtmann (2003) revisaram uma série de estudos envolvendo a intervenção precoce para dificuldades com a grafia. Por exemplo, Berninger e colaboradores (1997) dividiram aleatoriamente estudantes da 1ª série com dificuldades de legibilidade e de automaticidade no traçado da letra em cinco intervenções: cópia convencional repetida de letras; imitação convencional dos componentes motores da formação das letras; o uso de pistas visuais para a formação das letras; escrever letras de memória com intervalos cada vez maiores; e combinações de pistas visuais/memória. Após 24 sessões ao longo de um período de quatro meses, o tratamento combinado se mostrou mais efetivo do que o controle ou outras condições para melhorar a grafia. Esses resultados foram replicados por Graham e colaboradores. (2000) e Jones e Christensen (1999).

Berninger e colaboradores (2005) fizeram três estudos que avaliaram níveis diferentes de intervenção para estudantes da 1ª e 2ª série. Os autores observaram que a intervenção que proporcionava prática em atividades motoras sem um componente de letras ou prática de letras sem um componente motor levou a alguma melhora na formação de letras e na legibilidade. Todavia, a instrução explícita do traçado da letra que combinou componentes motores e ortográficos com mediação verbal e pistas visuais levou a melhoras mais significativas na automaticidade da escrita e generalizou-se para as habilidades de reconhecimento de palavras. No segundo estudo, o treinamento motor e o ortográfico puros não acrescentaram nada aos resultados produzidos pela instrução explícita na escrita automática de letras e na produção textual. Finalmente, o terceiro estudo mostra que o acréscimo de instrução explícita em traçado de letra à instrução em leitura melhorou a grafia, mas não melhorou os resultados em leitura. Desse modo, é mais benéfico simplesmente ensinar o traçado das letras aos alunos do que simplesmente ensinar componentes diferentes, enfatizando a importância de abordagens mais integrativas que incluam uma ênfase considerável em realmente produzir letras e palavras.

Graham e colaboradores (2000) realizaram um estudo experimental sobre intervenções com alunos da 1ª série que estavam apresentando dificuldades de escrita e de aprender a letra cursiva. Trinta e oito estudantes foram divididos aleatoriamente em dois grupos: traçado de letra ou instrução e consciência fonológica. A instrução em traçado de letra compreendeu 27 lições de 15 minutos divididas em nove unidades. Em cada unidade, três letras minúsculas, que tinham características estruturais semelhantes, foram introduzidas e praticadas. Cada lição tinha quatro atividades. A primeira atividade, Alphabet Warm-Up, concentrava-se em aprender o nome de cada letra, ligando o nome à letra, e aprender a sequência das letras no alfabeto. A segunda atividade, Alphabet Practice, envolvia traçar e escrever letras individuais. A terceira era chamada Alphabet Rockets, criada para aumentar a fluência dos estudantes no traçado da letra, e a quarta atividade, Alphabet Fun, permitia que os estudantes brincassem com as letras de maneira criativa. Entre esses quatro componentes, a instrução foi explícita, baseando-se em uma análise das tarefas para concentrar a atenção da criança nos aspectos críticos e nas demandas da tarefa e para proporcionar amparo adequado para a criança desfrutar do sucesso até que apresentasse domínio independente. Os resultados mostram que os estudantes na condição de instrução do traçado da letra tiveram ganhos maiores segundo a avaliação pós-teste (tamanho de efeito = 1,39), que se manteve seis meses depois (tamanho de efeito = 0,87). Também foram observados efeitos sobre a fluência da produção textual no pós-teste (tamanho de efeito = 1,46), que caíram para um tamanho de efeito não-significativo de 0,45 na avaliação de manutenção de seis meses. O padrão se aplica a esses estudantes de baixo desempenho com e sem TAs identificados. Além disso, no pós-teste, os estudantes na condição da instrução do traçado da letra não produziram histórias qualitativamente melhores do que seus colegas na condição de consciência fonológica. Isso sugere que pode ser necessário algum trabalho para fortalecer a grafia, talvez em conjunto com tarefas de composição.

Ortografia

No Capítulo 5, afirmamos que o sistema ortográfico do inglês – bem como o do português – é um sistema alfabético, cujas unidades fonêmicas (os sons da fala) são representados por grafemas (letras ou combinações de letras). Para estudantes e professores da 1ª série, essa relação fundamental entre a linguagem falada e escrita é o aspecto mais importante por trás do desenvolvimento da alfabetização. Muitas vezes, os indivíduos com dislexia não conseguem dominar a ortografia e, com uma intervenção adequada, geralmente melhoram suas habilidades de decodificação, mas continuam a não saber soletrar (Bruck, 1987). Essa observação, assim como as muitas pessoas que leem bem mas não sabem escrever (Frith, 1980), sugere que a leitura e a ortografia são dissociadas, até certo ponto, e que os modelos teóricos de uma habilidade não explicam necessariamente a outra (Moats, 2005).

Em uma abordagem mais contemporânea que envolveu uma avaliação rigorosa, Graham e colaboradores (2002) avaliaram intervenções ortográficas para indivíduos com fracas habilidades de ortografia na 2ª série, que foram divididos aleatoriamente para receber instrução complementar em matemática ou em ortografia. Foram realizadas 48 sessões, com 20 minutos de duração cada. As lições foram divididas em oito unidades, cada uma concentrada em dois ou mais padrões relacionados de ortografia. A primeira lição era uma atividade de selecionar palavras, na qual os estudantes categorizavam as palavras segundo o padrão ortográfico apresentado naquela unidade. O professor fazia os alunos pensarem sobre as semelhanças e as diferenças entre as palavras – modelando o processo de pensamento pelo qual as palavras podem ser separadas em categorias adequadas. Gradualmente, os estudantes assumiam a responsabilidade pela separação, enquanto articulavam as características que usaram para categorizar. Depois que todas as palavras estavam classificadas, o professor apresentava a regra para os padrões enfatizados na classificação das palavras. Depois disso, os estudantes criavam suas próprias palavras. Então, o baralho de palavras era embaralhado e os estudantes faziam a separação enquanto tentavam superar seus tempos anteriores. Durante a segunda lição, o professor dava oito palavras para cada estudante, que (1) ocorressem com frequência na escrita do estudante e (2) a criança houvesse errado no pré--teste. Da segunda à quinta lição, os estudantes empregavam dois procedimentos de estudo para aprender as oito palavras: autoestudo usando uma série de etapas e prática em duplas usando jogos. Também como parte dessas lições, os professores proporcionavam instrução explícita e prática em identificar os padrões sonoros associados ao conteúdo da unidade, e os estudantes trabalhavam em pares para construir palavras que correspondessem ao padrão ortográfico enfatizado naquela unidade. Na sexta lição, os estudantes faziam um teste para determinar o seu domínio das oito palavras, avaliavam o teste e organizavam o escore em um gráfico. Depois disso, estabeleciam um objetivo para quantas palavras escreveriam corretamente no teste da unidade seguinte, que seria acrescentado ao gráfico. Os estudantes também preenchiam um teste avaliando a ortografia para nove palavras que continham os padrões enfatizados durante a classificação das palavras. Uma revisão cumulativa era feita sistematicamente, a começar na segunda unidade. Os resultados mostraram o valor dessa abordagem sistemática e explícita de instrução em ortografia. Em comparação com os colegas na condição de controle de matemática, os estudantes que receberam a intervenção em ortografia fizeram melhoras maiores em testes ortográficos normatizados (tamanhos de efeito = 0,64-1,05), em um teste da fluência da escrita (tamanho de efeito = 0,78) e em uma medida da abordagem de leitura de palavras (tamanho de efeito = 0,82). Seis meses depois, os estudantes da condição de ortografia mantinham sua vantagem em ortografia (tamanhos de efeito = 0,70-1,07), mas não na fluência da escrita (tamanho de efeito = 0,57) ou na abordagem de leitura de palavras (tamanho de efeito = 0,47). Todavia, a instrução em ortografia teve um efeito positivo na manutenção das habilidades de reconhecimento de palavras para estudantes com escores pré-teste menores nessa medida.

Com base em estudos de intervenções em ortografia realizados por Berninger e colaboradores (1998, 2000), Berninger e colaboradores (2002b) dividiram alunos da 3ª série em intervenções envolvendo 1) treinamento apenas em ortografia, 2) treinamento em produção textual e 3) um treinamento combinado de ortografia e de produção textual, juntamente com uma condição envolvendo treinamento no teclado. O componente de ortografia enfatizava padrões ortográficos em palavras, particularmente no nível morfológico. Ambas as intervenções que envolviam instrução em ortografia produziram mais ganhos em ortografia do que a condição de produção textual que não tinha intervenção explícita em ortografia. Juntos, esses estudos ressaltam que muitos estudantes com TAs melhoram em ortografia quando ela é ensinada, e que os ganhos são maiores com um foco explícito em padrões de letras (ortografia) e em oportunidades para praticar por escrito.

Dispositivos compensatórios

Berninger e Amtmann (2003) revisaram evidências em favor da eficácia de uma variedade de instrumentos compensatórios para o traçado das letras e a ortografia, incluindo teclado, ditado com um sistema de reconhecimento de voz e programas de previsão de palavras. O uso do teclado não parece ter melhorado os componentes mecânicos da escrita quando a digitação era lenta. Os estudantes que tiveram dificuldade com a produção automática de letras com lápis e papel também tiveram dificuldade com o teclado. Essencialmente, o teclado pode ser um instrumento de apoio efetivo para alunos que escrevem mal, mas não existe uma base de pesquisas sobre implementações efetivas. Com relação ao ditado com reconhecimento de voz, todos os estudantes, incluindo aqueles com TAs, produziram mais material quando puderam ditar em vez de escrever. Atualmente, existem poucas evidências que indiquem que esses programas melhoram o desempenho na linguagem escrita, o que pode refletir a necessidade de desenvolver tecnologias de reconhecimento de voz. Finalmente, os programas de previsão de palavras para estudantes com dificuldades com a linguagem escrita ainda não tiveram um impacto significativo sobre os estudantes com TAs. Isso pode refletir transtornos co-mórbidos com a memória de trabalho ou com a atenção.

De um modo geral, há uma necessidade de avaliar todas as formas de instrumentos compensatórios para indivíduos que apresentam transtornos mecânicos com o componente transcricional da linguagem escrita. Os resultados fracos dos instrumentos compensatórios provavelmente reflitam o que se aprendeu na área da leitura, que é a importância de integrar qualquer tipo de instrumento compensatório no processo real de escrita (e de leitura).

Expressão escrita

A capacidade de produzir os próprios pensamentos por escrito envolve uma forma de comunicação que exige diversas habilidades cognitivas. Ao produzir um texto, o estudante deve, simultaneamente, prestar atenção ao tema, ao texto e ao leitor. Os déficits na linguagem oral e na leitura costumam ser precursores das dificuldades no processo de escrita, e a atenção e a memória também desempenham papéis fundamentais (Gregg, 1991). Por mais simples que pareça, alguns pesquisadores (Higgins e Raskind, 2000) mostram que aumentar a prática com a escrita pode ajudar a melhorar a produção de textos, o que também afeta a capacidade de ler. Em intervenções mais detalhadas, os métodos que exigem que os estudantes tomem duas sentenças relacionadas e escrevam-nas como uma combinação de sentenças produziram ganhos significativos na produção de textos (O'Hare, 1973).

Outros estudos anteriores concentraram-se nas características daqueles que são bons e fracos na expressão escrita. Nesses estudos, diversos pesquisadores (Bereiter, 1980; Berninger, 2004; Hayes e Flower, 1980; Hooper et al., 1994) relatam que indivíduos que escrevem bem são focados nos objetivos, entendem o propósito da tarefa escrita, têm um bom conhecimento do tema antes de escrever, geram mais ideias e usam números significativos de ganchos entre as sentenças; produzem um texto e fluxo de ideias mais coerentes; e monitoram constantemente os seus produtos escritos para corrigir a ortografia e a gramática. Mais recentemente, Hooper e colaboradores (1994) e outros (De la Paz et al., 1998; Graham, 2005) observaram que os escritores com TAs apresentam déficits no uso de estratégias durante a produção de texto escrito e também têm dificuldade para criar textos. Em comparação com os "bons" escritores, aqueles com TAs produzem textos mais curtos e menos interessantes, com texto mal-organizado nos níveis das sentenças e dos parágrafos, e são menos prováveis de revisar a ortografia, a pontuação, a gramática ou o corpo do texto para aumentar a clareza (Hooper et al., 1994). Essas observações levam diretamente a intervenções para tratar as dificuldades com a produção textual.

O estudo citado de Berninger e colaboradores (2002b) mostra que todas as intervenções ativas, incluindo grupos que recebem tratamentos para ortografia, para produção textual e para ambas, aumentam a fluência na produção dos textos. As intervenções que incluíram a ortografia melhoraram as habilidades relacionadas com as palavras, e as intervenções que incluíram produção dos textos tiveram maior efeito sobre a qualidade dos textos. Somente a condição combinada de produção textual e de ortografia melhorou as habilidades relacionadas com as palavras e a com a qualidades dos textos.

Hooper e colaboradores (2006) criaram uma intervenção metacognitiva para crianças na 4ª e 5ª séries, das quais aproximadamente 35% satisfaziam os critérios para TAs. A intervenção foi aplicada durante 20 dias por 20 a 45 minutos, incluindo 15 minutos de instrução explícita e tempo adicional para escrever uma história. O foco da instrução era aumentar a consciência dos estudantes em relação à escrita como um processo de resolução de problemas que exigia planejar, traduzir e pensar sobre produtos escritos. As melhoras gerais foram modestas e variadas, dependendo da inclusão em grupos com quatro subtipos derivados da própria pesquisa. Foram observados poucos ganhos específicos para estudantes que tinham comprometimentos em resolução de problemas, com e sem transtornos concomitantes com a linguagem. Todavia, aqueles com este último subtipo apresentaram ganhos maiores em ortografia do que indivíduos com os subtipos normais. De maneira interessante, esperava-se que os indivíduos nos subtipos de resolução de problemas apresentassem a maior melhora, pois esse domínio era o alvo da intervenção, mas esse ganho não foi observado.

Diversas técnicas de intervenção cognitivo-comportamental foram empregadas para promover as habilidades de composição. Graham e Harris (1996) desenvolveram o Self-Regulated Strategy Development (SRSD) para ajudar os estudantes a dominar os processos cognitivos superiores envolvidos na produção escrita e a desenvolver o uso autorregulado desses processos. Usando o SRSD, Graham e Harris estimularam ganhos significativos no comprimento e na qualidade das histórias escritas por estudantes com TAs (Graham e Harris, 1993) e observaram que esses ganhos foram mantidos ao longo do tempo e generalizados em diferentes ambientes e pessoas (Graham, Harris, MacArthur e Schwartz, 1991). Embora esse *corpus* de trabalhos tenha sido realizado inicialmente nos níveis do ensino fundamental e médio (ver Graham e Harris, 2003), Graham, Harris e colaboradores levaram seu trabalho com o SRSD para a 2ª e 3ª série, enfocando alunos de desempenho fraco com e sem TAs. Os efeitos sobre esses estudantes menores são promissores (Graham, 2005).

Enfocando alunos da 3ª série, Graham, Harris e Mason (2005) ensinaram duas estratégias para gêneros específicos aos alunos com transtornos. Essas estratégias eram incluídas em uma estratégia mais geral para planejar e para escrever uma redação, que lembrava os alunos de escolherem um tema, organizarem as ideias em um plano de escrita e usarem/atualizarem esse plano enquanto escrevessem. Dentro da segunda etapa dessa estratégia geral (isto é, organizar as ideias em um plano de escrita), os estudantes aprendiam as duas estratégias específicas para gerar ideias: a primeira para escrever uma história e a segunda para escrever um texto persuasivo. Além disso, os alunos aprendiam sobre as partes básicas de uma história e de um texto persuasivo, a importância de usar palavras que tornem a redação mais interessante e a autofala para facilitar o trabalho. Finalmente, um componente de autorregulação foi aplicado à instrução no qual os estudantes estabeleciam objetivos para escrever redações completas, monitoravam e tabulavam o seu sucesso no cumprimento desse objetivo, comparavam seu desempenho anterior com o seu desempenho durante a instrução e creditavam o seu sucesso ao uso das estratégias. Ao mesmo tempo, o estudo analisava o efeito da mediação dos colegas em aumentar os efeitos da instrução em estratégias, especialmente com o propósito de manutenção e de generalização. Na condição mediada pelos colegas, eles trabalhavam juntos para promover o uso de estratégias, identificando outros locais ou instâncias em que poderiam aplicar as estratégias e pensando sobre como mudariam a estratégia para a nova aplicação. Assim, eram incentivados a lembrar uns aos outros de aplicar o que estavam aprendendo a essas outras situações e, na seção seguinte, identificavam quando, onde e como haviam aplicado as estratégias. Desse modo, o estudo incorporou três condições: Writer's Workshop (condição de controle), SRSD explícito e sistemático e SRSD com mediação dos colegas. A condição de controle representa uma abordagem popular de escrita expressiva em muitas escolas públicas. Setenta e dois estudantes, triados para o estudo por terem dificuldades com a escrita, foram divididos em pares para garantir a compatibilidade. Depois disso, os pares (que eram a unidade de análise do estudo) foram sorteados entre as três condições. Os instrutores trabalharam com os estudantes três vezes por semana, por 20 minutos de cada vez, com aproximadamente 11 horas de instrução total entre os dois gêneros.

Os resultados mostram a vantagem das duas condições com SRSD sobre o Writer's Workshop para o planejamento e a escrita de textos persuasivos. Os estudantes nas condições de SRSD escreveram redações mais longas, mais completas e qualitativamente melhores em ambos gêneros, com tamanhos de efeito variando entre 0,82 e 3,23. Esses efeitos se mantiveram ao longo do tempo para a escrita de histórias e se generalizaram para um terceiro gênero que não foi ensinado, a escrita informativa. O componente de mediação pelos colegas potencializou o SRSD, aumentando o conhecimento dos estudantes sobre o planejamento e promovendo a generalização para a escrita informativa e a narrativa.

Com os efeitos animadores na 3ª série, Harris, Graham e Mason (no prelo) passaram para a 2ª série, com um estudo paralelo que incorporou as mesmas três condições. Mais uma vez, os resultados foram animadores. Entre os escritores com dificuldades, o SRSD produziu maior conhecimento sobre a escrita e um desempenho melhor nos dois gêneros ensinados (histórias e escrita persuasiva), assim como em dois gêneros que não foram ensinados (narrativa pessoal e escrita informativa). Os tamanhos de efeito também foram significativos. O apoio dos colegas potencializou o SRSD, promovendo aspectos específicos do desempenho dos estudantes nos gêneros ensinados e não-ensinados. Entre os dois estudos, os resultados mostraram (1) a capacidade de melhorar o desempenho em escrita para crianças relativamente pequenas, mesmo nas comunidades pobres onde essa série de estudos foi conduzida; (2) o valor de um componente de apoio dos colegas para levar à generalização dos gêneros abordados para gêneros não-ensinados; e (3) a superioridade de uma abordagem sistemática, explícita e estruturada de instrução para a escrita sobre a Writer's Workshop, considerada mais popular. Esta observação ilustra o apego a abordagens de instrução relativamente não-estruturadas para a instrução em escrita, apesar das evidências persuasivas em favor de abordagens mais explícitas e baseadas em estratégias.

Saddler, Moran, Graham e Harris (2004) proporcionaram instrução estratégica complementar para alunos da 2ª série que tinham transtornos da expressão escrita. O fato de aprenderem a usar uma estratégia para planejar e para escrever uma história que foi explicitamente ensinada teve um efeito significativo sobre a qualidade e a fluência do texto. As histórias foram mais completas e tiveram escores muito maiores em avaliações da qualidade narrativa. No nível individual, a melhora foi aparente em quase todos os alunos, com exceção de um, com generalização para outros domínios da escrita. Os efeitos se mantiveram no acompanhamento, com evidências de crescimento continuado na capacidade de escrever.

O estudo sobre o uso do SRSD na escrita envolvem um programa de pesquisa abrangente e de longa duração. Graham e Harris (2003) realizaram uma metanálise de 26 estudos avaliando a instrução em escrita baseada em estratégias (ver também Graham, 2005). Muitos dos estudos incluíam estudantes identificados com TAs, mas, na verdade, envolveram uma variedade de níveis de desempenho, bem como diferentes co-morbidades. De um modo geral, as abordagens estratégicas para a instrução em escrita produziram tamanhos de efeito na faixa grande para uma variedade de componentes diferentes da escrita (qualidade, elementos, duração, gramática) em diferentes grupos, incluindo estudantes com TAs. Para os estudantes com TAs, os tamanhos de efeito variaram de 1,14 para a qualidade, a mais de 2,0 para elementos da gramática. Efeitos de tamanho semelhante foram encontrados para os escritores médios, e houve evidências de manutenção e de generalização dos efeitos, bem como tamanhos de efeito maiores com estudantes menores e maiores e entre diferentes ambientes de instrução.

A avaliação dos componentes da instrução estratégica em escrita mostra que aqueles que envolvem a autorregulação são mais significativos para melhorar o desempenho em escrita de estudantes com TAs. Essas observações foram importantes porque o SRSD costuma ser aplicado no nível da sala de aula. Como muitos professores têm dificuldade para dar instrução em linguagem escrita, não é de surpreender que o ensino explícito de estratégias de escrita – como o ensino explícito de estratégias de compreensão – seja benéfico para todos os estudantes da sala de aula.

CONCLUSÕES

Ao contrário da nossa atual compreensão dos transtornos da linguagem oral e da leitura entre crianças com TAs, pouco se sabe sobre a etiologia, o curso evolutivo, o prognóstico e o tratamento de transtornos da expressão escrita. A distinção entre os componentes de transcrição e de geração é muito importante, levando à identificação de déficits em habilidades acadêmicas que envolvem a grafia, a ortografia e a produção textual. Alguns processos cognitivos básicos foram identificados, mas tendem a ser compartilhados com outros transtornos. A pesquisa neurobiológica está apenas em sua infância.

Uma das chaves para o futuro é tentar identificar subgrupos de crianças com transtornos da expressão escrita que tenham um certo grau de independência de outros transtornos baseados na linguagem, e a grafia é um exemplo óbvio. Porém, mesmo aqui, a questão da co-morbidade não foi tratada adequadamente, e a independência entre o TDAH e os transtornos da grafia não foi estabelecida (Barkley, 1997). Fica claro que a transcrição e a geração são separadas, mas também mutuamente interdependentes – em particular, a transcrição limita a qualidade da geração. Muitas crianças com TAs envolvendo transtornos da leitura ou da linguagem oral não conseguem produzir textos narrativos porque não sabem soletrar (Bishop e Clarkson, 2003).

Os estudos sobre intervenções para a grafia e a ortografia demonstram como a instrução explícita e sistemática dessas habilidades que são a base da expressão escrita pode levar a resultados melhores para estudantes com TAs. Os resultados também sugerem como o trabalho com essas habilidades básicas pode melhorar simultaneamente outras habilidades afins, como o reconhecimento de palavras, assim como processos superiores relacionados com a produção textual. Existem evidências claras de transferência para a leitura e para a produção textual em muitos estudos que enfocam o componente da transcrição.

Existem muitos métodos emergentes de intervenção para a remediação de dificuldades na produção textual. Refletindo o comprometimento cognitivo básico em funções executivas que caracterizam muitos estudantes com tais dificuldades, o ensino de estratégias explícitas para a produção textual, que se concentrem na resolução de problemas, no planejamento e na autorregulação no contexto da escrita, leva a melhoras na expressão escrita.

Como em outras áreas disciplinares, os clínicos e os professores devem estar cientes de que a expressão escrita é um domínio complexo, que exige a integração entre a linguagem oral, a expressão escrita, habilidades cognitivas e habilidades motoras. Nesse contexto, é provável que uma combinação dos diferentes métodos de intervenção discutidos nesta seção produza as maiores melhoras nas habilidades de escrita de estudantes com TAs. A chave é identificar a base para o comprometimento nesse domínio (a grafia, a ortografia e a expressão escrita) e proporcionar instrução explícita usando uma das abordagens baseadas em evidências apresentadas nesta seção.

10
Conclusões e rumos futuros

Neste livro, apresentamos uma revisão seletiva de pesquisas relacionadas com os TAs. Tentamos especificamente integrar pesquisas de domínios diferentes de investigação com base no modelo apresentado no Capítulo 1 (Figura 1.1). O valor dessa abordagem é ilustrado de forma mais clara no Capítulo 5, que envolve a dislexia, a área em que as pesquisas sobre os TAs estão mais avançadas. Os déficits em habilidades acadêmicas e os correlatos cognitivos básicos foram identificados por meio de pesquisas científicas convergentes, que levaram a definições inclusivas que facilitam a realização de estudos sobre a epidemiologia, sobre o curso evolutivo e sobre os correlatos neurobiológicos da dislexia. Como consequência, a pesquisa sobre o tratamento tem dado frutos nessa área, e os resultados de diversos estudos sobre intervenções informam a prática e as políticas públicas em educação.

Ao mesmo tempo, continuam a existir lacunas em nosso conhecimento sobre as transtornos da leitura envolvendo a fluência e a compreensão, transtornos da matemática e transtornos da expressão escrita. Essas lacunas estão se fechando, à medida que aumentam as verbas para a pesquisa. Como na pesquisa em dislexia, a investigação científica nessas áreas pode ser facilitada por uma distinção clara entre déficits em habilidades acadêmicas e processos cognitivos básicos no menor nível possível. Essa abordagem, quando ancorada em um modelo que envolva explicitamente a fidedignidade e a validade das classificações subjacentes, leva ao desenvolvimento de definições baseadas na inclusão e à identificação de protótipos. Os estudos neurobiológicos avançarão com o estudo de crianças identificadas com TAs específicos nesses domínios, especialmente na fluência da leitura, na compreensão e na expressão escrita. São necessárias intervenções que lidem especificamente com TAs em fluência e em compreensão leitora e que analisem a variedade de comprometimentos acadêmicos que envolvem a expressão escrita e a matemática.

Embora a pesquisa sobre as TAs continue a avançar, a prática e as políticas públicas muitas vezes não integram os seus resultados. Além disso, a literatura continua a incorporar estudos com deficiências metodológicas, pelas razões que apresentamos a seguir. Dessa forma, neste capítulo final, discutimos por que a pesquisa atual ainda não trouxe benefícios mais substanciais para estudantes com TAs, e consideramos princípios para projetar estudos de qualidade sobre as intervenções, que podem proporcionar a base para orientar a prática educacional. Finalmente, sintetizamos as revisões apresentadas no livro para propor 10 princípios gerais para a instrução de pessoas com TAs.

A LACUNA ENTRE A PESQUISA E A PRÁTICA: MELHORANDO OS RESULTADOS DA PESQUISA EM EDUCAÇÃO

Houve um considerável progresso na criação de avaliações e de modos de instrução que promovam a aprendizagem em um grau substancial para estudantes com TAs. À luz dos avanços naquilo que conhecemos como as melhores práticas, é desconcertante que tantos estudantes com TAs continuem a ter déficits significativos em leitura, em escrita e em matemática. Sugerimos sete razões possíveis para explicar por que tem sido difícil levar essa pesquisa para a prática: (1) a implementação inadequada, (2) o uso insuficiente de modos de triagem e de monitoramento do progresso, (3) a atenção inadequada para a prevenção, (4) a necessidade de integração entre os componentes da instrução, (5) a consideração insuficiente de problemas multifacetados, (6) a falta de envolvimento e de prática e (7) o embasamento na experiência clínica e no conhecimento profissional em vez de nas evidências científicas.

Implementação

A primeira razão pela qual os componentes instrucionais considerados como boas práticas acabam por não satisfazer as necessidades de muitos estudantes com TAs nas escolas atualmente é a sua implementação inadequada. Muitas intervenções demonstram ser eficazes quando estudadas em ambientes controlados. Contudo, quando são traduzidas para a prática cotidiana em ambientes complexos na escola e na sala de aula, a fidelidade cai, e variáveis contextuais como a preparação do professor e o seu compromisso com a intervenção, a composição de estudantes e a adequação dos recursos diluem o nível de eficácia que é observado em um ambiente de pesquisa mais controlado (Denton, Vaughn e Fletcher, 2003). Naturalmente, as intervenções serão tão efetivas quanto o grau de fidelidade com que forem implementadas. Os legisladores, os administradores e os professores necessitam de ferramentas que os ajudem a construir contextos de sala de aula que deem suporte a práticas instrucionais sólidas, assim como os pesquisadores devem disseminar seus métodos de um modo que facilite a implementação (Vaughn e Fuchs, 2003).

A implementação é particularmente importante, devido ao movimento rumo à inclusão total de estudantes com TAs nas salas de aula de educação geral em muitas escolas. Embora os objetivos da inclusão sejam louváveis, existem poucas evidências de que estudantes com TAs apresentem um crescimento acadêmico significativo em muitos ambientes padronizados de educação geral (Vaughn, Moody e Schumm, 1998; Zigmond, 2003).

Essas observações pessimistas contrariam os resultados das intervenções desenvolvidas para a sala de aula que foram revisadas neste livro, que foram projetadas para ambientes inclusivos. Além disso, nenhuma abordagem individual funciona com todos os estudantes, e mesmo as intervenções de sala de aula bem-sucedidas não funcionam de forma adequada com até 30% ou mais dos alunos. Portanto, faz-se necessária uma variedade de estratégias de intervenção (Zigmond, 2003), e essa necessidade fundamenta o valor potencial de um sistema de intervenção com componentes múltiplos.

As pesquisas futuras sobre intervenções devem avaliar cuidadosamente as condições em que as intervenções podem ser dimensionadas e implementadas em ambientes educacionais cotidianos. É preciso delinear estratégias que facilitem a aceitação de intervenções baseadas em evidências pelas escolas e pelos professores. Os obstáculos à implementação de intervenções eficazes devem ser identificados e minimizados. De forma clara, há uma necessidade de aumentar a preparação do pessoal, na educação geral e especial, para aumentar a efetividade dos serviços. Os problemas ligados especificamente ao dimensionamento na implementação da resposta à instrução e, de um modo mais geral, à preparação de professores para que implementem práticas de avaliação e instrução validadas por pesquisas são desanimadores.

Triagem e monitoramento do progresso

Infelizmente, os resultados para outras práticas, como as salas de recursos, também não são muito positivos. Bentum e Aaron (2003; ver também Foorman et al., 1997) estudaram centenas de alunos com TAs em leitura que receberam instrução em salas de recursos por um período de 3 a 6 anos. Não houve evidências de melhora no reconhecimento de palavras ou em habilidades de compreensão leitora, havendo um declínio em habilidades ortográficas. Na verdade, os escores do QI Verbal decaíram com o tempo. Esses resultados são semelhantes aos de estudos de grande escala sobre os efeitos da colocação em educação especial dos estudantes com TAs, que apresentam pouca melhora na leitura e apenas melhoras leves em matemática da 3ª à 6ª série (Hanushek, Kain e Rivkin, 1998).

Para implementar qualquer forma de intervenção precoce, ou modelos baseados na resposta à instrução, diferentes tipos de avaliações devem ser implementados de forma rotineira nas escolas. O primeiro tipo é a triagem em massa para problemas acadêmicos e comportamentais. Conforme afirmam Donovan e Cross (2002), existe tecnologia de triagem para prever dificuldades de leitura e comportamentais. Essa triagem permite uma avaliação rápida de cada estudante para identificar aqueles que apresentam características de risco muito antes do que é possível em modelos baseados na referência. Existe uma variedade de ferramentas disponíveis. Também é importante observar que o componente da Reading First* da lei No Child Left Behind exige a triagem universal de todos os alunos da educação infantil à 3ª série.

Além da triagem, é fundamental monitorar o progresso dos estudantes que apresentam características de risco ou que demonstram ter transtornos. A tecnologia para o monitoramento do progresso está bem desenvolvida em leitura e em matemática, das séries iniciais até as mais avançadas do ensino fundamental (Stecker et al., 2005). O monitoramento frequente para identificar o progresso ou a falta dele coloca os dados da avaliação nas mãos dos professores e proporciona dados informativos sobre quem pode necessitar de intervenções intensivas, como aquelas em educação especial (Fuchs e Fuchs, 1998). O monitoramento rotineiro do progresso para estudantes identificados em situação de risco de TAs ou que tenham TAs promete ter um impacto maior do que qualquer outro componente individual, pois proporciona *feedback* imediato e contínuo sobre o progresso estudantil, de maneiras que permitem uma diferenciação maior da instrução. A triagem e o monitoramento do progresso refletem avaliações a serviço da intervenção e representam uma promessa de uma modificação substancial no foco da testagem dentro das escolas.

Prevenção

Devido às evidências existentes, a falta de implementação de programas de intervenção precoce na educação geral é frustrante. Os estudantes variam em suas necessidades instrucionais. Aqueles que não recebem instrução abordando suas necessidades logo no início, da educação infantil à 2ª série, desenvolvem dificuldades acadêmicas semelhantes ao que costuma ser observado em estudantes com TAs. Quando as necessidades desses estudantes não são tratadas nas séries iniciais, o modelo comumente usado de "esperar e fracassar" (1) cria grandes déficits em estudantes que poderiam ter se desenvolvido bem com iniciativas de prevenção precoce e (2) exacerba as dificuldades de estudantes com TAs verdadeiros. A educação especial deve ser uma oportunidade para proporcionar intervenções altamente especializadas e intensivas, semelhantes às revisadas nas seções deste livro que tratam da remediação, cuja implementação pode exigir o poder e a flexibilidade do IDEA. A implementação disseminada de programas de intervenção precoce pode reduzir o número de alunos que posteriormente são considerados elegíveis para a educação especial. Com um programa instrucional individualizado mais intensivo e formulado de maneira indutiva no âmbito da educação especial, usando o monitoramento sistemático do progresso, é possível aumentar a efetividade do componente instrucional mais intensivo, a educação especial. Tudo isso pode ser realizado por meio de uma triagem universal para problemas acadêmicos e comporta-

---

*N. de R.T. Modelos de avaliação com normas ou critérios de referência.

mentais, pelo monitoramento do progresso para aqueles que apresentam características de risco, pela prevenção para estudantes que apresentam resposta inadequada à instrução em educação geral e pela intervenção especializada para aqueles considerados com necessidade de educação especial (Donovan e Cross, 2002; Vaughn e Fuchs, 2003).

A chave é usar prevenção sempre que possível e estar preparado para responder com remediação especializada intensiva quando os esforços de prevenção se mostrarem inadequados. A remediação na educação especial pode ser efetiva, particularmente se construída com base em um esforço de prevenção. Neste livro, apresentamos tamanhos de efeito para muitas intervenções de remediação que eram de magnitude semelhante às usadas em estudos da prevenção. Porém, as intervenções do tipo implementado na pesquisa geralmente são mais intensivas do que as usadas nas escolas, onde a instrução de remediação costuma ser executada em grupos maiores, o que torna difícil garantir o nível de intensidade necessário para acelerar o crescimento em habilidades acadêmicas. Assim, o contexto em que a educação especial é implementada nas escolas necessita de reforma, especialmente devido às evidências de resultados negativos (Bentum e Aaron, 2003; Hanushek et al., 1998).

O IDEA 2004 pode proporcionar a base para essa reforma. O estatuto indica que os estudantes não devem ser identificados com TAs na ausência de oportunidades adequadas de instrução. De acordo com o modelo da resposta à instrução, os estudantes podem passar por uma sequência de oportunidades instrucionais em um processo multifacetado que começa no nível da sala de aula da educação geral, mas que pode fazer parte do processo de identificação para serviços de educação especial para estudantes com TAs ou simplesmente da tentativa de proporcionar intervenções mais intensivas na educação geral. Com a resposta à instrução, os estudantes podem ser primeiramente identificados em situação de risco para TAs e depois recebem intervenções cada vez mais fortes, que são monitoradas com avaliações do progresso baseadas no currículo. Os estudantes que não apresentassem uma resposta adequada à instrução de qualidade seriam candidatos para intervenções especializadas em educação especial. Para se levar o conceito da resposta à instrução da pesquisa para a prática, que exige a implementação de diferentes avaliações e intervenções validadas, será um processo difícil e demorado, mas que promete enfatizar a prevenção e colocar a remediação em um contexto mais administrável.

Os componentes da instrução

Mesmo com níveis adequados de implementação, assim como um foco firme na triagem e no monitoramento do progresso e na prevenção, os componentes validados da instrução não satisfarão as necessidades de certos estudantes com TAs. Considere que, conforme demonstrado em pesquisas em que se alcançam níveis elevados de fidelidade ao tratamento, uma proporção inaceitavelmente elevada de estudantes com TAs não consegue ter benefícios. Por exemplo, com uma forte implementação de estratégias de aprendizagem com auxílio dos colegas (PALS), Fuchs e colaboradores (1997) demonstraram efeitos estatisticamente significativos para estudantes com TAs em uma variedade de medidas da leitura. Todavia, 2 em cada 10 alunos com TAs não fizeram progresso adequado em termos dos níveis de desempenho na faixa média ao final da intervenção. Em um estudo de Foorman e colaboradores (1998), por volta de 30% dos estudantes nos 20% inferiores em capacidade de leitura que receberam o currículo mais efetivo em leitura continuavam a apresentar dificuldades, com escores abaixo do 25º percentil em leitura de palavras após a instrução em sala de aula.

Não é de surpreender que programas que geralmente são efetivos não satisfaçam as necessidades de todos os estudantes com TAs. Os estudantes com TAs têm problemas multifacetados, refletindo deficiências no processamento que tornam difícil apresentar um desempenho generalizado e fluente, déficits no conhecimento básico relevante para cada domínio e problemas com a autorregulação, a metacognição, a persistência nas tarefas e a motivação (Gersten, White, Falco e Carnine, 1982). Embora cada componente instrucional promissor seja projetado para tratar uma ou mais dessas dificuldades, nenhum é suficientemente abrangente para lidar com a constelação de déficits e o nível de gravidade que certas crianças manifestam. Além disso, existem domínios para os quais ainda não existem componentes instrucionais adequados, particularmente em áreas envolvendo a compreensão leitora, a escrita e a matemática.

Finalmente, embora tenham sido desenvolvidos muitos componentes instrucionais diferentes, a sua integração em pacotes instrucionais abrangentes ainda deve ser avaliada. Seguindo o desenvolvimento de programas de leitura integrados e abrangentes para estudantes com TAs em reconhecimento de palavras, alguns exemplos têm aparecido em outros domínios. É necessária uma integração maior de modos de instrução que envolvam habilidades e estratégias, a qual tem ocorrido na matemática (Fuchs et al., 2003a, 2003b), na compreensão leitora (Williams et al., 2005) e na expressão escrita (Berninger e Amtmann, 2003; Graham e Harris, 2003). Essa integração também deve começar a influenciar as intervenções para crianças pré-escolares, de modo que os esforços de prevenção possam começar o mais cedo possível para indivíduos com maior risco por causa de fatores sociais e econômicos.

Problemas multifacetados

De um modo relacionado, os estudantes com TAs são heterogêneos, mesmo que sejam identificados em domínios acadêmicos específicos. A maioria dos estudantes com TAs têm problemas que envolvem mais de um domínio. Mesmo dentro de um mesmo domínio, estudantes com TAs apresentam uma variedade de dificuldades cognitivas e co-morbidades. Em muitos casos, explicar o problema acadêmico não proporciona uma explicação completa para um TA, particularmente se as co-morbidades não forem tratadas. Embora a variação no nível de transtornos maiores (p. ex., intelectuais, acadêmicos, comportamentais) explique grande parte da heterogeneidade em estudantes com TAs, a variabilidade permanece substancial, principalmente porque muitas pessoas com TAs têm mais de um problema.

A pesquisa sobre as intervenções não tem feito um trabalho adequado de identificar e de avaliar as contribuições de diferentes fontes de heterogeneidade para os resultados. Por exemplo, uma razão por que a instrução em estratégias que enfatizam a autorregulação pode ser efetiva é que muitos estudantes com TAs têm dificuldades em áreas envolvendo as "funções executivas". Todavia, os déficits em funções executivas são mais significativos nos problemas com a matemática e a leitura do que nos problemas com o reconhecimento de palavras. De maneira semelhante, a morbidade cognitiva em estudantes com TDAH e sem comprometimento em domínios acadêmicos é muito menos significativa do que a morbidade cognitiva quando o TDAH ocorre em combinação com comprometimentos acadêmicos (Fletcher et al., 1999b).

O entendimento dos resultados das intervenções em termos de fontes importantes de heterogeneidade pode emergir como o próximo passo na criação de intervenções para uma variedade de condições da infância. Parece razoável, por exemplo, avaliar os estudantes portadores de TDAH sistematicamente para dificuldades acadêmicas, pois as recomendações para o tratamento diferem quando existem problemas de atenção e acadêmicos. De maneira semelhante, intervir com estudantes portadores de TAs sem considerar a possibilidade de um TDAH co-mórbido pode diluir a efetividade das intervenções acadêmicas.

Envolvimento e prática

É possível tornar as nossas iniciativas de prevenção e de remediação mais efetivas aplicando alguns dos métodos de instrução e de intervenções revisados neste livro. Contudo, para muitos estudantes, talvez seja necessário dedicar muito mais tempo à tarefa para alcançar um nível adequado de progresso. Dessa forma, o primeiro passo para acelerar o desenvolvimento acadêmico em um modo de prevenção ou de remediação é aumentar o tempo dedicado à instrução na área em que o estudante apresenta dificuldades. Para acelerar o desenvolvimento ainda mais, pode ser necessário garantir que o estudante passe tempo envolvido em tarefas acadêmicas fora da escola. É claro que isso significa que o estudante deve ser motivado para isso. Também se pode aumentar o tempo da instrução acadêmica e prática na escola. Contudo, se o tempo extra reduzir o envolvimento em outras atividades educacionais importantes, especialmente nas séries finais do ensino fundamental e no ensino médio, o desempenho geral pode cair. No ensino fundamental, aprender a ler, a escrever e a fazer contas são prioridades claras, e alguns estudantes precisam de muito tempo para se tornarem competentes nesses domínios. Porém, conforme demonstram os estudos da prática de leitura no Capítulo 6, sobre a fluência, o tempo gasto lendo fora da escola promove a prática, que, por sua vez, promove a oportunidade de desenvolver o vocabulário e outras capacidades que dão suporte à compreensão. O envolvimento extra também proporciona uma oportunidade de praticar aquilo que é ensinado e de consolidar habilidades, promovendo a transferência do ambiente de remediação. Os programas de intervenção devem analisar essas questões relacionadas com a prática e o envolvimento de forma mais sistemática.

Intuição clínica

O campo dos TAs, assim como outras áreas da educação, está em processo de transformação, de uma disciplina baseada principalmente na intuição clínica e na experiência profissional, para uma profissão fundamentada na pesquisa científica. Embora a intuição e a experiência influenciem as práticas de ensino, especialmente com estudantes individuais, a instrução também deve ser informada pela pesquisa sobre a efetividade e sobre os mecanismos subjacentes à eficácia. A educação continua a ser prejudicada pelo uso das intervenções da moda, que persistem apesar da ausência de evidências para a sua eficácia ou de conhecimento sobre seus mecanismos. As intervenções baseadas em estilos de aprendizagem, treinamento perceptivo e motor, instruções "adaptadas" para aprendizes auditivos ou visuais, na necessidade de integração multissensorial, e mesmo intervenções menos racionais envolvendo lentes coloridas especiais, metrônomos, padrões neurais, e assim por diante, continuam a ser defendidas para os TAs, apesar da falta de evidências para a sua eficácia e de mecanismos propostos que não condizem com o conhecimento científico sobre o processamento cognitivo e o funcionamento cerebral. Alguns autores atestam que essas intervenções são efetivas. Todavia, na ausência de pesquisas científicas, não é possível optar entre alegações contrárias sobre a eficácia e os mecanismos subjacentes à efetividade, e muito menos prescrever intervenções específicas para estudantes individuais. Os consumidores devem ter as informações necessárias para fazer escolhas informadas. Os clínicos devem estar preparados para modificar e para atualizar a prática com base na pesquisa, ou pelo menos identificar as limitações de pesquisas que contradizem a visão tradicional.

O TRATAMENTO DOS TAs

Nada facilitaria mais a transferência da pesquisa para a prática do que a demonstração de que as intervenções baseadas em pesquisas alteram o curso do desenvolvimento para pessoas em situação de risco ou identificadas como portadoras de TAs. O caminho para se estabelecer a eficácia de abordagens de tratamento e de métodos criados para estudantes com TAs é longo. Até a última década, houve pouco progresso no desenvolvimento de uma compreensão sobre os aspectos básicos e os diagnósticos de cada um dos principais tipos de TAs e, mesmo agora, essa compreensão não é igualmente robusta para os diversos tipos de TAs. O atual conhecimento sobre as dificuldades dos estudantes em aprender conceitos acadêmicos está mais avançado para o desenvolvimento da leitura, em particular as habilidades no nível das palavras.

Nosso conhecimento atual sobre o que funciona mais para estudantes com déficits em outros domínios da leitura e da linguagem escrita e da matemática está menos desenvolvido. A razão é, em parte, que sabemos menos sobre os fatores que pressagiam essas dificuldades, os déficits em habilidades acadêmicas que definem os transtornos e os cursos evolutivos associados a esses tipos de TAs. Para que os estudantes recebam o melhor tratamento que podemos oferecer, deve haver um aumento substancial na pesquisa sobre a intervenção para diferentes tipos de TAs bem-definidos nesses domínios.

Embora a qualidade da pesquisa sobre as intervenções tenha melhorado, a atual literatura do tratamento/intervenção ainda envolve estudos que são difíceis de interpretar por causa de problemas procedimentais. É responsabilidade dos criadores dessas intervenções reduzir as limitações metodológicas que tornam a interpretação dos estudos difícil e a implementação dos resultados problemática. Nesta seção do capítulo, reiteramos essas considerações sobre os modelos de pesquisa para ajudar os consumidores a fazerem suas próprias avaliações.

Modelos experimentais apropriados

Como em grande parte da pesquisa em educação, continua a haver uma carência de modelos de pesquisa com boa qualidade, especialmente aqueles que são mais adequados para inferir a causalidade: experimentos controlados e randomizados e modelos de descontinuidade de regressão (Shadish, Cook e Campbell, 2002). Nos experimentos controlados e randomizados, os indivíduos são divididos aleatoriamente em uma ou mais intervenções e em grupos de comparação, de modo que os efeitos da intervenção podem ser avaliados de forma objetiva. O valor desses modelos é a sua capacidade de proporcionar um grau elevado de confiança aos consumidores da pesquisa de que não existem diferenças sistemáticas entre os grupos em nenhuma característica observada ou não--observada, com exceção de que os grupos da intervenção recebem o tratamento e os grupos de controle não recebem (Shadish et al., 2002). Em contrapartida, os modelos com avaliações antes e depois de intervenção sem grupos-controle ou controles estatísticos adequados não permitem determinar se as melhoras teriam ocorrido com o passar do tempo mesmo sem a intervenção. Além disso, esses modelos não permitem fazer inferências firmes sobre um papel causal para a intervenção. Embora uma variedade de modelos possa dar suporte a inferências sobre os efeitos causais das intervenções, os experimentos controlados e randomizados fazem menos suposições sobre a causalidade e, portanto, são melhores para sustentar as inferências causais (Shavelson e Towne, 2002).

Os experimentos de descontinuidade de regressão estão emergindo como uma alternativa viável para situações em que a divisão aleatória não é possível (Shadish et al., 2002). Um experimento de descontinuidade de regressão é um *quasi*-experimento com um grupo-controle. O que o torna singular é o método usado para dividir os participantes. De um modo geral, um ponto de corte é estabelecido em uma medida de distribuição contínua, que pode representar um nível crítico do atributo em questão (p. ex., o 25º percentil em uma medida da leitura), um marco evolutivo que supostamente indica a necessidade de atendimento (p. ex., ler menos de 35 palavras por minuto ao final da 1ª série), ou algo totalmente diferente, como a data de nascimento. O fator crítico é que o atributo não tenha descontinuidades naturais ou lacunas em sua distribuição. Para a divisão, os indivíduos localizados em um lado do ponto de corte recebem o tratamento, e aqueles no outro lado não recebem. No caso de tratamento para problemas de leitura usando uma medida pré-teste da leitura como variável de avaliação, deve-se designar os estudantes abaixo do ponto de corte para o tratamento e aqueles acima do ponto de corte como controles. Como o atributo do teste e a habilidade avaliada têm distribuição contínua, o experimento baseia-se no fato de que, na ausência de qualquer efeito do tratamento, a distribuição bivariada da habilidade e da tarefa será contínua. Dessa forma, ela pode ser descrita com uma única linha de regressão, que é a mesma para casos acima e abaixo do escore da habilidade. Por outro lado, se o tratamento for efetivo, a linha de regressão subirá para o escore da tarefa, de modo que serão necessárias duas linhas de regressão para explicar adequadamente a distribuição bivariada dos escores da tarefa e da habilidade: uma linha para casos abaixo do escore da tarefa (isto é, casos tratados) e uma linha para casos acima (isto é, casos não-tratados). O tamanho da diferença nos termos da interceptação para as duas linhas de regressão é a medida do efeito do tratamento (pressupondo que as duas linhas tenham a mesma inclinação).

A validade interna de um experimento de descontinuidade de regressão pode ser tão forte quanto a de um experimento controlado e randomizado, pois ele contém um grupo-controle que é tirado da mesma população que o grupo tratado, mas, mais importante, porque a tarefa é controlada de tal modo que o acaso na diferença entre casos tratados e não-tratados é conhecido. A presença de um mecanismo controlado de divisão é a razão por que os experimentos de descontinuidade de regressão são menos suscetíveis a problemas de inferência que poderiam refletir vieses de seleção ou históricos e questões estatísticas (p. ex., regressão à média) que tornam difícil inferir a causalidade a partir de experimentos pré-pós simples ou de *quasi*-experimentos cuja divisão é controlada com menos rigor. Uma diferença importante entre os experimentos controlados e randomizados e os experimentos de descontinuidade de regressão (além da maneira como criam os grupos) é que estes têm menos poder e exigem muito mais sujeitos que aqueles. Contudo, devido à ênfase mantida ao longo do livro na natureza dimensional dos TAs, os experimentos de descontinuidade de regressão talvez tenham certas vantagens, especialmente quando existem preocupações com a adequação da randomização a partir de uma perspectiva ética ou logística.

Descrevemos um tipo de experimento de descontinuidade de regressão, mas também é possível considerar exemplos mais complexos, como a combinação de um experimento de descontinuidade de regressão com um experimento controlado randomizado, na qual os estudantes acima do ponto de corte são colocados em um grupo sem tratamento e os estudantes abaixo do ponto de corte são divididos aleatoriamente em dois ou mais tratamentos. Esse modelo permitiria que se determinasse o impacto do tratamento contra a condição sem tratamento por intermédio do experimento de descontinuidade de regressão, mas também avaliaria as diferenças entre os tratamentos ativos. Mesmo em situações em que se toma a decisão de implementar um programa sem um experimento de descontinuidade da regressão ou um experimento controlado randomizado, um pouco de avaliação é melhor que nenhuma. No mínimo, a efetividade das implementações no âmbito escolar ou do distrito deve ser avaliada em nível local. É claro que qualquer inferência causal feita com experimentos pré-pós ou *quasi*-experimentos será fraca por causa do número de pressupostos necessários. Mesmo as intervenções mais poderosas podem não resultar em efeitos seguros quando se usa modelos pré-teste e pós-teste com apenas dois pontos amostrados, e sem grupos de comparação. Diversos fatores desconhecidos podem obscurecer as inferências sobre "aquilo que funciona".

A heterogeneidade dos TAs

Muitos estudos que abordam a eficácia de diferentes métodos de tratamento continuam a incluir grupos heterogêneos de estudantes com TAs que são identificados com base em critérios vagos e inconsistentes e que apresentam diferenças não-contabilizadas em suas características demográficas (p. ex., o nível socioeconômico, a raça, a etnia), na gravidade dos transtornos comportamentais e acadêmicos e na co-morbidade desses transtornos. Desse modo, as tentativas de replicação foram prejudicadas, e é difícil determinar os efeitos do tratamento e os resultados devido à influência de variáveis não-controladas, especialmente na ausência de um experimento de descontinuidade de regressão ou de um experimento controlado e randomizado. Além disso, essa falta de clareza com relação às características demográficas, acadêmicas e comportamentais dos estudantes torna difícil para se determinar quais métodos de intervenção são mais eficazes para quais estudantes e em que condições contextuais específicas (Lyon e Moats, 1997).

Analisando intervenções efetivas

Os estudos de métodos que consistem de diversos componentes ou procedimentos geralmente não abordam a questão de qual componente ou procedimento ou quais combinações ou sequências de procedimentos são fundamentais para promover os ganhos na aprendizagem (Zigmond, 1993). Da mesma forma, os estudos sobre intervenções que empregam métodos multimodais muitas vezes não especificam como e por que diferentes intervenções são selecionadas, ou os papéis que as diferentes intervenções desempenham na realização dos ganhos do tratamento. Essas informações são essenciais, pois alguns estudantes com TAs podem necessitar de uma ênfase mais intensiva, de uma sequência diferente ou de uma exposição e de ensino com maior duração de determinados componentes do programa de intervenção (Lyon e Moats, 1997).

A duração da intervenção

Muitos estudos sobre intervenções realizados com estudantes com TAs ainda são de duração relativamente breve (Berninger, 2004; Lyon e Moats, 1997). Dessa forma, quando uma intervenção apresenta efeitos limitados, não fica claro se a eficácia limitada se deve à intervenção ou ao fato de que ela foi empregada por um tempo curto demais para promover mudanças de longo prazo, não importa o quanto fosse significativa. Poucos estudos avaliam as condições que promovem a manutenção dos efeitos de tratamentos.

Efeitos de intervenções anteriores

Alguns estudos que avaliam a eficácia de intervenções são confundidos pelos efeitos de intervenções anteriores e concomitantes. Não está claro se um histórico de um determinado tipo de intervenção influencia significativamente a resposta à instrução atual. Da mesma forma, não se sabe se as intervenções ou os métodos concomitantes usados em ambientes de salas de aula regulares ou especiais influenciam a resposta a intervenções experimentais. Essas questões devem ser abordadas para separar os efeitos específicos do tratamento da prática adicional ou os efeitos inibitórios produzidos por intervenções anteriores ou concomitantes. Mais uma vez, o uso de experimentos controlados e randomizados e de experimentos de descontinuidade de regressão para designar os estudantes para intervenções ajudaria a explicar esse tipo de viés.

Variáveis contextuais e relacionadas com o professor

Muitos estudos sobre intervenções envolvendo estudantes com TAs não separam os efeitos de tratamentos específicos dos efeitos relacionados com o clínico e com o professor. Ou seja, tem-se prestado pouca atenção ao delinear as variáveis contextuais e relacionadas com o professor (p. ex., a experiência e a preparação do professor, a relação entre o professor e o aluno, etc.) que influenciam a mudança em qualquer programa de tratamento (Lyon e Moats, 1997). Isso pode incluir atenção à fidelidade da implementação que é essencial para se empregar a intervenção em outros contextos. Muitos estudos sobre intervenções não analisam o grau de fidelidade necessário para implementar a intervenção (Berninger, 2004). Mesmo os professores com formação semelhante variam significativamente em sua aplicação do método fora do ambiente de pesquisa (Vaughn e Fuchs, 2003).

Generalização e manutenção

Em muitos estudos sobre intervenções, não fica claro se os ganhos em habilidades acadêmicas desenvolvidos sob condições altamente controladas se generalizam para ambientes naturalísticos menos controlados como, por exemplo, a sala de aula. Além disso, com relação à manutenção dos efeitos, alguns estudos de seguimento geralmente mostram uma redução nos ganhos da intervenção, particularmente quando as medidas são feitas em ambientes diferentes dos empregados no estudo original (Lyon e Moats, 1997). Os estudos devem ser projetados de modo que possam ser dimensionados para intervenções menos controladas (Denton et al., 2003).

DEZ PRINCÍPIOS GERAIS PARA ENSINAR ESTUDANTES COM TAS

Na leitura, na expressão escrita, na matemática e em todos os domínios, envolvendo diferentes habilidades básicas e processos superiores, as pesquisas que revisamos neste livro (juntamente com outros estudos encontrados na literatura que as corroboram) proporcionam a base para tirarmos 10 conclusões sobre como criar modos de instrução para melhorar os resultados acadêmicos para estudantes com TAs.

1. O primeiro passo em qualquer intervenção é aumentar o tempo dedicado à tarefa. As intervenções para estudantes com TAs devem complementar as oportunidades de instrução, e não substituí-las.
2. Os estudantes com TAs necessitam de uma abordagem de instrução que seja explícita, bastante organizada e que proporcione, de forma rotineira, oportunidade para uma revisão cumulativa do conteúdo aprendido. Essa conclusão se aplica se os professores estiverem lidando com habilidades básicas e/ou processos superiores para os quais a transferência e a generalização representem desafios críticos.
3. As estratégias de autorregulação, pelas quais os estudantes monitoram o seu progresso acadêmico e estabelecem objetivos para o seu desempenho acadêmico, têm um valor adicional sobre e além da instrução explícita e sistemática.
4. A mediação pelos colegas proporciona um método efetivo e potencialmente prático para ampliar a instrução, criando oportunidades estruturadas para amparar a prática de maneiras que promovam a aquisição do conhecimento e aumentem a transferência do conteúdo aprendido.
5. É possível gerar um grande crescimento em processos superiores, mesmo quando as habilidades básicas dos estudantes são fracas. Isso significa que os educadores devem integrar a instrução sistemática em ambas dimensões, de maneira que, enquanto as habilidades básicas são fortalecidas, os professores trabalham simultaneamente e de forma explícita para melhorar a compreensão textual dos estudantes, sua expressão escrita e sua capacidade de resolver problemas matemáticos.
6. Os ganhos são específicos para aquilo que é ensinado. Se as intervenções não ensinarem conteúdo acadêmico, haverá pouca transferência. De maneira semelhante, se for aprendido conteúdo acadêmico em um domínio, ele não levará a melhoras em outro domínio se esse domínio não for ensinado explicitamente. Conforme demonstram as pesquisas apresenta-

das neste livro, as terapias acadêmicas são mais efetivas para TAs. Outras abordagens de intervenção não têm uma boa fundamentação e não apresentam a eficácia sistemática das terapias acadêmicas. Basear a intervenção em déficits no processamento, teorias sobre o funcionamento do cérebro, visão, processamento auditivo, habilidades perceptivas, e assim por diante, sem atenção para o conteúdo e as habilidades acadêmicas específicas, leva a uma mistura de intervenções pseudocientíficas que não resultam em melhores resultados para estudantes com TAs e são simplesmente enganosas em seu apelo aos pais e aos professores.
7. Os programas instrucionais devem ser integrados. Não é suficiente simplesmente proporcionar instrução em "habilidades". O foco deve estar no conjunto de competências que são desejáveis para estudantes com TAs. Na leitura, por exemplo, os programas de intervenção essencialmente devem levar em conta o reconhecimento de palavras, a fluência e a compreensão. O objetivo de qualquer programa de instrução em leitura é o desenvolvimento da compreensão proficiente da leitura, de modo que não será adequado ensinar apenas estratégias de reconhecimento de palavras e fluência. A proficiência adequada exige que sejam incorporadas oportunidades de envolvimento e de prática na intervenção.
8. A pesquisa deve cada vez mais considerar a heterogeneidade dos estudantes com TAs. A principal formulação para essa questão é enfocar a heterogeneidade no nível das co-morbidades importantes, especialmente aquelas que envolvem combinações de dificuldades acadêmicas e os comportamentos classificados sob o TDAH. Além disso, deve-se levar em conta a natureza multifacetada dos TAs em muitos alunos.
9. Deve-se monitorar o progresso com frequência, e usá-lo para informar a instrução em todos os níveis da intervenção. Todas as avaliações devem ser voltadas para a intervenção. O campo dos TAs amadureceu até um ponto em que testar apenas em nome do diagnóstico se tornou obsoleto e potencialmente iatrogênico.* Os estudantes com TAs ou com risco de apresentar dificuldades acadêmicas, incluindo TAs, devem começar o tratamento da forma mais rápida e eficiente possível. As verbas existentes devem ser direcionadas sistematicamente da testagem para o tratamento.
10. As intervenções criadas para estudantes com TAs devem ser sistematicamente integradas com as práticas da educação geral. A prática deve ser fundamentada e modificada com base nas evidências científicas, as quais, por sua vez, devem considerar a experiência e o julgamento crítico.

A última conclusão reconhece a explosão de pesquisas com base científica e sistemáticas sobre intervenções que funcionam para estudantes com TAs em leitura, em linguagem escrita e em matemática e a necessidade de integrar

---

*N. de R.T. Refere-se a uma doença ou situação que é agravada por um procedimento errôneo.

formatos instrucionais entre a educação especial e geral. De maneira relacionada, pode-se esperar grandes mudanças nos procedimentos de identificação para TAs, que exigirão uma relação de trabalho mais íntima entre a educação especial e a educação geral. É provável que a atual prática de esperar para que os estudantes fracassem antes de identificar TAs e depois colocá-los em ambientes educacionais que não são capazes de sanar as dificuldades comece a mudar e que ocorra uma ênfase maior em prevenir os transtornos por meio de uma educação geral efetiva com diversos elementos.

Para que essa mudança ocorra, a educação geral e a educação especial devem compartilhar a responsabilidade por prevenir as dificuldades acadêmicas sempre que possível (President's Commission on Excellence in Special Education, 2002). Os estudantes com prováveis dificuldades devem ser identificados e instruídos mais cedo em seu desenvolvimento do que ocorre atualmente, o que exigirá triagem e avaliação mais sistemáticas, bem como melhores programas de capacitação para os professores, em educação geral e em educação especial. Os professores devem se tornar especialistas em implementar avaliações e intervenções baseadas em pesquisas. O objetivo final de identificar estudantes com TAs deve ser proporcionar experiências instrucionais que lhes permitam superar as dificuldades associadas aos TAs. Portanto, a educação especial deve ser reformada, de maneira a abordar as necessidades de um subconjunto menor de estudantes, usando o poder da legislação subjacente à educação especial para projetar e para aplicar intervenções individuais mais intensivas que não podem ser aplicadas na sala de aula ou por meio de instrução em grupos pequenos na educação geral.

As pesquisas revisadas neste livro mostram que já existem várias intervenções que funcionariam com muitos alunos, se fossem implementadas efetivamente. Além disso, a base de evidências para essas observações é clara. Com certeza, a última década trouxe uma grande convergência de evidências científicas que têm a capacidade de revolucionar a maneira como abordamos os TAs e como projetamos a educação geral e a especial. Porém, a pesquisa é boa até o nível em que é implementada. Talvez, pela primeira vez na educação, as evidências científicas não estão apenas informando a instrução, mas também desempenham um papel importante na legislação federal em educação. Esses avanços representam a base para o otimismo em relação ao futuro para estudantes com TAs, um futuro que exige a integração entre a ciência, a prática e as políticas públicas.

Índice

A

Acalculia, 234-236. *Ver também* Déficits em matemática
Afasia. *Ver* Transtornos da linguagem
Agrafia afásica, 260-261
Agrafia apráxica, 260-261
Agrafia espacial, 260-261
Agrafia lexical, 259-261
Agrafia, 259-261. *Ver também* Déficits em expressão escrita
Agregação familiar, déficits em reconhecimento de palavras e, 137-138
Alexia, 260-261
Apoio público, influência sobre a definição, 29-31
Aprendizagem cooperativa, 211-212
Área de Broca, 129-130
Área de Wernicke, 115, 130
Áreas occipitotemporais, 129-130
Aritmética, 228-230. *Ver também* Transtornos da matemática
Associação Americana de Psiquiatria, 31-32
Atenção, déficits em matemática e, 228-230
Avaliação, 82-90
Avaliação
de habilidades cognitivas, 19-20
déficits em expressão escrita e, 253-254
fatores contextuais/condições afins, 96-98
introdução a, 18, 19
resposta à instrução e, 97-99
testagem/tratamento e, 78-79
Avaliações baseadas no currículo (CBM), 65-67, 82-88, 161

B

Baixo desempenho. *Ver* Discrepâncias entre aptidão e desempenho

C

Cálculos algorítmicos, 228-231
Cálculos, algorítmicos. *Ver* Cálculos algorítmicos
Capacidade de planejamento, 254-255
CBM. *Ver* Avaliações baseadas no currículo (CBM)
CID. *Ver* Classificação Internacional de Doenças (CID)

Classificação de TAs. *Ver também* Heterogeneidade das TAs
  definição, 39-41, 220-221
  histórico, 30-37
  ilustrações, 81
  influência da apoio público sobre definições, 29-31
  introdução a, 18
  legal, 15, 23, 35-37
  modelo para, 16-17
Classificação Internacional de Doenças (CID), 34-36
Co-morbidade, com TDAH. *Ver* Transtorno de déficit de atenção/hiperatividade (TDAH)
Co-morbidade, definição, 23
Co-morbidade, emocional/comportamental transtornos e, 69-74
Conhecimento, prévio, 203-205
Considerações culturais, estudos translinguísticos, 184-189
Considerações envolvendo o gênero
  déficits em compreensão leitora e, 206-207
  déficits em expressão escrita e, 258-259
  déficits em matemática e, 233-234
  dislexia e, 119-121
Considerações evolutivas
  déficits em compreensão leitora e, 206-208
  déficits em expressão escrita e, 258-260
  déficits em matemática e, 233-235
  déficits em reconhecimento de palavras e, 120-122
  fluência da leitura, 177
Considerações sobre a instrução
  componentes de, 278-279
  dez princípios, 285-287
  ilustrações, 135
  inadequadas, 74-75
  instrução direta, 145-148
  variáveis, 283-284
Considerações sobre a linguagem, estudos translinguísticos, 184-189
Considerações socioeconômicas, 168. *Ver também* Dificuldades econômicas

Construto não-observável, TAs como, 40-42
Córtex occipitotemporal ventral, 129-130
Currículo de estratégias de aprendizagem, 217-219

D

DCM. *Ver* Disfunção cerebral mínima (DCM)
Déficits da memória de trabalho
  e memória fonológica, 105-106
  transtornos da matemática e memória de trabalho/processos executivos, 225-230
Déficits em cálculos matemáticos. *Ver* Déficits em matemática
Déficits em compreensão leitora
  avaliação e, 91-93
  classificada como TA, 18, 23
  curso evolutivo de, 206-208
  déficits em habilidades acadêmicas e, 197-200
  déficits em matemática e, 231-233
  discrepância entre aptidão e desempenho e, 54-56
  epidemiologia, 205-207
  fatores neurobiológicos e, 207-210
  intervenções, 210-219
  introdução a, 197-198
  processos cognitivos e, 200-206
Déficits em compreensão leitora, 202-203
  avaliação e, 93-94
  como TA classificado, 18, 23
  curso evolutivo de, 258-260
  déficits em expressão escrita
  déficits em habilidades acadêmicas e, 252-254
  epidemiologia, 257-259
  fatores neurobiológicos e, 259-262
  intervenções, 263-273
  processos cognitivos e, 253-258
  subtipos de, 256-258
  visão geral de, 250-253, 272-273
Déficits em decodificação, 23, 199-200, 228-230
Déficits em expressão oral, 23, 251-252
Déficits em grafia, 253-255, 263-266. *Ver também* Déficits em expressão escrita

Déficits em habilidade sociais, co-mórbidos com TAs, 23-24
Déficits em habilidades acadêmicas. *Ver também* Discrepâncias entre aptidão e desempenho
classificação de TAs e, 17
compreensão leitora, 197-200
expressão escrita, 252-254
fluência da leitura, 177-181
fontes de, 3
introdução, 20
matemática, 221-225
reconhecimento de palavras, 100-103
Déficits em habilidades de leitura, 23, 51-52. *Ver também* Déficits em compreensão leitora; Déficits em fluência da leitura; Déficits em reconhecimento de palavras
Déficits em habilidades
acadêmicas, gerais, *Ver* Discrepâncias entre aptidão e desempenho
compreensão leitora, 18, 23, 54-56, 89-93. *Ver também* Déficits em compreensão leitora
compreensão oral/auditiva, 23, 199-203
decodificação, 23, 199-200, 228-230
expressão escrita, 18, 23, 89-91, 93-94. *Ver também* Déficits em expressão escrita
expressão oral 23, 251-252
fluência da leitura, 18, 89-92. *Ver também* Déficits em fluência da leitura linguagem receptiva, 23
intervenções, 81. *Ver também* Intervenções
leitura (geral), 23, 51-52
matemáticas, 18, 54-55, 57, 89-91, 96-91, 92-94. *Ver também* Déficits em matemática
reconhecimento de palavras, 18, 23, 89-92. *Ver também* Déficits em reconhecimento de palavras
sociais, 23-24
Déficits em matemática, definição, 220-221
Déficits em matemática
avaliação e, 92-94
como TA classificada, 18

curso evolutivo de, 233-235
déficits em habilidades acadêmicas, 221-225
dificuldades emocionais/comportamentais e, 71-72
discrepância entre aptidão e desempenho e, 54-55
epidemiologia, 232-234
fatores neurobiológicos e, 234-241
intervenções, 240-249
processos cognitivos e, 126-127, 224-234
subtipos de, 229-233
Déficits em ortografia, 101-103, 254-256, 266-268. *Ver também* Déficits em reconhecimento de palavras; Déficits em expressão escrita
Déficits em processamento ortográfico, 199-200, 254-255. *Ver também* Déficits em ortografia; Déficits em expressão escrita
Déficits em produção textual, 255-257. *Ver também* Déficits em expressão escrita
Déficits em reconhecimento de palavras. *Ver também* Dislexia
avaliação e, 91-92
classificado como TA, 18, 23
como déficits em habilidades acadêmicas, 100-103
como tipo limitado de TA, 23-24
consciência fonológica e, 102-105
curso evolutivo de, 120-122
definição de dislexia, 118-120
epidemiologia, 119-122
estratégias de aprendizagem com auxílio dos colegas, 148-151
estrutura cerebral e, 122-127
estudos da sala de aula e, 145-146
estudos sobre intervenções com componentes múltiplos e, 156-164
estudos tutoriais e, 150-154
fatores genéticos e, 136-142
fatores neurobiológicos e, 129-136
funcionamento cerebral e, 126-137
hipótese cerebelar e, 110-112
hipótese da visão periférica e, 111-113
história do estudo sobre, 26-31
instrução direta e, 145-149

memória fionológica e, 105-106
métodos mulissensoriais e, 164-167
modalidade auditiva e, 108-111
modalidade visual e, 106-109
modelos para, 15
nomeação rápida e, 104-105
rapidez de processamento e, 182-185
Reading Recovery e, 150-154
síntese com base científica, 143-145, 163-165
subtipos de, 112-119, 130
Déficits na compreensão auditiva, 23, 199-203
Déficits na fluência da leitura
  avaliação e, 91-92
  classificada como TA, 18
  déficits em habilidades acadêmicas e, 177-181
  fatores neurobiológicos e, 188-190
  intervenções, 190-196
  processos cognitivos e, 181-189
Déficits na linguagem receptiva, classificada como TA, 23
Déficits sensoriais, de baixo nível, 107. *Ver também* Modalidade visual
Definição de TAs, 39-40, 40-45. *Ver também* Classificação de TAs
Designação federal das TAs, 15, 23, 32-37
Designação legal de TAs, 15, 23, 32-37
Diagnóstico, 30-37, 220-221. *Ver também* Avaliação; Identificação de TAs
Diferenças, individuais, estudo de, 25-27
Dificuldades econômicas, como fator de exclusão na identificação de TAs, 73-75
Discalculia. *Ver* Déficits em matemática
Discrepâncias entre aptidão e desempenho. *Ver também* Domínios do desempenho; Identificação de TAs
  abordagens alternativas para, 53-54
  correlatos cognitivos, do desempenho e comportamentais, 44-50
  déficits em compreensão leitora e, 54-56
  déficits em matemática e, 54-55, 232-234
  definição de TAs e, 40-42
  desenvolvimento/prognóstico e, 50-52
  fatores neurobiológicos e, 52-54
  fatores psicométricos e, 56-57
  fidedignidade de, 56-57

ilustrações, 46-50
padrões de desempenho e, 93-96
pontos de corte e, 44, 57-59
regressão à média e, 56-57
transtornos da linguagem e, 55-57
visão geral de, 59-60
Disfunção cerebral mínima (DCM), 27-37
Dislexia linguística global, 116-117
Dislexia por déficit de velocidade, 116-117
Dislexia por déficit global, 116-117
Dislexia superficial, 113-115
Dislexia. *Ver também* Déficits em reconhecimento de palavras
  avaliação e, 91-92
  classificada como TA, 18, 23
  como déficit em habilidades acadêmicas, 100-103
  como tipo limitado de TA, 23-24
  consciência fonológica e, 102-105
  curso evolutivo da, 120-122
  definição de dislexia, 118-120
  epidemiologia, 119-122
  estratégias de aprendizagem com o auxílio dos colegas, 148-151
  estrutura cerebral e, 122-127
  estudos da remediação da leitura. *Ver* Estudos da remediação da leitura
  estudos de intervenções com componentes múltiplos e, 156-164
  estudos sobre a sala de aula e, 145-146
  estudos tutoriais e, 150-154
  fatores genéticos e, 136-142
  fatores neurobiológicos e, 129-136
  funcionamento cerebral e, 126-137
  hipótese cerebelar e, 110-112
  hipótese da visão periférica e, 111-113
  história do estudo relacionado com, 26-31
  instrução direta e, 145-149
  memória fonológica e, 105-106
  métodos multissensoriais e, 164-167
  modalidade auditiva e, 108-111
  modalidade visual e, 106-109
  modelos para, 15
  nomeação rápida e, 104-105
  rapidez de processamento e, 182-185
  Reading Recovery e, 150-154
  síntese com base científica e, 143-145, 163-165

subtipos de, 112-119
Dispositivos compensatórios, 267-268
Distração, 228-230
Domínios do desempenho, 89-96. *Ver também* Discrepâncias entre aptidão e desempenho

E

ECR. *Ver* experimentos controlados randomizados
EDR. *Ver* Experimentos de descontinuidade da regressão
Educação, identificação de TAs e, 18-19
Eficiência com palavras visuais, 228-230
Ensino. *Ver* Considerações sobre a instrução
Envolvimento, e fluência da leitura, 280-281
Epidemiologia
   déficits em compreensão leitora, 205-207
   déficits em expressão escrita, 257-259
   déficits em matemática, 232-234
   déficits em reconhecimento de palavras, 119-122
   fluência da leitura, 177
Erros de avaliação, 42-44
Escore, de corte. *Ver* Pontos de corte
Escores de testes, de corte. *Ver* Pontos de corte
Espinha bífida, déficits em matemática e, 236-238
Estratégias de aprendizagem com auxílio dos colegas, 148-151, 162-163, 171, 216-217
Estrutura da história, sensibilidade, 205-206
Estrutura e funcionamento do cérebro. *Ver* Fatores neurobiológicos
Estudos com ERS, 126-129
Estudos com espectroscopia por ressonância magnética (ERM). *Ver* Estudos com ERM
Estudos com imagem de ressonância magnética anatômica (IRMa). *Ver* Estudos com IRMa
Estudos com IRMa, 122-129
Estudos com IRMf, 126-131, 135-137, 235-236
Estudos com MSI, 126-129, 131-137

Estudos com PET, 126-130, 235-236
Estudos com TCC, 122-123
Estudos com tomografia cerebral (TCC). *Ver* Estudos com TCC
Estudos com tomografia por emissão de pósitrons (PET), 126-128
Estudos da remediação da leitura, 163-176
Estudos de gêmeos, déficits em reconhecimento de palavras e, 137-139
Estudos de intervenções com componentes múltiplos, 156-164
Estudos de ligação, déficits em reconhecimento de palavras e, 138-142
Estudos *post-mortem*, 122-124
Estudos sobre a sala de aula, 145-146, 246-248
Estudos translinguísticos, 184-189
Estudos tutoriais, 150-157
Expectativas de desempenho, 18-19, 40-42
   Ver também Déficits em habilidades acadêmicas; Discrepâncias entre aptidão e desempenho
Experimentos controlados randomizados, 281-284
Experimentos de descontinuidade da regressão (EDR), 281-284
Expressão, oral. *Ver* Déficits na expressão oral

F

Fatores ambientais, 17, 262
Fatores comportamentais. *Ver também* Dificuldades emocionais
   classificação de TAs e, 17
   como fator de exclusão na identificação de TAs, 69-74
   discrepância entre aptidão e desempenho e, 44-50
   ilustrações, 70-72
   influência de, 17
Fatores contextuais, avaliação e, 96-98
Fatores genéticos
   déficits em compreensão leitora e, 208-210
   déficits em expressão escrita e, 260-262
   déficits em fluência da leitura e, 189-190

déficits em matemática e, 237-240
déficits em reconhecimento de palavras e, 136-142
Fatores neurobiológicos. *Ver também* Fatores genéticos, nomes anatômicos específicos
   déficits em compreensão leitora e, 207-210
   déficits em expressão escrita e, 259-262
   déficits em fluência da leitura e, 188-190
   déficits em matemática e, 234-241
   déficits em reconhecimento de palavras e, 121-142
   discrepância entre aptidão e desempenho e, 52-54
   espinha bífida, 236-238
   estrutura cerebral, 122-127
   funcionamento cerebral, 126-137
   hidrocefalia, 236-238
   hipótese cerebelar, dislexia e, 110-112
   história de estudos sobre, 25-27
   ilustrações, 129-130
   influência de, 17
   lesões cerebrais pediátricas e, 235-238
   síndrome do X frágil, 236-237
Fatores psicométricos em modelos da discrepância, 56-58
Fatores psicossociais, 17, 19-20
Fônica todo-parte, 171
Formação de conceitos, 228-230

G

Giro angular, 129-130
Giro frontal, 130
Giro frontal inferior, 130
Giro supramarginal, 129-130
Giro temporal superior, 129-130
GOAT, 158, 160
Gray Oral Reading Test (GOAT). *Ver* GOAT

H

Habilidades de vocabulário, 203-205
Heterogeneidade das TAs, 80-84, 279-280, 283-284. *Ver também* Classificação das TAs

Hidrocefalia, déficits em matemática e, 236-238
Hipótese cerebelar da dislexia, 110-112
Hipótese da visão periférica, 111-113
História da pesquisa e da classificação das TAs
   disfunção cerebral mínima e, 30-37
   dislexia, 26-31
   estudo de diferenças individuais e, 25-27
   influência da apoio público nas definições, 29-31
   introdução a, 18, 23-25
   origens da dislexia e, 26-30
   visão geral, 37-38

I

IDEA. *Ver* Individuals with Disabilities Education Act (IDEA)
Identificação de TAs
   fatores de exclusão, 69-76
   introdução a, 18
   modelo da discrepância entre aptidão e desempenho, 44-60
   modelo das diferenças individuais, 62-65
   modelos da resposta à instrução, 64-69
   triagem, 275-277
   uso do modelo integrado e, 75-77
Implementação de intervenções, 274-276
Individuals with Disabilities Education Act (IDEA), 18, 35-37, 276-277
Inferências, 203-204
Instrução Direta, 145-148
Instrução em leitura, voltada para a fluência, 193-194
Instrução em sala de aula, intervenção para déficits em matemática e, 240-242
Instrução para leitura orientada para a fluên-cia, 193-194
Integração do conhecimento sobre TAs, importância da, 16
Intervenção em procedimentos matemáticos, déficits em matemática e, 241-244
Intervenção na resolução de problemas, déficits em matemática e, 243-247
Intervenção para recuperação de fatos, déficits em matemática e, 241-244

Intervenções
  anteriores, 283-284
  avaliação e, 87-88
  considerações sobre a instrução, 74-75, 145-149, 278-279
  currículo de estratégias de aprendizagem, 217-219
  déficits em compreensão leitora e, 210-219
  déficits em expressão escrita e, 263-273
  déficits em fluência da leitura e, 190-196
  déficits em matemática e, 240-249
  déficits em reconhecimento de palavras e, 143-145, 163-165
  dez princípios da instrução, 285-287
  dispositivos compensatórios, 267-268
  duração, 283-284
  efetivas, 283-284
  envolvimento/prática, 280-281
  estratégias de aprendizagem com o auxílio dos colegas e, 148-151
  estudos da remediação da leitura. Ver Estudos da remediação da leitura
  estudos da sala de aula e, 145-146
  estudos de neuroimagem e, 131-137
  estudos sobre intervenções com componentes múltiplos e, 156-164
  estudos tutoriais e, 150-154
  implementação, 274-276
  instrução direta e, 145-149
  intervenções de reconhecimento de palavras, 142-176
  métodos multissensoriais e, 164-167
  padrões de desempenho e, 95-96
  perspectiva para, 15
  programa de identificação de temas, 216-219
  RAVE-O e, 168
  Reading Recovery e, 150-154
  resultados para a discrepância entre aptidão e desempenho, 50-53
  Self-Regulated Strategy Development (SRSD), 269-273
  tratamento e, 281-286
Intuição clínica, 281

L

LCM, *Ver* lesão cerebral mínima (LCM)
Leitura estratégica cooperativa, 215-216
Lesão cerebral mínima (LCM), 27-29
Lesões cerebrais pediátricas, déficits em matemática e, 235-238
Lesões cerebrais, déficits em matemática e, 235-238
Linguagem expressiva. *Ver* Déficits em expressão oral

M

Manual Diagnóstico e Estatístico de Transtornos Mentais (DSM-III), 31-32
Manual Diagnóstico e Estatístico de Transtornos Mentais (DSM-IV), 34-36, 220-221
Mapas de ativação, 132-136
Mapeamento ortográfico, 184-185
Memória de longa duração, 228-230
Memória, de trabalho, 202-203, 225-230
Métodos multissensoriais, remediação da leitura, 164-167
Modalidade auditiva, 108-111
Modalidade visual, 106-109
Modalidades de imaginação, 126-129. *Ver também* técnicas específicas de imaginação
Modelo das diferenças intraindividuais das TAs
  identificação, 62-65. *Ver também* Identificação de TAs
Modelo do déficit duplo, 180-181
Modelo integrado de identificação de TAs, 75-77
Modelos de identificação de TAs por baixo desempenho, 59-63
Modelos de resposta à instrução para identificação de TAs. *Ver também* Identificação de TAs
  avaliação e, 78-79, 97-99
  prevenção de TAs e, 278
  triagem/monitoramento do progresso e, 275-277

visão geral de, 64-69
Modelos, experimentais, 281-284
Monitoramento da compreensão, 205-206
Monitoramento do progresso, 82-88, 275-277

N

National Joint Committee on Learning Disabilities (NJCLD), 34-35
Natureza dimensional das TAs, 41-45
NJCLD. Ver National Joint Committee on Learning Disabilities (NJCLD)
   resolução de problemas não-verbais, 229-230
   transtornos de aprendizagem não-verbais, 251-252
Nomeação rápida, 104-105, 181-185

P

Padrões de desempenho, 93-96
PASP, 175
Pesquisa, lacuna entre prática e, 274-281
PHAB/DI, 167-169, 175
PHAST, 168-169, 175, 194
Phonological Analysis and Blending/Direct Instruction (PHAB/DI). Ver PHAB/DI
Phonological and Strategy Training (PHAST). Ver PHAST
Pontos de corte
   discrepância entre aptidão e desempenho e, 57-59
   ilustrações, 58-59
   modelo do baixo desempenho para identificação de TAs e, 61-63
   modelos de resposta à instrução para identificação de TAs, 68-69
   padrões de desempenho e, 94-95
Prática, intervenção e, 280-281
Prática, lacuna entre pesquisa e, 274-281
Precisão, leitura, 179-180
Prevenção de TAs, 276-278
Prevenção de transtornos da leitura
   estratégias de aprendizagem com auxílio dos colegas e, 148-151
   estudos da sala de aula e, 145-146

   estudos de intervenções com componentes múltiplos e, 156-164
   estudos tutoriais e, 150-154
   instrução direta e, 145-149f
   Reading Recovery e, 150-154
Problemas com palavras, 228-230
Processamento da linguagem, 226-230
Processamento fonológico
   agrafia, 259-261
   consciência, 102-106
   decodificação e, 228-230. Ver também Déficits em ortografia
   déficits em expressão escrita e, 256-258
   déficits em reconhecimento de palavras e, 102-105
   dislexia fonológica, 113-115
   e ligação causal com reconhecimento de palavras, 106
   e nomeação rápida automatizada, 104-105, 180-184
   e subtipagem com base científica, 114-118
   memória e, 105-106
   modelo do déficit duplo, 180-181
Processamento, velocidade de, 182-185, 227-230
Processos cognitivos
   avaliação de, para identificação de TAs. Ver Identificação de TAs
   classificação de TAs e, 16-17
   déficits em compreensão leitora e, 200-206
   déficits em fluência da leitura e, 181-189
   déficits em matemática e, 224-234
   déficits em reconhecimento de palavras e, 102-120
   discrepância entre aptidão e desempenho e, 44-50
   influência de, 17
   introdução a, 19-20
   linguagem escrita e, 253-258
   modelo do baixo desempenho para identificação de TAs e, 46
   modelos de resposta à instrução para identificação de TAs, 66-68
Processos executivos
   déficits em expressão escrita e, 256-258

déficits em matemática e, 225-227
Programa de identificação de temas, 216-219
Programa de Lindamood-Bell, 173, 175
Programa Phono-Graphix, 175
QI. *Ver* Discrepâncias entre aptidão e desempenho

R

Rapidez de processamento, 182-185
RAVE-O, 168-169, 175, 194-196
Read Naturally, 192
Reading Recovery, 150-154
Recuperação, Automaticidade, elaboração do Vocabulário e Enriquecimento com Ortografia da linguagem (RAVE-O). *Ver* RAVE-O
Regiões temporais posteriores, 130
Regressão à média, em modelos de discrepância, 56-57
Resolução de problemas, não-verbais, 229-230
Resposta, inadequada, 87-90
Retardo mental, 27-30, 43-44, 59-60, 69-70, 96-99, 236-237

S

Self-Regulated Strategy Development (SRSD), 269-273
Sensibilidade à estrutura da história, 205-206
Síndrome do X frágil, déficits em matemática e, 236-237
Síntese com base científica
 déficits em compreensão leitora e, 214-216
 déficits em fluência da leitura e, 190-196
 déficits em matemática e, 240-241
 déficits em reconhecimento de palavras e, 143-145, 163-165
Spell-Read Florida Center for Reading Research, 175
SRSD. *Ver* Self-Regulated Strategy Development
Subtipo da recuperação das palavras de déficits em expressão escrita, 256-258

Subtipo da representação espacial de déficits em matemática, 229-233
Subtipo de déficits em matemática pela memória semântica, 229-233
Subtipo procedimental de déficits em matemática, 229-233
Subtipo visuoespacial de déficits em expressão escrita, 256-258
Subtipo visuoespacial de déficits em matemática, 229-233
Sulco intraparietal, 225, 237-238

T

Tamanho de efeito, 33-35
Testagem. *Ver* Avaliação
Transtorno de déficit de atenção/hiperatividade (TDAH)
 como fator de exclusão na identificação de TAs, 56-57
 co-mórbido com TAs, 31-32, 98-99
 déficits em expressão escrita e, 251-252
 déficits em matemática e, 228-230, 239-240
 modalidade auditiva e, 109-110
Transtornos da fala. *Ver* Transtornos da linguagem
Transtornos da leitura, 23-24, 70-71. *Ver também* Déficits em compreensão leitora; Déficits em fluência da leitura; Déficits no reconhecimento de palavras
Transtornos da linguagem, 25-27, 55-56, 201. *Ver também* transtornos específicos de aprendizagem
Transtornos de atenção, co-mórbidos com TAs, 23-24. *Ver também* Transtorno de déficit de atenção/hiperatividade (TDAH)
Transtornos emocionais, 23-24, 69-74. *Ver também* Fatores comportamentais
Transtornos visuoperceptivas, 107. *Ver também* Modalidade visual
Tratamentos
 achados científicos, 283-284
 anteriores, 283-284
 avaliação de, 87-88

considerações sobre a instrução, 74-75, 145-149, 278-279
currículo de estratégias de aprendizagem, 217-219
déficits em compreensão leitora e, 210-219
déficits em expressão escrita e, 263-273
déficits em fluência da leitura e, 190-196
déficits em matemática e, 240-249
dez princípios da instrução, 285-287
dispositivos de compensação, 267-268
duração, 283-284
envolvimento/prática, 280-281
estratégias de aprendizagem com auxílio dos colegas, 148-151
estudos da sala de aula e, 145-146
estudos de neuroimagem, 131-137
estudos sobre intervenções com componentes múltiplos, 156-164
estudos tutoriais e, 150-154
implementação de, 274-276
instrução direta e, 145-149
métodos multissensoriais e, 164-167
padrões de desempenho e, 95-96
perspectiva para, 15
programa de identificação de temas, 216-219
RAVE-O e, 168
Reading Recovery e, 150-154
resultados para a discrepância entre aptidão-desempenho, 50-53
Self-Regulated Strategy Development (SRSD), 269-273
síntese com base científica (reconhecimento de palavras), 143-145, 163-165, 280-281
tratamento e, 281-286
visão geral de, 281-286
Triagem, 275-277. *Ver também* Identificação de TAs
Tutoria, déficits em matemática intervenção e, 247-249

V

Velocidade de leitura, 179-180
Visão, periférica, 111-113

W

WIST, 167-168, 195
Word Identification Strategy Training (WIST). *Ver* WIST

Referências

Aaron, P. G. (1997). The impending demise of the discrepancy formula. *Review of Educational Research, 67,* 461-502.
Aaron, P. G., Joshi, M., & Williams, K. A. (1999). Not all reading disabilities are alike. *Journal of Learning Disabilities, 32,* 120-137.
Aaron, P. G., Kuchta, S., & Grapenthin, C. T. (1988). Is there a thing called dyslexia? *Annals of Dyslexia, 38,* 33-49.
Abbott, R. D., & Berninger, V. W. (1993). Structural equation modeling of relationships among developmental skills and writing skills in primary and intermediategrade writers. *Journal of Educational Psychology, 85,* 478-508.
Ackerman, P. T., Anhalt, J. M., & Dykman, R. A. (1986). Arithmetic automatization failure in children with attention and reading disorders: Associations and sequelae. *Journal of Learning Disabilities, 19,* 222-232.
Ackerman, P. T., & Dykman, R. A. (1995). Reading disabled adolescents with and without comorbid arithmetic disability. *Developmental Neuropsychology, 11,* 351--371.
Adams, G., & Carnine, D. (2003). Direct Instruction. In H. L. Swanson, K. R. Harris, & S. Graham (Eds.), *Handbook of learning disabilities* (pp. 403-416). New York: Guilford Press.
Adams, G. L., & Engelmann, S. (1996). *Research on Direct Instruction: 25 years beyond DISTAR.* Portland, OR: Educational Achievement Systems.
Alarcon, M., DeFries J. C., Light, J. C., & Pennington, B. R (1997). A twin study of mathematics disability. *Journal of Learning Disabilities, 30,* 617-623.
Al Otaiba, S. D. (2000). Children who do not respond to early literacy intervention: A longitudinal study across kindergarten and fast grade. *Dissertation Abstracts International, 61(04),* 1354A. (UMI No. 9970028)
Altemeier, L., Jones, J., Abbott, R. D., & Berninger, V. W. (2006). Executive functions in becoming writing readers and reading writers: Note taking and report writing in third and fifth graders. *Developmental Neuropsychology, 29,* 161-173.
American Psychiatric Association. (1980). *Diagnostic and statistical manual of mental disorders* (3rd ed. New York: Author.-
American Psychiatric Association. (1994). *Diagnostic and statistical manual of mental disorders* (4th ed.). Washington, DC: Author.
Amitay, S., Ben-Yehudah, G., Banai, K., & Ahissar, M. (2002). Disabled readers suffer from visual and auditory impairments but not from a specific magnocellular deficit. *Brain, 128,* 2272-2285.

Apel, K., Wolter, J. A., & Masterson, J. J. (2006). Effects of phonotactic and orthotactic probabilities during fast mapping on S-year-olds' learning to spell. *Developmental Neuropsychology, 29*, 21-42.

Aro, M., & Wimmer, H. (2003). Learning to read: English in comparison to six more regular orthographies. *Applied Psycholinguistics, 24*, 621-635.

Aylward, E. H., Richards, T. L., Berninger, V. W., Nagy, W. E., Field, K. M., Grimme, A. C., et al. (2003). Instructional treatment associated with changes in brain activa-tion in children with dyslexia. *Neurology, 22*, 212-219.

Badian, N. A. (1999). Reading disability defined as a discrepancy between listening and reading comprehension: A longitudinal study of stability, gender differences, and prevalence. *Journal of Learning Disabilities, 32*, 138-148.

Badian, N. A., & Ghublikian, M. (1983). The personal-social characteristics of children with poor mathematical computation skills. Journal of *Learning Disabilities, 16*, 154-157.

Baker, S., Gersten, R., & Lee, D. (2002). A synthesis of empirical research on teaching mathematics to low-achieving students. *Elementary School Journal, 103*, 51-73.

Barbaresi, W. J., Katusic, S. K., Colligan, R. C., Weaver, A. L., & Jacobsen, S. J. (2005). Math learning disorder: Incidence in a population-based birth cohort, 1976-82, Rochester, Minn. Ambulatory *Pediatrics, 5*, 281-289.

Barkley, R. A. (1997). *ADHD and the nature of self-control.* New York: Guilford Press.

Barkley, R. A. (2006). *Attention-deficit hyperactivity disorder: A handbook for diagnosis and treatment* (3rd ed.). New York: Guilford Press.

Barnes, M. A., & Dennis, M. (1996). Reading comprehension deficits arise from diverse sources: Evidence from readers with and without developmental brain pathology. In C. Cornoldi & J. Oakhill (Eds.), *Reading comprehension difficulties* (pp. 251--278). Hillsdale, NJ: Erlbaum.

Barnes, M. A., & Dennis, M. (2001). Knowledge-based inferencing after childhood head injury. *Brain and Language, 76*, 253-265.

Barnes, M. A., Dennis, M., & Haefele-Kalvaitis, J. (1996). The effects of knowledge availability and knowledge accessibility on coherence and elaborative inferencing from six to fifteen years of age. *Journal of Experimental Child Psychology, 61*, 216-241.

Barnes, M. A., Dennis, M., & Wilkinson, M. (1999). Reading after closed head injury in childhood: Effects on accuracy, fluency, and comprehension. *Developmental Neuropsychology, 15*, 1-24.

Barnes, M. A., Johnston, A., & Dennis, M. (no prelo). Text comprehension in a neurodevelopmental disorder, spina bifida myelorneningocele. In K. Cain & J. Oakhill (Eds.), *Cognitive bases of children's language comprehension difficulties.* New York: Guilford Press.

Barnes, M. A., Pengelly, S., Dennis, M., Wilkinson, M., Rogers, T., & Faulkner, H. (2002). Mathematics skills in good readers with hydrocephalus. *Journal of the International Neuropsychological Society, 8*, 72-82.

Barnes, M. A., Wilkinson, M., Khemani, E., Boudousquie, A., Dennis, M., & Fletcher, J. M. (2006). Arithmetic processing in children with spina bifida: Calculation accuracy, strategy use, and fact retrieval fluency. *Journal of Learning Disabilities, 39*, 174-187.

Basso, A., Taborelli, A., & Vignolo, L. A. (1978). Dissociated disorders of speaking and writing in aphasia. Journal *of* Neurology, *Neurosurgery, and Psychiatry, 41*, 556-563.

Bastian, H. C. (1898). *Aphasia and other speech defects.* London: Lewis.

Bates, T. C., Castles, A., Coltheart, M., Gillespie, N., Wright, M., & Martin, N. G. (2004). Behaviour genetic analyses of reading and spelling: A component processes approach. *Australian Journal of Psychology, 56*, 115-126.

Bear, D. R., & Barone, D. (1991). The relationship between rapid automatized naming and orthographic knowledge. *National Reading Conference Yearbook, 40*, 179-184.

Beaton, A. A. (2002). Dyslexia and the cerebellar deficit hypothesis. *Cortex, 38*, 479-490.

Beaulieu, C., Plewes, C., Pauson, L. A., Roy, D., Snook, L., Concha, L., et al. (2005). Im-aging brain connectivity in children with diverse reading ability. *NeuroImage, 25,* 1266-1271.
Bennett, D. E., & Clarizio, H. F. (1988). A comparison of methods for calculating a severe discrepancy. *Journal of School Psychology, 26,* 359-369.
Benton, A. L., & Pearl, D. (Eds.). (1978). Dyslexia. New York: Oxford University Press.
Bentum, K. E., & Aaron, F. G. (2003). Does reading instruction in learning disability resource rooms really work?: A longitudinal study. *Reading Psychology, 24,* 361-382.
Bereitey, C. (1967). Some persisting dilemmas in the measurement of change. In C. W. Harris (Ed.), *Problems in the measurement of change.* Madison: University of Wiscons (no prelo).
Bereiter, C. (1980). Toward a developmental theory of writing. In L. W. Gregg & E. R. Steinberg (Eds.), *Cognitive processes in writing* (pp. 73-93). Hillsdale, NJ: Erlbaum.
Berninger, V. W. (1994). *Reading and writing* acquisition: A *developmental neuropsychological perspective.* Madison, WE Brown & Benchmark.
Berninger, V. W. (2004). Understanding the graphia in developmental dysgraphia: A de-velopmental neuropsychological perspective for disorders in producing written language. In D. Dewey & D. Tupper (Eds.), *Developmental motor disorders: A neuropsychological perspective* (pp. 189-233). New York: Guilford Press.
Berninger, V. W., Abbott, R. D., Brookshey R., Lemos, Z., Ogley S., Zook, D., et al. (2000). A connectionist approach to making the predictability of English orthography explicit to at-risk beginning readers: Evidence for alternative, effective strategies. *Developmental Neuropsychology, 17,* 241-271.
Berninger, V. W., Abbott, R. D., Jones, J., Wolf, B. J., Gould, L., Anderson-Youngstrom, M., et al. (2006). Early development of language by hand: Composing, reading, listening, and speaking connections; three letter-writing modes; and fast mapping in spelling. *Developmental Neuropsychology, 29,* 61-92.
Berninger, V. W., Abbott, R. D., Vermeulen, K., Ogler, S., Brooksher, R., Zook, D., et al. (2002a). Comparison of faster and slower responders to early intervention in reading: Differentiating features of their language profiles. *Learning Disability Quarterly, 25,* 59-76.
Berninger, V. W., Abbott, R. D., Zook, D., Ogler, S., Lemons-Britton, Z., & Brooksher, R. (1999). Early intervention for reading disabilities: Teaching the alphabet principle in a connectionist framework. *Journal of Learning Disabilities, 32,* 491--503.
Berninger, V. W., & Amtmann, D. (2003). Preventing written expression disabilities through early and continuing assessment and intervention for handwriting and/or spelling problems: Research into practice. In H. L. Swanson, K. R. Harris, & S. Graham (Eds.), *Handbook of learning disabilities* (pp. 345-363). New York: Guilford Press.
Berninger, V. W., & Fuller, F. (1992). Gender differences in orthographic, verbal, and compositional fluency: Implications for assessing writing disabilities in primary grade children. *Journal of School Psychology, 30,* 363-382.
Berninger, V. W., & Hart, T. (1992). A developmental neuropsychological perspective for reading and writing acquisition. *Educational Psychologist, 27,* 415-434.
Berninger, V. W., & Hart, T. (1993). From research to clinical assessment of reading and writing disorders: The unit of analysis problem. In R. M. Joshi & C. K. Leong (Eds.), *Reading disabilities: Diagnosis and component processes* (pp. 33-61). Dordrecht, the Netherlands: Kluwer Academic.
Berninger, V. W., Judith, V., Rutberg, E., Abbott, R. D., Garcia, N., Anderson-Youngstrom, M., et al. (2005). Tier 1 and Tier 2 early intervention for handwrit-ing and composing. *Journal of School Psychology, 44,* 3-30.
Berninger, V. W., Nagy, W. E., Carlisle, J., Thomson, J., Hoffer, D., Abbott, S., et al. (2003a). Effective treatment for children with dyslexia in grades 4-6: Behavioral and brain evidence. In B. R. Foorman (Ed.), *Preventing and remediating reading difficulties* (pp. 381-418). Baltimore: York Press.

Berninger, V. W., Vaughan, K., Abbott, R. D., Begay, K., Coleman, K. B., Curtin, G., et al. (2002b). Teaching spelling and composition alone and together: Implications for the simple view of writing. *Journal of Educational Psychology, 94,* 291-304.

Berninger, V. W., Vaughan, K., Abbott, R., Abbott, S., Brooks, A., Rogan, L., et al. (1997). Treatment of handwriting fluency problems in beginning writing: Transfer from handwriting to composition. *Journal of Educational Psychology, 89,* 652-666.

Berninger, V. W., Vaughan, K., Abbott, R. D., Brooks, A., Abbott, S. P., Rogan, L., et al. (1998). Early intervention for spelling problems: Teaching functional spelling units of varying size with a multiple-connections framework. *Journal of Educational Psychology, 90,* 587-605.

Berninger, V. W., Vermeulen, K., Abbott, R D., McCutchen, D., Cotton, S., Cude, J., et al. (2003b). Comparison of three approaches to supplementary reading instruction for low-achieving second-grade readers. *Language, Speech, and Hearing Services in Schools, 34,* 101-116.

Biancarosa, G., & Snow, C. E. (2004). *Reading Next-A vision for action and research in middle and high school literacy: A report to Carnegie Corporation of New York.* Washington, DC: Alliance for Excellent Education.

Birsh, J. (Ed.). (1999). *Multi-sensory teaching of basic language skills.* Baltimore: Brookes.

Bishop, D. V. M., & Clarkson, B. (2003). Written language as a window into residual language deficits: A study of children with persistent and residual speech and lan-guage impairments. *Cortex, 39,* 215-237.

Bishop, D. V. M., & Snowling, M. J. (2004). Developmental dyslexia and specific language impairment: Same or different? *Psychological Bulletin, 130,* 858-886.

Blachman, B. A. (1997). Early intervention and phonological awareness: A cautionary tale. In B. Blachman (Ed.), *Foundations of reading acquisition and dyslexia* (pp. 408-430). Mahwah, NJ: Erlbaum.

Blachman, B. A., Ball, E. W., Black, R. S., & Tangel, D. M. (1994). Kindergarten teachers develop phoneme awareness in low-income, inner-city classrooms: Does it make a difference? *Reading and Writing: An Interdisciplinary journal, 6,* 1-18.

Blachman, B. A., Schatschneider, C., Fletcher, J. M., Francis, D. J., Clonan, S., Shaywitz, B., et al. (2004). Effects of intensive reading remediation for second and third graders. *Journal of Educational Psychology, 96,* 444-461.

Blashfield, R. K. (1993). Models of classification as related to a taxonomy of learning disabilities. In G. R. Lyon, D. B. Gray, J. F. Kavanagh, & N. A. Krasnegor (Eds.), *Better understanding learning disabilities: New views from research and their implications for education and public policies* (pp. 17-26). Baltimore: Brookes.

Bos, C. S., & Anders, P. L. (1990). Interactive teaching and learning: Instructional practices for teaching content and strategic knowledge. In T. E. Scruggs & B. Y. L. Wong (Eds.), Intervention *research in learning disabilities* (pp. 161-185). New York: Springer-Verlag.

Bowers, P. G., & Wolf, M. (1993). Theoretical links among naming speed, precise timing mechanisms, and orthographic skill in dyslexia. *Reading and Writing, 5,* 69-86.

Bradley, R., Danielson, L., & Hallahan, D. P. (Eds.). (2002). *Identification of learning disabilities: Research to practice.* Mahwah, NJ: Erlbaum.

Brambati, S. M., Termine, C., Ruffino, M., Stella, G., Fazio, F., Cappa, S. F., et al. (2004). Regional reductions of gray matter volume in familial dyslexia. *Neurology, 63,* 742-745.

Breier, J. I., Fletcher; J. M., Denton, C., & Gray, L. C. (2004). Categorical perception of speech stimuli in children at risk for reading difficulty. *Journal of Experimental Child Psychology, 88,* 152-170.

Breier, J. I., Fletcher, J. M., Foorman, B. R., & Gray, L. C. (2002). Perception of speech and nonspeech stimuli by children with and without reading disability and attention deficit hyperactivity disorder. *Journal of Experimental Child Psychology, 82,* 226-250.

Breier, J. I., Simos, P. G., Fletcher, J. M., Castillo, E. M., Zhang, W., & Papanicolaou, A. C. (2003). Abnormal activation of temporoparietal language areas during phonetic analysis in children with dyslexia. *Neuropsychology, 17*, 610-621.
Broca, P. P. (1865). Sur la siege du faculte de langage articule. *Bulletin de la Societe d'Anthropologie de Paris, 6*, 377-393.
Bruandet, M., Molko, N., Cohen, L., & Dehaene, S. (2004). A cognitive characterization of dyscalculia in: Turner syndrome. *Neuropsychologia, 42*, 288-298.
Bruck, M. (1987). The adult outcomes of children with learning disabilities. *Annals of Dyslexia, 37*, 252-263.
Bryan, T., Burstein, K., & Erguli C. (2004). The social-emotional side of learning disabilities: A science-based presentation of the state of the art. *Learning Disability Quarterly, 27*, 45-51.
Bull, R., & Johnston, R. S. (1997). Children's arithmetical difficulties: Contributions from processing speed, item identification, and short-term memory. *Journal of Experimental Child Psychology, 65*, 1-24.
Burns, M. K., Appleton, J. J., & Stehouwer, J. D. (2005). Meta-analytic review of responsiveness-to-intervention research: Examining field-based and research-implemented models. *Journal of Psychoeducational Assessment, 23*, 381-394.
Burt, C. (1937). *The backward child.* London: University of London Press.
Butterworth, B. (2005). Developmental dyscalculia. In J. I. D. Campbell (Ed.), *Hand-book of mathematical cognition* (pp. 455-467). New York: Psychology Press.
Byrne, B., Delaland, C., Fielding-Barnsley, R., Quain, P., Samuelsson, S., Hoien, T., et al. (2002). Longitudinal twin study of early reading development in three countries: Preliminary results. *Annals of Dyslexia, 52*, 49-74.
Byrne, B., Samuelsson, S., Wadsworth, S., Hulslander, J., Corley, R., DeFries, J. C., et al. (no prelo). Longitudinal twin study of early literacy development: Preschool through Grade 1. *Reading and Writing.*
Cain, K., & Oakhill, J. V. (1999). Inference making and its relation to comprehension failure in young children. *Reading and Writing: An Interdisciplinary journal, 11*, 489-503.
Cain, K., Oakhill, J. V., Barnes, M. A., & Bryant, P. E. (2001). Comprehension skill, inference-making ability, and the relation to knowledge. *Memory and Cognition, 29*, 850-859.
Cain, K., Oakhill, J. V., & Bryant, P. (2000). Phonological skills and comprehension failures: A test of the phonological processing deficits hypothesis. *Reading and Writing, 13*, 31-56.
Cain, K., Oakhill, J. V., & Bryant, P. (2004a). Children's reading comprehension ability: Concurrent prediction by working memory, verbal ability, and component skills. *Journal of Educational Psychology, 96*, 31-42.
Cain, K., Oakhill, J. V., & Lemmon, K. (2004b). Individual differences in the inference of word meanings from context: The influence of reading comprehension, vocabulary knowledge, and memory capacity. *Journal of Educational Psychology, 96*, 671-681.
Canning, P. M., Orr, R. R., & Rourke, B. P. (1980). Sex differences in the perceptual, visual-motor, linguistic and concept-formation abilities of retarded readers? *Journal of Learning Disabilities, 13*, 563-567.
Caplan, D. (2004). Functional neuroimaging studies of written sentence comprehension. *Scientific Studies of Reading, 8*, 225-240.
Caravolas, M. (2005). The nature and causes of dyslexia in different languages. *The science of reading. A handbook* (pp. 336-356). Oxford, UK: Blackwell.
Caravolas, M., Volin, J., & Hulme, C. (2005). Phoneme awareness is a key component of alphabetic literacy skills in consistent and inconsistent orthographies: Evidence from Czech and English children. *Journal of Experimental Child Psychology, 92*, 107-139.
Carey, S. (2004). Bootstrapping and the origin of concepts. *Daedalus, 133*, 59-68.

Carlson, C. D., & Francis, D. J. (2002). Increasing the reading achievement of at-risk children through Direct Instruction: Evaluation of the Rodeo Institute for Teacher Excellence (RITE). *Journal of Education for Students Placed at Risk, 7,* 141-166.

Carnine, D. (1991). Reforming mathematics instruction: The role of curriculum materials. *Journal of Behavioral Education, 1,* 37-57.

Casby, M. W. (1992). The cognitive hypothesis and its influence on speech-language services in schools. *Language, Speech, and Hearing Services in Schools, 23,* 198-202.

Case, L. P., Harris, K. R., & Graham, S. (1992). Improving the mathematical problem solving skills of students with learning disabilities: Self-regulated strategy development. *Journal of Special Education, 26,* 1-19.

Castles, A., & Coltheart, M. (1993). Varieties of developmental dyslexia. *Cognition, 47,* 149-190.

Castles, A., & Coltheart, M. (2004). Is there a causal link from phonological awareness to success in learning to read? *Cognition, 91,* 77-111.

Cataldo, M. G., & Cornoldi, C. (1998). Self-monitoring in poor and good reading comprehenders and their use of strategy. *British Journal of Developmental Psychology, 16,* 155-165.

Catrambone, R., & Holyoak, K. J. (1989). Overcoming contextual limitations on problem-solving transfer. *Journal of Experimental Psychology: Learning, Memory, and Cognition, 15,* 1127-1156.

Carts, H., Hogan, T., & Adlof, S. M. (2005). Developmental changes in reading and reading disabilities. In H. Catts & A. Kamhi (Eds.), *Connections between language and reading disabilities* (pp. 25-40). Mahwah, NJ: Erlbaum.

Catts, H. W., Adlof, S. M., Hogan, T. P., & Weismer, S. E. (2005). Are specific language impairment and dyslexia distinct disorders? *Journal of Speech, Language, and Hearing Research, 48,* 1378-1396.

Carts, H. W., Fey, M. E., Tomblin, J. B., & Zhang, X. (2002a). A longitudinal investigation of reading outcomes in children with language impairments. *Journal of Speech, Language, and Hearing Research, 45,* 1142-1155.

Catts, H. W., Gillispie, M., Leonard, L. B., Kail, R. V., & Miller, C. A. (2002b). The role of speed processing, rapid naming, and phonological awareness in reading achievement. *Journal of Learning Disabilities, 35,* 510-525.

Catts, H. W., & Hogan, T. P. (2003). Language basis of reading disabilities and implications for early identification and remediation. *Reading Psychology, 24,* 223-246.

Carts, H. W., Hogan, T. P., & Fey, M. E. (2003). Subgrouping poor readers on the basis of individual differences in reading-related abilities. *Journal of Learning Disabil-ities, 36,* 151-164.

Carts, H., Taylor, P., & Zhang, X. (4 de fevereiro de 2006). *Individual differences in reading achievement: Application of growth mixture modeling and latent profile analyses.* Artigo apresentado na Pacific Coast Research Conference, San Diego, CA.

Cawley, J. F., Parmar, R. S., Yan, W., & Miller, J. H. (1998). Arithmetic computation performance of students with learning disabilities: Implications for curriculum. *Learning Disabilities Research and Practice, 13,* 68-74.

Chapman, J. W., Turner, W. E., & Prochnow, J. E. (2001). Does success in the Reading Recovery program depend on developing proficiency in phonological processing skills?: A longitudinal study in a whole language instruction context. *Scientific Studies of Reading, 5,* 141-176.

Chard, D. J., Vaughn, S., & Tyler, B. (2002). A synthesis of research on effective interventions for building reading fluency with elementary students with learning disabilities. *Journal of Learning Disabilities, 35,* 386-406.

Cirino, P. T., Israelian, M. K., Morris, M. K., & Morris, R. D. (2005). Evaluation of the double-deficit hypothesis in college students referred for learning difficulties. *Journal of Learning Disabilities, 38,* 29-44.

Cirino, P. T., Morris, M. K., & Morris, R. D. (2006). Neuropsychololgical concomitants of calculation skills in college students referred for learning disabilities. *Developmental Neuropsychology, 21*, 201-218.

Cisek, G. J. (2001). Conjectures on the rise and call of standard setting: An introduction to context and practice. In G. J. Cisek (Ed.), *Setting performance standards: Concepts, methods, and perspectives* (pp. 3-18). Mahwah, NJ: Erlbaum.

Clairborne, J. H. (1906). Types of congenital symbol amblyopia. *Journal of the American Medical Association, 47,* 1813-1816.

Clark, D. B., Hulme, C., & Snowling, M. (2005). Individual differences in RAN and reading: A response timing analysis. *Journal of Research in Reading, 28,* 73-86.

Clark, D. B., & Uhry, J. K. (1995). *Dyslexia: Theory and practice of remedial instruction.* Baltimore, MD: York Press.

Clay, M. M. (1993). *Reading Recovery: A guidebook for teachers in training.* Portsmouth, NH: Heinemann.

Clay, M. M. (2002). *An observation survey of early literacy achievement* (2nd ed.). Portsmouth, NH: Heinemann.

Clements, S. D. (1966). *Minimal brain dysfunction in children* (NINDB Monograph No. 3). Washington, DC: U.S. Department of Health, Education and Welfare.

Cohen, J. (1983). The cost of dichotomization. *Applied Psychological Measurement, 7,* 249-253.

Cohen, L. D., & Marks, K. S. (2002). How infants process addition and subtraction events. *Developmental Science, 5,* 186-201.

Coltheart, M. (2005a). Modeling reading: The dual-route approach. In M. J. Snowling & C. Hulme (Eds.), *The science of reading. A handbook* (pp. 6-23). Oxford, UK: Blackwell.

Coltheart, M. (2005b). Analyzing developmental disorders of reading. *Advances in Speech Language Pathology, 7,* 49-57.

Compton, D. L., DeFries, J. C., & Olson, R. K. (2001). Are RAN and phonological awareness deficits additive in children with reading disabilities? *Dyslexia, 3,* 125-149.

Connelly, V., Campbell, S., MacLean, M., & Barnes, J. (2006). Contribution of lower order skills to the written composition of college students with and without dyslexia. *Developmental Neuropsychology, 29,* 175-196.

Cooley, E. J., & Ayers, R. R. (1988). Self-concept and success-failure attributions of nonhandicapped students and students with learning disabilities. *Journal of Learning Disabilities, 21,* 174-178.

Cooper, G., & Swelley J. (1987). Effects of schema acquisition and rule automation on mathematical problem solving transfer. *Journal of Educational Psychology, 79,* 347-362.

Cornoldi, C., DeBeni, R., & Pazzaglia, F. (1996). Profiles of reading comprehension difficulties: An analysis of single cases. In C. Cornoldi & J. Oakhill (Eds.), *Reading comprehension difficulties: Processes and intervention* (pp. 113-136). Mahwah, NJ: Erlbaum.

Coyne, M. D., Kame'enui, E. J., Simmons, D. C., & Harn, B. A. (2004). Beginning reading intervention as inoculation or insulin: First-grade reading performance of strong responders to kindergarten intervention. *Journal of Learning Disabilities, 37,* 90-104.

Critchley, M. (1970). *The dyslexic child.* Springfield, IL: Charles C. Thomas. Cruickshank, W. M., Bice, H. V, & Walien, N. E. (1957). *Perception and cerebral palsy.* Syracuse, NY: Syracuse University Press.

Cunningham, A. E., & Stanovich, K. E. (1999). What reading does for the mind. *American Educator, 4,* 8-15.

D'Agostino, J. V., & Murphy, J. A. (2004). A meta-analysis of Reading Recovery in United States schools. *Educational Evaluation and Policy Analysis, 26,* 23-38.

Davis, C. J., Gayan, J., Knopik, V. S., Smith, S. D., Cardon, L. R., Pennington, B. F., et al. (2001). Etiology of reading difficulties and rapid naming: The Colorado Twin Study of Reading Disability. *Behavior Genetics, 31,* 625-635.

DeFries, J. C., & Fulker, D. W. (1985). Multiple regression analysis of twin data. *Behavior Genetics, 15*, 467-478.
DeFries, J. C., & Gillis, J. J. (1991). Etiology of reading deficits in learning disabilities: Quantitative genetic analyses. In J. E. Obrzut & G. W. Hynd (Eds.), *Neuropsychological foundations of learning disabilities: A handbook of issues, meth-ods, and practice* (pp. 29-48). San Diego, CA: Academic Press.
Dehaene, S., & Cohen, L. (1997). Cerebral pathways for calculation: Double disassociation between rote verbal and quantitative knowledge of arithmetic. *Cortex, 33*, 219-250.
Dehaene, S., Cohen, L., Sigman, M., & Vinckier, F. (2005). The neural code for written words: A proposal. *Trends in Cognitive Sciences, 9*, 335-341.
Dehaene, S., Molko, N., Cohen, L., & Wilson, A. L. (2004). Arithmetic and the brain. *Current Opinion in Neurobiology, 14*, 218-224.
Dehaene, S., Spelke, E., Pinel, P., Stanescu, R., & Tsiukin, S. (1999). Sources of mathematical thinking: Behavioral and brain-injury evidence. *Science, 284*, 970-974.
de Jong, P. F., & van der Leij, A. (2003). Developmental changes in the manifestation of a phonological deficit in dyslexic children learning to read a regular orthography. *Journal of Educational Psychology, 95*, 22-40.
de Jong, P. F., & Vrielink, L. O. (2004). Rapid automatic naming: Easy to measure, hard to improve (quickly). *Annals of Dyslexia, 54*, 65-88.
De La Paz, S., Swanson, P. M., & Graham, S. (1998). The contribution of executive control to the revising by students with writing and learning difficulties. *Journal of Educational Psychology, 90*, 448-460.
Denckla, M. B., & Cutting, L. E. (1999). Historical significance of rapid automatized naming. *Annals of Dyslexia, 49*, 29-42.
Dennis, M. (1988). Language and the young damaged brain. In T. Boll & B. K. Bryant (Eds.), *Clinical neuropsychology and brain function: Research, measurement and practice* (Vol. 7, pp. 85-123). Washington DC: American Psychological Associa-tion.
Deno, S. L., & Marston, D. (2001). *Test of Oral Reading Fluency*. Minneapolis, MN: Educators Testing Service.
Denton, C. A., Ciancio, D. J., & Fletcher, J. M. (2006). Validity, reliability, and utility of the Observation Survey of Early Literacy Achievement. *Reading Research Quarterly, 41*, 8-34.
Denton, C. A., Fletcher, J. M., Anthony, J. L., & Francis, D. J. (no prelo). An evaluation of intensive intervention for students with persistent reading difficulties. *Journal of Learning Disabilities*.
Denton, C. A., & Mathes, P. G. (2003). Intervention for struggling readers: Possibilities and challenges. In B. R. Foorman (Ed.), *Preventing and remediating reading difficulties* (pp. 229-252). Baltimore: York Press.
Denton, C. A., Vaughn, S., & Fletcher, J. M. (2003). Bringing research-based practice in reading intervention to scale. *Learning Disabilities Research and Practice, 18*, 201-211.
Desoete, A., & Roeyers, H. (2005). Cognitive skills in mathematical problem solving in grade 3. *British Journal of Educational Psychology, 75*, 119-138.
Deutsch, G. K., Doughtery, R. F., Bammer, R., Siok, W. T., Gabrieli, J. D. E., & Wandell, B. (2005). Children's reading performance is correlated with white matter struc-ture measured by diffusion tensor imaging. *Cortex, 41*, 354-363.
Doehring, D. G. (1978). The tangled web of behavioral research on developmental dyslexia. In A. L. Benton & D. Pearl (Eds.), *Dyslexia* (pp. 123-137). New York: Ox-ford University Press.
Donovan, M. S., & Cross, C. T. (2002). *Minority students in special and gifted education*. Washington, DC: National Academy Press.
Doris, J. L. (1993). Defining learning disabilities: A history of the search for consensus. In G. R. Lyon, D. B Gray, J. F Kavanagh, & N. A. Krasnegor (Eds.), *Better understanding learning*

disabilities: New views from research and their implications for education and public policies (pp. 97-116). Baltimore: Brookes.
Duara, R., Kuslch, A., Gross-Glenn, K., Barker, W., Jallad, B., Pascal, S., et al. (1991). Neuroanatomic differences between dyslexic and normal readers on magnetic resonance imaging scans. *Archives of Neurology, 48*, 410-416.
Dykman, R. A., Ackerman, P., Clements, S. D., & Peters, J. E. (1971). Specific learning disabilities: An attentional deficit syndrome. In H. R. Myklebust (Ed.), *Progress in learning disabilities* (Vol. 2, pp. 56-93). New York: Grune & Stratton.
Eckert, M. A., Leonard, C. M., Richards, T. L., Aylward, E. H., Thomson, J., & Berninger, V. W. (2003). Anatomical correlates of dyslexia: Frontal and cerebellar findings. *Brain, 126*, 482-494.
Eden, G. F., Jones, K. M., Cappell, K., Gareau, L., Wood, F. B., Zeffiro, T. A., et al. (2004). Neural changes following remediation in adult developmental dyslexia. *Neuron, 44*, 411-422.
Eden, G. F., Stern, J. F., Wood, M. H., & Wood, F. B. (1995). Verbal and visual problems in dyslexia. *Journal of Learning Disabilities, 28*, 282-290.
Eden, G. F., & Zeffiro, T. A. (1998). Neural systems affected in developmental dyslexia revealed by functional neuroimaging. *Neuron, 21*, 279-282.
Elbaum, B., & Vaughn, S. (2003). For which students with learning disabilities are self-concept interventions effective? *Journal of Learning Disabilities, 36*, 101--108.
Elbaum, B., Vaughn, S., Hughes, M. T., & Moody, S. W. (2000). How effective are one-to-one tutoring programs in reading for elementary students at risk for reading failure?: A meta-analysis of the intervention research. *Journal of Educational Psychology 92*, 605-619.
Ellis, A. W. (1984). The cognitive neuropsychology of developmental (and acquired) dyslexia: A critical survey. *Cognitive Neuropsychology, 2*, 169-205.
Engelmann, S., Becker, W. C., Hanner, S., & Johnson, G. (1978). *Corrective Reading Program: Series guide*. Chicago: Science Research Associates.
Engelmann, S., Carnine, D. W., Engelmann, O., & Kelly, B. (1991). *Connecting math concepts*. Chicago: Science Research Associates.
Feigenson, L., Dehaene, S., & Spelke, E. (2004). Core systems of numbers. *Trends in Cognitive Sciences, 8*, 307-314.
Fernald, G. (1943). *Remedial techniques in basic school subjects*. New York: McGraw-Hill.
Filipek, P. (1996). Structural variations in measures in the developmental disorders. In R. Thatcher, G. Lyon, J. Rumsey, & N. Krasnegor (Eds.), *Developmental neuroimaging: Mapping the development of brain and behavior* (pp. 169-186). San Diego: Academic Press.
Finch, A. J., Nicolson, R. I., & Fawcett, A. J. (2002). Evidence for a neuroanatomical difference within the olivo-cerebellar pathway of adults with dyslexia. *Cortex, 38*, 529-539.
Fisher, S. E., & DeFries, J. C. (2002). Developmental dyslexia: Genetic dissection of a complex cognitive trait. *Neuroscience, 3*, 767-780.
Fleishner, J. E. (1994). Diagnosis and assessment of mathematics learning disabilities. In G. R. Lyon (Ed.), *Frames of reference for the assessment of learning disabilities: New views on measurement issues* (pp. 441-458). Baltimore: Brookes.
Fletcher, J. M. (2005). Predicting math outcomes: Reading predictors and comorbidity. *Journal of Learning Disabilities, 38*, 308-312.
Fletcher, J. M., Denton, C., & Francis, D. J. (2005a). Validity of alternative approaches for the identification of LD: Operationalizing unexpected underachievement. *Journal of Learning Disabilities, 38*, 545-552.
Fletcher, J. M., Foorman, B. R., Boudousquie, A. B., Barnes, M. A., Schatschneider, C. & Francis, D. J. (2002). Assessment of reading and learning disabilities: A research-based, intervention-oriented approach. *Journal of School Psychology, 40*, 27-63.
Fletcher, J. M., Foorman, B. R., Shaywitz, S. E., & Shaywitz, B. A. (1999a). Conceptual and methodological issues in dyslexia research: A lesson for developmental disorders. In H.

Tager-Flusberg (Ed.), *Neurodevelopmental disorders* (pp. 271-306). Cambridge, MA: MIT Press.
Fletcher, J. M., Francis, D. J., Morris, R. D., & Lyon, G. R. (2005b). Evidence-based assessment of learning disabilities in children and adolescents. *Journal of Clinical Child and Adolescent Psychology, 34*, 506-522.
Fletcher, J. M., Francis, D. J., Stuebing, K. K., Shaywitz, B. A., Shaywitz, S. E., Shankweile, D. P., et al. (1996a). Conceptual and methodological issues in construct definition. In G. R. Lyon & N. A. Krasnegor (Eds.), *Attention, memory, and executive functions* (pp. 17-42). Baltimore: Brookes.
Fletcher, J. M., Lyon, G. R., Barnes, M., Stuebing, K. K., Francis, D. J., Olson, R., et al. (2002). Classification of learning disabilities: An evidence-based evaluation. In R. Bradley, L. Danielson, & D. P. Hallahan (Eds.), *Identification of learning disabilities: Research to practice* (pp. 185-250). Mahwah, NJ: Erlbaum.
Fletcher, J. M., Morris, R. D., & Lyon, G. R. (2003). Classification and definition of learning disabilities: An integrative perspective. In H. L. Swanson, K. R. Harris, & S. Graham (Eds.), *Handbook of learning disabilities* (pp. 30-56). New York: Guilford Press.
Fletcher, J. M., Shaywitz, S. E., Shankweile, D., Katz, L., Liberman, l. Y., Steubing, K. K., et al. (1994). Cognitive profiles of reading disability: Comparisons of discrepancy and low achievement definitions. *Journal of Educational Psychology, 86*, 6-23.
Fletcher, J. M., Shaywitz, S. E., & Shaywitz, B. A. (1999b). Comorbidity of learning and attention disorders: Separate but equal. *Pediatric Clinics of North America, 46*, 885-897.
Fletcher, J. M., Simos, P. G., Papanicolaou, A. C., & Denton, C. (2004). Neuroimaging in reading research. In N. Duke & M. Mallette (Eds.), *Literacy research methods* (pp. 252-286). New York: Guilford Press.
Fletcher, J. M., Stuebing, K. K., Shaywitz, B. A., Brandt, M. E., Francis, D. J., & Shaywitz, S. E. (1996b). Measurement issues in the interpretation of behavior-brain relationships. In R. W. Thatcher, G. R. Lyon, J. Rumsey, & N. Krasnegor (Eds.), *Developmental neuroimaging: Mapping the development of brain and be-havior* (pp. 255-262). San Diego: Academic Press.
Florida Center for Reading Research. (2005). Spell Read P.A.T. Acesso 29 de maio de 2006, from http://www.fcrr.org/FCRRReports/PDF/spell-read-pat.pdf· Florida Center for Reading Research. Retrieved June 5, 2006, from httpJ/www.fcmorg/.
Flowers, L., Meyer, M., Lovato, J., Wood, F., & Felton, R. (2001). Does third grade discrepancy status predict the course of reading development? *Annals of Dyslexia, 51*, 49-71.
Flynn, J. M., & Rahbay M. H. (1993). The effects of age and gender on reading achievement: Implications for pediatric counseling. *Journal of Developmental and Behavioral Pediatrics, 14*, 304-307.
Flynn, J. M., & Rahbar, M. H. (1994). Prevalence of reading failure in boys compared with girls. *Psychology in the Schools, 31*, 66-70.
Foorman, B. R. (1994). The relevance of a connectionist model of reading for "the great debate." *Educational Psychology Review, 16*, 25-47.
Foorman, B. R., Fletcher, J. M., & Francis, D. J. (2004). Early reading assessment. In W. Evans & H. J. Walberg (Eds.), *Student learning, evaluating teaching effectiveness* (pp. 81-125). Stanford, CA: Hoover Press.
Foorman, B. R., Francis, D. J., Fletcher, J. M., Schatschneider, C., & Mehta, P. (1998). The role of instruction in learning to read: Preventing reading failure in at-risk children. *Journal of Educational Psychology, 90*, 37-55.
Foorman, B. R., Francis, D. J., Winikates, D., Mehta, P., Schatschneider, C., & Fletcher, J. M. (1997). Early interventions for children with reading disabilities. *Scientific Studies of Reading, 1*, 255-276.
Francis, D. J., Fletcher, J. M., Catts, H., & Tomblin, B. (2005b). Dimensions affecting the assessment of reading comprehension. In S. G. Paris & S. A. Stahl (Eds.), *Current issues in reading comprehension and assessment* (pp. 369-394). Mahwah, NJ: Erlbaum.

Francis, D. J., Fletcher, J. M., Stuebing, K. K., Lyon, G. R., Shaywitz, B. A., & Shaywitz, S. E. (2005a). Psychometric approaches to the identification of learning disabilities: IQ and achievement scores are not sufficient. *Journal of Learning Disabilities, 38*, 98-110.
Francis, D. J., Shaywitz, S. E., Stuebing, K. K., Shaywitz, B. A., & Fletcher, J. M. (1996). Developmental lag versus deficit models of reading disability: A longitudinal, individual growth curves analysis. *Journal of Educational Psychology, 88*, 3-17.
Frith, U. (Ed.). (1980). *Cognitive processes in spelling.* New York: Academic Press. Fuchs, D., & Fuchs, L. S. (2005). Peer-Assisted Learning Strategies: Promoting word recognition, fluency, and reading comprehension in young children. *Journal of Special Education, 39*, 34-44.
Fuchs, D., & Fuchs, L. S. (2006). Introduction to response to intervention: What, why, and how valid is it? *Reading Research Quarterly, 41*, 93-99.
Fuchs, D., Fuchs, L. S., Mathes, P., & Simmons, D. (1997). Peer-Assisted Learning Strategies: Making classrooms more responsive to student diversity. *American Educational Research Journal, 34*, 174-206.
Fuchs, D., Fuchs, L. S., Thompson, A., Al Otaiba, S., Yen, L., Yang, N. Y., et al. (2001a). Is reading important in reading-readiness programs?: A randomized field trial with teachers as field implementers. *Journal of Educational Psychology, 93*, 251--267.
Fuchs, L. S., Bahr, C. M., & Rieth, H. J. (1989a): Effects of goal structures and performance contingencies on the math performance of adolescents with learning disabilities. *Journal of Learning Disabilities, 12*, 554-560.
Fuchs, L. S., Compton, D. L., Fuchs, D., Hamlett, C. L., & Bryant, J. (2006a). *Modeling the development of math competence in first grade.* Artigo apresentado na reunião anual da Pacific Coast Research Conference.
Fuchs, L. S., Compton, D. L., Fuchs, D., Paulsen, K., Bryant, J. D., & Hamlett, C. L. (2005). The prevention, identification, and cognitive determinants of math difficulty. *Journal of Educational Psychology, 97,* 493-513.
Fuchs, L. S., Deno, S. L., & Mirkin, P. K. (1984). The effects of frequent curriculum-based measurement and evaluation on student achievement, pedagogy, and student awareness of learning. *American Educational Research journal, 21*, 449-460.
Fuchs, L. S., & Fuchs, D. (1998). Treatment validity: A simplifying concept for reconceptualizing the identification of learning disabilities. *Learning Disabilities Research and Practice, 4*, 204-219.
Fuchs, L. S., & Fuchs, D. (2000). Building student capacity to work productively during peer-assisted reading activities. In B. Taylor, M. Graves, & P. van den Broek (Eds.), *Reading for meaning: Fostering comprehension in the middle grades* (pp. 95-115). New York: Teachers College Press.
Fuchs, L. S., Fuchs, D., Compton, D. L., Powell, S. R., Seethaler, P. M., Capizzi, A. M., et al. (2006b). The cognitive correlates of third-grade skill in arithmetic, algorithmic computation, and arithmetic word problems. *Journal of Educational Psy-chology, 98*, 29-43.
Fuchs, L. S., Fuchs, D., & Hamlett, C. L. (1989b). Effects of alternative goal structures within curriculum-based measurement. *Exceptional Children, 55,* 429-438.
Fuchs, L. S., Fuchs, D., & Hamlett, C. L. (1989c). Effects of instrumental use of curriculum-based measurement to enhance instructional programs. *Remedial and Special Education, 102*, 43-52.
Fuchs, L. S., Fuchs, D., & Hamlett, C. L. (1989d). Monitoring reading growth using student recalls: Effects of two teacher feedback systems. *Journal of Educational Research, 83*, 103-111.
Fuchs, L. S., Fuchs, D., Hamlett, C. L., & Allinder, R. M. (1991a). Effects of expert system advice within curriculum-based measurement on teacher planning and student achievement in spelling. *School Psychology Review, 20*, 49-66.
Fuchs, L. S., Fuchs, D., Hamlett, C. L., & Appleton, A. C. (2002a). Explicitly teaching for transfer: Effects on the mathematical problem solving performance of students with disabilities. *Learning Disabilities Research and Practice, 17,* 90-106.

Fuchs, L. S., Fuchs, D., Hamlett, C. L., & Stecker, P. M. (1991b). Effects of curriculum-based measurement and consultation on teacher planning and student achievement in mathematics operations. *American Educational Research journal, 28*, 617-641.

Fuchs, L. S., Fuchs, D., Hamlett, C. L., & Whinnery, K. (1991c). Effects of goal line feedback on level, slope, and stability of performance within curriculum-based measurement. *Learning Disabilities Research and Practice, 6*, 65-73.

Fuchs, L. S., Fuchs, D., & Karns, K. (2001b). Enhancing kindergartners' mathematical development: Effects of Peer-Assisted Learning Strategies. *Elementary School journal, 101*, 495-510.

Fuchs, L. S., Fuchs, D., Phillips, N. B., Hamlett, C. L., & Karns, K. (1995). Acquisition and transfer effects of class wide Peer-Assisted Learning Strategies in mathematics for students with varying learning histories. *School Psychology Review, 24*, 604-620.

Fuchs, L. S., Fuchs, D., & Prentice, K. (2004). Responsiveness to mathematical-problem-solving treatment among students with risk for mathematics disability, with and without risk for reading disability. *Journal of Learning Disabilities, 27*, 273-306.

Fuchs, L. S., Fuchs, D., Prentice, K., Burch, M., Hamlett, C. L., Owen, R., et al. (2003a). Explicitly teaching for transfer: Effects on third-grade students' mathematical problem solving. *Journal of Educational Psychology, 95*, 293-305.

Fuchs, L. S., Fuchs, D., Prentice, K., Burch, M., Hamlett, C. L., Owen, R., et al. (2003b). Enhancing third-grade students' mathematical problem solving with self-regulated learning strategies. *Journal of Educational Psychology, 95*, 306-326.

Fuchs, L. S., Fuchs, D., Yazdian, L., & Powell, S. R. (2002b). Enhancing first-grade children's mathematical development with peer-assisted learning strategies. *School Psychology Review, 31*, 569-584.

Galaburda, A. M. (1993). The planum temporale. *Archives of Neurology, 50*, 457.

Galaburda, A. M., Sherman, G. P., Rosen, G. D., Aboitiz, F, & Geschwind, N. (1985). Developmental dyslexia: Four consecutive patients with cortical anomalies. *Annals of Neurology, 18*, 222-233.

Gayan, J., & Olson, R. K. (2001). Genetic and environmental influences on orthographic and phonological skills in children with reading disabilities. *Developmental Neuropsychology, 20*, 483-507.

Geary, D. C. (1993). Mathematical disabilities: Cognitive, neuropsychological, and genetic components. *Psychological Bulletin, 114*, 345-362.

Geary, D. C. (2004). Mathematics and learning disabilities. *Journal of Learning Disabilities, 37*, 4-15.

Geary, D. C. (2005). Role of cognitive theory in the study of learning disability in math-ematics. *Journal of Learning Disabilities, 38*, 305-307.

Geary, D. C., Hamson, C. O., & Hoard, M. K. (2000). Numerical and arithmetical cognition: A longitudinal study of process and concept deficits in children with learning disability. *Journal of Experimental Child Psychology, 77*, 236-263.

Geary, D. C., Hoard, M. K., Byrd-Craven, J., & DeSoto, M. C. (2004). Strategy choices in simple and complex addition: Contributions of working memory and counting knowledge for children with mathematical disability. *Journal of Experimental Child Psychology, 88*, 121-151.

Geary, D. C., Hoard, M. K., & Hamson, C. O. (1999). Numerical and arithmetical cognition: Patterns of functions and deficits in children at risk for a mathematical disability. *Journal of Experimental Child Psychology, 74*, 213-239.

Gelman, R., & Butterworth, B. (2005). Number and language: How are they related? *Trends in Cognitive Sciences, 9*, 6-10.

Gernsbacher, M. A., & Kaschak, M. P. (2003). Neuroimaging studies of language production and comprehension. *Annual Reviews of Psychology, 54*, 91-114.

Gersten, R., Jordan, N. C., & Flojo, J. R. (2005). Early identification and interventions for students with mathematics difficulties. *Journal of Learning Disabilities, 38*, 293-304.
Gersten, R. M., White, W. A., Falco, R., & Carnine, D. (1982). Teaching basic discriminations to handicapped and non-handicapped individuals through a dynamic presentation of instructional stimuli. *Analysis and Intervention in Developmental Disabilities, 2,* 305-317.
Geschwind, N., & Levitsky, W. (1968). Human brain: Left-right asymmetries in temporal speech region. *Science, 161,* 186-187.
Gick, M. L., & Holyoak, K. J. (1980). Analogical problem solving. *Cognitive Psychologist, 12,* 306-355.
Gillingham, A., & Stillman, B. (1965). *Remedial training for children with specific disability in reading, spelling and penmanship* (7th ed.). Cambridge, MA: Educators.
Ginsburg, H. P., Klein, A., & Starkey, P. (1998). The development of children's mathematical thinking: Connecting research with practice. In W. Damon (Series Ed.), & I. E. Siegal & K. A. Renninger (vol. Eds.), *Handbook of child psychology: Vol. 4. Child psychology in practice* (5th ed., pp. 401-476). New York: Wiley.
Gleitman, L. R., & Rosen, P. (1973). Teaching reading by use of a syllabary. *Reading Research Quarterly, 8,* 447-483.
Goldstein, K. (1948). *Language and language disorders.* New York: Grune & Stratton.
Good, R. H., III, Simmons, D. C., & Kame'enui, E. J. (2001). The importance and decision-making utility of a continuum of fluency-based indicators of foundational reading skills for third-grade high-stakes outcomes. *Scientific Studies of Reading, 5,* 257-288.
Goswami, U. (2002). Phonology, reading development and dyslexia: A cross-linguistic perspective. *Annals of Dyslexia, 52,* 141-163.
Gough, P. B. (1984). Word recognition. In P. D. Pearson, R. Barr, M. L. Kamil, & P. Mosenthal (Eds.), *Handbook of reading research* (pp. 225-253). New York: Longman.
Gough, P. B., & Tunmer, W. E. (1986). Decoding, reading and reading disability. *Remedial and Special Education, 7,* 6-10.
Graham, S. (2005). Strategy instruction and the teaching of writing: A meta-analysis. In C. MacArthuy S. Graham, & J. Fitzgerald (Eds.), *Handbook* of *writing research.* New York: Guilford Press.
Graham, S., Berninger, V. W., Abbott, R. D., Abbott, S. P., & Whitaker, D. (1997). Role of mechanics in composing of elementary school students: A new methodological approach. *Journal* of *Educational Psychology, 89,* 170-182.
Graham, S., & Harris, K. R. (1993). Self-regulated strategy development: Helping students with learning problems develop as writers. *Elementary School Journal, 94,* 169-181.
Graham, S., & Harris, K. R. (1996). Addressing problems in attention, memory, and ex-ecutive function. In G. R. Lyon & N. A. Krasnegor (Eds.), *Attention, memory, and executive function* (pp. 349-366). Baltimore: Brookes.
Graham, S., & Harris, K. R. (2003). Students with learning disabilities and the process of writing: A meta-analysis of SRSD studies. In H. L. Swanson, K. R. Harris, & S. Graham (Eds.), *Handbook of learning disabilities* (pp. 323-344). New York: Guilford Press.
Graham, S., Harris, K. R., & Chorzempa, B. F. (2002). Contribution of spelling instruction to the spelling, writing, and reading of poor spellers. *Journal of Educational Psychology, 94,* 669-686.
Graham, S., Harris, K. R., & Fink, B. (2000). Is handwriting causally related to learning to write?: Treatment of handwriting problems in beginning writers. *Journal of Educational Psychology, 92,* 620-633.
Graham, S., Harris, K. R., MacArthur, C., & Schwartz, S. (1991). Writing and writing instruction with students with learning disabilities: A review of a program of research. *Learning Disability Quarterly, 14,* 89-114.

Graham, S., Harris, K. R., & Mason, L. (2005). Improving the writing performance, knowledge, and motivation of struggling young writers: The effects of self-regulated strategy development. *Contemporary Educational Psychology, 30,* 207-241.

Graham, S., Struck, M., Santoro, J., & Berninger, V. W. (2006). Dimensions of good and poor handwriting legibility in first and second graders: Motor programs, visual-spatial arrangement, and letter formation parameter setting. *Developmental Neuropsychology, 29,* 43-60.

Graham, S., Weintraub, N., & Berninger, V. (2001). Which manuscript letters do primary grade children write legibly? *Journal of Educational Psychology, 93,* 488-497.

Gregg, N. (1991). Disorders of written expression. In A. Bain, L. Bailet, & L. Moats (Eds.), *Written language disorders: Theory into practice* (pp. 65-97). Austin, TX: PRO-ED.

Gresham, F. M. (2002). Response to treatment. In R. Bradley, L. Danielson, & D. Hallahan (Eds.), *Identification of learning disabilities: Research to practice* (pp. 467-519). Mahwah, NJ: Erlbaum.

Griffiths, Y. M., Hill, N. I., Bailey, P. J., & Snowling, M. J. *(2003).* Auditory temporal order discrimination and backward recognition masking in adults with dyslexia. *Journal of Speech, Language, and Hearing Research, 46,* 1352-1366.

Griffiths, Y. M., & Snowling, M. J. (2002). Predictors of exception word and nonword reading in dyslexic children: The severity hypothesis. *Journal of Educational Psychology, 94,* 34-43.

Grigorenko, E. L. (2001). Developmental dyslexia: An update on genes, brains, and en-vironments. *Journal of Child Psychology and Psychiatry, 42,* 91-125.

Grigorenko, E. L. (2005). A conservative meta-analysis of linkage and linkage-association studies of developmental dyslexia. *Scientific Studies of Reading, 9,* 285-316.

Gross-Tsur V., Manor, O., & Shalev, R. S. (1996). Developmental dyscalculia: Prevalence and demographic features. *Developmental Medicine and Child Neurology, 38,* 25-33.

Hale, J. B., Naglieri, J. A., Kaufman, A. S., & Kavale, K. A. (2004). Specific learning disability classification in the new Individuals with Disabilities Education Act: The danger of good ideas. *School Psychologist, 58,* 6-13, 29.

Hallahan, D. P., Kauffman, J., & Lloyd, J. (1996). *Introduction to learning disabilities.* Needham Heights, MA: Allyn & Bacon.

Hammill, D. D. (1993). A brief look at the learning disabilities movement in the United States. *Journal of Learning Disabilities, 26,* 295-310.

Hammill, D. D., & Larsen, S. (2003). *Test of Written Language-III.* Austin, TX: PRO-ED.

Hanich, L. B., Jordan, N. C., Kaplan, D., & Dick, J. (2001). Performance across different areas of mathematical cognition in children with learning difficulties. *Journal of Educational Psychology, 93,* 615-626.

Hanley, J. R. *(2005).* Learning to read in Chinese. In M. J. Snowling & C. Hulme (Eds.), *The science of reading: A handbook* (pp. 316-335). Oxford, UK: Blackwell.

Hanushek, E. A., Kain, J. R, & Rivkin, S. G. (1998). *Does special education raise academic achievement for students with disabilities?* Cambridge, MA: National Bureau of Economic Research, Working Paper No. 6690.

Harcourt Assessment. (2002). *Stanford Achievement Test* (10th ed.). New York: Author.

Harris, C. A., Miller, S. P., & Mercer, C. D. (1995). Teaching initial multiplication skills to students with disabilities in general education classrooms. *Learning Disabilities Research and Practice, 10,* 190-195.

Harris, K. R., Graham, S., & Mason, L. (no prelo): Improving the writing performance, knowledge, and self-efficacy of struggling writers in second grade: The effects of self-regulated strategy development. *American Educational Research Journal.*

Hart, B., & Risley, T. R. (1995). *Meaningful differences in the everyday experience of young American children.* Baltimore: Brookes.

Hasbrouck, J. E., Ihnot, C., & Rogers, G. (1999). Read Naturally: A strategy to increase oral reading fluency. *Reading Research and Instruction, 39,* 27-37.

Hatcher, P., & Hulme, C. (1999). Phonemes, rhymes, and intelligence as predictors of children's responsiveness to remedial reading instruction. *Journal of Experimental Child Psychology, 72,* 130-153.

Hayes, J. R., & Flower, L. S. (1980). Identifying the organization of the writing process. In L. W. Gregg & E. R. Steinbery (Eds.), *Cognitive processes in writing* (pp. 3-30). Hillsdale, NJ: Erlbaum.

Head, H. (1926). *Aphasia and kindred disorders of speech.* London: Cambridge Uni-versity Press.

Hecht, S. A., Torgesen, J. K., Wagner, R. K., & Rashotte, C. A. (2001). The relations between phonological processing abilities and emerging individual differences in mathematical computation skills: A longitudinal study from second to fifth grades. *Journal of Experimental Child Psychology, 79,* 192-227.

Hessler, G. L. (1987). Educational issues surrounding severe discrepancy. *Learning Dis-abilities Research, 3,* 43-49.

Hiebert, E. H. (1994). Reading Recovery in the United States: What difference does it make to an age cohort? *Educational Researcher, 23,* 15-25.

Hiebert, E. H., Colt, J. M., Catto, S. L., & Gury, E. C. (1992). Reading and writing of first grade students in a restructured Chapter I program. *American Educational Research journal, 29,* 545-572.

Higgins, E., & Raskind, M. (2000). Speaking to read: A comparison of continuous vs. discrete speech recognition in the remediation of learning disabilities. *Journal* of *Special Education Technology, 15,* 19-30.

Hinshelwood, J. (1895). Word-blindness and visual memory. *Lancet, ii,* 1564-1570.

Hinshelwood, J. (1917). *Congenital word-blindness.* London: Lewis.

Hodent, C., Bryant, P., & Houde, O. (2005). Language-specific effects on number com-putation in toddlers. *Developmental Science, 8,* 420-423.

Holland, J., McIntosh, D., & Huffman, L. (2004). The role of phonological awareness, rapid automatized naming, and orthographic processing in word reading. *Journal of Psychoeducational Assessment, 22,* 233-260.

Hooper, S. R., Montgomery, J., Swartz, C., Reed, M., Sandier, A., Levine, M., et al. (1994). Measurement of written language expression. In G. R. Lyon (Ed.), *Frames of reference for the assessment of learning disabilities: New views on measurement issues* (pp. 375-418). Baltimore: Brookes.

Hooper, S. R., Swartz, C. W., Montgomery, J., Reed, M. S., Brown, T. T., Wasileski, T. J., et al. (1993). Prevalence of writing problems across three middle school samples. *School Psychology Review, 22,* 610-622.

Hooper, S. R., Swartz, C. W., Wakely, M. .B., de Kruif, R. E. L., & Montgomery, J. W. (2002). Executive functions in elementary school children with and without problems in written expression. *Journal of Learning Disabilities, 35,* 57-68.

Hooper, S. R., Wakely, M. B., de Kruif, R. E. L., & Swartz, C. W. (2006). Aptitude-treatment interactions revisited: Effect of meta-cognitive intervention on subtypes of written expression in elementary school students. *Developmental Neuropsy-chology, 29,* 217-241.

Hooper, S. R., & Willis, W. G. (1989). *Learning disability subtyping: Neuropsychological foundations, conceptual models, and issues in clinical differentiation.* New York: Springer-Verlag.

Hoover, A. N., Hieronymous, A. N., Frisbie, D. A.,& Dunbar, S. B. (2001). *Iowa Test of Basic Skill.* Itasca, IL: Riverside Press.

Horwitz, B., Rumsey, J. M., & Donohue, B. C. (1998). Functional connectivity of the angular gyrus in normal reading and dyslexia. *Proceedings of the National Academy of Sciences USA, 95,* 8939-8944.

Hoskyn, M., & Swanson, H. L (2000). Cognitive processing of low achievers and children with reading disabilities: A selective meta-analytic review of the published literature. *School Psychology Review, 29,* 102-119.

Hugdahl, K., Heiervang, E., Ersland, L., Lundervold, A., Steinmetz, H., & Smievoll, A. I. (2003). Significant relation between MR measures of planum temporal area and dichotic processing of syllables in dyslexic children. *Neuropsychologia, 41,* 666-675.

Hughes, C. A., Ruhl, K. L., Schumaker, J. B., & Deshler, D. D. (2002). Effects of instruction in an assignment completion strategy on the homework performance of students with learning disabilities in general education classes. *Learning Disabilities Research, 17,* 1-18.

Hughes, D. C., Keeling, B., & Tuck, B. F. (1983). Effects of achievement expectations and handwriting quality on scoring essays. *Journal of Educational Measurement, 20,* 65-70.

Hulme, C. (1988). The implausibility of low-level visual deficits as a cause of children's reading difficulties. *Cognitive Neuropsychology, 5,* 369-374.

Hulme, C., Snowling, M., Caravolas, M., & Carroll, J. (2005). Phonological skills are (probably) one cause of success in learning to read: A comment on Castles and Coltheart. *Scientific Studies of Reading, 9,* 351-365.

Humphreys, P., Kaufmann, W. E., & Galaburda, A. M. (1990). Developmental dyslexia in women: Neuropathological findings in three patients. *Annals of Neurology, 28,* 727-738.

Hunter; J. V., & Wang, Z. J. (2001). MR spectroscopy in pediatric neuroradiology. *MRI Clinics of North America, 9,* 165-189.

Hutchinson, N. L. (1993). Effects of cognitive strategy instruction on algebra problem solving of adolescents with learning disabilities. *Learning Disability Quarterly, 16,* 34-63.

Hynd, G. W., Hall, J., Novey, E. S., Etiopulos, D., Black, K., Gonzales, J. J., et al. (1995). Dyslexia and corpus callosum morphology. *Archives of Neurology, 52,* 32-38.

Hynd, G. W., & Semrud-Clikeman, M. (1989). Dyslexia and brain morphology. *Psychological Bulletin, 106,* 447-482.

Hynd, G. W., Semrud-Clikeman, M., Lorys, A. R., Novey, E. S., & Eliopulos, D. (1990). Brain morphology in developmental dyslexia and attention deficit disorder/hyperactivity. *Archives of Neurology, 47,* 919-926.

Hynd, G. W., & Willis, W. G. (1988). *Pediatric neuropsychology.* Orlando, FL: Grime & Stratton.

Ihnot, C. (2000). *Read Naturally.* St. Paul, MN: Read Naturally.

Iovino, I., Fletcher, J. M., Breitmeyer B. G., & Foorman, B. R. (1999). Colored overlays for visual perceptual deficits in children with reading disability and attention deficit/hyperactivity disorder. Are they differentially effective? *Journal of Clinical and Experimental Neuropsychology, 20,* 791-806.

Isaacs, E. B., Edmonds, C. J., Lucas, A., & Gadian, D. G. (2001). Calculation difficulties in children of very low birth weight: A neural correlate. *Brain, 124,* 1701--1707.

Iverson, S., & Tunmer, W. (1993). Phonological processing skills and the Reading Recovery program. *Journal of Educational Psychology, 85,* 112-120.

Iverson, S., Timmer, W. E., & Chapman, J. W. (2005). The effects of varying group size on the Reading Recovery approach to preventive early intervention. *Journal of Learning Disabilities, 38,* 456-472.

Jenkins, J. R., Fuchs, L. S., van den Broek, P., Espin, C., & Deno, S. L. (2003). Accuracy and fluency in list and context reading of skilled and RD groups: Absolute and relative performance levels. *Learning Disabilities Research and Practice, 18,* 237-245.

Jenkins, J. R., & O'Connor, R. E. (2003). Cooperative learning for students with learning disabilities: Evidence from experiments, observations, and interviews. In H. L. Swanson, K. R. Harris, & S. Graham (Eds.), *Handbook of learning disabilities* (pp. 417-430). New York: Guilford Press.

Jitendra, A. K., Griffin, C. C., McGoey, K., Gardill, M. C., Bhat, P., & Riley, T. (1998). Effects of mathematical word problem-solving by students at risk or with mild disabilities. *Journal of Educational Research, 91,* 345-355.

Jitendra, A. K., & Hoff, K. (1996). The effects of schema-based instruction on the math-ematical problem solving performance of students with learning disabilities. *Journal of Learning Disabilities, 29,* 422-431.

Joanisse, M. F., Manis, F. R., Keating, P., & Seidenberg, M. S. (2000). Language deficits in dyslexic children: Speech perception, phonology, and morphology. *Journal of Experimental Child Psychology, 77*, 30-60.
Johnson, D. J., & Blalock, J. (Eds.). (1987). *Adults with learning disabilities*. Orlando, FL: Grime & Stratton.
Johnson, D. J., & Myklebust, H. (1967). *Learning disabilities*. New York: Grune & Stratton.
Johnson, W., Bouchard, T. J., Jr., Segal, N. L., & Samuels, J. (2005). General intelligence and reading performance in adults: Is the genetic factor structure the same as for children? *Personality and Individual Differences, 38*, 1413-1428.
Jones, D., & Christensen, C. (1999). The relationship between automaticity in handwriting and students' ability to generate written text. *Journal of Educational Psy-chology, 91*, 44-49.
Jordan, N. C., & Hanich, L. B. (2000). Mathematical thinking in second-grade children with different forms of LD. *Journal of Learning Disabilities, 33*, 567-578.
Jordan, N. C., Hanich, L. B., & Kaplan, D. (2003a). A longitudinal study of mathematical competencies in children with specific mathematics difficulties versus children with comorbid mathematics and reading difficulties. *Child Development, 74*, 834-850.
Jordan, N. C., Hanich, L. B., & Kaplan, D. (2003b). Arithmetic fact mastery in young children: A longitudinal investigation. *Journal of Experimental Child Psychology, 85*,103-119.
Jordan, N. C., Kaplan, D., Olah, L. N., & Locuniak, M. N. (2006). Number sense growth in kindergarten: A longitudinal investigation of children at risk for mathematics difficulties. *Child Development, 77*, 153-175.
Jorm, A. F., Share, D. L., Matthews, M., & Matthews, R. (1986). Cognitive factors at school entry predictive of specific reading retardation and general reading backwardness: A research note. *Journal of Child Psychology, 27*, 45-54.
Joshi, R. M. (2003). Misconceptions about the assessment and diagnosis of reading dis-ability. *Reading Psychology, 24*, 247-266.
Joshi, R. M., & Aaron, P. G. (2000). The component model of reading: Simple view of reading made a little more complex. *Reading Psychology, 21*, 85-97.
Kamin, L. J. (1974). *The science and politics of I.Q*. Potomac, MD: Erlbaum.
Kavale, K. A. (1988). Learning disability and cultural disadvantage: The case for a rela-tionship. *Learning Disability Quarterly, 11*, 195-210.
Kavale, K., & Forness, S. (1985). *The science of learning disabilities*. San Diego: College-Hill Press.
Kavale, K. A., & Forness, S. R. (2000). What definitions of learning disability say and don't say: A critical analysis. *Journal of Learning Disabilities, 33*, 239-256.
Kavale, K. A., & Mostert, M. P. (2004). Social skills interventions for individuals with learning disabilities. *Learning Disability Quarterly, 27*, 31-43.
Kavale, K. A., & Reese, L. (1992). The character of learning disabilities: An Iowa profile. *Learning Disability Quarterly, 15*, 74-94.
Keeler, M. L., & Swanson, H. L. (2001). Does strategy knowledge influence working memory in children with mathematical disabilities? *Journal of* Learning *Disabilities, 34*, 418-434.
Keenan, J. M., Betjemann, R. S., Wadsworth, S. J., DeFries, J. C., & Olson, R. K. (2006). Genetic and environmental influences on reading and listening comprehension. *Journal of Research on Reading, 29*, 75-91.
Kellam, S. G., Rebok, G. W., Mayer, L. S., Ialongo, N., & Kalodner, C. R. (1994). Depressive symptoms over first grade and their response to a developmental epidemiologically based preventive trial aimed at improving achievement. *Development and Psychopathology, 6*, 463-481.
Keller, C. E., & Sutton, J. P. (1991). Specific mathematics disorders. In J. E. Obrzut & G. W. Hynd (Eds.), *Neuropsychological foundations of learning disabilities: A handbook of issues, methods, and practice* (pp. 549-572). New York: Academic Press.

Keysoy C. S., & Mazzocco, M. M. (2002). A developmental approach to understanding fragile X syndrome in females. *Microscopy Research and Technique, 57*, 179-186.

Khemani, E., & Barnes, M. A. (2005). Calculation and estimation in typically developing children from grades 3 to 8. *Canadian Psychology, 46*, 219.

Kibby, M. Y., Franchey J. B., Markanen, R., Lewandowski, A., & Hynd, G. W. (2003). A test of the cerebellar deficit hypothesis of dyslexia. *Journal of the International Neuropsychological Society, 9*, 219.

Kim, A., Vaughn, S. R., Wanzek, J., & Wei, S. (2004). Graphic organizers and their effects on the reading comprehension of students with LD: A synthesis of research. *Journal of Learning Disabilities, 37*, 105-118.

Kirk, S. A. (1963). Behavioral diagnosis and remediation of learning disabilities. *Conference on Exploring Problems of the Perceptually Handicapped Child, 1*, 1-23.

Klingberg, T., Hedehus, M., Temple, E., Salz, T., Gabrieli, J. D., Moseley, M. E., et al. (2000). Microstructure of temporo-parietal white matter as a basis for reading ability: Evidence from diffusion tensor magnetic resonance imaging. *Neuron, 25*, 493-500.

Knapp, M. S. (1995). *Teaching for meaning in high-poverty classrooms*. New York: Teachers College Press.

Knopik, V. S., & DeFries, J. C. (1999). Etiology of covariation between reading and mathematics performance: A twin study. *Turin Research, 2*, 226-234.

Kovas, Y., Harlaar, N., Petrill, S. A., & Plomin, R. (2005). "Generalist genes" and mathematics in 7-year-old twins. *Intelligence, 33*, 473-489.

Kriss, I., & Evans, B. J. W. (2005). The relationship between dyslexia and Meares-Irlen syndrome. *Journal of Research in Reading, 28*, 350-365.

Kroesbergen, E. H., Van Luit, J. E. H., & Naglieri, J. A. (2003). Mathematical learning difficulties and PASS cognitive processes. *Journal of Learning Disabilities, 36*, 574-562.

Kuhn, M. R., & Stahl, S. A. (2003). Fluency: A review of developmental and remedial practices. *Journal of Educational Psychology, 95*, 3-21.

Kussmaul, A. (1877). Disturbance of speech. *Cyclopedia of Practical Medicine, 14*, 581-875.

Lambe, E. K. (1999). Dyslexia, gender, and brain imaging. *Neuropsychologia, 37*, 521-536.

Larsen, J. P., Hoien, T., Lundberg, I., & Odegaard, H. (1990). MRI evaluation of the size and symmetry of the planum temporale in adolescents with developmental dyslexia. *Brain and Language, 39*, 289-301.

Leach, J. M., Scarborough, H. S., & Rescorla, L. (2003). Late-emerging reading disabilities. *Journal of Educational Psychology, 95*, 211-224.

Lemer, C., Dehaene, S., Spelke, E., & Cohen, L. (2003). Approximate quantities and exact number words: Dissociable systems. *Neuropsychologia, 41*, 1942-1958.

Leonard, C. M., Eckert, M. A., Lombardino, L. J., Oakland, T., Franzie, J., Mohr, C. M., et al. (2001). Anatomical risk factors for phonological dyslexia. *Cerebral Cortex, 11*, 148-157.

Leonard, C. M., Lombardino, L. J., Mercado, L. R., Browd, S. R., Breier, J. I., & Agee, O. F. (1996). Cerebral asymmetry and cognitive development in children: A magnetic resonance imaging study. *Psychological Science, 7*, 89-95.

Lerner, J. (1989). Educational intervention in learning disabilities. *Journal of the American Academy of Child and Adolescent Psychiatry, 28*, 326-331.

Levy, B. A. (2001). Moving the bottom: Improving reading fluency. In M. Wolf (Ed.), *Dyslexia, fluency, and the brain* (pp. 357-382). Timonium, MD: York Press.

Lewis, C., Hitch, G. J., & Walker, P. (1994). The prevalence of specific arithmetic difficulties and specific reading difficulties in 9- to 10-year-old boys and girls. *Journal of Child Psychology and Psychiatry, 35*, 283-292.

Liberman, I. Y. (1971). Basic research in speech and lateralization of language. *Bulletin of the Orton Society, 21*, 72-87.

Liberman, I. Y., & Shankweiler, D. (1991). Phonology and beginning reading: A tutorial. In L. Rieben & C. A. Perfetti (Eds.), *Learning to read: Basic research and its implications* (pp. 3-17). Hillsdale, NJ: Erlbaum.
Lindamood, P., & Lindamood, P. (1998). *The Lindamood Phoneme Sequencing Program for Reading, Spelling, and Speech*. Austin, TX: PRO-ED.
Lindsay, R. L., Tomazic, T., Levine, M. D., & Accardo, P. J. (1999). Impact of attentional dysfunction in dyscalculia. *Developmental Medicine and Child Neu-rology, 41*, 639-642.
Livingstone, M. S., Rosen, G. D., Drislane, F. W., & Galaburda, A. M. (1991). Physiological and anatomical evidence for a magnocellular defect in developmental dyslexia. *Proceedings of the National Academy of Sciences USA, 88*, 7943--7947.
Lloyd, J. W. (1980). Academic instruction and cognitive- behavior modification. *Exceptional Education Quarterly, 1*, 53-63.
Logan, G. D. (1997). Automaticity and reading: Perspectives from the instance theory of automatization. *Reading and Writing Quarterly, 13*, 123-146.
Lonigan, C. J. (2003). Development and promotion of emergent literacy skills in children at-risk of reading difficulties. In B. R. Foorman (Ed.), *Preventing and remediating reading difficulties* (pp. 23-50). Baltimore: York Press.
Lovegrove, W., Martin, F., & Slaghuis, W. (1986). A theoretical and experimental case for a visual deficit in specific reading disability. *Cognitive Neuropsychology, 3*, 225-267.
Lovett, M. W. (1987). A developmental approach to reading disability: Accuracy and speed criteria of normal and deficient reading skill. *Child Development, 58*, 234-260.
Lovett, M. W., Barron, R. W., & Benson, N. J. (2003). Effective remediation of word identification and decoding difficulties in school-age children with reading disabilities. In H. L. Swanson, K. Harris, & S. Graham (Eds.), *Handbook of learning disabilities* (pp. 273-292). New York: Guilford Press.
Lovett, M. W., Lacerenza, L., Borden, S. L., Frijters, J. C., Steinbach, K. A., & DePalma, M. (2000a). Components of effective remediation for developmental reading disabilities: Combining phonological and strategy-based instruction to improve outcomes. *Journal of Educational Psychology, 92*, 263-283.
Lovett, M. W., Ransby, M. J., Hardwick, N., & Johns, M. S. (1989). Can dyslexia be treated?: Treatment-specific and generalized treatment effects in dyslexic children's response to remediation. *Brain and Language, 37*, 90-121.
Lovett, M. W., Steinbach, K. A., & Frijters, J. C. (2000b). Remediating the core deficits of reading disability: A double-deficit perspective. *Journal of Learning Disabilities, 33*, 334-358.
Lovett, M. W., Warren-Chaplin, P., Ransby, M., & Borden, S. (1990). Training the word recognition skills of reading disabled children: Treatment and transfer effects. *Journal of Educational Psychology, 82*, 769-780.
Lovitt, T. C., & Curtiss, K. A. (1968). Effects of manipulating an antecedent event on mathematics response rate. *Journal of Applied Behavior Analysis, 1*, 329-333.
Lukatela, G., & Turvey, M. T. (1998). Reading in two alphabets. *American Psychologist, 53*, 1057-1072.
Lyon, G. R. (1983). Learning-disabled readers: Identification of subgroups. In H. R. Myklebust (Ed.), *Progress in learning disabilities* (Vol. 5, pp. 103-134). New York: Grune & Stratton.
Lyon, G. R. (1987). Learning disabilities research: False starts and broken promises. In S. Vaughn & C. Bos (Eds.), *Research in learning disabilities: Issues and future directions* (pp. 69-85). Boston: College-Hill Press.
Lyon, G. R. (1995). Toward a definition of dyslexia. *Annals of Dyslexia, 45*, 3-27.
Lyon, G. R. (1996). Learning disabilities. In E. J. Mash & R. A. Barkley (Eds.), *Child psychopathology* (pp. 390-435). New York: Guilford Press.
Lyon, G. R., & Cutting, L. E. (1998). Treatment of learning disabilities. In E. J. Mash & R. A. Barkley (Eds.), *Treatment of childhood disorders* (pp. 468-500). New York: Guilford Press.

Lyon, G. R., Fletcher, J. M., & Barnes, M. C. (2003a). Learning disabilities. In E. J. Mash & R. A. Barkley (Eds.), *Child psychopathology* (2nd ed., pp. 520-588). New York: Guilford Press.
Lyon, G. R., Fletcher, J. M., Fuchs, L., & Chhabra, V. (2006). Treatment of learning disabilities. In E. J. Mash & R. A. Barkley (Eds.), *Treatment of childhood disorders* (3rd ed., pp. 512-591). New York: Guilford Press.
Lyon, G. R., Fletcher, J. M., Shaywitz, S. E., Shaywitz, B. A., Torgesen, J. K., Wood, F B., et al. (2001). Rethinking learning disabilities. In C. E. Finn, Jr., R. A. J. Rotherham, & C. R. Hokanson, Jr. (Eds.), *Rethinking special education for a new century* (pp. 259-287). Washington, DC: Thomas B. Fordham Foundation and Progressive Policy Institute.
Lyon, G. R., & Moats, L. C. (1997). Critical conceptual and methodological considerations in reading intervention research. *Journal of Learning Disabilities, 30,* 578-588.
Lyon, G. R., Shaywitz, S. E., & Shaywitz, B. A. (2003b). A definition of dyslexia. *Annals of Dyslexia, 53,* 1-14.
MacMillan, D. L., & Siperstein, G. N. (2002). Learning disabilities as operationally defined by schools. In R. Bradley, L. Danielson, & D. Hallahan (Eds.), *Identification of learning disabilities: Research to practice* (pp. 287- 340). Mahwah, NJ: Erlbaum.
Manis, F. R., Doi, L. M., & Bhadha, B. (2000). Naming speed, phonological awareness, and orthographic knowledge in second graders. *Journal of Learning Disabilities, 33,* 325-333.
Manis, F. R., Seidenberg, M. S., Doi, L. M., McBride-Chang, C., & Peterson, A. (1996). On the basis of two subtypes of developmental dyslexia. *Cognition, 58,* 157-195.
Maria, K. (1990). *Reading comprehension instruction: Issues and strategies.* Parkton, MD: York Press.
Marlow, A. J., Fisher, S. E., Richardson, A. J., Talcott, J. B., Monaco, A. P., Stein, J. F., et al. (2001). Investigation of quantitative measures related to reading disability in a large sample of sib-pairs from the UK. *Behavior Genetics, 31,* 219-230.
Mastropieri, M. A., & Scruggs, T. E. (1997). Best practices in promoting reading com-prehension in students with learning disabilities: 1976 to 1996. *Remedial and Special Education, 18,* 197-214.
Mathes, P. G., Denton, C. A., Fletcher, J. M., Anthony, J. L., Francis, D. J., & Schatschneider, C. (2005). An evaluation of two reading interventions derived from diverse models. *Reading Research Quarterly, 40,* 148-183.
Mathes, P. G., Howard, J. K., Allen, S., & Fuchs, D. (1998). Peer-assisted learning strategies for first-grade readers: Making early reading instruction responsive to the needs of diverse learners. *Reading Research Quarterly, 33,* 62-94.
Mazzocco, M. M. (2001). Math learning disability and math LD subtypes: Evidence from studies of Turner syndrome, fragile X syndrome, and neurofibromatosis type 1. *Journal of Learning Disabilities, 34,* 520-533.
Mazzocco, M. M., & Myers, G. F. (2003). Complexities in identifying and defining mathematics learning disability in the primary school-age years. *Annals of Dyslexia, 53,* 218-253.
McBride-Chang, C., & Manis, F. R. (1996). Structural invariance in the associations of naming speed, phonological awareness, and verbal reasoning in good and poor readers: A test of the double-deficit hypothesis. *Readingand Writing, 8,* 323-339.
McCloskey, M., & Caramazza, A. (1985). Cognitive mechanisms in number processing and calculation: Evidence from dyscalculia. *Brain and Cognition, 4,* 171-196.
McCrory, E., Frith, U., Brunswick, N., & Price, C. (2000). Abnormal functional activation during a simple word repetition task: A PET study of adult dyslexics. *Journal of Cognitive Neuroscience, 12,* 753-762.
McCrory, E., Mechelli, A., Frith, U., & Price, C. J. (2005). More than words: A common neural basis for reading and naming deficits in developmental dyslexia? *Brain, 128,* 261-267.
McGuiness, C., McGuiness, D., & McGuiness, G. (1996). Phono-Graphix: A new method for remediating reading difficulties. *Annals of Dyslexia, 46,* 73-96.

McMaster, K. L., Fuchs, D., Fuchs, L. S., & Compton, D. L. (2005). Responding to nonresponders: An experimental field trial of identification and intervention methods. *Exceptional Children, 71,* 445-463.
Mercer, C. D., & Miller, S. P. (1992). Teaching students with learning problems in math to acquire, understand, and apply basic math facts. *Remedial and Special Education, 13,* 19-35, 61.
Meyer, M. S. (2002). Repeated reading: An old standard is revisited and renovated. *Per-spectives, 28,* 15-18.
Miles, T. R., & Haslum, M. N. (1986). Dyslexia: Anomaly or normal variation. *Annals of Dyslexia, 36,* 103-117.
Misra, M., Katzir, T., Wolf, M., & Poldrack, R. A. (2004). Neural systems for rapid au-tomatized naming in skilled readers: Unraveling the RAN-reading relationship. *Scientific Studies of Reading, 8,* 241-256.
Mix, K. S., Huttenlocher, J., & Levine, S. C. (2002). Multiple cues for quantification in infancy: Is number one of them? *Psychological Bulletin, 128,* 278-294.
Moats, L. C. *(2005).* How spelling supports reading: And why it is more regular and predictable than you many think. *American Educator, 29,* 12-43.
Moats, L. C., & Farrell, M. L. *(1999).* Multi-sensory instruction. In J. Birsh (Ed.), *Multi-sensory teaching of basic language skills* (pp. 1-18). Baltimore: Brookes.
Mody, M., Studdert-Kennedy, M., & Brady, S. (1997). Speech perception deficits in poor readers: Auditory processing or phonological coding? *Journal of Experimental Child Psychology, 64,* 199-231.
Molko, N. Cachia, A., Riviere, D., Mangin, J. F., Bruandet, M., LeBihan, D., et al. (2004). Brain anatomy in Turner syndrome: Evidence for impaired social and spatial-numerical networks. *Cerebral Cortex, 14,* 840-850.
Montague, M., Applegate, B., & Marquard, K. (1993). Cognitive strategy instruction and mathematical problem-solving performance of students with learning disabilities. *Learning Disabilities Research and Practice, 8,* 223-232.
Monuteaux, M. C., Faraone, S. V., Herzig, K., Navsaria, N., & Biederman, J. (2005). ADHD and dyscalculia: Evidence for independent familial transmission. *Journal of Learning Disabilities, 38,* 86-93.
Morgan, W. P. (1896). A case of congenital word blindness. *British Medical Journal, ii,* 1378.
Morris, R. D., & Fletcher J. M. (1988). Classification in neuropsychology: A theoretical framework and research paradigm. *Journal of Clinical and Experimental Neuropsychology, 10,* 640-658.
Morris, R. D., Fletcher, J. M., & Francis, D. J. (1993). Conceptual and psychometric issues in the neuropsychological assessment of children: Measurement of ability discrepancy and change. In I. Rapin & S. Segalovitz (Eds.), *Handbook of neuropsychology* (Vol. 7, pp. 341-352). Amsterdam: Elsevier.
Morris, R. D., Lovett, M. W., Wolf, M., Sevcik, R. A., Steinbach, K. A., Frijters, J. C., et al. (2006). *Multiple component remediatinn of developmental reading disabilities: A controlled factorial evaluation of the influence of IQ, socioeconomic statues, and race on outcomes.* Original em revisão.
Morris, R. D., Stuebing, K. K., Fletcher, J. M., Shaywitz, S. E., Lyon, G. R., Shankweiley D. P., et al. (1998). Subtypes of reading disability: Variability around a phonological core. *Journal of Educational Psychology, 90,* 347-373.
Morrison, S. R., & Siegel, L. S. (1991). Learning disabilities: A critical review of definitional and assessment issues. In J. E. Obrzut & G. W. Hynd (Eds.), *Neuropsychological foundations of learning disabilities: A handbook of issues, methods, and practice* (pp. 79-98). New York: Academic Press.
Murphy, L., & Pollatsek, A. (1994). Developmental dyslexia: Heterogeneity without discrete subgroups. *Annals of Dyslexia, 44,* 120-146.

Myers, C. A. (1978). Reviewing the literature on Fernald's technique of remedial reading. *Reading Teacher, 31,* 614-619.
Naglieri, J. A., & Das, J. P. (1997). *Cognitive Assessment System interpretive handbook.* Itasca, IL: Riverside.
Naglieri, J. A., & Johnson, D. (2000). Effectiveness of a cognitive strategy intervention in improving arithmetic computation based on the PASS theory. *Journal of Learning Disabilities, 33,* 591-597.
Nation, K. (1999). Reading skills in hyperlexia: A developmental perspective. *Psychological Bulletin, 125,* 338-355.
Nation, K. (2005). Children's reading comprehension difficulties. In M. J. Snowling & C. Hulme (Eds.), *The science of reading: A handbook* (pp. 248-266). Oxford, UK: Blackwell.
Nation, K., Adams, J. W., Bowyer-Crane, A., & Snowling, M. J. (1999). Working memory deficits in poor comprehenders reflect underlying language impairments. *Journal of Experimental Child Psychology, 73,* 139-158.
Nation, K., Clarke, P., Marshall, C. M., & Durand, M. (2004). Hidden language impairments in children: Parallels between poor reading comprehension and specific language impairment? *Journal of Speech, Language, and Hearing Research, 47,* 199-211.
Nation, K., Clarke, P., & Snowling, M. J. (2002). General cognitive ability in children with reading comprehension difficulties. *British Journal of Educational Psychology, 72,* 549-560.
Nation, K., & Snowling, M. J. (1998). Semantic processing and the development of word-recognition skills: Evidence from children with reading comprehension difficulties. *Journal of Memory and Language, 37,* 85-101.
National Center for Educational Statistics (NCES). (2003). *National Assessment of Ed-ucational Progress: The nation's report card.* Washington, DC: U.S. Department of Education.
National Center for Student Progress Monitoring. Acesso em 5 de junho de 2006, em http:// www.studentprogress.org/.
National Joint Committee on Learning Disabilities (NJCLD). (1988). *Letter to NJCLD member organizations.* Author.
National Reading Panel (NRP). (2000). *Report of the National Reading Panel. Teaching children to read: An evidence-based assessment of the scientific research literature on reading and its implications for reading instruction* (NIH Publication No. 00-4754). Washington, DC: U.S. Government Printing Office.
Neuhaus, G., Foorman, B. R., Francis, D. J., & Carlson, C. D. (2001). Measures of in-formation processing in rapid automatized naming (RAN) and their relation to reading. *Journal of Experimental Child Psychology, 78,* 359-373.
Nicolson, R. I., Fawcett, A. J., & Dean, P. (2001). Developmental dyslexia: The cerebellar hypothesis. *Trends in Neuroscience, 24,* 508-511.
Norman, C. A., & Zigmond, N. (1980). Characteristics of children labeled and served as learning disabled in school systems affiliated with Child Service Demonstration Centers. *Journal of Learning Disabilities, 13,* 542-547.
Nothen, M. M., Schulte-Korne, G., Grimm, T., Cichon, S., Vogt, I. R., Muller-Myhsok, B., et al. (1999). Genetic linkage analysis with dyslexia: Evidence for linkage of spelling disability to chromosome 15. *European Child and Adolescent Psychiatry, 3,* 56-59.
Oakhill, J. (1993). Children's difficulties in reading comprehension. *Educational Psychology Review, 5,* 1-15.
Oakhill, J. V., Cain, K., & Bryant, P. E. (2003). The dissociation of word reading and text comprehension: Evidence from component skills. *Language and Cognitive Processes, 18,* 443-468.
Oakhill, J., & Kyle, F. (2000). The relation between phonological awareness and working memory. *Journal of Experimental Psychology, 75,* 152-164.

Oakhill, J. V., Yuill, N., & Parkin, A. (1996). On the nature of the difference between skilled and less-skilled comprehenders, *Journal of Research in Reading, 9,* 80-91.
Oakland, T., Black, J., Stanford, G., Nussbaum, N., & Balise, R. (1998). An evaluation of the dyslexia training program: A multi-sensory method for promoting reading in students with reading disabilities. *Journal of Learning Disabilities, 31,* 140--147.
O'Connor, R. E. (2000). Increasing the intensity of intervention in kindergarten and first grade. *Learning Disabilities Research and Practice, 15,* 43-54.
O'Connor, R. E., Fulmer, D., Harry, K., & Bell, K. (2001). *Total awareness: Reducing the severity of reading disability.* Artigo apresentado na American Educational Research Conference, Seattle, WA.
O'Connor, R. E., Fulmer, D., Harty, K., & Bell, K. (2005). Layers of reading intervention in kindergarten through third grade: Changes in teaching and student outcomes. *Journal of Learning Disabilities, 38,* 440-455.
O'Connor, R. E., Notari-Syverson, N., & Vadasy, P. (1998). *Ladders to Literacy: A kindergarten activity book.* Baltimore: Brookes.
Ogle, J. W. (1867). Aphasia and agraphia. *Report of the Medical Research Council of Saint George's Hospital, 2,* 83-122.
O'Hare, F. (1973). *Sentence-combining: Improving student writing without formal grammar instruction.* Urbana, IL: National Council of Teachers of English.
Olson, R. K., Forsberg, H., Gayan, J., & DeFries, J. C. (1999). A behavioral-genetic analysis of reading disabilities and component processes. In R. M. Klein & P. A. McMullen (Eds.), *Converging methods for understanding reading and dyslexia* (pp. 133-153). Cambridge MA: MIT Press.
Olson, R. K., Forsberg, H., Wise, B., & Rack, J. (1994). Measurement of word recognition, orthographic, and phonological skills. In G. R. Lyon (Ed.), *Frames of reference for the assessment of learning disabilities* (pp. 243-278). Baltimore: Brookes.
Olson, R. K., & Wise, B. (2006). Computer-based remediation for reading and related phonological disabilities. In M. McKenna, L. Labbo, R. Kieffer, & D. Reinking (Eds.), *Handbook of literacy and technology* (Vol. 2, pp. 57-74). Mahwah, NJ: Erlbaum.
Olson, R. K., & Wise, B. W. (1992). Reading on the computer with orthographic and speech feedback: An overview of the Colorado Remedial Reading Project. *Reading and Writing: An Interdisciplinary journal, 4,* 107-144.
Open Court Reading. (1995). *Collections for young scholars.* Peru, IL: Science Research Associates/McGraw-Hill.
Orton, S. (1928). Specific reading disability-strephosymbolia. *Journal of the American Medical Association, 90,* 1095-1099.
Orton, S. (1937). *Reading, writing and speech problems in children: A presentation of certain types of disorders in the development of the language faculty.* New York: Norton.
Palinscar, A., & Brown, A. (1985). Reciprocal teaching: A means to a meaningful end. In J. Osborn, P. T. Wilson, & R. C. Anderson (Eds.), *Reading education: Foundations for a literate America* (pp. 66-87). Lexington, MA: Heath.
Papanicolaou, A. C. (1998). *Fundamentals of functional brain imaging.* Lisse, the Neth-erlands: Swets & Zeitlinger.
Papanicolaou, A. C., Simos, P. G., Breier, J. I., Fletcher, J. M., Foorman, B. R., Francis, D. J., et al. (2003). Brain mechanisms for reading in children with and without dyslexia: a review of studies of normal development and plasticity. *Developmen-tal Neuropsychology, 24,* 593-612.
Paulesu, E., Demonet, J. -F., McCrory, E., Chanoine, V, Brunswick, N., Cappa, S. F., et al. (2001). Dyslexia: Cultural diversity and biological unity. *Science, 291,* 2165--2167.
Pearson, P. D. (1998). Standards and assessment: Tools for crafting effective instruction? In F. Lehr &J. Osborn (Eds.), *Literacy for all: Issues in teaching and learning* (pp. 264-288). New York: Guilford Press.

Pelletier, P. M., Ahmad, S. A., & Rourke, B. P. (2001). Classification rules for basic phonological processing disabilities and nonverbal learning disabilities: Formulation and external validity. *Child Neuropsychology, 7*, 84-98.

Pennington, B. F., Filipek, P. A., Churchwell, J., Kennedy, D. N., Lefley, D., Simon, J. H., et al. (1999). Brain morphometry in reading-disabled twins. *Neurology, 53*, 723--729.

Pennington, B. F. Gilger, J. W., Olson, R. K., & DeFries, J. C. (1992). The external validity of age- versus IQ-discrepancy definitions of reading disability: Lessons from a twin study. *Journal of Learning Disability, 25*, 562-573.

Pennington, B. F., & Olson, R. K. (2005). Genetics of dyslexia. *The science of reading: A handbook* (pp. 453-472). Oxford, UK: Blackwell.

Perfetti, C. A. (1985). *Reading ability.* New York: Oxford University Press.

Perfetti, C. A., Landi, N., & Oakhill, J. (2005). The acquisition of reading comprehension skill. *The science of reading: A handbook* (pp. 227-247). Oxford, UK: Blackwell.

Peters, J. E., Davis, J. J., Goolsby, C. M., & Clements, S. D. (1973). *Physician's handbook: Screening for MBD.* New York: CIBA Medical Horizons.

Petrill, S. A., Deater-Deckard, K., Thompson, L. A., DeThorne, L. S., & Schatschneider, C. (2006a). Reading skills in early readers: Genetic and shared environmental influences. *Journal of Learning Disabilities, 39*, 48-55.

Petrill, S. A., Deater-Deckard, K., Thompson, L. A., DeThorne, L. S., & Schatschneider, C. (2006b). Genetic and shared environmental effects of serial naming and phonological awareness on early reading outcomes. *Journal of Educational Psychology, 98*, 112-121.

Petrill, S. A., Deater-Deckard, K., Thompson, L. A., Schatschneidey C., & DeThorne, L. S. (no prelo). Longitudinal genetic analysis of early reading: The Western Reserve Reading Project. *Reading and Writing.*

Peverly, S. T. (2006). The importance of handwriting speed in adult writing. *Developmental Neuropsychology, 29*, 197-216.

Phillips, B. M., & Lonigan, C. J. (2005). Social correlates of emergent literacy. In M. J. Snowling & C. Hulme (Eds.), *The science of reading handbook* (pp. 173-204). Oxford, UK: Blackwell.

Plomin R., & Kovas, Y. (2005). Generalist genes and learning disabilities. *Psychological Bulletin, 131*, 592-617.

Poeppel, D. (1996). A critical review of PET studies of phonological processing. *Brain and Language, 55*, 317-351.

Pokorni, J. I., Worthington, C. K., & Jamison, P. J. (2004). Phonological awareness in-tervention: Comparison of Fast ForWord, Earobics, and LiPS. *Journal of Educational Research, 97*, 147-157.

President's Commission on Excellence in Special Education. (2002). *A new era: Revitalizing special education for children and their families.* Washington, DC: U.S. Department of Education.

Pressley, M. (2006). *Reading instruction that works* (3rd ed.). New York: Guilford Press.

Price, C. J., & McCrory, E. (2005). *The science of reading: A handbook* (pp. 473-496). Oxford, UK: Blackwell.

Pugh, K. R., Mencl, W. E., Shaywitz, B. A., Shaywitz, S. E., Fulbright, R. K., Constable, R. T., et al. (2000). The angular gyrus in developmental dyslexia: Task-specific differences in functional connectivity within posterior cortex. *Psychological Science, 11*, 51-56.

Raberger, T., & Wimmei, H. (2003). On the automaticity/cerebellar deficit hypothesis of dyslexia: Balancing and continuous rapid naming in dyslexic and ADHD children. *Neuropsychologia, 41*, 1493-1497.

Rae, C., Harasty, J. A., Dzendrowskyj, T. E., Talcott, J. B., Simpson, J. M., Blarmire, A. M., et al. (2002). Cerebellar morphology in developmental dyslexia. *Neuropsychologia, 40*, 1285-1292.

Ralph, M. A. L., & Patterson, K. (2005). Acquired disorders of reading. In M. J. Snowling and C. Hulme (Eds.), *The science of reading: A handbook* (pp. 413-430). Oxford, UK: Blackwell.

Ramus, D. (2003). Developmental dyslexia: Specific phonological deficit or general sensorimotor dysfunction. *Current Opinion in Neurobiology, 13*, 212-218.

Ramus, F. (2001). Talk of two theories. *Nature, 412*, 393-395.

Ramus, F., Pidgeon, E., & Frith, U. (2003a). The relationship between motor control and phonology in dyslexic children. *Journal of Child Psychology and Psychiatry, 44*, 712-722.

Ramus, F., Rosen, S., Dakin, S., Day, B. L., Castellote, J. M., White, S., et al. (2003b). Theories of developmental dyslexia: Insights from a multiple case study of dyslexic adults. *Brain, 126*, 841-865.

Ransby, M. J., & Swanson, H. L. (2003). Reading comprehension skills of young adults with childhood diagnosis of dyslexia. *Journal of Learning Disabilities, 36*, 538-555.

Rashotte, C. A., MacPhee, K., & Torgesen, J. K. (2001). The effectiveness of a group reading instruction program with poor readers in multiple grades. *Learning Disability Quarterly, 24*, 119-134.

Raskind, W. H., Hsu, L., Berningey V. W., Thomson, J. B, & Wiisman, E. M. (2000). Familial aggregation of dyslexia phenotypes. *Behavior Genetics, 30*, 385-396.

Raskind, W. H., Igo, R. P., Jr., Chapman, N. H., Berninger, V. W., Thomson, J. B., Matsushita, M., et al. (2005). A genome scan in multigenerational families with dyslexia: Identification of a novel locus on chromosome 2q that contributes to phonological decoding efficiency. *Molecular Psychiatry, 10*, 699-711.

Rayner, K., Foorman, B. R., Perfetti, C. A., Pesetsky, D., & Seidenberg, M. S. (2002). How psychological science informs the teaching of reading. *Psychological Science in the Public Interest, 2*, 31-74.

Reed, M. A. (1989). Speech perception and the discrimination of brief auditory cues in reading disabled children. *Journal of Experimental Child Psychology, 48*, 270-292.

Reschly, D. J., & Tilly, W. D. (1999). Reform trends and system design alternatives. In D. Reschly, W. Tilly, & J. Grimes (Eds.), *Special education in transition* (pp. 19-48). Longmont, CO: Sopris West.

Reynolds, C. (1984-1985). Critical measurement issues in learning disabilities. *Journal of Special Education, 18*, 451-476.

Richards, T. L., Aylward, E. H., Berningey V. W., Field, K. M., Grimme, A. C., Richards, A. L., et al. (2006). Individual fMRI activation in orthographic mapping and morpheme mapping after orthographic or morphological spelling treatment in child dyslexics. *Journal of Neurolinguistics, 19*, 56-86.

Richards, T. L., Berninger, V., Nagy, W., Parsons, A., Field, K., & Richards, A. (2005). Brain activation during language task contrasts in children with and without dyslexia: Inferring mapping processes and assessing response to spelling instruction. *Educational and Child Psychology, 22*, 62-80.

Richards, T. L., Berninger, V., Sylward, E., Richards, A., Thomson, J., Nagy, W., et al. (2002). Reproducibility of proton MR spectroscopic imaging (PEPSI): Comparison of dyslexic and normal reading children and effects of treatment on brain lactate levels during language tasks. *American Journal of Neuroradiology, 23*, 1678-1685.

Richards, T. L., Corina, D., Serafini, S., Steury, K., Echelard, D. R., Dagey S. R., et al. (2000). The effects of a phonologically driven treatment for dyslexia on lactate levels as measured by proton MRSI. *American Journal of Neuroradiology, 21*, 916-922.

Rittle-Johnson, B., Siegler, R. S., & Alibali, M. W. (2001). Developing conceptual understanding and procedural skill in mathematics: An iterative process. *Journal of Educational Psychology, 93*, 346-362.

Rivera, D., & Smith, D. D. (1987). Influence of modeling on acquisition and maintenance of computational skills: A summary of research findings from three sites. *Learning Disability Quarterly, 10,* 69-80.
Rivera, S. M., Menon, V., White, C. D., Glaser, B., & Reiss, A. L. (2002). Functional brain activation during arithmetic processing in females with fragile X syndrome is related to FMRI protein expression. *Human Brain Mapping, 16,* 206-218.
Roberts, J. E., Schaaf, J. M., Skinner, M., Wheeler, A., Hoope, S. Hatton, D. D., et al. (2005). Academic skills of boys with fragile X syndrome: Profiles and predictors. *American Journal of Mental Retardation, 110,* 107-120.
Robinson, C. S., Menchetti, B. M., & Torgesen, J. K. (2002). Toward a two-factor theory of one type of mathematics disabilities. *Learning Disabilities Research and Practice, 17,* 81-89.
Rodgers, B. (1983). The identification and prevalence of specific reading retardation. *British Journal of Educational Psychology, 53,* 369-373.
Roeltgen, D. (2003). Agraphia. In K. M. Heilman & E. Valenstein (Eds.), *Clinical neuropsychology* (Vol. 4, pp. 75-96). New York: Oxford University Press.
Rogosa, D. (1995). Myths and methods: "Myths about longitudinal research" (plus supplemental questions). In J. M. Gottman (Ed.), *The analysis of change* (pp. 3-66). Mahwah, NJ: Erlbaum.
Romani, C., Olson, A., & Di Betta, A. M. (2005). Spelling disorders. In M. J. Snowling and C. Hulme (Eds.), *The science of reading: A handbook* (pp. 431-448). Oxford, UK: Blackwell.
Rourke, B. P. (1975). Brain-behavior relationships in children with learning disabilities: A research programme. *American Psychologist, 30,* 911-920.
Rourke, B. P. (Ed.). (1985). *Neuropsychology of learning disabilities: Essentials of subtype analysis.* New York: Guilford Press.
Rourke, B. P. (1989). *Nonverbal learning disabilities: The syndrome and the model.* New York: Guilford Press.
Rourke, B. P. (1993). Arithmetic disabilities specific and otherwise: A neuropsychological perspective. *Journal of Learning Disabilities, 26,* 214-226.
Rourke, B. P., & Finlayson, M. A. J. (1978). Neuropsychological significance of variations in patterns of academic performance: Verbal and visual-spatial abilities. *Journal of Pediatric Psychology, 3,* 62-66.
Rouse, C. E., & Krueger, A. B. (2004). Putting computerized instruction to the test: A randomized evaluation of a "scientifically based" reading program. *Economics of Education Review, 23,* 323-338.
Rovet, J., Szekely, C., & Hockenberry, M. N. (1994). Specific arithmetic calculation deficits in children with Turner syndrome. *Journal of Clinical Experimental Neuropsychology, 16,* 820-839.
Rumsey, J. M., Andreason, P., Zametkin, A. J., Aquino, T., King, A., Hamburger, S., et al. (1992). Failure to activate the left temporoparietal cortex in dyslexia. An oxygen 15 positron emission tomography study. *Archives of Neurology, 49,* 527-534.
Rumsey, J. M., Nace, K., Donohue, B., Wise, D., Maisog, J. M., & Andreason, P. (1997). A positron emission tomographic study of impaired word recognition and phonological processing in dyslexic men. *Archives of Neurology, 54,* 562-573.
Rumsey, J. M., Zametkin, A. J., Andreason, P., Hanchan, A. P., Hamburger, S. D., Aquino, T., et al. (1994). Normal activation of frontotemporal language cortex in dyslexia, as measured with oxygen 15 positron emission tomography. *Archives of Neurology, 51,* 27-38.
Rutter, M. (1982). Syndromes attributed to "minimal brain dysfunction" in childhood. *American Journal of Psychiatry, 139,* 21-33.
Rutter, M., Caspi, A., Fergusson, D., Horwood, L. J., Goodman, R., Maughn, B., et al. (2004). Sex differences in developmental reading disability. New findings from 4 epidemiological studies. *Journal of the American Medical Association, 291,* 2007-2012.

Rutter, M., & Yule, W. (1975). The concept of specific reading retardation. *Journal of Child Psychology and Psychiatry, 16,* 181-197.
Saddler, S., Moran, S., Graham, S., & Harris, K. R. (2004). Preventing writing difficulties: The effects of planning strategy instruction on the writing performance of struggling writers. *Exceptionality, 12,* 3-17.
Saenz, L., Fuchs, L. S., & Fuchs, D. (2005). Effects of peer-assisted learning strategies on English language learners: A randomized controlled study. *Exceptional Children, 71,* 231-247.
Salomon, G., & Perkins, D. N. (1989). Rocky roads to transfer: Rethinking mechanisms of a neglected phenomenon. *Educational Psychologist, 24,* 113-142.
Sandler, A. D., Watson, T. E., Footo, M., Levine, M. D., Coleman, W. L., & Hooper, S. R. (1992). Neurodevelopmental study of writing disorders in middle childhood. *Developmental and Behavioral Pediatrics, 13,* 17-23.
Sattler, J. M. (1993). *Assessment of children's intelligence and special abilities.* New York: Allyn & Bacon.
Satz, P., Buka, S., Lipsitt, L., & Seidman, L. (1998). The long-term prognosis of learning disabled children: A review of studies (1954-1993). In B. K. Shapiro, P. J. Accardo, & A. J. Capute (Eds.), *Specific reading disability: A view of the spectrum* (pp. 223-250). Parkton, MD: York Press.
Satz, P., & Fletcher, J. M. (1980). Minimal brain dysfunctions: An appraisal of research concepts and methods. In H. Rie & E. Rie (Eds.), *Handbook of minimal brain dysfunctions: A critical view* (pp. 669-715). New York: Wiley-Interscience.
Savage, R. (2004). Motor skills, automaticity and developmental dyslexia: A review of the research literature. *Reading and Writing, 17,* 301-324.
Savage, R. S., Frederickson, N., Goodwin, R., Patni, U., Smith, N., & Tuersley, L. (2005). Relationships among rapid digit naming, phonological processing, motor automaticity, and speech perception in poor, average, and good readers and spellers. *Journal of Learning Disabilities, 38,* 12-28.
Schatschneider, C., Carlson, C. D., Francis, D. J., Foorman, B. R., & Fletcher, J. M. (2002). Relationships of rapid automatized naming and phonological awareness in early reading development: Implications for the double-deficit hypothesis. *Journal of Learning Disabilities, 35,* 245-256.
Schatschneider, C., Fletcher, J. M., Francis, D. J., Carlson, C. D., & Foorman, B. R. (2004). Kindergarten prediction of reading skills: A longitudinal comparative analysis. *Journal of Educational Psychology, 96,* 265-282.
Schulte-Korne, G. (2001). Genetics of reading and spelling disorder. *Journal of Child Psychology and Psychiatry, 42,* 985-997.
Schulte-Korne, G., Deimel, W., Muller, K., Gutenbrunner, C., & Remschmidt, H. (1996). Familial aggregation of spelling disability. *Journal of Child Psychology and Psychiatry, 37,* 817-822.
Schultz, R. T., Cho, N. K., Staib, L. H., Kier, L. E., Fletcher, J. M., Shaywitz, S. E., et al. (1994). Brain morphology in normal and dyslexic children: The influence of sex and age. *Annals of Neurology, 35,* 732-742.
Schumaker, J. B., Deshler, D. D., & McKnight, P. (2002). Ensuring success in the secondary general education curriculum through the use of teaching routines. In M. A. Shinn, H. M. Walker, & G. Stoner (Eds.), *Interventions for academic and behavior problems II: Preventive and remedial approaches* (pp. 791-823). Bethesda, MD: National Association of School Psychologists.
Scientific Learning Corporation. (1999). *Fast ForWord companion: A comprehensive guide to the training exercises.* Berkeley, CA: Author.
Seabaugh, G. O., & Schumaker, J. B. (1993). The effects of self-regulation training on the academic productivity of secondary students with learning problems. *Journal of Behavioral Education, 4,* 109-133.

Seidenberg, M. S., & McClelland, J. L. (1989). A distributed, developmental model of word recognition. *Psychological Review, 96*, 523-568.

Semrud-Clikeman, M., Guy, K., Griffin, J. D., & Hynd, G. W. (2000). Rapid naming deficits in children and adolescents with reading disabilities and attention deficit hyperactivity disorder. *Brain and Language, 74*, 70-83.

Senf, G. M. (1987). Learning disabilities as sociological sponge: Wiping up life's spills. In S. Vaughn & C. Bos (Eds.), *Research in learning disabilities: Issues and future directions* (pp. 87-101). Boston: Little, Brown.

Seymour, P. H. (2005). Early reading development in European orthographies. In M. J. Snowling and C. Hulme (Eds.), *The science of reading: A handbook* (pp. 296-315). Oxford, UK: Blackwell.

Shadish, W., Cook, T., & Campbell, D. (2002). *Experimental and quasi-experimental designs for generalized causal inference.* Boston: Houghton Mifflin.

Shalev, R. S., Auerbach, J., Manor, O., & Gross-Tsuc, V. (2000). Developmental dyscalculia: Prevalence and prognosis. *European Child and Adolescent Psychiatry, 9*, 58-64.

Shalev, R. S., Manor, O., Auerbach, J., & Gross-Tsur, V. (1998). Persistence of developmental dyscalculia: What counts? Results from a 3-year prospective follow-up study. *Journal of Pediatrics, 133*, 358-362.

Shalev, R. S., Manor O., & Gross-Tsuy V. (2005). Developmental dyscalculia: A prospective six-year follow-up. *Developmental Medicine and Child Neurology, 47*, 121-125.

Shalev, R. S., Manor, O., Kerem, B., Ayali, M., Badichi, N., Friedlander, Y., et al. (2001). Developmental dyscalculia is a familial learning disability. *Journal of Learning Disabilities, 34*, 59-65.

Shanahan, T., & Barr, R. (1995). Reading Recovery: An independent evaluation of the effects of an early instructional intervention for at-risk learners. *Reading Research Quarterly, 30*, 958-996.

Shankweiler, D., & Crain, S. (1986). Language mechanisms and reading disorder: A modular approach. *Cognition, 24*, 139-168.

Shankweiler, D., Lundquist, E., Katz, L., Stuebing, K, Fletcher, J. M, Brady, S., et al. (1999). Comprehension and decoding: Patterns of association in children with reading difficulties. *Scientific Studies of Reading, 3*, 69-94.

Shapiro, E. S., Edwards, L., & Zigmond, N. (2005). Progress monitoring of mathematics among students with learning disabilities. *Assessment for Effective Intervention, 30*, 15-32.

Share, D., & Stanovich, K. (1995). Cognitive processes in early reading development: Accommodating individual differences into a model of acquisition. Issues *in Education: Contributions to Educational Psychology, 1,* 1-57.

Share, D. J., Jorm, A. F., MacLean, R., & Matthews, R. (1984). Sources of individual differences in reading achievement. *Journal of Educational Psychology, 76,* 466-477.

Share, D. L., McGee, R., & Silva, P. D. (1989). I. Q. and reading progress: A test of the capacity notion of I. Q. *Journal of the American Academy of Child and Adolescent Psychiatry, 28,* 97-100.

Shavelson, R., & Towee, L. (2002). *Science and education.* Washington, DC: National Academy of Sciences.

Shaywitz, B. A., Shaywitz, S. E., Blachman, B., Pugh, K. R., Fulbright, R. K., Skudlarski, P., et al. (2004). Development of left occipitotemporal systems for skilled reading in children after a phonologically based intervention. *Biological Psychiatry, 55,* 926-933.

Shaywitz, B. A., Shaywitz, S. E., Pugh, K. R., Mencl, W. E., Fulbright, R. K., Constable, R. T., et al. (2002). Disruption of the neural circuitry for reading in children with developmental dyslexia. *Biological Psychiatry, 52,* 101-110.

Shaywitz, S. E. (2004). *Overcoming dyslexia.* New York: Knopf.

Shaywitz, S. E., Escobar, M. D., Shaywitz, B. A., Fletcher, J. M., & Makuch, R. (1992). Evidence that dyslexia may represent the lower tail of a normal distribution of reading ability. *New England Journal of Medicine, 326*, 145-150.
Shaywitz, S. E., Fletcher, J. M., Holahan, J. M., Schneider, A. E., Marchione, K. E., Stuebing, K. K., et al. (1999). Persistence of dyslexia: The Connecticut Longitudinal Study at adolescence. *Pediatrics, 104*, 1351-1359.
Shaywitz, S. E., Pugh, K. R., Jenner, A. R., Fulbright, R. K., Fletcher, J. M., Gore, J. C., et al. (2000). The neurobiology of reading and reading disability (dyslexia). In M. L. Kamil, P. B. Mosenthal, P. D. Pearson, & R. Barr (Eds.), *Handbook of reading research (Vol. 3, pp. 229-249)*. Mahwah, NJ: Erlbaum.
Shaywitz, S. E., & Shaywitz, B. A. (2005). Dyslexia (specific reading disability). *Biological Psychiatry, 57*, 1301-1309.
Shaywitz, S. E., Shaywitz, B. A., Fletcher, J. M., & Escobar, M. D. (1990). Prevalence of reading disability in boys and girls: Results of the Connecticut Longitudinal Study. *Journal of the American Medical Association, 264*, 998-1002.
Shaywitz, S. E., Shaywitz, B. A., Pugh, K. R, Fulbright, R K., Constable, R. T., Mencl, W. E., et al. (1998). Functional disruption in the organization of the brain for reading in dyslexia. *Proceedings of the National Academy of Sciences, 95*, 2636-2641.
Shepard, L. (1980). An evaluation of the regression discrepancy method for identifying children with learning disabilities. *Journal of Special Education, 14*, 79-91.
Siegel, L. S. (1992). An evaluation of the discrepancy definition of dyslexia. *Journal of Learning Disabilities, 25*, 618-629.
Siegel, L. S. (2003). Basic cognitive processes and reading disabilities. In H. L. Swanson, K. R. Harris, & S. Graham (Eds.), *Handbook of learning disabilities* (pp. 158--181). New York: Guilford Press.
Siegel, L. S., & Ryan, E. B. (1989). The development of working memory in normally achieving and subtypes of learning disabled. *Child Development, 60*, 973-980.
Sikora, M. D., Haley, P., Edwards, J., & Butler, R. W. (2002). Tower of London test performance in children with poor arithmetic skills. *Developmental Neuropsychology, 21*, 243-254.
Silani G., Frith, U., Demonet, J. R., Fazio, F., Perani, D., Price, C., et al. (2005). Brain ab-normalities underlying altered activation in dyslexia: A voxel-based morphometry study. *Brain, 128*, 2453-2461.
Silva, P. A., McGee, R., & Williams, S. (1985). Some characteristics of 9-year-old boys with general reading backwardness or specific reading retardation. *Journal of Child Psychology and Psychiatry, 26*, 407-421.
Simmons, D. C., Kame'enui, E. J., Stoolmiller, M., Coyne, M. D., & Ham, B. (2003). Accelerating growth and maintaining proficiency: A two-year intervention study of kindergarten and first-grade children at-risk for reading difficulties. In B. R. Foorman (Ed.), *Preventing and, emediating reading difficulties* (pp. 197-228). Baltimore: York Press.
Simon, T. J., Bearden, C. E., Mc-Ginn, D. M., & Zackai, E. (2005a). Visuospatial and numerical cognitive deficits in children with chromosome 22g11.2 deletion syndrome. *Cortex, 41*, 145-155.
Simon, T. .J., Bish, J. P., Bearden, C. E., Ding, L., Ferrante, S., Nguyen, V., et al. (2005b). A multilevel analysis of cognitive dysfunction and psychopathology associated with chromosome 22g11. 2 deletion syndrome in children. *Development and Psychopathology, 17*, 753-784.
Simos, P. G., Breier, J. L, Fletcher, J. M., Bergman, E., & Papanicolaou, A. C. (2000a). Cerebral mechanisms involved in word reading in dyslexia children: A magnetic source imaging approach. *Cerebral Cortex, 10*, 809-816.
Simos, P. G., Breier, J. I., Fletcher, J. M., Footman, B. R., Bergman, E., Fishbeck, K., et al. (2000b). Brain activation profiles in dyslexic children during nonword reading: A magnetic source imaging study. *Neuroscience Reports, 29*, 61-65.

Simos, P. G., Fletcher, J. M., Bergman, E., Breier, J. I., Foorman, B. R., Castillo, E. M., et al. (2002a). Dyslexia-specific brain activation profile becomes normal following successful remedial training. *Neurology, 58*, 1-10.

Simos, P. G., Fletcher, J. M., Foorman, B. R., Francis, D. J., Castillo, E. M., Davis, R. N., et al. (2002b). Brain activation profiles during the early stages of reading acquisition. *Journal of Child Neurology, 17*, 159-163.

Simos, P. G., Fletcher, J. M., Sarkari, S., Billingsley, R. L., Francis, D. J., Castillo, E. M., et al. (2005). Early development of neurophysiological processes involved in normal reading and reading disability. *Neuropsychology, 19*, 787-798.

Simos, P. G., Fletcher, J. M., Sarkari, S., Billingsley-Marshall, R., Denton, C., & Papanicolaou, A. C. (no prelo). Intensive instruction affects brain magnetic activity associated with reading fluency in children with persistent reading disabilities. *Journal of Learning Disabilities*.

Simos, P. G., Papanicolaou, A. C., Breier, J. I., Fletcher, J. M., Wheless, J. W., Maggio, W. W., et al. (2000c). Insights into brain function and neural plasticity using magnetic source imaging. *Journal of Clinical Neurophysiology, 17*, 143-162.

Skinner, H. (1981). Toward the integration of classification theory and methods. *Journal of Abnormal Psychology, 90*, 68-87.

Snow, C. (2002). RAND Reading Study Group. *Reading for understanding*. Santa Monica, CA: RAND.

Snow, C., Burns, M. S., & Griffin, P. (Eds.). (1998). *Preventing reading difficulties in young children*. Washington, DC: National Academy Press.

Solan, H. A., & Richman, J. (1990). Irlen lenses: A critical appraisal. *Journal of the American Optometric Association, 61*, 789-796.

Spector, J. E. (2005). Instability of double-deficit subtypes among at-risk first grade readers. *Reading Psychology, 26*, 285-312.

Speece, D. L., & Case, L. P. (2001). Classification in context: An alternative approach to identifying early reading disability. *Journal of Educational Psychology, 93*, 735-749.

Spelke, E. A. (2005). Sex differences in intrinsic aptitude for mathematics and science? *American Psychologist, 60*, 950-958.

Spelke, E. S., & Tsivkin, S. (2001). Initial knowledge and conceptual change: Space and number. In M. Bowerman & S. Levinson (Eds.), *Language acquisition and conceptual development*. Cambridge, UK: Cambridge University Press.

Spreen, O. (1989). Learning disability, neurology, and long-term outcome: Some impli-cations for the individual and for society. *Journal of Clinical and Experimental Neuropsychology, 11*, 389-408.

Spring, C., & French, L. (1990). Identifying reading-disabled children from listening and reading discrepancy scores. *Journal of Learning Disabilities, 23*, 53-58.

Stage, S. A., Abbott, R. D, Jenkins, J. R., & Berninger, V. W. (2003). Predicting response to early reading intervention from verbal IQ, reading-related language abilities, attention ratings, and verbal IQ-word reading discrepancy: Failure to validate the discrepancy method. *Journal of Learning Disabilities, 36*, 24-33.

Stahl, S. A. (2004). What do we know about fluency? Findings of the National Reading Panel. In P. McCardle & V. Chhabra (Eds.), *The voice of evidence in reading research* (pp. 187-212). Baltimore: Brookes.

Stahl, S. A., Heubach, K., & Cramond, B. (1997). *Fluency-oriented reading instruction*. Athens, GAIWashington, DC: National Reading Research Center/U.S. Department of Education, Office of Educational Research and Improvement, Educational Resources Information Center.

Stanovich, K. E. (1986). Matthew effects in reading: Some consequences of individual differences in the acquisition of literacy. *Reading Research Quarterly, 21*, 360-407.

Stanovich, K. E. (1988). Explaining the differences between the dyslexic and the garden-variety poor reader: The phonological-core variable-difference model. *Journal of Learning Disabilities, 21,* 590-604.
Stanovich, K. E. (1991). Discrepancy definitions of reading disability: Has intelligence led us astray? *Reading Research Quarterly, 26,* 7-29.
Stanovich, K. E. (1993). The construct validity of discrepancy definitions of reading dis-ability. In G. R. Lyon, D. B. Gray, J. F Kavanagh, & N. A. Krasnegor (Eds.), *Better understanding learning disabilities: New views on research and their implications for education and public policies* (pp. 273-307). Baltimore: Brookes.
Stanovich, K. E. (1994). Romance and reality. *Reading Teacher, 47,* 280-291.
Stanovich, K. E. (2000). *Progress in understanding reading.* New York: Guilford Press.
Stanovich, K. E., & Siegel, L. S. (1994). Phenotypic performance profile of children with reading disabilities: A regression-based test of the phonological-core variable-difference model. *Journal of Educational Psychology, 86,* 24-53.
Stanovich, K. E., Siegel, L. S., & Gottardo, A. (1997). Converging evidence for phonological and surface subtypes of reading disability. *Journal of Educational Psychology, 89,* 114-127.
Starkey, P., Spelke, E. S., & Gelman, R. (1991). Toward a comparative psychology of number. *Cognition, 39,* 171-172.
Stecker, P. M., Fuchs, L. S., & Fuchs, D. (2005). Using curriculum-based measurement to improve student achievement: Review of research. *Psychology in the Schools, 42,* 795-819.
Stein, J. (2001). The sensory basis of reading problems. *Developmental Neuropsychology, 20,* 509-534.
Sternberg, R. J. (1991). Are we reading too much into reading comprehension tests? *Journal of Reading, 34,* 540-545.
Sternberg, R. J., & Grigorenko, E. L. (2002). Difference scores in the identification of children with learning disabilities: It's time to use a different method. *Journal of School Psychology, 40,* 65-84.
Stevens, R., & Rosenshine, B. (1981). Advances in research on teaching. *Exceptional Education Quarterly, 2,* 1-9.
Stevenson, J., Graham, P., Fredman, G., & McLoughlin, V. (1987). A twin study of genetic influences on reading and spelling ability and disability. *Journal of Child Psychology and Psychiatry, 28,* 229-247.
Stothard, S. E., & Hulme, C. (1992). Reading comprehension difficulties in children: The role of language comprehension and working memory skills. *Reading and Writing, 4,* 245-256.
Stothard, S. E., & Hulme, C. (1996). A comparison of reading comprehension and decoding difficulties in children. In C. Cornoldi and J. Oakhill (Eds.), *Reading comprehension difficulties: Processes and intervention* (pp. 93-112). Mahwah, NJ: Erlbaum.
Strang, J. D., & Rourke, B. P. (1985). Arithmetic disability subtypes: The neuropsychological significance of specific arithmetic impairment in childhood. In B. P. Rourke (Ed.), *Neuropsychology of learning disabilities: Essentials of subtype analysis.* (pp. 167-186). New York: Guilford Press.
Strauss, A. A., & Lehfnen, L. E. (1947). *Psychopathology and education of the brain-injured child: Vol. 2. Progress in theory and clinic.* New York: Grune & Stratton.
Strauss, A. A., & Werner, H. (1943). Comparative psychopathology of the brain-injured child and the traumatic brain-injured adult. *American Journal of Psychiatry, 19,* 835-838.
Stuebing, K. K., Fletcher, J. M., LeDoux, J. M., Lyon, G. R., Shaywitz, S. E., & Shaywitz, B. A. (2002). Validity of IQ-discrepancy classifications of reading dis-abilities: A meta-analysis. *American Educational Research Journal, 39,* 469-518.
Swanson, H. L., & Beebe-Frankenberger, M. (2004). The relationship between working memory and mathematical problem solving in children at risk and not at risk for serious math difficulties. *Journal of Educational Psychology, 96,* 471-491.

Swanson, H. L., Harris, K., & Graham, S. (Eds.). (2003). *Handbook of learning disabilities*. New York: Guilford Press.
Swanson, H. L. (with Hoskyn, M., & Lee, C.). (1999). *Interventions for students witb learning disabilities: A meta-analysis of treatment outcome*. New York: Guilford Press.
Swanson, H. L., & Sachse-Lee, C. (2001). A subgroup analysis of working memory in children with reading disabilities: Domain-general or domain-specific deficiency? *Journal of Learning Disabilities, 34,* 249-263.
Swanson, H. L., & Siegel, L. (2001). Learning disabilities as a working memory deficit. *Issues in Education, 7,* 1-48.
Tager-Flusberg, H., & Cooper, J. (1999). Present and future possibilities for defining a phenotype for specific language impairment. *Journal of Speech, Language, and Hearing Research, 42,* 1275-1278.
Talcott, J. B., Witton, C., McClean, M., Hansen, P. C., Rees, A., Green, G. G. R., et al. (2000). Visual and auditory transient sensitivity determines word decoding skills. *Proceedings of the Natural Academy of Sciences USA, 97,* 2952-2958.
Tallal, P. (1980). Auditory temporal perception, phonics, and reading disabilities in children. *Brain and Language, 9,* 182-198.
Tallal, P. (2004). Improving language and literacy is a matter of time. *Perspectives, 5,* 721-728.
Tan, L. H. Spinks, J. A., Eden, G. F., Perfetti, C. A., & Siok, W. T. (2005). Reading depends on writing, in Chinese. *Proceedings of the National Academy of Sciences USA, 102,* 8781-8785.
Tannock, R., Martinussen, R., & Frijters, J. (2000). Naming speed performance and stimulant effects indicate effortful, semantic processing deficits in attention-deficit/hyperactivity disorder. *Journal of Abnormal Child Psychology, 28,* 237-252.
Taylor, H. G., & Fletcher, J. M. (1983). Biological foundations of specific developmental disorders: Methods, findings, and future directions. *Journal of Child Clinical Psychology, 12,* 46-65.
Temple, E., Deutsch, G. K., Poldrack, R. A., Miller, S. L., Tallal, P., Merzenich, M. M., et al. (2003). Neural deficits in children with dyslexia ameliorated by behavioral remediation: Evidence from functional MRI. *Proceedings of the National Academy of Sciences, 100,* 2860-2865.
Thaler, V., Ebner, E. M., Wimmer, H., & Landed, K. (2004). Training reading fluency in dysfluent readers with high reading accuracy: Word specific effects but low transfer to untrained words. *Annals of Dyslexia, 54,* 89-113.
Tiu, R. D., Jr., Wadsworth, S. J., Olson, R. K., & DeFries, J. C. (2004). Causal models of reading disability: A twin study. *Twin Research, 7,* 275-283.
Tomblin, J. B., & Zhang, X. (1999). Language patterns and etiology in children with specific language impairment. In H. Tager-Flusberg (Ed.), *Neurodevelopmental disorders* (pp. 361-382). Cambridge, MA: MIT Press.
Torgesen, J. K. (1991). Learning disabilities: Historical and conceptual issues. In B. Wong (Ed.), *Learning about learning disabilities* (pp. 3-39). San Diego: Academic Press.
Torgesen, J. K. (2000). Individual responses in response to early interventions in reading. The lingering problem of treatment resisters. *Learning Disabilities Research and Practice, 15,* 55-64.
Torgesen, J. K. (2002). Empirical and theoretical support for direct diagnosis of learning disabilities by assessment of intrinsic processing weaknesses. In R. Bradley, L. Danielson, & D. Hallahan (Eds.), *Identification of learning disabilities: Research to practice* (pp. 565-650). Mahwah, NJ: Erlbaum.
Torgesen, J. K. (2004). Lessons learned from research on interventions for students who have difficulty learning to read. In P. McCardle & V. Chhabra (Eds.), *The voice of evidence in reading research* (pp. 355-382). Baltimore: Brookes.

Torgesen, J. K., Alexander, A. W., Wagner, R. K., Rashotte, C. A., Voeller, K. K. S., & Conway, T. (2001). Intensive remedial instruction for children with severe reading disabilities: Immediate and long-term outcomes from two instructional ap-proaches. *Journal of Learning Disabilities, 34,* 33-58.
Torgesen, J. K., Wagner, R. K., & Rashotte, C. (1999a). *Test of Word Reading Efficiency.* Austin, TX: PRO-ED.
Torgesen, J. K., Wagner, R. K., Rashotte, C. A., Rose, E., Lindamood, P., Conway, J., et al. (1999b). Preventing reading failure in young children with phonological processing disabilities: Group and individual responses to instruction. *Journal of Educational Psychology, 91,* 579-594.
Treiman, R., & Kessler, B. (2005). Writing systems and spelling development. *The science of reading. A handbook* (pp. 120-134). Oxford, UK: Blackwell.
Tunmer, W. E., Chapman, J. W., & Prochnow, J. E. (2003). Preventing negative Matthew effects in at-risk readers: A retrospective study. In B. R. Foorman (Ed.), *Preventing and remediatiog reading difficulties* (pp. 121-164). Baltimore: York Press.
U.S. Department of Education. (1999). 34 CFR Parts 300 and 303: Assistance to the states for the education of children with disabilities and the early intervention program for infants and toddlers with disabilities. Final regulations. *Federal Register, 64,* 12406-12672.
U.S. Department of Education. (2006). 34 CFR Parts 300 and 301: Assistance to states for the education of children with disabilities and preschool grants for children with disabilities. Final rules. *Federal Register, 71,* 46540-46845.
U.S. Office of Education. (1968). *First annual report of the National Advisory Committee on Handicapped Children.* Washington, DC: U.S. Department of Health, Education and Welfare.
U.S. Office of Education. (1977). Assistance to states for education for handicapped children: Procedures for evaluating specific learning disabilities. *Federal Register, 42,* G1082-G1085.
Vadasy, P. F., Sanders, E. A., Peyton, J. A., & Jenkins, J. R. (2002). Timing and intensity of tutoring: A closer look at the conditions for effective early literacy tutoring. *Learning Disabilities Research and Practice, 17,* 227-241.
Van den Broek, P., Rapp, D. N., & Kendeou, P. (2005). Integrating memory-based and constructional processes in accounts of reading comprehension. *Discourse Processes, 39,* 299-316.
VanDerHeyden, A. M., & Burns, M. K. (2005). Using curriculum-based assessment and curriculum-based measurement to guide elementary mathematics instruction: Effect on individual and group accountability scores. *Assessment for Effective Intervention, 30,* 15-31.
van der Wissell, A., & Zegers, F. E. (1985). Reading retardation revisited. *British Journal of Developmental Psychology, 3,* 3-9.
Vaughn, S., & Fuchs, L. S. (2003). Redefining learning disabilities as inadequate response to instruction: The promise and potential problems. *Learning Disabilities Research and Practice, 18,* 137-146.
Vaughn, S., & Klingner, J. K. (2004). Teaching reading comprehension to students with learning disabilities. In C. A. Stone, E. R. Silliman, B. J. Ehren, & K. Apel (Eds.), *Handbook of language and literacy: Development and disorders* (pp. 541-555). New York: Guilford Press.
Vaughn, S., Klingner J. K., & Bryant, D. P. (2001). Collaborative strategic reading as a means to enhance peer-mediated instruction for reading comprehension and content-area learning. *Remedial and Special Education, 22,* 66-74.
Vaughn, S., Linan-Thompson, S., & Hickman, P. (2003a). Response to treatment as a means of identifying students with reading/learning disabilities. *Exceptional Children, 69,* 391-409.
Vaughn, S., Linan-Thompson, S., Kouzekanani, K., Bryant, D. P., Dickson, S., & Blozis, S. A. (2003b). Reading instruction grouping for students with reading difficulties. *Remedial and Special Education, 24,* 301-315.
Vaughn, S. R., Moody, S. W., & Schumm, J. S. (1998). Broken promises: Reading instruction in the resource room. *Exceptional Children, 64,* 211-225.

Vaughn, S. R., Wanzek, J., Woodruff, A. L., & Linan-Thompson, S. (no prelo). A three-tier model for preventing reading difficulties and early identification of students with reading disabilities. In D. H. Haager, S. R. Vaughn, & J. K. Klingner (Eds.), *Validated reading practices for three tiers* of intervention. Baltimore: Brookes.

Vellutino, F. R. (1979). *Dyslexia: Theory and research*. Cambridge, MA: MIT Press.

Vellutino, F. R., Fletcher, J. M., Scanlon, D. M., & Snowling, M. J. (2004). Specific reading disability (dyslexia): What have we learned in the past four decades? *Journal of Child Psychiatry and Psychology, 45,* 2-40.

Vellutino, F. R., Scanlon, D. M., & Jaccard, J. (2003). Toward distinguishing between cognitive and experiential deficits as primary sources of difficulty in learning to read: A two-year follow-up to difficult to remediate and readily remediated poor readers. In B. R. Foorman (Ed.), *Preventing and remediating reading difficulties* (pp. 73-120). Baltimore: York Press.

Vellutino, F. R., Scanlon, D. M., & Lyon, G. R. (2000). Differentiating between difficult-to-remediate and readily remediated poor readers: More evidence against the IQ-achievement discrepancy definition for reading disability. *Journal of Learning Disabilities, 33,* 223-238.

Vellutino, F. R., Scanlon, D. M., Sipay, E. R., Small, S. G., Pratt, A., Chen, R., et al. (1996). Cognitive profiles of difficult-to-remediate and readily remediated poor readers: Early intervention as a vehicle for distinguishing between cognitive and experimental deficits as basic causes of specific reading disability. *Journal of Edu-cational Psychology, 88,* 601-638.

Vellutino, F. R., Scanlon, D. M., Small, S., & Fanuele, D. P. (2006). Response to intervention as a vehicle for distinguishing between children with and without reading disabilities: Evidence for the role of kindergarten and first-grade interventions. *Journal of Learning Disabilities, 39,* 157-169.

Vellutino, F. R., Scanlon, D. M., & Tanzman, M. S. (1994). Components of reading ability: Issues and problems in operationalizing word identification, phonological coding, and orthographic coding. In G. R. Lyon (Ed.), *Frames of reference for the assessment of learning disabilities: New views on measurement issues* (pp. 279-329). Baltimore: Brookes.

Vukovic, R. K., & Siegel, L. S. (2006). The double-deficit hypothesis: A comprehensive analysis of the evidence. *Journal of Learning Disabilities, 39,* 25-47.

Waber, D. P., Forbes, P. W., Wolff, P. H., & Weiler, M. D. (2004). Neurodevelopmental characteristics of children with learning impairments classified according to the double-deficit hypothesis. *Journal of Learning Disabilities, 37,* 451-461.

Waber, D. P., Weiler, M. D., Wolff, P. H., Bellinger, D., Marcus, D. J., Ariel, R., et al. (2001). Processing of rapid auditory stimuli in school-age children referred for evaluation of learning disorders. *Child Development, 72,* 37-49.

Wabey D. P., Wolff, P. H., Forbes, P. W., & Weiler, M. D. (2000). Rapid automatized naming in children referred for evaluation of heterogeneous learning problems: How specific are naming speed deficits to reading disability? *Child Neuropsy-chology, 6,* 251-261.

Wadsworth, S. J., Olson, R. K., Pennington, B. F., & DeFries, J. C. (2000). Differential genetic etiology of reading disability as a function of IQ. *Journal of Learning Disabilities, 33,* 192-199.

Wagner, R. K., Torgesen, J. K., & Rashotte, C. A. (1994). The development of reading-related phonological processing abilities: New evidence of bidirectional causality from a latent variable longitudinal study. *Developmental Psychology, 30,* 73-87.

Wagner, R. K., Torgesen, J. K., Rashotte, C. A., & Hecht, S. A. (1997). Changing relations between phonological processing abilities and word-level reading as children develop from beginning to skilled readers: A S-year longitudinal study. *Developmental Psychology, 33,* 468-479.

Wakely, M. B., Hooper, S. R., de Kruif, R. E. L, & Swartz, C. (2006). Subtypes of written expression in elementary school children: A linguistic-based model. *Developmental Neuropsychology, 29,* 125-159.

Wechsler, D. (2001). *Wechsler Individual Achievement Test* (2nd ed.). San Antonio, TX: Psychological Corporation.
Wervicke, C. (1894). *Grundriss den psychiatrie in Klinischen vorlesungen.* Leipzig, Germany: G. Thieme.
Wesson, C. L. (1991). Curriculum-based measurement and two models of follow-up consultation. Exceptional *Children, 57,* 246-257.
Wiederholt, J. L. (1974). Historical perspectives on the education of the learning disabled. In L. Mann & D. A. Sabatino (Eds.), The *second review of special education* (pp. 103-152). Austin TX: PRO-ED.
Wiederholt, J. L., & Bryant, B. R. (2001). Gray Oral *Reading Tests* (4th ed.). Austin, TX: PRO-ED.
Wiig, E. H., Neilsen, N. P., Minthon, L., McPeek, D., Said, K., & Warkentin, S. (2002). Parietal lobe activation in rapid, automatized naming by adults. *Perceptual and Motor Skills, 94,* 1230-1244.
Wilder, A. A., & Williams, J. P. (2001). Students with severe learning disabilities can learn higher-order comprehension skills. Journal *of Educational Psychology, 93,* 268-278.
Wilkinson, G. (1993). *Wide Range Achievement* Test-3. Wilmington, DE: Wide Range.
Willcutt, E. G., & Pennington, B. F. (2000). Psychiatric comorbidity in children and adolescents with reading disability. *Journal of Child Psychology and Psychiatry, 41,* 1039-1048.
Williams, K. T., Cassidy, J., & Samuels, S. J. (2001). *Group Reading Assessment and Diagnostic Education.* Circle Pines, MN: American Guidance Services.
Williams, J. P. (2002). Using the Theme Scheme to improve story comprehension. In C. C. Block & M. Pressley (Eds.), *Comprehension instruction: Research-based best* practices (pp. 126-139). New York: Guilford Press.
Williams, J. P. (2003). Teaching text structure to improve reading comprehension. In H. L. Swanson, K. R. Harris, & S. Graham (Eds.), *Handbook of learning disabilities* (pp. 293-305). New York: Guilford Press.
Williams, J. P., Hall, K. M., Laser, K. D., Stafford, B., DeSisto, L. A., & deCani, J. S. (2005). Expository text comprehension in the primary grade classroom. *Journal of Educational Psychology, 97,* 538-550.
Williams, J. P., Lauey K. D., Hall, K. M., Lord, K. M., Gugga, S. S., Bak, S. J., et al. (2002). Teaching elementary students to identify story themes. *Journal of Educational Psychology, 94,* 235-248.
Wilson, K. M., & Swanson, H. L. (2001). Are mathematics disabilities due to a domain-general or a domain-specific working memory deficit? *Journal of Learning Dis-abilities, 34,* 237-248.
Wimmer, H., & Mayringer, H. (2002). Dysfluent reading in the absence of spelling difficulties: A specific disability in regular *orthographies. Journal of Educational Psychology, 94,* 272-277.
Wimmer, H., Mayringer, H., & Landed, K. (2000). The double-deficit hypothesis and difficulties in learning to read a regular *orthography. Journal of Educational Psychology, 92,* 668-680.
Wimmer; H., Mayringer H., & Rabergey T. (1999). Reading and dual-task balancing: Evidence against the automatization deficit explanation of developmental dyslexia. *Journal of Learning Disabilities, 32,* 473-478.
Wise, B., Ring, J., & Olson, R. K. (1999). Training phonological awareness with and without attention to articulation. *Journal of Experimental Child Psychology, 72,* 271-304.
Wise, B., Ring, J., & Olson, R. K. (2000). Individual differences in gains from computer-assisted remedial reading with more emphasis on phonological analysis or accurate reading in context. *Journal of Experimental Child Psychology, 77,* 197-235.
Wolf, M., & Bowers, P. G. (1999). The double-deficit hypothesis for the developmental dyslexias. *Journal of Educational Psychology, 91,* 415-438.

Wolf, M., Miller, L., & Donnelly, K. (2002). Retrieval, Automaticity, Vocabulary Elaboration, Orthography (RAVE-O: A comprehensive, fluency-based reading intervention program. *Journal of Learning Disabilities, 33,* 375-386.
Wolf, M., & Obregon, M. (1992). Early naming deficits, developmental dyslexia, and a specific deficit hypothesis. *Brain and Language, 42,* 19-47.
Wolf, M., O'Brien, B., Adams, K. D., Joffe, T., Jeffrey, J., Lovett, M., et al. (2003). Working for time: Reflections on naming speed, reading fluency, and intervention. In B. R. Foorman (Ed.), *Preventing and remediating reading difficulties* (pp. 355-380). Baltimore: York Press.
Wolff, P. (1993). Impaired temporal resolution in developmental dyslexia: Temporal in-formation processing in the nervous system. In P. Tallal, A. Galaburda, R. Llinas, & C. von Euler (Eds.), *Annals of the New York Academy of Sciences, 682,* 87-103.
Wong, B. Y. L. (1991). The relevance of metacognition to learning disabilities. In B. Y. L. Wong (Ed.), *Learning about learning disabilities* (pp. 231-258). San Diego: Academic Press.
Wood, F. B., & Felton, R. H. (1994). Separate linguistic and attentional factors in the development of reading. Topics in *Language Disorders, 14,* 42-57.
Wood, F. B., Felton, R. H., Flowers, L., & Naylor C. (1991). Neurobehavioral definition of dyslexia. In D. D. Duane & D. B. Gray (Eds.), *The reading brain: The biological basis of dyslexia* (pp. 1-26). Parkton, MD: York Press.
Wood, F. B., & Grigorenko, E. L. (2001). Emerging issues in the genetics of dyslexia: A methodological preview. Journal *of Learning Disabilities, 34,* 503-512.
Woodcock, R., McGrew, K., & Mather, N. (2001). *Woodcock Johnson III Tests of Achievement.* Itasca, IL: Riverside.
World Health Organization. (1992). *The ICD-10 classification of mental and behavioral disorders:* Clinical descriptions *and diagnostic guidelines.* Geneva: Author.
Wristers, K. J., Francis, D. J., Foorman, B. R., Fletcher; J. M., & Swank, P. R. (2002). Growth in precursor reading skills: Do low-achieving and IQ-discrepant readers develop differently? *Learning Disability Research and Practice, 17,* 19-34.
Wynn, K. (1992). Addition and subtraction by human infants. Nature, *358,* 749-750.
Wynn, K. (2002). Do infants have numerical expectations or just perceptual preferences? *Developmental Science, 5,* 207-209.
Ysseldyke, J. E., & Marston, D. (1999). Origins of categorical special education services in schools and a rationale for changing them. In D. Reschly, W. Tilly, & J. Grimes (Eds.), *Special education in transition* (pp. 1-18). Longmont, CO: Sopris West.
Zabell, C., & Everatt, J. (2002). Surface and phonological subtypes of adult developmental dyslexia. *Dyslexia, 8,* 160-177.
Zeleke, S. (2004). Self-concepts of students with learning disabilities and their normally achieving peers: A review. *European Journal of Special Needs Education, 19,* 145-170.
Ziegler J. C., & Goswami, U. (2005). Reading acquisition, developmental dyslexia, and skilled reading across languages: A psycholinguistic grain size theory. *Psychological Bulletin, 131,* 3-29.
Ziegler, J. C., Perry, C., Ma-Wyatt, A., Ladner, D., & Schulte-Korne, G. (2003). Developmental dyslexia in different languages: Language-specific or universal? *Journal of Experimental Child Psychology, 86,* 169-193.
Zigmond, N. (1993). Learning disabilities from an educational perspective. In G. R. Lyon, D. B. Gray, J. F Kavanagh, & N. A. Krasnegor (Eds.), *Better understanding learning disabilities: New views from research and their implications for education and public policies* (pp. 27-56). Baltimore: Brookes.
Zigmond, N. (2003). Searching for the most effective service delivery model for students with learning disabilities. In H. L. Swanson, K. R. Harris, & S. Graham (Eds.), *Handbook of learning disabilities* (pp. 110-124). New York: Guilford Press.
Zinkstok, J., & van Amelsvoort, T. (2005). Neuropsychological profile and neuroimaging in patients with 22Q11. 2 deletion syndrome: A review. *Child Neuropsychology, 11,* 21-37.